CHRISTUS, ONZE WEG
EN ONS LEVEN

Archimandriet ZACHARIAS (Zacharou)

Christus, onze Weg en ons Leven

*Anaphora aan de theologie van
oudvader Sophrony*

MARANATHA HOUSE
A.D. 2014

CHRISTUS, ONZE WEG EN ONS LEVEN

*Anaphora aan de theologie van
oudvader Sophrony* [1]

+ + +

Original edition:

ΑΝΑΦΟΡΑ ΣΤΗΝ ΘΕΟΛΟΓΙΑ
ΤΟΥ ΓΕΡΟΝΤΟΣ ΣΩΦΡΟΝΙΟΥ

auteur: Archimandriet Zacharias (Zacharou)

© 2000, Stavropegic Monastery of St. John the Baptist,
Tolleshunt Knights, Maldon, Essex, U.K.

Dutch translation:

Nederlandse vertaling van het Griekse origineel:
© 2014, A. Arnold-Lyklema

Published by:

Maranatha House
www.maranathahouse.info

ISBN: 978-0-9931058-0-7

All rights reserved.

Niets uit deze uitgave mag worden vermenigvuldigd, opgeslagen in elektronische bestanden en/of openbaar gemaakt, door middel van druk, fotokopie, microfilm of op welke andere wijze dan ook, zonder voorafgaande schriftelijke toestemming van het Klooster.

---

[1] Het woord 'anaphora' betekent zowel 'opdracht (aan)' als 'presentatie (van)', en verwijst tevens naar de eer en de dankzegging jegens de desbetreffende persoon (vgl. de 'anaphora' in de Goddelijke Liturgie). Om de rijkdom van dit begrip niet te verliezen, is voor de titel van dit boek ervoor gekozen dit van oorsprong Griekse woord te behouden. *Noot vert.*

Voorwoord van de auteur

Dit boek is gebaseerd op mijn doctoraal-scriptie, getiteld "De verwerkelijking van het hypostatische beginsel[1] in de theologie van archimandriet Sophrony", die werd voorgelegd aan de Faculteit der Theologie van de Universiteit van Thessaloniki in 1998. Sindsdien heb ik ernaar verlangd te komen tot een volledige uiteenzetting van het onderricht van oudvader Sophrony. Misschien heb ik dit doel ook nu niet geheel kunnen verwezenlijken, doch ik heb gepoogd tenminste in algemene lijnen de meest fundamentele thema's van zijn theologie uiteen te zetten.

Ikzelf ben verantwoordelijk voor alle voorkomende hiaten of onvolmaaktheden in dit boek. Voor al het goede dat het mogelijk bevat komt de lofprijzing toe aan mijn Oudvader zaliger, de grootste weldoener van mijn leven. Doch aan Hem, Die ons het model en het voorbeeld, de diepte en de breedte, de hoogte en de volmaaktheid heeft getoond van de Persoon van de Vader, aan onze Heer Jezus Christus, zij de heerlijkheid in alle eeuwen.

Notities bij de vertaling

In principe is vertaald vanuit het Griekse origineel. Daarnaast is in dankbaarheid gebruik gemaakt van de Engelse bewerking "Christ, Our Way and Our Life", niet alleen voor de titel, maar met name ook voor een aantal aanvullende voetnoten (gemarkeerd: *CWL,* of: *cf. CWL*) die erop gericht zijn dit werk toegankelijk te maken voor diegenen die niet geschoold zijn in de academische theologie. Voor een goed begrip is bovendien een aanvullende Woordverklaring

---

[1] Dit begrip is afgeleid van het woord 'hypostase', een basisbegrip in de Orthodoxe theologie m.b.t. de mens als persoon. Het 'hypostatische beginsel' is, kort gezegd, de van God geschonken gave, waarmee de mens in staat is heel het goddelijk Zijn te omvatten (in de vorm van Zijn energie), zowel als heel het menselijk zijn (*cf. "Weest ook gij uitgebreid"*, Hfst.5). De betekenis van beide begrippen zal in het verloop van dit boek nader worden uitgelegd en toegelicht. Voor de theologische achtergrond, zie m.n. hoofdstuk 1.

toegevoegd, gezien de onbekendheid in ons taalgebied met de bijzondere visie van de Orthodoxe Traditie, zowel als met het ascetisch vocabulaire van de heilige Vaders.

Wat dit laatste betreft is gezocht naar een zo consequent mogelijke vertaling van de sleutelwoorden der Traditie, met referentie aan de Bijbelse achtergrond. Wat het Nederlands betreft is daarbij met name gerefereerd aan de Statenvertaling (ed. Jongbloed) en de NBG'51, zowel als aan de liturgische vertalingen van archimandriet Adriaan – eeuwige gedachtenis! – van het Orthodox Klooster te Den Haag. Daarnaast zijn soms ook andere gangbare Nederlandse Bijbelvertalingen geraadpleegd. In het geval van expliciete Bijbelcitaten is gekozen voor een vertaling die zo nauw mogelijk aansluit bij het Grieks.

Omwille van de toegankelijkheid zijn voorkomende Griekse woorden meestal eerst gegeven in transcriptie en pas dan, voor zover zinvol, in de oorspronkelijke spelling. Van de veelal Griekse titels van geciteerde werken wordt een Nederlandse vertaling gegeven en/of verwezen naar een Engelse vertaling, indien beschikbaar. Doch gezien de wens van de auteur het onderricht van de heilige Silouan en oudvader Sophrony ook een plaats te geven in de academische theologie, wordt van alle geciteerde werken steeds ook de volledige verwijzing gegeven naar de oorspronkelijke bronnen. Voor nadere details van de desbetreffende publicaties, zie de Bibliografie achterin.

*A.

INLEIDING

over het leven van oudvader Sophrony, en over de opzet van deze studie

Dit boek heeft tot doel in algemene lijnen de rijkdom te tonen van de empirische theologie, die vervat ligt in de werken van oudvader en archimandriet Sophrony (Sacharov).

De Oudvader werd geboren te Moskou, in 1896, uit Russische ouders. Hij studeerde in Moskou aan de Staatsschool der Schone Kunsten, en wijdde zich aan de schilderkunst. Afgezien van de rijkdom aan natuurlijke gaven waarover hij beschikte, begiftigde God hem vanaf het begin van zijn leven ook met uitzonderlijke geestelijke genadegaven.

Reeds op jonge leeftijd nam hij de Geest van de Levende God zijner vaderen in zich op. In zijn jeugdjaren werd hij beheerst door de dorst naar het Absolute, en hij hield zich ernstig bezig met de vele existentiële problemen van zijn tijd en omgeving. Zijn intens metafysisch vragen en zoeken leidde hem tot de smartelijke gewaarwording van het tragische karakter van het menselijk zijn. In dit besef misprees hij de idee dat het Absolute omvat kan worden door de psychologische aard van het Evangelische gebod der liefde,[1] en hij verwijderde zich van de Christelijke weg. Hij werd aangetrokken door de theorie van de oosterse religies, als logische oplossing voor het trieste schouwspel van de hartstochten en het lijden, en gedurende ongeveer acht jaar oefende hij zich in de transcendente meditatie van die filosofische dwaling van het persoonsoverstijgende Absolute.

Zijn terugkeer tot de Kerk werd teweeggebracht door de Bijbelse tekst van de Sinaïtische openbaring: "Ik ben de Zijnde".[2] Geholpen door Gods genade verstond hij, dat het Absolute en Beginloze 'Zijn' niets anders is dan de persoonlijke God, Die Zich voor het eerst openbaarde aan Mozes, en Die "in deze laatste dagen gesproken heeft... door [de Eniggeboren] Zoon" van God, dat is, door Jezus

---

[1] Dat was de wijze waarop hij dit gebod toentertijd verstond. *Cf. CWL.*
[2] Aldus de Septuagint, LXX Ex.3:14.

Christus.³ Vanaf dat moment van persoonlijke ontmoeting met de waarlijk Zijnde, rustte hij niet van zijn intens streven ingewijd te worden in het mysterie van de God Die hem was geopenbaard, en dieper door te dringen in de oneindige dimensies van de Hypostase van Christus, naar Wiens beeld de mens geschapen werd. Zijn afdwalen naar het onpersoonlijke en ingebeelde Absolute van de oriëntaalse religies beweende hij gedurende tientallen jaren met een uiterst intense treurnis – hij beschouwde dit als een val gelijk aan die van Adam, en als zelfmoord op het metafysische vlak. In zijn werk "Wij zullen God zien zoals Hij is", hetgeen zijn geestelijke autobiografie is, beschrijft hij hoe hijzelf zijn bekering beleefde.

In 1925, na een korte periode van studie aan het Theologisch Instituut St. Serge te Parijs, vertrok hij naar de Heilige Berg Athos, alwaar hij in totaal 22 jaren het monastieke leven leidde. Hij vestigde zich eerst in het Klooster van de Heilige Panteleimon, waar hij de grootste gave van zijn leven ontving. Hij maakte kennis en raakte geestelijk verbonden met de heilige Silouan (1866-1938), in wiens persoon hij de authentieke dimensies van het Christelijk leven aanschouwde.⁴

Hij bleef nabij de Heilige tot het eind van diens leven, en vervolgens, nadat hij de zegen had ontvangen van de hegoumen en de oudsten van het Klooster, trok hij zich terug in de woestijn van de Heilige berg.⁵ Van daaruit diende hij als geestelijk vader van de kloosters van de heilige Paulus, de toegewijde⁶ Gregorius, de toegewijde Simon van de Rots, de toegewijde Xenophon, en vele andere kluizen en skêten.

In 1947 vertrok hij naar Frankrijk, en in 1948 publiceerde hij de handschriften die de heilige Silouan hem vóór diens dood had toevertrouwd. Vader Sophrony had daar nog enkele biografische

---

³ Cf. Heb.1:1-2.
⁴ Verderop in deze inleiding volgt nog een uitgebreide beschrijving van de bijzondere wijze waarop zij elkaar ontmoetten.
⁵ De Athonitische vaders spreken over de eenzame gebieden van dit schiereiland als 'de woestijn', hoewel geen daarvan in geografisch opzicht woestijnachtig is. Vader Sophrony leefde er in afgelegen grotten. *Cf. CWL.*
⁶ Deze benaming 'de toegewijde' is een weergave van het Griekse *'hosios'*, een titel die in het bijzonder gegeven wordt aan heilige asceten (vaak simpelweg weergegeven als 'heilige'). *Noot vert.*

feiten aan toegevoegd, en een uitgebreide analyse van het onderricht van zijn Oudvader.

In 1959 stichtte hij in Essex (Engeland) de gemeenschap die zou uitgroeien tot het Patriarchaal Stavropegisch Klooster van de heilige Johannes de Doper, alwaar hij ontsliep in de Heer op 11 juli 1993.

In geestelijk opzicht is de Oudvader een teken van God voor zijn generatie. Hij leefde de tragedie, de zorgen, de problemen en de zoektochten van de veelbewogen twintigste eeuw, en door zijn leven, zijn gebed en zijn woord gaf hij antwoorden op de brandende vragen van zijn tijdgenoten.

Zijn afglijden tot de onpersoonlijke visie van de oosterse religies, in zijn jeugdjaren, werd door Gods wonderbare Voorzienigheid veranderd in een geschenk van de hemel. Hoewel hij Christus nimmer bewust verloochend had, beschouwde hijzelf zijn dwaling niettemin als afvalligheid en als een misdaad jegens de liefde van de God zijner vaderen. Dit werd de aanleiding tot een onophoudelijke, diepe en ontroostbare bekering.[7] Door de charismatische wanhoop der bekering, zoals hijzelf dit noemt, slaagde hij erin volkomen bevrijd te worden van de banden van de oude mens,[8] en op hartstochtloze wijze rijkelijk deel te hebben aan het schouwen van het ongeschapen Licht van het Aangezicht van Christus. Toen verstond de Oudvader de geestelijke 'plaats' van de menselijke persoon in zijn godmenselijke volheid. Hij zag de twee grote geboden der liefde tot wet worden van zijn gehele wezen, waarbij het eerste zich toonde door het onbedwingbare verlangen naar God, tot aan zelfhaat toe, en het tweede door het gebed voor de wereld tot aan de zelfvergetelheid en onder overvloedige tranen. Gedurende tientallen jaren matte hij zich af in dit soort gebed.

In het bezit van deze ervaring van de persoon, of, zoals de Oudvader zelf bij voorkeur zegt, van het hypostatische beginsel – een ervaring die exclusief is aan het Christendom – en daar hij

---

[7] In het spraakgebruik van de Vaders is de bekering niet slechts een daad van één moment, maar veeleer een *levenshouding* die zich voortdurend verdiept – door een tweevoudige geestelijke visie van enerzijds de eigen zondigheid en geestelijke armoede, en anderzijds Gods onzegbare heerlijkheid en Zijn oneindige barmhartigheid jegens de mens, Zijn schepsel. *Noot vert.*
[8] Cf. Ef.4:22 e.a.

tevens de inhoud van de oriëntaalse religies van binnenuit kende, betoonde hij zich een onschatbare apologeet van de levende ervaring van het Orthodoxe hesychasme, temidden van de syncretistische geest en de uitdagingen van zijn tijd. Hij slaagde erin met overtuigende en onweerlegbare autoriteit het verschil te onderscheiden tussen deze twee ascetische visies, de oriëntaalse en de Christelijke, die even ver van elkaar verwijderd zijn als het geschapene van hetgeen ongeschapen is. Tegenover de zelfmoord op het geestelijke vlak, waartoe de transcendente meditatie leidt, stelde hij de levenbrengende en onvergelijkelijke ervaring van de ontmoeting en de eenwording met de persoonlijke God van de Heilige Schrift.

Oudvader Sophrony had reeds zo'n vijf jaar in het klooster van de heilige Panteleimon geleefd, voordat hij de heilige Silouan persoonlijk leerde kennen. In 1930 werd hij tot diaken gewijd, en elke keer wanneer hij uit het altaar kwam om de monniken te bewieroken, voelde hij een vroom ontzag en beschaamdheid, wanneer hij voor de Heilige langsging. Doch er had zich tot dan toe geen gelegenheid voorgedaan om met hem te spreken.

Enige tijd na de diakenwijding van de Oudvader kwam een monnik, de kluizenaar vader Vladimir, hem bezoeken, en zij bespraken allerlei geestelijke onderwerpen. Diep geraakt door het gesprek en de algehele geestelijke atmosfeer van hun samenspraak, richt vader Vladimir zich plotseling tot de Oudvader met de vraag: "Vader Sophrony, geef mij een woord voor het heil van mijn ziel." De Oudvader, die thee aan het maken was voor vader Vladimir, zei ogenblikkelijk: "Blijf staan aan de rand van de afgrond der wanhoop, en wanneer gij ziet dat gij het niet meer kunt dragen, trek u dan een weinig terug en drink een kop thee" – en daarop gaf hij hem de thee. Dit woord, en vooral de energie die daardoor werd overgebracht, trof de kluizenaar. Hij vertrok in een geest van verbrokenheid en ging naar de heilige Silouan om raad, en om verificatie van de waarachtigheid en de betrouwbaarheid van deze vermaning.

De dag na deze ontmoeting daalde oudvader Sophrony af langs de buitentrappen van het kloostergebouw, dat vele verdiepingen telt, op weg naar de centrale binnenhof. En de heilige Silouan kwam vanaf het magazijn[9] naar boven, in tegengestelde richting. Normaal gesproken hadden zij elkaar zullen ontmoeten bij de ingang van de hoofdkerk.[10] Doch oudvader Sophrony, vanuit het vrome respect dat hij altijd voelde voor de Heilige, week af om een ontmoeting te voorkomen. Maar ook Silouan veranderde van richting, en zo werd hun ontmoeting ter hoogte van de eetzaal onvermijdelijk. Op dat moment vroeg de heilige Silouan aan de Oudvader: "Vader Sophrony, is vader Vladimir gisteren bij u geweest?" De Oudvader, met weglating van alle tussenliggende stadia van het gewone gesprek, antwoordde: "Had ik het verkeerd?" En op dezelfde wijze zei de heilige Silouan tot hem: "Nee, maar dat woord ging de maat en de kracht van de broeder te boven. Kom morgen, dan kunnen wij elkaar nader spreken."

En zo bezocht vader Sophrony de heilige Silouan, die hem zijn leven verhaalde. Hij beschreef hem zijn vijftienjaar lange strijd met de geesten der boosheid. En hij vertrouwde hem het openbarende woord van Christus toe – "Houd uw geest in de hel, en wanhoop niet" – dat een mijlpaal was in de geestelijke strijd van de Heilige. Door de kracht van dit woord werd hij gered uit elke demonische aanval, en werd hij gereinigd van de hoogmoedige gedachten.[11]

Oudvader Sophrony verwierf zulk een geloof en vrome eerbied jegens de heilige Silouan, dat hij in de geest zelfs zijn voetsporen vereerde. Zoals hijzelf verhaalde en schreef, beschouwde hij deze kennismaking en de band met de heilige Silouan als het grootste geschenk dat God hem gegeven had. Deze historische gebeurtenis was van beslissend belang voor zijn verdere geestelijke ontwikkeling en zijn theologie.

Zijn omgang met de Heilige bevestigde de Oudvader in de geest der bekering, die hem tot dan toe zozeer bezield had. Hij ontving de innerlijke verzekering van de juistheid van het onderricht van de Heilige, en door zijn onwankelbaar geloof in diens woord verwierf hij stabiliteit in zijn ascetisch leven, en werd hij geleid tot de hartstochtloosheid. De rest van zijn dagen – zowel tijdens zijn leven in de woestijn, als later in zijn dienst aan de wereld – getuigde hij ervan, dat alleen door de vrijwillige nederdaling tot de hel, omwille van het

---

[9] Het zgn. 'Arsenaal'. *Noot vert.*
[10] Het zgn. 'Katholikon', gewijd aan de H. Grootmartelaar Panteleimon. *Noot vert.*
[11] Voor nadere toelichting aangaande dit 'woord', zie de Epiloog van dit boek.

gebod, de gelovige zich plaatst op de weg van God, de onbeschrijfelijke nederigheid van Christus leert, en met Hem wordt verenigd.

Hij werd gesierd met vele en grote genadegaven van de Heilige Geest. De meest indrukwekkende van al deze gaven was het woord Gods, dat hij aangreep door het gebed, en waarvan hij de werkzaamheid in zijn hart droeg. Hij was een man van het Woord. Elke aanraking met hem was een opening tot het leven en het schouwen,[12] en zelfs zijn meest dagelijkse woord vervulde degenen die hem benaderden met genade. Hij bad langdurig en intens voor de lijdenden, en verheugde zich, zelfs nog meer dan over een wonder, wanneer zijn woord en zijn gebed werden tot herschepping van hun hart. Hij worstelde om hun pijn te verminderen, maar hij gaf zich tot het uiterste ten dienste van het grootste en voornaamste wonder van dit tijdelijke bestaan: de eenwording van het menselijk wezen met de Geest van de levende en eeuwige God.

Geen enkel verschijnsel in het geestelijk leven verbaasde de Oudvader. Hij had de gehele weg doorlopen. Hij reikte terzelfdertijd tot bodemloze diepten en ongeziene hoogten. Hij bezat de genadegave der bekering en kende tevens de wisselingen en de werkingen van het noëtische gebed. Hij was onderwezen door het nieuw-makende woord van Christus,[13] en opgenomen in het martelaarschap van Diens Priesterschap. Hij hield hartstochtelijk van de Goddelijke Liturgie, en hij bevestigde dat de juiste voltrekking daarvan dezelfde vruchten van genade voortbrengt op het niveau van het gebed, als het hesychastische gebed in de woestijn.

Hij zei vaak: "Om Christen te zijn, dient men kunstenaar te zijn." Zoals kunstenaars geheel in beslag genomen worden door het onderwerp van hun kunst, en door het verlangen dit zo volmaakt mogelijk uit te drukken, zo wordt ook de Christen geheel in beslag genomen door Christus, en door het verlangen Diens oneindige volmaaktheid te bereiken. "Ik jaag ernaar, of ik het ook grijpen mag, waartoe ik ook gegrepen ben door Christus Jezus."[14]

---

[12] D.w.z. het schouwen dat eigen is aan het gebed des harten ('theoria'). *Noot vert.*
[13] Cf. Mt.13:52; Ps.103(104):30; 2Kor.5:17.
[14] Fil.3:12. [Dit citaat sluit aan bij de woorden van de Apostel over zijn verlangen tot éénwording met Christus: "Niet dat ik het reeds ontvangen heb, of reeds

Toen oudvader Sophrony zijn einde voelde naderen, zeide hij: "Ik heb God alles gezegd. Ik heb beëindigd wat ik te doen had. Nu moet ik gaan."[15] Met nederige stoutmoedigheid schreef hij toen een vurige brief aan Zijne Alheiligheid en Eerbiedwaardigheid Patriarch Bartholoméüs, waarin hij hem van harte dankte voor alle welwillendheid die deze zijn klooster betoond had. Hij drukte een diepe dankbaarheid uit en smeekte de Patriarch het broze werk van zijn handen te verdedigen: "Zegenende, zegen de nederige schapen van mijn schaapskooi, en moge deze plaats – zo klein, arm en onbetekenend, maar gebouwd onder vele tranen en diepe verzuchtingen, en met bloed en zweet – nimmer verlaten worden door uw toegenegen zorg en welbehagen." Aan het slot van zijn brief vraagt hij de zegen van zijn Bisschop, te mogen heengaan "naar het zozeer verlangde Licht van Christus' Opstanding".

De Oudvader ontsliep in vrede en vond rust in de Heer, maar door zijn woord en zijn voorbeden zet hij zijn dienst voort aan het wonder dat zijn ziel liefhad: de wedergeboorte der gelovigen en hun rijke intrede in het eeuwig Koninkrijk van onze Heer en Heiland Jezus Christus.[16]

De voornaamste van zijn gepubliceerde werken zijn:[17]

1. "De heilige Silouan de Athoniet"
2. "Wij zullen God zien zoals Hij is"[19]
3. "Over het gebed"
4. "Over Geest en Leven"[18]
5. "Over de ascese en het schouwen"[20]
6. "Zijn Leven is het mijne"

---

volmaakt ben, doch ik jaag ernaar..." *Noot vert.*]
[15] Enkele weken vóór zijn heengaan riep hij alle leden van de kloostergemeenschap één voor één bij zich, voor een laatste gesprek met hem, waarin hij aan elk zijn laatste instructies gaf en een persoonlijk 'woord' ten afscheid. *Cf. CWL.*
[16] Cf. 2Petr.1:11.
[17] Deze werken zijn reeds in verschillend talen beschikbaar. Het eerstgenoemde boek is inmiddels ook in het Nederlands uitgegeven, doch omwille van de leesbaarheid zijn alle titels hier in het Nederlands vermeld. Zie de Bibliografie achterin voor nadere details. *Noot vert.*
[18] In het Engels uitgegeven onder de titel "Words of Life". *Noot vert.*
[19] De Engelse editie is getiteld "We Shall See Him as He Is". *Noot vert.*
[20] De artikelen in dit verzamelwerk zijn oorspronkelijk verschenen in het Frans of Russisch. Eén artikel hieruit werd reeds in het Engels gepubliceerd onder de titel

In deze boeken wordt de Christelijke antropologie uiteengezet in het licht van de gemeenschappelijke ervaring van de heilige Silouan en oudvader Sophrony. In zijn onderricht omtrent de persoon houdt oudvader Sophrony nimmer op het portret te schetsen van de heilige Silouan. Vader Sophrony's antropologie is volgens de Traditie, maar wordt ontwikkeld met uitzonderlijke nadruk en met een originele krachtigheid en inspiratie, die ontspringen aan de realiteit van zijn langdurige en uitzonderlijke beproevingen in de vuuroven van Gods tuchtiging.

De originaliteit van de theologie van de Oudvader is gelegen in de interpretatie van bepaalde aspecten van de Christelijke openbaring, die toereikend zijn om een antwoord te geven op de theologische problemen van zijn tijd. De centrale spil van zijn empirische theologie wordt gevormd door de verdieping in de betekenis van het hypostatische beginsel in het wezen van God, zowel als in het wezen van de mens, en door zijn beschrijving van een aantal menselijke uitingen, die – naar de mate van het mogelijke – diens uiteindelijke verwerkelijking bepalen binnen de grenzen van het aardse bestaan. Deze theologie wordt aangeboden in de vorm van het verhaal van een gebeurtenis – de persoonlijke ontmoeting van de mens met de Levende God – en als een geschiedenis van de ervaring van Diens Licht.

De heilige Silouan en zijn biograaf en leerling, oudvader Sophrony, behoren tot de geschiedenis van de Kerk. Deze studie streeft ernaar de geestelijke ervaring van deze twee mannen een plaats te geven in de academische kringen van de hedendaagse theologie, en tevens aan te tonen hoe de Orthodoxe antropologie uniek is, en het laatste woord bezit tegenover de existentiële problemen en de uitdagingen van onze generatie.

Het materiaal van deze studie valt uiteen in acht hoofdstukken, en wordt besloten met een epiloog.

Het eerste hoofdstuk beschrijft *de betekenis van het hypostatische beginsel* in het wezen van God.[21] Dit hypostatische beginsel omvat

---

"Principles of Orthodox Ascetiscism", in "The Orthodox Ethos: Studies in Orthodoxy" (vol.1). *Noot vert.*

[21] Dit hoofdstuk beschrijft de meest fundamentele punten van de theologie van

het oneindige. Het werd aan de wereld geopenbaard door de liefde "tot het einde" van de "lijdende" Christus.[22] En de mens is een persoon naar het beeld van Christus. Door zijn berouwvolle bekering wordt hij "uitgebreid" in de Heilige Geest,[23] en aldus wordt hij als het ware een "herhaling" van God, met godmenselijke volheid.

Het tweede hoofdstuk ontwikkelt het onderricht van de Oudvader *over de zelfontlediging*, die de wijze van bestaan is van de Goddelijke Personen, zowel als de wijze waarop de Hypostase van het Woord in de heilseconomie werd geopenbaard. Bovendien wordt benadrukt hoe dit eveneens de wijze is waarop de mens zicht toont als waarachtige hypostase.

Het derde hoofdstuk spreekt *over de grootheid van de mens*, die zich in Gods genade uitstrekt tussen de hades en het Koninkrijk, *en over zijn nietigheid*, wanneer hij zijn geschapen natuur verabsoluteert. Zijn vervolmaking of vernietiging hangt tevens af van zijn houding tegenover de dood. De geestelijke treurnis geneest de mens, en de charismatische wanhoop draagt zijn leven over aan God.

Het vierde hoofdstuk analyseert de theorie van de Oudvader *over de drie stadia van het geestelijk leven*. In het begin sluit God een verbond met de mens. Vervolgens neemt Hij zijn genade weg, Hij verlaat de gelovige en levert hem over aan het "oordeel" van Zijn Zoon. Aldus geeft Hij de mens de mogelijkheid zijn hypostatische beginsel tot het uiterste te ontwikkelen in een liefdesrelatie met God die sterker is dan de dood. En tenslotte beërft hij de goddelijke vorm van bestaan. Het doorlopen van deze drie stadia leidt de mens tot een alomvattende kennis van Christus.

In het vijfde hoofdstuk wordt gesproken *over de Christelijke volmaaktheid* op de weg van *het monnikschap*, die gelegen is in de uiterste navolging van het voorbeeld van het leven van Christus. Het onderhouden van de drie fundamentele geloften van de monniks-

---

oudvader Sophrony. Derhalve is dit hoofdstuk sterk bepaald door de daarbij onvermijdelijke theologische terminologie. Desgewenst zou men eerst de erop volgende hoofdstukken kunnen lezen, die in directer verband staan met de algemene dagelijkse ervaring – om dan evt. aan het eind, door het gelezene reeds enigszins vertrouwd met deze materie, terug te keren naar het eerste hoofdstuk aangaande de basis van de Orthodoxe theologie. *Noot vert.*

[22] Cf. Joh.13:1 & Hand.26:23.
[23] Cf. 2Kor.6:13 – "weest ook gij uitgebreid".

wijding geneest de mens van de vervreemdingen, die in zijn natuur geïntroduceerd werden door de voorvaderlijke Val. Het doorlopen van de monastieke weg maakt de monnik tot 'bezitter' van het goddelijk woord, en dientengevolge tot dienaar van *het geestelijk vaderschap*, dat meewerkt aan het scheppen van onsterfelijke hypostasen voor de eeuwigheid.

Het zesde hoofdstuk vat de theologie van de Oudvader samen *omtrent de goddelijke Namen en de Naam van Jezus,* die de basis vormt van *het hesychastische gebed.* Door de beoefening van dit gebed wordt het intellect bevrijdt van al de vormen van verbeelding, en het wordt tot schouwer van de goddelijke en onuitsprekelijke Gebeurtenis, die zich afspeelt in het diepe hart, het centrum van de menselijke persoon.

Het zevende hoofdstuk benadrukt dat de overgang *van het psychologische niveau naar het ontologische niveau* van leven zich voltrekt wanneer de mens de uiterste ascetische bekering bereikt, en overschaduwd wordt door het hemels Licht. Na het schouwen van dit Licht wordt de bekering charismatisch, en de mens wordt wedergeboren op het ontologische niveau. Dan bezit hij de Godskennis door openbaring, en de profetische zelfkennis, en hij bidt voor heel de wereld. Door het schouwen van het Licht komt hij tot een maat van goddelijke nederigheid die het diepe hart van de mens opent, de 'plaats' waar *de verwerkelijking van het hypostatische beginsel* zich voltrekt.

Het achtste hoofdstuk toont *het gebed als het middel*, waarmee de mens zichzelf en de gehele schepping terugroept uit de Val, tot een lichtdragende en *persoonlijke relatie met God*. De mens als persoon betaamt het reine gebed "van aangezicht tot Aangezicht",[24] en het hypostatische gebed voor de gehele Adam. Deze twee soorten gebed komen overeen met de twee grote geboden der liefde, die hij daarin vervult. De mens, voor zover hij deelgenoot wordt aan het goddelijk leven, neemt dan eveneens deel aan de ongeschapen vrijheid van God, die voortkomt uit de ontologische inhoud van het hypostatische beginsel.

De epiloog toont het profetische woord van de Heer tot de heilige Silouan – *"Houd uw geest in de hel, en wanhoop niet"* – als *de*

---

[24] Cf. 1Kor.13:12.

gouden draad der Traditie. Het plaatst de mens op de nederige weg des Heren, die zich uitstrekt van de hel tot de hemel. De zaligheid van de kennis van deze weg maakt dat het hypostatische beginsel van de mens zich ontwikkelt tot een maat die toereikend is het "overvloedige" leven[25] te ontvangen van deze weg, en in alles gelijk te worden aan Christus, de oorspronkelijke Oorzaak en het uiteindelijke Einddoel van de menselijke hypostase.

---

[25] Cf. Joh.10:10.

1
De betekenis van het hypostatische beginsel, en de mogelijkheid tot verwerkelijking daarvan

1a) De betekenis van het hypostatische beginsel

In de theologie, de filosofie, de psychologie, en het intellectuele denken in breder verband, neemt de betekenis van de persoon heden ten dage een centrale plaats in.[1] Overal worden pogingen gedaan om hiervan de authentieke zin en de inhoud te vinden en te formuleren. Terzelfder tijd blijkt uit het algemene gebrek aan overeenstemming en de verwarring van zienswijzen, dat dit onderzoek ontoereikend is, en tekortschiet in de benadering van de waarheid van de persoon. Voor de Orthodoxe theologie echter vormt de betekenis van de persoon een uitdaging om te komen tot bewust-

---

[1] In de hedendaagse theologie wordt het begrip *'persoon'* doorgaans onderscheiden van het begrip *'individu'*. In het bijzonder in de theologie van oudvader Sophrony is de persoon de mens die zich voortdurend 'uitbreidt' om het Goddelijk Zijn in zichzelf te ontvangen, door het bewaren van de geboden en door de gelijkwording aan Christus. Het individu blijft besloten in de tragische uitzichtloosheid van de Val en de onwetendheid aangaande zijn Formeerder. De eerste – de persoon – bezit de genadegave van God, de tweede – het individu – is verstoken van het kennen van Hem. Voor verdere verdieping omtrent het onderscheid tussen de persoon en het individu, zie Vladimir Lossky "The Mystical Theology of the Eastern Church", p.121vv; en "In the Image and Likeness of God", p.111vv.
[Naast deze beide termen gebruikt archimandriet Sophrony vaak het van oorsprong Griekse woord *'hypostase'*. Hij beschouwde dit begrip als een zodanig bruikbaar theologisch gereedschap, dat hij de wens had dat deze term ook een vertrouwd onderdeel zou worden van andere talen. Het wordt vaak, en niet ten onrechte, vertaald met 'persoon'. Doch vader Sophrony wilde de aandacht richten op de bijzondere betekenis van het persoon-zijn in het leven van de Heilige Drieëenheid, zowel als in mensen die hun waarachtig potentieel ten volle verwerkelijken. Om dit bijzondere begrip van de 'persoon' te kunnen onderscheiden, gebruikt hij daarom bij voorkeur het woord *'hypostase'*. Wanneer hij spreekt over het fundament van de persoon, gelegen in het beeld van God dat alle mensen is ingeschapen, gebruikt hij veelvuldig de uitdrukking *'hypostatisch beginsel'*. Cf. CWL.]

zijn van onszelf, en tot getuigenis. Zoals oudvader Sophrony zeide, indien wij erin zouden slagen het onderricht van de Openbaring omtrent de Persoon uit te drukken op rechte wijze, dan zou zonder twijfel ook de uniciteit van onze Traditie duidelijk worden tegenover alle andere religieuze, filosofische, psychologische en andere tradities, die wij in de tegenwoordige wereld tegenkomen.

Volgens de openbaring van het Oude en Nieuwe Testament is het Absolute Zijn persoonlijk. Vanaf het boek Genesis tot en met het boek der Openbaring zien wij hoe de ene God in drie Hypostasen de wereld zowel als Adam "in de zin heeft"[2] en formeert, hoe Hij Zijn schepping bewaart en onderhoudt – en in het bijzonder hoe Hij Zich openbaart en de mens het heil schenkt. Dit alles bewerkt de Vader door de Zoon in de Heilige Geest.[3]

In de Heilige Drieëenheid, Die eenwezenlijk en onverdeeld is,[4] zijn drie 'aspecten'[5] van het Zijn te onderscheiden: de Hypostase

---

[2] Judith 9:5-6 – "de dingen die Gij in de zin had zijn geschied, en de dingen die Gij besloot kwamen tot stand"

[3] Cf. LXX Ps.32(33):6,9. [De uitspraak dat de Vader werkt *"door de Zoon in de Heilige Geest"* betreft de goddelijke heilseconomie, d.w.z. de relatie tussen God en Zijn schepping. De formulering van de Orthodoxe Geloofsbelijdenis daarentegen – m.b.t. *"de eniggeboren Zoon van God"* de Vader, en *de Heilige Geest, "Die uitgaat van de Vader"* – beschrijft de ontologische relatie die bestaat tussen de Personen van de Drieëenheid als zodanig. *Noot vert.*]

[4] In de Orthodoxe theologie worden verschillende termen gebruikt die alle een bijzonder aspect uitdrukken van deze eenheid, doch zeer dicht bij elkaar liggen. Het begrip 'eenwezenlijk' (*homo-oúsios*/ὁμοούσιος) is de uitdrukking die de Concilievaders kozen om de eenheid in 'wezen' uit te drukken tussen de Drie Goddelijke Hypostasen. Het Griekse woord dat hier vertaald is met 'onverdeeld' (*adiaíretos*/ἀδιαίρετος) benadrukt dat het mogelijke onderscheid in de Godheid geenszins betekent dat Deze verdeeld is. Hiernaast wordt ook gesproken over het 'ongescheiden', 'onafscheidelijk' of 'onscheidbaar' zijn van hetgeen onverbrekelijk verbonden is (*achôristos* /ἀχώριστος – derhalve ook vaak vertaald met 'ondeelbaar'). Het bijbehorende werkwoord wordt in het NT o.a. gebruikt met betrekking tot de eenheid van de gehuwde man en vrouw, die de mens niet mag scheiden. Nog een andere term drukt uit dat de Goddelijke Eenheid, ondanks het bestaande onderscheid, niet uit afzonderlijke 'delen' bestaat, doch 'ongedeeld' is (*améristos*/ἀμέριστος). Een vergelijkbare term, te vertalen als 'niet samengesteld' (*asúnthetos*/ἀσύνθετος), wordt gebruikt om de absolute eenvoud van het Goddelijk Zijn te benadrukken. *Noot vert.*

[5] Dit begrip staat hier tussen aanhalingstekens, om aan te geven dat het hier niet gaat om een relatief begrip aangaande drie vormen van 'zijn' – wat aanleiding

(of Persoon), het Wezen (of de Natuur) en de Energie (of het Werk).[6] Ondanks de absolute eenvoud van het Goddelijk Zijn, Dat geenszins samengesteld is, en ondanks de identiteit van de Hypostase met het Wezen, en van het Wezen met de Energie, blijft op dezelfde absolute wijze elk van deze drie 'aspecten' onherleidbaar tot de andere twee.[7]
Oudvader Sophrony wijst op vier antinomieën in de leer over de Heilige Drieëenheid. *De absolute identiteit en het gelijktijdige onderscheid tussen de Hypostase en het Wezen vormt de eerste antinomie.* Hoewel deze beiden onderscheiden zijn, stelt de Oudvader dat er tegelijkertijd een "volkomen eenheid [is] tussen het persoonlijke zelfbewustzijn en het Wezen".[8] De Hypostase is de drager van het Wezen, en het Wezen is de ontologische inhoud van de Hypostase. Tussen deze twee bestaat geen prioriteit, superioriteit of tegenstelling. De Hypostase en het Wezen vormen één Eenheid. De eerste aan wie dit mysterie van de Levende en Persoonlijke God werd geopenbaard, was Mozes. God zeide[9] tot hem: "Ik ben de

---

zou kunnen geven tot misvattingen en dwaalleren – maar om drie ontologische *categorieën* die op God van toepassing zijn. Zie verderop in dit hoofdstukje, waar nader wordt toegelicht dat dit onderscheid *niet* betekent dat de Godheid is samengesteld uit verschillende elementen. *CWL.*
[6] De Goddelijke 'energie' kan dus tevens verstaan worden in de zin van Gods 'werkzaamheid'. *Noot vert.*
[7] Het samenvallen van Hypostase, Wezen en Energie doet dus niets af aan het absolute onderscheid daartussen. *Cf. CWL.*
[8] GK «ΑΣΚΗΣΙΣ ΚΑΙ ΘΕΩΡΙΑ» (*Over de ascese en het schouwen*), p.130; EN "The Unity of the Church in het Image of the Holy Trinity", Part 1c. De stelling dat er geen hypostase bestaat zonder wezen, noch wezen zonder hypostase, komt bij vele Vaders voor. De heilige Gregorius Palamas bijvoorbeeld, onderstreept dat God 'gedeeld is zonder gedeeld te zijn' (μερίζεται ἀμέριστος), niet slechts volgens de hypostasen, maar ook volgens de gemeenschappelijke uitingen en energieën: "en deze deling (μερισμός) is geen afsnijding (τομὴ) noch scheiding (χωρισμός), maar een verschil (διαφορά)." En toch betekent dit verschil geen 'verdeeldheid' (διαίρεση): "want al deze zijn één God, Die één in Wezen is, in drie Hypostasen, en Alvermogend." Daarom zegt de heilige Gregorius, dat alleen "een verstand dat de oversteek [naar de ontologische werkelijkheid] gemaakt heeft" in staat is "het verschil te beseffen tussen deze dingen in de éne God". Zie zijn "Weerwoord aan Akyndinos", GK «Ἀντιρρητικὸς πρὸς Ἀκίνδυνον» 6:14:53. (In de editie van P.Christou, «Γρηγορίου τοῦ Παλαμᾶ, Συγγράμματα» vol.3, Thessaloniki 1970, p.426.)
[9] Het was de Tweede Persoon van de Heilige Drieëenheid, Die sprak uit het brandende braambos. *CWL.*

Zijnde".[10] Dit persoonlijke "Ik" leeft in eeuwigheid. Zijn hypostatisch zelfbewustzijn omvat op absolute wijze in de Hypostase de volheid van het Wezen, en bezit tevens de volheid van de Energie, die daar onafscheidelijk van is.[11] De Hypostase is het ene 'aspect' van de eenvoudige en éne God, en het Wezen is het andere.[12]

Doch de God van het Christendom is niet slechts één hypostase, zoals in het perspectief van de Islam en zelfs van vele passages in het Oude Testament, maar Drie-hypostatisch: Vader, Zoon en Heilige Geest[13] – drie Hypostasen, waarvan elk Volmaakt God is. Elke Hypostase draagt in Zichzelf de volheid van het Goddelijk Zijn, en bezit dit op absolute wijze, en elke Hypostase is derhalve in vermogen gelijk aan de Drievoudige Eenheid. Ondanks deze volmaakte identiteit en gemeenschap van 'Zijn', bewaren de Drie Hypostasen tegelijkertijd onverminderd hun anders-zijn en uniciteit. Dit is *de tweede antinomie van identiteit en onderscheid*: *Elke Hypostase heeft alles gemeenschappelijk met de andere Hypostasen, uitgezonderd de eigenheid van de Persoon.* De beginloze Vader, Die door niemand verwekt is, verwekt de Zoon buiten de tijd, en draagt heel Zijn Wezen op Hem over, en doet de Heilige Geest uit Zich uitgaan. De Zoon wordt geboren uit de Vader, en leeft geheel in de Vader en in de Geest. De Heilige Geest gaat uit – vóór alle eeuwen – uit de Vader, en rust in de Zoon. Deze Drie Hypostasen of Personen vormen één puur 'feit' van het Zijn, dat God Zelf aan de mens heeft geopenbaard.[14] In het Goddelijk 'Zijn' bestaat er niets buiten het hypostatische beginsel. Ook de zelfbepaling van de Goddelijke Hypostasen

---

[10] LXX Ex.3:14.
[11] Er bestaat in het Goddelijk Zijn dus niets buiten het hypostatische beginsel, zoals verderop wordt opgemerkt. *Cf. CWL.*
[12] Zie Archim. Sophrony, GK «ΑΣΚΗΣΙΣ ΚΑΙ ΘΕΩΡΙΑ» (*Over de ascese en het schouwen*), p.130-131; EN "The Unity of the Church in the Image of the Holy Trinity", part 1.
[13] Nieuwtestamentische teksten m.b.t. de Drieëenheid zijn o.a.: Mt.28:19; Mt.3:16-17; Joh.14:26; 15:26; Mk.1:10-11; Lk.3:22; 2Kor.13:14. [In het Oude Testament wordt dit Mysterie soms wel op meer bedekte wijze geschouwd, zie bv. Gen.1:26; Gen.18:1-2. *Noot vert.*]
[14] Cf. Archim. Sophrony, GK «ΑΣΚΗΣΙΣ ΚΑΙ ΘΕΩΡΙΑ» (*Over de ascese en het schouwen*), p.131; EN "The Unity of the Church in the Image of the Holy Trinity", part 1.

in de eeuwigheid vormt een "beginloos Feit",[15] dat voortkomt uit de Hypostasen zelf, en dat op geen enkele wijze voorafbepaald of opgelegd is door het Wezen.[16]

De derde antinomie omschrijft de eenheid en het onderscheid tussen het Wezen en de Energie. De Goddelijke Energie openbaart het Goddelijk Wezen, Dat volstrekt transcendent is, onbegrijpelijk en onmededeelbaar. Niettemin verenigt Diezelfde Energie Zich met de redelijke schepselen en vergoddelijkt hen[17] – zonder dat dit hen verandert in ongeschapen wezens. De Goddelijke Energie overbrugt eenvoudig de kloof tussen de ongeschapen God en de geschapen mens. *De vierde en laatste antinomie heeft betrekking op deze eenwording van de ongeschapen Energie met de geschapen menselijke natuur.*[18] In overeenstemming met de leerstelling van het Concilie van Chalcedon werd deze onuitsprekelijke eenwording van het geschapene met de Ongeschapene op volmaakte wijze verwezenlijkt in de éne Hypostase van de Zoon en het Woord van God. Doch de eenwording van de Goddelijke Natuur van Christus met Zijn menselijke natuur veranderde geenszins de menselijke natuur in een Goddelijke natuur. Christus blijft voor eeuwig "Eén in twee naturen".[19]

De Hypostase-Persoon in het Goddelijk Zijn vormt geen begrenzend beginsel, maar een beginsel dat alles draagt, dat het oneindige omvat.[20] Dit beginsel "ligt aan het fundament van al het 'zijn'".[21]

---

[15] Cf. Archim. Sophrony, "We Shall See Him" GK p.299; EN p.193.
[16] "We Shall See Him", GK p.317.
[17] Zoals het Goddelijk 'Wezen' God Zelf is, evenzo is de Goddelijke 'Energie' God Zelf – Die Zich doet kennen als Leven. Hoewel Gods Wezen onkenbaar en onmededeelbaar is, verenigt God Zich met de mens, Zijn schepsel, door de Goddelijke Energie – d.w.z. het Leven van God Zelf. *Cf. CWL*
[18] De vier antinomieën betreffen dus de identiteit resp. het onderscheid tussen 1) de Hypostase en het Wezen, 2) de Hypostasen onderling en elk van de afzonderlijke Personen , 3) het Wezen en de Energie, en 4) de ongeschapen Goddelijke Energie en de geschapen menselijke natuur (m.n. in de Persoon van Christus). *Noot vert.*
[19] Archim. Sophrony, GK «ΑΣΚΗΣΙΣ ΚΑΙ ΘΕΩΡΙΑ» (*Over de ascese en het schouwen*), p.132-133; EN "The Unity of the Church in the Image of the Holy Trinity", part 1.
[20] Elke Persoon blijft uniek en onderscheiden, zonder daardoor in zichzelf besloten of begrensd te zijn. *Cf. CWL.*
[21] "We Shall See Him", GK p.294-5, EN p.191.

Het is de diepste kern van het Absolute 'Zijn', Zijn oorspronkelijke en uiteindelijke dimensie – en daar dit beginsel Goddelijk en ongeschapen is, ontkomt het aan elke definitie en overstijgt het elke bepaling. Het is onvatbaar voor de wetenschappelijke kennis, maar het wordt op existentiële wijze geopenbaard en gekend naar de mate van de gave vanuit den Hoge.[22]

Hoewel wij in de Heilige Drieëenheid Hypostase, Wezen en Energie onderscheiden, bedoelen wij daar niet mee dat de Godheid samengesteld is uit verschillende elementen. God is de Levende, omdat Hij hypostatisch is. Hetgeen leeft is bij uitstek de Hypostase, Die de Natuur en de Energie Daarvan bezit. De wezenlijke inhoud van dit leven is de Liefde, en de hypostatische wijze van bestaan is de gemeenschap der liefde, in heel de volheid en de oneindigheid daarvan. Deze liefde maakt de Heilige Drieëenheid tot "een uiterst dynamisch Wezen" en "vormt de diepste uitdrukking van de Realiteit van de eeuwige zelfbepaling van de Hypostasen".[23] Deze liefde is kenotisch[24] en karakteriseert op fundamentele wijze het Goddelijk leven van de Drie Hypostasen, waarbij "elke Hypostase volkomen open is voor de anderen", wat op absoluut volmaakte wijze de eenheid openbaart van de Heilige Drieëenheid. Deze wederzijdse kenotische liefde wordt in de theologie uitgedrukt door de term *'perichorese'*.[25]

Het elkander wederzijds omvatten van de Drie Hypostasen zag de Oudvader als kenmerk van de Goddelijke nederigheid van de Hypostasen, die niet slechts hierin gelegen is, dat elk der Hypostasen volledig in de anderen leeft, in een liefde zonder enige terughoudendheid, maar ook dat elk het getuigenis van Zijn Waarachtigheid ontvangt van de anderen. Deze relatie en deze houding van de Hypostasen in nederige liefde blijft dezelfde op het vlak van de

---

[22] Cf. "We Shall See Him", GK p.296, EN p.192.
[23] Ibid., GK p.299-300, EN p.193-194.
[24] Van het Griekse woord *'kenosis'*, dat zelfontlediging betekent – zie Fil.2:7 waar de Apostel dit begrip gebruikt voor de zelfontlediging van Christus. Wat dit inhoudt zal nog nader worden uitgediept, zie m.n. hoofdstuk 2. *Cf. CWL*.
[25] "We Shall See Him", GK p.315, 341; EN p.205, 216. [Het begrip 'perichorese' zou omschreven kunnen worden als elkaar 'wederzijds omvatten', zie hfst.2a noot 8. *Cf. CWL*.]

theologie,[26] zowel als op het vlak van de heilseconomie, die voltrokken werd omwille van het heil der mensen.[27]

In Gods heilseconomie omwille van de mens en de wereld, is de Zoon en het Woord: de Engel van de Grote Raad,[28] de drager van de openbaring van de Vader, de mond van Diens wijsheid. In overeenstemming met deze openbaring is het Absolute 'Zijn' hypostatisch. Dit is echter niet één Hypostase, maar drie Hypostasen, Die één Wezen hebben, één Koninkrijk,[29] één Heerlijkheid, één Werkzaamheid (of Energie).[30] In het Oude Testament openbaarde Hij Zich aan Mozes als de waarachtig Zijnde. Aan de Profeten toonde Hij Zich onder andere als de Almachtige, als de éne Levende,[31] de éne Waarheid,[32] als Degene Die behoudt.[33] Door Zijn inwoning in het vlees bevestigde Hij al deze benamingen en openbaarde Hij de uiteindelijke dimensie daarvan. Doch bovenal toonde Hij hoe God liefde is,[34] en wel liefde "tot het einde".[35] Daarbij toonde hij ook nog, dat de "dwaasheid" van deze liefde "Gods kracht en Gods wijsheid" is,[36] die de dood overwint en de tijd transformeert, doordat dit "de einden der eeuwen"[37] in dit leven brengt. Christus behaalde deze overwinning door de "heldendaad"[38] van Zijn zelfontlediging en Zijn gehoorzaamheid, waarmee hij de "schande" van het kruis

---

[26] D.w.z. aangaande het bestaan van God Zelf. Cf. CWL.
[27] "We Shall See Him", GK p.397-398; EN p.225.
[28] LXX Jes.9:5/6.
[29] Het woord 'Koninkrijk' (hê basileia/ἡ βασιλεία) wordt hier gebruikt in de oude betekenis daarvan, die niet slechts een 'rijksdomein' betreft (in patristiek Grieks: 'to basíleion'/τo βασίλειον), maar vooral wijst op de waarneembare heerschappij van de koning, zijn koninklijke 'invloedssfeer', d.w.z. de merkbare aanwezigheid van zijn koninklijke macht en heerlijkheid. Noot vert.
[30] "We Shall See Him", GK p.334; EN p.212.
[31] Jes.49:18.
[32] Jes.45:19.
[33] Jer.46:18.
[34] Cf. 1Joh.4:16.
[35] Joh.13:1.
[36] 1Kor.1:18,24.
[37] 1Kor.10:11.
[38] Het hier gebruikte Griekse woord voor 'heldendaad' (áthlos/ἄθλος) wordt ook gebruikt m.b.t. de wedstrijd, waarvoor men een '(kamp)prijs' behaalt – een beeld voor de geestelijke strijd dat o.a. te vinden is bij de apostel Paulus, en dat hier in contrast staat met de 'schande' voor de wereld. Noot vert.

verdroeg,[39] om de mens te bevrijden van de "smaad" der ongehoorzaamheid en de rechtvaardige veroordeling tot de dood.

Van de drie Hypostasen van de Heilige Drieëenheid is de Hypostase van de Heer Jezus ons het meest 'eigen', vanwege de menswording. In de Persoon van het vleesgeworden Woord van de Vader ontvangen wij de schat van de waarachtige "kennis der heerlijkheid Gods".[40] In het "voorbeeld" van Zijn liefde "tot het einde"[41] hebben wij tevens de maat gezien van de waarachtige Mens "in Wie [God Zijn] welbehagen" heeft.[42] De Zoon van God is "het Beeld van de onzichtbare God".[43] In Zijn Hypostase werden de onzichtbare Godheid en heel de mensheid omvat, "[allen] die in de hemelen zijn, en die op de aarde zijn".[44] Overeenkomstig de theologische uitdrukking van de ervaring van oudvader Sophrony is "de Hypostase-Persoon ... het allereerste en het laatste beginsel, de allesomvattende dimensie in het Goddelijk Zijn".[45]

Christus heeft in de wereld de waarheid en de dimensies geopenbaard van het Hypostatische Beginsel in het Goddelijk 'Zijn'. God het Woord is een hypostase, en ook de mens, Zijn schepsel, draagt in zichzelf dit hypostatische beginsel. Oorspronkelijk werd hij geformeerd door de Goddelijke Energie als "puur potentieel"[46] of, zoals de Oudvader eveneens zegt, als "tabula rasa".[47] De schepping van de mens "naar het beeld" van de Goddelijke Energieën was tegelijkertijd ook een roeping te leven in vrijheid, in een positieve zelfbepaling tegenover God, zodat de mens gedurende zijn levensloop "de Goddelijke wasdom"[48] zou verwerkelijken.

Met de schepping "naar het beeld en naar de gelijkenis" van God werd aan de mens de natuurlijke neiging tot God geschonken, en de

---

[39] Cf. Hebr.12:2.
[40] 2Kor.4:6.
[41] Joh.13:15.
[42] Mt.12:18.
[43] Cf. Kol.1:15. [Ook te vertalen als "*de Icoon* van de onzichtbare God". *Noot vert.*]
[44] Kol.1:16.
[45] "We Shall See Him", GK p.389 (EN cf. p.191-192).
[46] GK «ΑΣΚΗΣΙΣ ΚΑΙ ΘΕΩΡΙΑ» (*Over de ascese en het schouwen*), p.125; EN "The Unity of the Church in the Image of the Holy Trinity", part 1.
[47] "We Shall See Him", GK p.149; EN p.95.
[48] Kol.2:19.

mogelijkheid om de volheid van Diens Energieën te ontvangen en in zich op te nemen. In dit perspectief verstaan wij ook het woord van oudvader Sophrony: "In het scheppen van de mens naar Zijn beeld en gelijkenis, herhaalt God Zichzelf in ons",[49] en wordt Hij "onze Vader"[50] – wat de energieën betreft van Zijn wijze van Bestaan. Het hypostatische beginsel in de mens bestaat in zijn 'staan' voor God – in het bijzonder voor de Zoon en het Woord van God – en in de mogelijkheid een hypostase te worden, naar Diens gelijkenis. Dan, als hypostase, vormt de mens eveneens "een beginsel dat in zichzelf het oneindige omvat". Zijn ontologische inhoud groeit op dynamische wijze naar de mate van zijn deelname aan de volheid van de Energieën van zijn Schepper. De grootheid en de Godgelijke kwaliteit van de mens worden openbaar door zijn deelname aan de Energieën van God – dat is, aan Diens Bestaan.[51]

Vóór de Val was dit "oneindige" de heerlijkheid waarmee de mens "gekroond" was.[52] Door die heerlijkheid zou de mens onvergankelijk gebleken zijn, en het centrum van heel de schepping, die op wonderbare wijze "de heerlijkheid Gods verhaalt".[53] Hij zou alle schepsel in dankbaarheid aan God hebben opgedragen, en op Godwaardige wijze zijn overgegaan van de ene volheid van heerlijkheid tot een nog grotere volheid van heerlijkheid, zaligheid en leven.

Doch door de Val raakte de mens verstoken van de heerlijkheid Gods. Zijn hart raakte versteend en zijn intellect werd verduisterd.[54] De dood kwam binnen in zijn leven en maakte hem tot dienstknecht van de zonde. Het verheerlijkte schouwen dat hij voorheen had gekend in het paradijs werd vervangen door een vreeswekkende en onverbiddelijke pijniging. In de geest ziet hij hoe alles verhaalt

---

[49] GK «ΑΣΚΗΣΙΣ ΚΑΙ ΘΕΩΡΙΑ» (*Over de ascese en het schouwen*), p.136; EN "The Unity of the Church in the Image of the Holy Trinity", part 1.
[50] "We Shall See Him", GK p.298; EN p.193.
[51] Cf. "We Shall See Him", GK p.294, EN p.190.
[52] LXX Ps.8:6-7 & Hebr.2:7.
[53] Cf. LXX Ps.18(19):1.
[54] Naar de voorkeur van oudvader Sophrony wordt het Griekse woord '*nous*' hier zoveel mogelijk vertaald met 'intellect'. In het vocabulaire van de Orthodoxe Vaders betreft dit begrip het schouwend vermogen van de ziel, dat oorspronkelijk bedoeld is om God te schouwen, doch dat na de Val a.h.w. 'verstrikt' raakt in de veelheid van de geschapen dingen, en dan vaak vereenzelvigd wordt met het verstand (*diánoia*/διάνοια) en de rede (*logikón*/λογικόν). *Noot vert.*

van ijdelheid, zotheid, vergankelijkheid en dood. In het bezit van het hypostatische beginsel blijft hij het centrum van de schepping, doch niet meer als drager en rentmeester van de volheid des levens, maar op negatieve wijze, als de grote en pan-kosmische 'wond', die leidt tot de afgrond der vernietiging van zowel hemzelf als van de gehele schepping.

Zich bevindend in deze gesteldheid zou de mens nimmer uit zichzelf tot het bewustzijn kunnen komen van de verborgen inhoud van de Goddelijke Hypostase, noch deze kunnen bevatten, om aldus te ontkomen aan zijn tragische impasse. Het zou hem eveneens onmogelijk zijn de grootsheid te ontdekken van zijn eigen hypostatische beginsel, dat deel uitmaakt van zijn vóóreeuwige roeping door God. Maar desalniettemin, door de uiterste nederigheid en de liefde "tot het einde", die de Zoon van God jegens de mens betoonde aan het Kruis en bij Zijn Opstanding, schonk Hij hem de genade der bekering en de macht te worden wedergeboren, waardoor ook de icoon Gods in de mens weer wordt hersteld.

De bekering is de terugkeer van de mens tot die gesteldheid waarin zijn vrije zelfbepaling op normale wijze werkzaam is. Dit blijkt allereerst in negatieve zin, door de strijd om de verdorvenheid van de oude mens af te leggen, en vervolgens in positieve zin, door het aannemen van "de heilbrengende genade Gods",[55] die de mens herboren doet worden en hem doet groeien, opdat hij toereikend wordt om "deel te hebben aan de erfenis der heiligen in het licht".[56] In dit perspectief begrijpen we waarom "de bekering op aarde geen einde kent".[57]

Door deze strijd om het herstel van de 'icoon Gods' en de terugkeer tot de normale werking van de vrije zelfbepaling, wordt het hypostatische beginsel in de mens ontwikkeld en vervolmaakt. Dit beginsel is de genadegave van God aan Zijn redelijk schepsel, de mens, waardoor deze zijn natuur in bezit heeft. Het is wonderlijk

---

[55] Cf. Tit.2:11.
[56] Kol.1:12.
[57] Zie bv. de heilige Isaak de Syriër ("Ascetical Homilies", *Engels:* Hom.32, p.153; *Grieks*: Hom.33; *Oudgrieks*: Hom.55). Zie ook Archim. Sophrony "We Shall See Him" (GK p.255, EN p.165). De heilige Johannes Klimakos stelt: "Bekering is de opgang van de tegennatuurlijke gesteldheid tot de natuurlijke gesteldheid..." ("The Ladder" 5, PG88, 781B)

in al z'n uitingen, zowel als in het proces van zijn verwerkelijking. De mens kan zich waarlijk groot betonen in zijn relatie met God en met zijn medemensen. Als 'herhaling' van God verbergt hij in zichzelf een onnaspeurlijke diepte, terwijl de dynamische roeping die hij bij zijn schepping ontving, hem in staat stelt om "verheven te worden tot de volheid van het ongeschapen Zijn".[58]

De mens is waarlijk groot wanneer hij verblijft in de Grote God, en door de kracht van de goddelijke liefde omvat hij heel de wereld – hij wordt een 'pan-kosmisch' middelpunt. Doch deze grootheid van de mens blijkt hieruit, dat hij de capaciteit heeft en het uithoudingsvermogen om allerlei lijden te verduren. Door de paradoxale werking van de gedachtenis aan de dood – die over de aarde hangt, gereed om alle licht des levens op te slokken en uit te doven – lijdt hij reeds vanaf het begin van zijn terugkeer tot God zo diepgaand, dat hij zijn persoonlijke dood gewaar wordt als de vernietiging van heel de wereld, en zelfs van God.[59]

En ook tijdens zijn bekering, omwille van de God Die hij verloren heeft, wordt de mens onderworpen aan een uiterst lijden van extreme intensiteit, en hij raakt "gewond op alle niveaus van zijn bestaan",[60] opdat de ongekende en verborgen diepten van zijn wezen aan het licht komen.[61] Door de vrijwillige en smartelijke intensiteit van al dit lijden overwint hij zijn gevallen natuur, die een afkeer heeft van pijn, de rechtvaardige straf voor de voorvaderlijke zonde. Door al hetgeen hij lijdt wordt hij gelijkvormig en verwant aan Christus, die in deze wereld "lijdende" is.[62] Hij wordt gereinigd van het luciferische zelfvertrouwen, en door het geloof en de liefde wordt hij verenigd met de Zoon van God, Die de "Eerstgeborene der ganse schepping" is en de "Eerstgeborene uit de doden".[63] Bij deze eenwording wordt op de mens "de kracht der Opstanding [van Christus]" overgedragen, en in zijn hart straalt op "het licht der kennis van de heerlijkheid Gods in het Aangezicht van Jezus

---

[58] "We Shall See Him", GK p.116, EN p.75.
[59] Zie in dit verband hfst.3d. Cf. "We Shall See Him", GK p.19 en 289, EN p.12.
[60] Ibid., GK p.81, EN p.52.
[61] Cf. Ps.50:8 (51:6).
[62] Hand.26:23.
[63] Kol.1:15,18.

Christus".⁶⁴ Aldus verwerft hij de innerlijke staat van Christus. Hij wordt één van geest met de "laatste Adam",⁶⁵ en zo wordt hij bekleed met "het beeld van de Hemelse [Mens]".⁶⁶ Hij wordt wedergeboren "uit de Geest", en als "geest" blijkt hij "geschikt" om "binnen te komen in het Koninkrijk Gods".⁶⁷

Door te lijden in Zijn vlees ontving Christus al de natiën tot bezit en tot erfdeel,⁶⁸ en werd Hij de "laatste Adam".⁶⁹ Het Kruis, de Opstanding en de Hemelvaart van Jezus zijn de supra-kosmische overwinning van Zijn liefde "tot het einde". Tot heerlijkheid van deze liefde daalde de Trooster op aarde neder, om de gelovigen te leiden "in al de waarheid",⁷⁰ en om voor eeuwig te getuigen van de oneindige 'uitbreiding' van de liefde⁷¹ en van het heil van heel de wereld. De uitbreiding die bewerkt wordt door de Heilige Geest bezegelt de waarachtigheid van de universaliteit van de liefde van Christus.

Dus door de bekering ontvangt de mens in zijn hart de kennis en het licht van "het Aangezicht van Christus",⁷² en vervolgens de uitbreiding van de Heilige Geest. De Heilige Geest vormt Christus in het hart van de mens. Aldus, door Gods Geest, wordt de icoon van de Mens geopenbaard, zoals God Zich deze vóór alle eeuwen gedacht had. Heel de mens lijdt, nu hij zich gesteld ziet tussen het schouwen van deze Icoon en het beklagenswaardige schouwspel van zijn gevallen staat. Vanwege al dit geestelijk lijden wendt hij zich in een dringend streven tot God en wordt hij bevrijd van de "wet der zonde" die in hem leeft.⁷³

---

[64] Fil.3:10 en 2Kor.4:6.
[65] Een benaming voor Christus, in 1Kor.15:45 gesteld tegenover de "eerste Adam", de "aardse [mens]" – de voorvader van heel het menselijk geslacht. *Noot vert.*
[66] 1Kor.15:45,49
[67] Joh.3:4-6 en Lk.9:62.
[68] Cf. Ps.2:8
[69] 1Kor.15:45.
[70] Joh.16:13.
[71] Cf. 2Kor.6:13.
[72] D.w.z. van Zijn persoon, "van aangezicht tot Aangezicht", cf. 1Kor.13:12. Het hier gebruikte Griekse woord voor 'aangezicht' (*prósôpon*/πρόσωπον) betekent tevens 'persoon', wat aan deze en dergelijke verwijzingen extra diepte en betekenis verleent. *Noot vert.*
[73] Cf. Rom.7:13, 23-25. Zie "We Shall See Him", GK p.71 en 144, EN p.46-47, 92.

Door deze drang zich tot God te keren bereikt de mens het reine gebed. Nadat hij eerst door de pijn der bekering zichzelf ontledigd heeft van al wat weerstaat aan Gods genade, en door de nederigheid geworden is tot "niets",[74] worden daarna door zijn biddende houding, gericht op God, "nieuwe stromen van een ander 'zijn' over hem uitgegoten, van een andere kennis".[75] Vrij van "de wet der zonde" en van de weerstand van de gevallen natuur, in zijn gebed "van aangezicht tot Aangezicht" dat de natuur te boven gaat, "treedt de mens binnen in de hypostatische vorm van 'zijn'."[76] In deze levende ontmoeting in het Licht, met de Hypostatische God, ontvangt hij Diens genadegave: hij wordt geest, zoals Diegene Geest is, en binnenin hem wordt "datgene" werkzaam, "wat vanaf den beginne slechts een vermogen was: de *hypostase*".[77]

De wedergeboorte, en het werkzaam worden van het hypostatische beginsel in de mens, worden voltrokken bij de overschaduwing door het ongeschapen Licht, dat uitgaat van het Aangezicht van de beginloze God. Dan wordt hij toereikend om Diens ontologische kracht in zich op te nemen, en de rijkdom van het Goddelijk leven te beërven.[78] Op onuitsprekelijke wijze verzekert dit Licht de ziel ervan, dat de mens, geschapen "naar het beeld" Gods, in zijn uiteindelijke vervolmaking heel de volheid van het God-menselijk leven in zich zal ontvangen "naar de gelijkenis" van Christus, de Godmens. Het zien van dit Licht draagt op de mens de genadevolle staat over van Diens Persoon-Hypostase.[79] Het verbindt hem met Christus, Die het éne unieke Middelpunt is van de gehele schepping. Hij neemt deel aan de goddelijke universaliteit van de Grote Godmens, en zo wordt ook hijzelf groot: "Door de kracht der Goddelijke liefde omvat hij heel de wereld".[80] Datgene wat God bezit naar zijn natuur, verwerft de mens door de genade.

De geschapen hypostase, de mens als persoon, wordt in deze staat van innerlijke verlichting van het hart eveneens – naar de gave

---

[74] "We Shall See Him", GK p.258, EN p.167.
[75] Ibid., GK p.152, EN p.97.
[76] Ibid., GK p.303, EN p.196.
[77] Ibid., GK p.301, EN p.195.
[78] Cf. ibid., GK p.288, EN p.187.
[79] Cf. ibid., GK p.287, EN p.186.
[80] Ibid., GK p.288, EN p.187.

van Christus – "een pan-kosmisch middelpunt, groot en wonderbaar" en hij wordt "Godgelijk".[81] Hij bereikt een goddelijke maat en vindt de rechte liefdesrelatie met Christus, de Heiland. Van "dienstknecht" wordt hij tot "vriend".[82] En in zoverre hij opstijgt tot de hoogte der pan-kosmische realiteiten, wordt hij verwaardigd met God te 'onderhandelen' over zaken van pan-kosmische dimensies, zoals bij uitstek het heil van de gehele wereld. Dan "maakt" zijn Formeerder hem "groot": Hij "vestigt Zijn aandacht op hem" en "bezoekt hem tot aan de vroege morgen, en oordeelt hem tot aan zijn rust".[83] En wanneer deze mens zelfs tot "aanklager" van God wordt,[84] en met Hem twist ten overstaan van het beklagenswaardige schouwspel van het lijden en de eeuwige vernietiging van de wereld, dan waagt hij dit niet om een baatzuchtige reden, of om God iets te verwijten – Die voor hem te allen tijde gezegend blijft – maar omwille van een dieper verstaan van de oordelen van Diens rechtvaardigheid, en om Hem lief te hebben met groter volheid, opdat hij Diens grote barmhartigheid moge aantrekken tot de aarde. Het hypostatische beginsel van de mens die zich in deze staat bevindt – door de 'uitbreiding' die bewerkt wordt door de Heilige Geest – is van een majesteitelijke en grootse hoogte. Dan in het bijzonder "gedraagt de Formeerder Zich niet jegens hem als jegens de vrucht van Zijn eigen werk-

---

[81] Ibid., GK p.332, EN p.201. [Zie ook het woord van archim. Sophrony in "Saint Silouan", GK p.245, EN p.184, NL p.204: "Wanneer het de Godheid welbehaaglijk is Zich te verenigen met het menselijk wezen, dan wordt de mens in zichzelf de aanwezigheid van de Goddelijke kracht gewaar, die hem transfigureert en hem Godgelijk maakt, niet alleen als vermogen, "naar Zijn beeld", maar ook als werkzame energie, "naar Zijn gelijkenis." *Noot vert.*]
[82] Joh.15:15.
[83] Cf. LXX Job 7:17-18 "Wat is de mens, dat Gij hem hebt grootgemaakt? Of dat Gij uw aandacht op hem vestigt? Zult Gij hem bezoeken tot aan de morgen, en hem oordelen tot aan zijn rust?" [In vertaling vanuit het Hebreeuws luidt vs.18 "... dat Gij elke morgen hem bezoekt, elk ogenblik hem beproeft." *NBG'51*]
[84] Cf. LXX Job.7:20 "... waarom hebt Gij mij gesteld tot Uw aanklager?" – Het Bijbelse woord "aanklager" (*katenteuktês*/κατεντευκτής) is in dit verband misschien wel de volmaakte uitdrukking van de zin van de etymologie van de persoon, namelijk, als de mens die zijn blik gericht heeft op God, een "aanklacht doet, pleit" omwille van heel de menselijke natuur. [Het Griekse woord persoon, in het Grieks *pros-ôpon*, impliceert een 'aangezicht' dat men tot een ander aangezicht kan keren. *Noot vert.*]

zaamheid, maar als een gegeven realiteit, zelfs voor Hem."[85] Het is God welbehaaglijk, wanneer de mens als persoon "omwille van de rechtvaardigheid"[86] tot "aanklager" van God wordt. Dan, als rechtvaardige Rechter, bedeelt ook Hijzelf "recht [toe] aan Zijn uitverkorene",[87] en schenkt hem de "goede Geest".[88]

Deze goede Geest – die Christus aan Zijn uitverkorenen geeft, wanneer zij deelgenoten worden aan Zijn goddelijke universaliteit – "wil dat alle mensen worden behouden",[89] en als zodanig inspireert Hij degenen die Hem in zich dragen tot gebed voor de gehele wereld. Zoals de "mens Christus Jezus" de unieke "middelaar [is] tussen God en de mensen",[90] zo worden ook de deelgenoten aan Zijn uitbreiding tot "middelaars" en tot "berispenden, en die [de zaak] aanhoren tussen beiden" (dat is, tussen God en de mens)[91] aangaande de gesteldheid van de gehele wereld.

Door de volledige bekering gaat de mens de nauwe en duistere gevangenis uit van zijn egocentrisch individualisme, en wordt deelgenoot aan de goddelijke universaliteit van Christus: Door al het vrijwillige leed van de bekering vervult hij het eerste en grote gebod van de liefde tot God. Anderzijds, wanneer hij deel heeft aan de gave van de enige waarachtige universaliteit – die van Christus – wordt hij door de Heilige Geest geleid om ook het tweede grote gebod te vervullen, van de liefde tot de naaste. Door de Heilige Geest wordt het hart van de mens uitgestrekt tot een zodanige diepte, dat hij in zijn gebed heel de mensheid draagt als één mens, en voor hem bemiddelt voor Gods aanschijn. Het gebed voor de gehele wereld schenkt de mens de mogelijkheid heel het geslacht der mensen zijn liefde te betonen.[92] Op deze wijze bewerkt hij dat 'de Adam' de ontologische inhoud wordt van zijn hypostase.[93] Zoals binnen het

---

[85] "We Shall See Him", GK p.332 en 176, EN p.109, 201.
[86] Mt.5:10.
[87] Cf. Lk.18:7.
[88] Cf. Lk.11:13.
[89] 1Tim.2:4.
[90] 1Tim.2:5.
[91] Cf. Job 9:33.
[92] "We Shall See Him", GK p.397, EN p.225.
[93] De auteur volgt hier het spraakgebruik van oudvader Sophrony, waarbij 'Adam' soms verwijst naar de gehele mensheid, d.w.z. heel het geslacht van Adam. Dit

leven van de Heilige Drieëenheid elke Hypostase drager is van de volheid van het Goddelijk Wezen, zo is ook in het menselijk leven elke hypostase-persoon drager van de volheid van de menselijke natuur, als betrof het één mens. Wanneer de mens deze hypostatische vorm van het 'zijn' bereikt, wordt hij "zeer kostbaar voor Gods aanschijn".[94] In het licht van deze waarheid wordt het woord van Christus gerechtvaardigd, dat de ziel van de mens als persoon méér waard is dan de "ruilwaarde" van de gehele wereld[95] – want een dergelijke ziel is equivalent aan de gehele wereld plus hemzelf.

Bovendien "[kent] de mens als hypostase geen eenzaamheid".[96] Dit kan op twee manieren worden verstaan. Hij leeft onafgebroken in de aanwezigheid van de Levende God, en hij bidt voor de gehele wereld. De mens wordt tot hetgeen Job op profetische wijze verlangde te zien:[97] Dat wil zeggen, hij wordt tot die mens, die – in navolging van Christus – zich zou uitstrekken tussen de hemel en de aarde, en zijn ene hand zou leggen op de schouder van God en de andere op de schouder van de mens.[98] Het is precies dan, terwijl hij bidt voor de gehele wereld, dat de mens wordt tot een "koninklijk priesterschap",[99] door het volgen van het "voorbeeld" des Heren. Dit is ook het teken dat ervan getuigt, dat de oorspronkelijke "icoon" in de mens hersteld is[100] – dat zijn hypostatische beginsel tot vervulling is gekomen.

Bij deze samenvatting van de betekenis van het hypostatische beginsel in het menselijk zijn, maken wij de volgende aantekening:

Wanneer de mens zich bekeert, bekeert hij zich niet alleen voor zichzelf, maar voor de gehele Adam, voor de gehele schepping.[101]

---

gebruik gaat terug op de Vaders, m.n. de heilige Gregorius van Nyssa. *Cf. CWL.*
[94] 1Petr.3:4
[95] Cf. Mt.16:26 en Mk.8:37.
[96] "We Shall See Him", GK p.304, EN p.197. Zie ook Metr. John Zizioulas "Being as Communion", p.105: "De persoon is ondenkbaar buiten zijn relaties."
[97] Cf. Job.9:33 – [In de Septuagint wordt Job 9:33 uitgedrukt als een wens: "Och, of onze middelaar er was, zowel berispende, als die (de zaak) aanhoort tussen beiden." Vanuit het Hebreeuws: "... die zijn hand op ons beiden zou leggen." *Cf. CWL.*]
[98] "We Shall See Him", GK p.378. Zie ook "His Life is Mine", EN p.91-92.
[99] 2Petr.2:5,9.
[100] "We Shall See Him", GK p.370.
[101] "Saint Silouan", GK p.559-567, EN p.448-456, NL p.471-480.

Wanneer hij wordt wedergeboren, wordt hij wedergeboren in den Hoge, in de wereld van het Koninkrijk der Hemelen, als overwinnaar over al de wereldse krachten – zoals Christus, de Meester.[102] Mét zich heft hij heel de schepping op, als waarachtige zoon en erfgenaam van God – "eenvormig aan het lichaam der heerlijkheid" van Diens Zoon.[103] Zoals Christus, zijn Heiland, hem heeft liefgehad "tot het einde", zo heeft ook hij God, zijn Weldoener, lief tot aan zelfhaat toe. Hij beschouwt het leven zijner ziel niet "van waarde",[104] maar is voor Diens heilige en volmaakte wil tot elk offer bereid. Met deze zelfde liefde bidt hij voor heel de wereld. "Met sterk schreeuwen" neemt hij deel aan het gebed van Christus in Gethsémane.[105] Op dit niveau wordt het hypostatische gebed van de mens verwerkelijkt. Eéngeworden met Christus en met de kracht van Diens liefde, omvat hij alles: de hemel en de aarde en de helse diepten. Hij volgt Christus "waar Hij ook heengaat".[106]

---

[102] In het Grieks: *despótês* (δεσπότης), d.w.z. een meester over dienaren en lijfeigenen. Niet te verwarren met 'leermeester', *didáskalos* (διδάσκαλος), degene die onderricht geeft aan zijn leerlingen. *Noot vert.*
[103] Fil.3:21.
[104] Hand.20:24.
[105] Heb.5:7 – Het Grieks betreft hier de 'kreet' van het hart, de 'schreeuw' tot God in uiterste nood, m.n. bij het zien van de wanhopige situatie van de gevallen mens. Deze visie wordt alleen nog maar verscherpt door het contrast met de heerlijkheid Gods in Christus, waartoe de mens oorspronkelijk geroepen was. *Noot vert.*
[106] Openb.14:4.

1b) De oorspronkelijke heerlijkheid van de mens
als vermogen tot het ontvangen van het Goddelijk leven

God is de "God der heerlijkheid".[1] Deze heerlijkheid straalt van vóór de eeuwen uit van Zijn natuur, begeleidt Zijn Naam, en omvangt Zijn werken. Het `is Zijn scheppende energie en in deze heerlijkheid openbaart Hij Zich. Als God niet "vóór de grondlegging der wereld"[2] de wil had gehad de mens te scheppen en hem deelgenoot te maken aan Zijn volmaaktheid en Zijn leven, in gemeenschap met Hem, dan zou deze heerlijkheid voor de geschapen wezens een onbekend en onvatbaar mysterie zijn gebleven. Niet wij bedenken Hem, maar Hijzelf "heeft ons tot het zijn gebracht".[3]

God vormde de mens "naar [Zijn] beeld en naar [Zijn] gelijkenis".[4] Dankzij deze persoonlijke en directe daad van God is die idee van de Schepper in de mens ingeplant. Zijn geest is in staat om op dynamische wijze te komen tot de gelijkenis met God en Hem te "herkennen", omdat hij "Hem verwant is".[5] Een juist verstaan van

---

[1] Cf. Hand.7:2.
[2] Joh.17:24.
[3] Aanvangsgebed van de Anaphora in de Liturgie van de heilige Johannes Chrysostomos.
[4] LXX Gen.1:26.
[5] Het geschapen zijn "naar het beeld" Gods werd de mens gegeven als hypothese – als mogelijkheid – zodat hij het gebod kan vervullen dat hij van God ontvangen heeft, om zo de staat "naar [Gods] gelijkenis" te bereiken – dat wil zeggen, tot "god [te worden] door de genade". In het onderricht van oudvader Sophrony (in het bijzonder in zijn boek "We Shall See Him", GK p.300-301, EN p.194) wordt onderscheid gemaakt tussen de geschapen eigenschappen, die de mens zijn ingeplant vanaf zijn schepping "naar het beeld" van God, en de bovennatuurlijke of ongeschapen genadegaven, die hij verwerft tijdens zijn vervolmaking "naar [Gods] gelijkenis". Tot deze laatste behoren het zien van God, dat samengaat met het reine gebed van aangezicht tot Aangezicht, en het gebed voor de gehele wereld, als deelgenoot aan het gebed van de Heer te Gethsémane. In de bovennatuurlijke genadegaven ziet de Oudvader het werkzaam worden van het hypostatische beginsel en de inwijding van de mens als persoon. Vergelijkbaar onderricht aangaande de twee categorieën van 'goede gaven', die de mens door God gegeven zijn toen hij door God geschapen en geformeerd werd, vinden we bij de heilige Basilius de Grote. Hij onderscheidt deze aldus: a) de "reeds aanwezige [goede gaven] van Godswege", en b) de goede gaven "weggelegd voor later, op grond van de belofte". De eerste karakteriseert hij als "menselijk", de tweede beschrijft hij als "het verstand en de kracht van het woord te boven gaand". Zie «Εἰς τὸ πρόσεχε σεαυτῷ» (*Over de uitdrukking 'Let op uzelf'*) 6, PG31, 212B-

deze koninklijke waarheid aangaande de schepping van de mens "naar het beeld en naar de gelijkenis" Gods is dus de onontbeerlijke voorwaarde, zowel als het uitgangspunt, voor het theologische begrip van de ontologische dimensie van het hypostatische beginsel.

Zoals oudvader Sophrony constateert "[hebben] de Vaders en Leermeesters der Kerk door de eeuwen heen de openbaring van onze gelijkenis met God uiteengezet – doch niet allemaal, en niet altijd met dezelfde kracht."[6] Velen van hen onderscheidden een dynamisch verschil tussen de schepping "naar [Gods] beeld" en die "naar [Gods] gelijkenis".[7] In de schepping "naar het beeld" zagen zij de aanvankelijke 'kapitaalsom' en gave van Gods genade, terwijl zij de schepping "naar de gelijkenis" verstonden als de groei en vervolmaking van het zijn "naar [Gods] beeld" – dat wil zeggen, de vergoddelijking van de mens.[8] Deze vergoddelijking wordt verwezenlijkt door de samenwerking van het wilsverlangen van de mens met het vóóreeuwige raadsbesluit van God.

In de geschiedenis van de uitleg aangaande de schepping "naar het beeld" Gods zien wij dat dit soms wordt toegeschreven aan het

---

215A; «Περὶ εὐχαριστίας» (*Over de dankzegging*) 2, PG31, 22IC-224A1; «Περὶ Ἁγίου Πνεύματος» (*Over de Heilige Geest*) 9,23 PG32, 109BC en «Εἰς τὴν Ἑξαήμερον» (*Over de zes scheppingsdagen*) 6, PG29, 120A. Deze laatste twee werken bestaan ook in Engelse vertaling, getiteld: "On the Holy Spirit" en "Hexaemeron", in NPNF, Series II, vol.VIII.

[6] "We Shall See Him", GK p.297, EN p.192.

[7] De gebruikelijke Griekse uitdrukking voor deze beide genadegaven is korter, min of meer letterlijk vertaald: 'het (zijn) naar het beeld' en 'het (zijn) naar de gelijkenis'. Omdat dit in West-Europese talen lastig klinkt, wordt vaak verkort tot 'het beeld (Gods)' en 'de gelijkenis (Gods)', doch strikt genomen is alleen Christus Zelf 'het beeld' van God. De mens is geschapen '*naar* het beeld', d.w.z. naar het voorbeeld van Christus als het Goddelijk Prototype. Vanwege de theologische implicaties hiervan zijn deze uitdrukkingen hier zodanig vertaald, dat het element 'naar...' bewaard blijft. *Noot vert.*

[8] Cf. H.Gregorius van Nyssa: "'Laat Ons de mens maken naar Ons beeld en naar Onze gelijkenis.' Het ene bezitten wij door de schepping, het andere volbrengen wij door onze wilskeuze (*proaíresis*/προαίρεσις). Te zijn geworden naar het beeld Gods is deel van ons wezen vanaf onze eerste vervaardiging, het zijn naar de gelijkenis Gods wordt volbracht vanuit onze wilskeuze. Dit vermogen tot keuze is ons ingeschapen, doch de werkzaamheid ervan is onze eigen inbreng." Zie «Εἰς τὰ τῆς γραφῆς ῥήματα· Ποιήσωμεν ἄνθρωπον κατ'εἰκόνα ἡμετέραν καὶ καθ' ὁμοίωσιν» (*Over de woorden van de Schrift: "Laat Ons de mens maken naar Ons beeld en naar Onze gelijkenis."*) woord 1, 29, PG44, 273A.

intellect van de mens, soms aan het redelijk vermogen, soms aan zijn vrije wil of aan zijn heersende plaats temidden van de schepping, soms nog aan andere dingen. Ook in de geschriften van oudvader Sophrony komen wij vele benaderingen tegen van het geschapen zijn "naar het beeld", vaak nog met een bijzondere en openbarende uitweiding, die voortkomt uit zijn persoonlijke ervaring. Evenals de heilige Gregorius Palamas, ziet ook oudvader Sophrony het zijn "naar Gods beeld" allereerst in het intellect van de mens. De laatste benadrukt daarbij de eigenschap van het geschapen intellect te kunnen worden opgeheven tot het schouwen van het ongeschapen Licht, en aan licht gelijk te worden.[9]

De heilige Athanasius de Grote formuleerde, zoals ook andere Vaders, de leer dat de mens een redelijk wezen is (*logikós*/λογικός), omdat hij geformeerd is naar het beeld van het Woord (de '*Logos*') van God. Oudvader Sophrony onderricht in Christocentrische zin, dat dit redelijk vermogen van de mens zichtbaar wordt wanneer het Evangeliewoord één wordt met zijn natuur[10] – dan nadert hij de gelijkenis met Christus.[11] Naar de visie van de Oudvader toont de mens zich als schepper – naar het beeld van de éne Schepper – niet zozeer in het voortbrengen van materiële dingen, of bij de voortplanting van het leven, maar als "medewerker van God" in de vernieuwing

---

[9] Cf. H.Gregorius Palamas: "Te zijn 'naar het beeld' bevindt zich niet in het lichaam, maar verwijst naar de aard van het intellect." (zie: G.I. Manzarides «Παλαμικά», Thessaloniki, 2^e druk 1983, p.157; cf. "Chapters on the Nature" 27 PG150, 1137D). Archim. Sophrony schrijft in "We Shall See Him" (GK p.269, EN p.174): "Ons intellect is geschapen naar het beeld van het Eerste Intellect – God. Het Licht is eigen aan ons intellect, omdat dit geschapen is naar het beeld van Hem, die het beginloze Licht is."

[10] Wederom accentueert het Grieks hier het directe verband tussen de mens als redelijk wezen (*logikós*) en het woord (*lógos*). Het begrip 'redelijk' wordt hier gebruikt in verband met de gave van de 'rede' (*logikón*/λογικόν) en het vermogen tot 'redelijk denken' (zoals ook in het NT, zie Rom.12:1, 1Petr.2:2). Het Griekse begrip 'logos' is zeer rijk aan betekenis, en omvat naast de gebruikelijke vertaling met 'woord' ook betekenissen als o.a. 'reden' en 'zin/betekenis'. *Noot vert, cf. CWL.*

[11] H. Athanasius de Grote, «Κατὰ Ἀρειανῶν» (*Tegen de Arianen*) 3, 33, PG26, 396A. H. Joh. Damaskinos "Ἔκδοσις ἀκριβὴς ὀρθοδόξου πίστεως» (*Een exacte uiteenzetting van het Orthodoxe geloof*) 7, 18, PG94, 118B. Zie ook G.I. Manzarides «Χριστιανικὴ ἠθική» (*Christelijke ethiek*), Thessaloniki, 4^e druk 1995, p.84.

en vergoddelijking van zijn natuur, opdat hij als nieuwe en onsterfelijke hypostase moge binnenkomen in het Koninkrijk der hemelen.[12]

De gewijde Chrysostomos situeert het geschapen zijn "naar [Gods] beeld" allereerst in het heersend gezag van de mens binnen de schepping;[13] oudvader Sophrony ziet deze gave niet als een uiterlijk uitoefenen van gezag, maar als de geestelijke overwinning en heerschappij over al wat "de zichtbare en de noëtische wereld" vervult.[14] Uiteraard geschiedt dit door het geloof in Christus.

Vooral de Cappadocische theologen brachten het vermogen tot zelfstandige besluitneming[15] en de vrijheid naar voren als de elementen bij uitstek van het geschapen zijn "naar [Gods] beeld". Ook oudvader Sophrony beschouwt de vrijheid als het grootste voorrecht van de mens. De vrije zelfbepaling van de mens zich te richten op Gods eeuwigheid bereikt zijn volheid en wordt definitief, wanneer de eventuele keuze tussen goed en kwaad ophoudt, en de 'gnomische wil' van de mens[16] geïdentificeerd wordt met zijn natuurlijke wil.[17] Bovendien neemt vader Sophrony aan dat het hypostatische beginsel in ons gelegd werd bij de daad van onze schepping "naar het beeld en naar de gelijkenis" van God.[18] De mens, een schepsel naar het beeld van de Hypostatische God, wordt

---

[12] "God heeft ons geroepen, opdat wij medewerkers zouden zijn met Hem in de Daad van het scheppen, door Hemzelf, van onsterfelijke goden. [... Hij] maakt ons gelijkvormig aan Hemzelf." Zie "We Shall See Him", GK p.159, EN p.101.
[13] Cf. H. Joh. Chrysostomos, «Πρὸς Στάγειρον» (*Aan Stageiros*) 1, 1 PG47, 427.
[14] "We Shall See Him", GK p.125, EN p.81 – cf. 1Joh.5:4-5.
[15] Vaak aangeduid als de 'vrije wil' van de mens, in het Grieks *autexousía* (αὐτεξουσία) hetgeen letterlijk zoiets betekent als 'zelf-gezag', d.w.z. het vrije gezag zijn eigen keuzes te maken. Dit vermogen tot zelfstandige besluitneming staat in tegenstelling tot de idee dat de keuzes van de persoon vooraf bepaald liggen in zijn wezen of in zijn 'lot'. In dit verband wordt ook gesproken over de vrije 'zelfbepaling' (*autokathorismós*/ αὐτοκαθορισμός), d.w.z. het vermogen tot vrije beslissing aangaande de eigen gerichtheid. *Noot vert*.
[16] De 'gnomische wil' hangt samen met het vermogen tot keuze en de "kennis van goed en kwaad", en zou omschreven kunnen worden als het wilsverlangen dat voortkomt uit iemands inzicht en kennis. In de gevallen mens komt de 'gnomische' wil tot uiting in de *weifeling* tussen goed en kwaad – een verwording van de natuurlijke werkzaamheid van de wil. *Noot vert, cf. CWL*.
[17] Zie G.I. Manzarides, «Παλαμικά» p.161. Zie ook Archim. Sophrony "We Shall See Him", GK p.386, en "His Life is Mine", EN p.93-94.
[18] "We Shall See Him", GK p.408, EN p.231.

ook zelf tot hypostase: Wanneer hij, door het hypostatische gebed voor de gehele wereld, gelijk geworden is aan Christus, dan wordt de mens tot drager en 'samenvatting' van heel het geschapen 'zijn', en zelfs ook – wat de energiën betreft – van het Goddelijk 'Zijn'.[19]

Deze laatste benadering van de schepping "naar het beeld" is tevens de belangrijkste. Hierin zien wij bovendien de centrale stelling van de schrijver in zijn exegese van het zijn "naar het beeld". Dank zij deze oergave ziet hij de mogelijkheid die de mens heeft om in Christus "de volheid van het God-menselijk leven" te ontvangen.[20] Door deze prismatische visie van het zijn naar Gods beeld zien we, dat het behoud daarvan bestaat in de verwerkelijking van het hypostatische beginsel in de mens. Het is wellicht nuttig hierbij aan te tekenen dat de term *'hosios'* (ὅσιος), die gebruikt wordt voor diegene, die de gave te zijn "naar het beeld" in alle striktheid heeft bewaard, in de Slavische Orthodoxe Traditie wordt weergegeven door de term *'prepodopnii'*, hetgeen betekent 'volkomen gelijkend' (op God).[21]

God schiep de mens op onbevattelijke wijze. Hij schonk hem de roeping Hem te kennen, en in Hem 'op te wassen' door de genade en de kennis van het heil.[22] Zoals de Oudvader zegt, heeft God ons met deze roeping geëerd – opdat wij niet misleid zouden worden door verbasterde menselijke theorieën, en tot slachtoffer zouden worden van onze verbeelding.[23] Het antwoord op deze goddelijke roeping leidt tot gelijkwording aan de Zoon van God.

De goddelijke inblazing in het aangezicht van Adam[24] schonk hem de gave van het schouwen van God. Deze genadegave van de Schepper bekleedde de eerstgeschapene met heerlijkheid, eer en geestelijke grootheid, tot op het moment waarop Adam, door de raad

---

[19] Ibid., GK p.166, EN p.160: "Wij zijn ertoe geroepen in onszelf heel de volheid te omvatten van het 'Zijn' – menselijk én Goddelijk." Zie ook GK p.300, 304, EN p.194, 197; en P. Nella «Ζῶον θεούμενον» Athene, 1979, p.25 (Engelse uitgave, ed. SVS 1987: "Deification in Christ", p.29).
[20] "We Shall See Him", GK p.287, EN p.186.
[21] Zoals eerder opgemerkt, wordt deze titel m.n. gebruikt voor heilige asceten (d.w.z. monastieke heiligen). *Noot vert., cf. CWL.*
[22] Cf. 1Petr.2:2; 2Petr.3:18.
[23] Cf. "We Shall See Him", GK p.166, EN p.160.
[24] Cf. LXX Gen.2:7.

van de duivel, vergat dat hij geschapen was en het besef van zijn nietigheid verloor. Beheerst door verwaandheid over zijn hoge staat begreep hij niet, dat zijn gewaarwording van het 'absolute' enkel de weerspiegeling is van Hem, Die de 'Eerste Absolute' is.[25] In plaats van "de heerlijkheid van de onvergankelijke God"[26] leerde hij de verduistering, de vergankelijkheid en de dood kennen. Hij raakte opgesloten in zichzelf "als was hij het middelpunt", en hij bewoog zich in de richting van de leegte van het niet-zijn, "waaruit de Formeerder ons tot het leven riep".[27] Aldus verloor de gave (die hij bezat) te zijn "naar [Gods] beeld" zijn stralende luister, en bleef onwerkzaam.

Van deze wonde van de Val wordt de mens genezen door Christus. In het Aangezicht van Christus,[28] Die het beeld is van de beginloze Vader, herkende de mens de waarachtige God, maar ook de authentieke Mens.[29] Christus stond op uit de dood, en deed het beeld Gods in de mens herleven. In de oneindigheid van Zijn liefde "tot het einde"[30] wordt ons "het beeld van de Mens" geopenbaard, "zoals dit van vóór alle eeuwen bestaat in het scheppende Intellect van God".[31] In het Licht van Zijn Aangezicht wordt de staat van de uiteindelijke vervolmaking van de mens "ten dele" zichtbaar.[32] Dit is het begin van het schouwen van het vóóreeuwige plan van God voor de mens.[33]

---

[25] Cf. "We Shall See Him", GK p.166, EN p.160.
[26] Rom.1:23.
[27] "We Shall See Him", GK p.47, EN p.30. [Vgl. de anaphora van de Goddelijke Liturgie van de heilige Johannes Chrysostomos "Gij, Die ons vanuit het niet-zijn tot het zijn hebt gebracht." *Noot vert.*]
[28] 2Kor.4:6.
[29] Het Griekse woord voor 'beeld' is *eikon* (εἰκών, Nieuwgrieks: εικόνα), een woord dat in de Orthodoxe Traditie eveneens gebruikt wordt voor de zgn. 'iconen' van Christus en Zijn heiligen. Deze gewijde afbeeldingen zijn een getuigenis van de werkelijkheid van de inwoning van God in de mens, door de vleeswording van Christus. Overal waar sprake is van het 'beeld Gods', zou dus eveneens vertaald kunnen worden met de 'icoon Gods', die ons getoond is in de Persoon van Jezus Christus, de mensgeworden God. *Noot vert.*
[30] Joh.13:1.
[31] "We Shall See Him", GK p.254, EN p.165.
[32] Cf. 1Kor.13:9vv.
[33] "We Shall See Him", GK p.298, EN p.193: "In Christus... schouwen wij de vóóreeuwige idee van God aangaande de mens."

De erkenning van deze waarheid, die ontspringt aan de openbaring in Christus, brengt grote inspiratie in de ziel om de strijd op zich te nemen tot herstel van de oorspronkelijke glorie[34] van het zijn naar het beeld Gods.[35] Slechts dan verwerft de mens zelfkennis en de gewaarwording van de "afgrond van [zijn] verduistering".[36]

Vóór de Val waren al de vermogens van de ziel van de mens op God gericht. Na de Val verzwakte dit natuurlijke verlangen, en de mens onderging verwarring en verderf.[37] Doch door de ervaring van genade van de Heilige Geest, Die op aarde kwam na de verheerlijking van de Heer Jezus, werd de gave in de mens te zijn naar het beeld Gods tot een "onstuitbaar elan",[38] tot dringend gebed, zelfhaat,[39] en onuitblusbare dorst naar het 'verwerven' van de God der liefde, Die geopenbaard wordt als Licht – "en in Hem is in het geheel geen duisternis".[40] Hoe meer het beeld van de vóóreeuwige Mens gereinigd wordt en straalt in de mens, des te alomvattender en dringender wordt de berouwvolle bekering.[41]

Door de bekering wordt de mens wedergeboren. De genade van de Heilige Geest verfijnt zijn hart om de onbeschrijfelijke grootheid te bevatten van het beeld van de eerstgeschapen mens, en tegelijkertijd de maat te ontdekken van zijn eigen nutteloosheid en van de vreeswekkende ontaarding van de oorspronkelijke idee van de Schepper voor ons.[42] Dit bewustzijn doet de kenotische en onzelfzuchtige liefde ontvlammen. En alleen een dergelijke kennis

---

[34] Het woord 'glorie' is hier de weergave van een buitenbijbels woord (*aíglê*/αἴγλη) dat ook 'roem' of 'glans' kan betekenen, en o.a. gebruikt wordt voor de straling van zon, maan en sterren, van gepolijst brons of van brandende toortsen. Hiernaast wordt in dit verband ook vaak het Griekse woord *'doxa'* (δόξα) gebruikt, dat in Bijbels Nederlands doorgaans vertaald wordt met 'heerlijkheid'. *Noot vert.*
[35] "We Shall See Him" GK p.139, EN p.89: "Wanneer het 'tastbare' beeld van de vóóreeuwige God onze ziel verwondt door de grootheid van Zijn liefde, dan kunnen wij dit wonder nimmer vergeten."
[36] Ibid., GK p.254, EN p.165.
[37] Cf. ibid., GK p.47, EN p.30.
[38] Ibid., GK p.163, EN p.104.
[39] Cf. ibid., GK p.293. , EN p.190.
[40] 1Joh.1:5.
[41] Cf. "We Shall See Him", GK p.102, EN p.71.
[42] "Ik dien Christus te zien "zoals Hij is", opdat ik mijzelf moge vergelijken met Hem, en vanuit deze vergelijking wordt ik mijn 'mis-vorming' gewaar." – "We Shall See Him", GK p.92 (zie ook p.71), EN p.59 (46).

en visie kunnen de natuur van de mens versterken, om deze te genezen en toereikend te maken om de genade te dragen van zijn gelijkwording aan Christus. En dan wordt ook hij deelgenoot aan de God-menselijke universaliteit van Christus.[43]

Naar het diepgaande inzicht van oudvader Sophrony komt het zijn "naar [Gods] beeld" naar voren als de eerste en fundamentele genadegave die ons door de Schepper geschonken is. Hij ziet daarin Gods roeping van de mens om kind van God te worden. De kennis van de grootsheid van deze roeping en van de eer daarvan, blijkt een geestelijke genadegave met een kracht die toereikend is de mens te bevestigen op de weg des heils. De cultivering van deze genadegave en de zorg daarvoor vormen de maat en het criterium voor alle andere genadegaven, die uiteindelijk zullen leiden tot de gelijkwording aan Christus en de éénwording met Hem, en tot de "aanneming als zonen" – "in liefde" – door de Beginloze Vader.[44] Volgens het woord van dezelfde schrijver "herhaalt [God] in feite Zichzelf",[45] als een Vader, in de schepping van de mens "naar [Zijn] beeld en naar [Zijn] gelijkenis" – dat is "naar de inhoud" van Zijn leven, doch "niet naar het 'Zijn' van Zijn beginloze Zelf".[46]

---

[43] Ibid., GK p.364-365 – zie ook "His Life is Mine" EN p.87-88.
[44] Cf. Ef.1:4-5.
[45] Ibid., GK p.298, EN p.193.
[46] Ibid., GK p.266, EN p.172.

1c) Verleiding tot het ingebeelde 'absolute'

God is voor de mens de beginloze Realiteit en het 'verborgen mysterie'. Reeds in het paradijs schonk Hij aan de mens de eerste openbaring van Zijn Wezen, toen Hij hem schiep "naar [Zijn] beeld en naar [Zijn] gelijkenis". Het was toen, dat Hij in diens natuur het hypostatische beginsel legde, en hem in staat stelde om in de toekomst nog grotere kennis en openbaring van God te ontvangen.[1]

Het vervolg van de geschiedenis der openbaring getuigt ervan, dat de Schepper van Adam, het Absolute en Hypostatische 'Zijn', Zichzelf "veelvuldig en op velerlei wijze" deed kennen.[2] Doch toen de volheid van de tijd gekomen was, werd door de Zoon de Vader bekend gemaakt, en werd de Heilige Geest geschonken.

Het is duidelijk dat de Absolute Waarheid van de Drieëne God geen bedenksel is van de menselijke rede, noch het produkt van zijn door vrees overspannen verbeelding. De kennis hiervan is gebaseerd op de concrete en eeuwige Realiteit van de Levende God.[3] Als schepsel van de Waarachtige God draagt de mens in zich het ingeboren verlangen Hem te zoeken. Dit is echter niet voldoende voor het kennen van de waarheid. Daarenboven dient het God Zelf welbehaaglijk te zijn hem te begenadigen met de gave van Zijn liefde. De kennis van de Waarheid is "een tweezijdige daad: van de Schenker en van de ontvanger".[4] De relatie en de gemeenschap tussen deze twee is altijd persoonlijk, en de kennis van God is de vrucht "van een wezenlijke vereniging".[5]

De mens, als een potentiële hypostatische geest, is in staat het Goddelijk 'Zijn' te kennen.[6] Dit is hem mogelijk, vooropgesteld dat hij zich bevindt in het perspectief van de Goddelijke wil. Door te verblijven in de geest van Christus' geboden – totdat deze worden tot de enige wet van heel zijn bestaan – wordt in wederzijdse liefde

---

[1] Cf. H.Gregorius Palamas, Homilie 45 §1.
[2] Heb.1:1
[3] Cf. "We Shall See Him", GK p.303, EN p.196. Zie ook H. Maximos de Belijder, «Περὶ ἀγάπης» *(Over de liefde)* 1,2, PG90, 261B (EN, zie "The Philokalia", "First Century on Love", 2).
[4] Cf. "We Shall See Him", GK p.163, zie ook p.408, EN p.104 & 231.
[5] Ibid., GK p.408, zie ook p.321, 164., EN p.231, zie ook 206-207, 104-105.
[6] Cf. ibid., GK p.321, EN p.206.

de hypostatische eenwording verwezenlijkt van de persoon van God en de persoon van de mens.[7] Dan verwerft de mens de gezindheid en het "verstand om de Waarachtige te kennen".[8] De 'vorm' van het Goddelijk 'Zijn' wordt op hem overgedragen als een geestelijke staat.[9]

Naast deze levende gemeenschap "van aangezicht tot Aangezicht"[10] en de kennis van de waarachtige God van de Schriften, beschrijft oudvader Sophrony nog een andere weg tot verwerving van het Absolute, die daar parallel aan loopt doch berust op een vergissing. Hierbij gaat het echter om het 'supra-persoonlijke', of veeleer, het 'onpersoonlijke absolute'. De theorie van deze weg heeft z'n oorsprong in de oosterse religies. In zijn jeugdjaren, zoals oudvader Sophrony belijdt, legde ook hijzelf zich gedurende bijna acht jaar toe op de ascese van dit soort transcendente meditatie.[11] In onze dagen, vanwege de sterke stroming tot verwereldlijking die m.n. in de westerse wereld de overhand heeft, is deze theorie wijd verspreid en trekt vele mensen aan, die ernaar verlangen te ontsnappen aan de eentonigheid en de verveling van de bandeloosheid van de materiële cultuur.

De menselijke rede glijdt gemakkelijk af tot genoemde theorie. Vertrekkend vanuit een psychologische visie op het hypostatische beginsel raakt de mens innerlijk overtuigd van de beperktheid en de onvolmaaktheid daarvan. Door zijn redeneringen komt hij uit op de conclusie, dat dit beginsel niet de uitdrukking kan zijn van het Absolute, en dat het 'hypostatische beginsel'[12] en het 'Absolute' onverenigbare begrippen zijn. Met zijn intellect zoekt hij naar een "supra-persoonlijk beginsel", dat "al hetgeen relatief is overstijgt".[13] Hij blijft deze zoektocht voortzetten, omdat hij in zijn bewustzijn het begrensde begrip van het 'individu' vereenzelvigt met het begrip van de 'Persoon' of 'Hypostase' – doch het beginsel hiervan ontkomt aan elke definitie, en heeft het vermogen zich te

---

[7] Cf. ibid., GK p.163, EN p.104.
[8] Cf. 1Joh.5:20.
[9] Cf. "We Shall See Him", GK p.404-405, EN p.229.
[10] Cf. 1Kor.13:12.
[11] Cf. ibid., GK p.393, EN p.222.
[12] D.w.z. de idee van de persoon. *Cf. CWL.*
[13] "We Shall See Him", GK p.336, EN p.213.

ontwikkelen om heel het 'Zijn' van God, zowel als dat van de mens in zich te ontvangen.

Het transcendentalisme van de oriëntaalse mystiek heeft als dogmatisch fundament de theorie, dat het 'absolute zijn' of het 'reine zijn' de hoogste oorspronkelijke wezenheid is, waar alle leven uit is voortgekomen – en dit 'zijn' is onpersoonlijk en transcendent van aard. De mens zou van hetzelfde geslacht en van hetzelfde wezen zijn als deze 'reine wezenheid', maar hij onderging degradatie en bederf bij zijn komst in het veelvormige en voortdurend veranderende leven van deze tegenwoordige wereld. Doch hij heeft dit goddelijk beginsel in zich, en door een negatieve ascese kan hij zijn voorbijgaande staat overstijgen. Aldus kan hij terugkeren tot het oorspronkelijke 'zijn', om zo de harmonie en de noëtische schoonheid te vinden van dit mysterieuze en alles-overstijgende 'wezen', dat elke relatieve vorm van bestaan te boven gaat – en om daarmee vereenzelvigd te worden.

De apofatische[14] of negatieve ascese van de oosterse mystiek neemt het bestaan van het goede in de geschapen mens aan als een gegeven feit. Het beschouwt de mens als van gelijke aard en van eenzelfde wezen als het 'absolute' of 'reine zijn'. In deze traditie bestaat de ascetische inspanning hierin, dat de mensen zich ontkleden van "al wat voorbijgaand, [en] relatief" is, opdat zij op deze wijze een bepaalde onzichtbare grens zouden overschrijden en "zich bewust worden van hun beginloosheid, van hun 'identiek zijn' met de Bron van al wat bestaat".[15] Zij jagen na terug te keren tot die staat, waarin zij zich bevonden voordat zij in deze wereld verschenen.[16]

Deze onpersoonlijke ascese van de mentale 'ontkleding' van al wat relatief en voorbijgaand is, is egocentrisch. Ze is gebaseerd op de wil en de mogelijkheid van de mens zijn intellect te onttrekken aan "al wat relatief is en gebonden aan een veelheid van vormen: zicht-

---

[14] Het begrip 'apofatisch' houdt verband met een Grieks woord voor 'ontkennen' (*apóphêmi*/ἀπόφημι), en heeft betrekking op een theologische of filosofische wijze van spreken, waarbij men zich uitdrukt in ontkennende stellingen – d.w.z. men stelt dat iets *niet* zus-of-zo is. *Cf. CWL*.
[15] "On Prayer", GK p.188, EN 168-169.
[16] Wat in de oosterse religies ontbreekt, is de positieve dimensie van de ascese, nl. het ontvangen van het bovennatuurlijke leven – de bron daarvan ligt enkel in de God der openbaring.

baar, onzichtbaar, zintuiglijk, of mentaal".[17] Deze ascese is overwegend verstandelijk van aard, en in het geheel niet verbonden met het hart. De mens spant zich in om op te gaan in de "duisternis der ontkleding",[18] en om door te verzinken in de abstracte mentale sfeer dát 'reine zijn' te bereiken, dat zich bevindt boven elke onbestendigheid en verandering,[19] "buiten de grenzen van tijd en ruimte".[20] De mens jaagt na "terug te keren tot het anonieme supra-persoonlijke Absolute, en daarin te worden opgenomen".[21] Hij verlangt ernaar te worden opgelost en zijn menselijke hypostase uit te wissen in de anonieme "oceaan van het reine 'zijn', van het supra-persoonlijke absolute".[22]

De visie die wij hier beschreven hebben, samen met de onpersoonlijke en apofatische ascese die daarmee samengaat, betreft niet het schouwen van God, maar het 'zichzelf schouwen' van de mens. Het is een noëtische dwaling, waar iemand – volgens het getuigenis van oudvader Sophrony – menselijkerwijs onmogelijk aan kan ontsnappen zonder de levenschenkende genade van de Hypostatische God. De ervaring die verschaft wordt door deze ascese van 'mentale ontkleding' en 'transcendente meditatie', hoe interessant en rustgevend deze ook moge toeschijnen, treedt niet buiten de grenzen van het geschapen 'zijn', noch nadert dit tot het Oorspronkelijke 'Zijn' van de Levende God der openbaring.[23]

Dit schouwen en de bijbehorende ascese – de apofatische ascese van de mentale ontkleding, in de 'duisternis der onwetendheid' van het hypothetische 'absolute' – wanneer zij op hun meest indrukwekkende wijze worden vervuld, verscherpen de psychische en mentale vermogens van de mens. Doch tegelijkertijd verfijnen zij ook de hartstocht van de hoogmoed, waardoor deze ascese verandert in een "daad van zelfvergoddelijking"[24] – en daarmee verzinkt de mens in de afgrond van het niets, waaruit de wil van de Heilige

---

[17] "We Shall See Him", GK p.89, EN p.57.
[18] Cf. ibid., GK p.32, EN p.21.
[19] Cf. ibid., GK p.89-90, EN p.57.
[20] Cf. "On Prayer", GK p.188, EN p.169.
[21] Ibid.
[22] "We Shall See Him", GK p.41, EN p.27.
[23] Cf. "On Prayer", GK p.189, EN p.169.
[24] "We Shall See Him", GK p.41, EN p.26.

Vader hem in dit leven riep.[25] Het ascetisme van deze aard heeft in sommigen hun zelfbewustzijn vermeerderd, en hen in staat gesteld "verheven te worden tot het supra-logische schouwen van het 'zijn'". In deze gesteldheid kan de mens hogere mystieke ervaringen hebben, zoals bijvoorbeeld de "stilte van het intellect" in een zekere buitentijdelijke vervoering, of de aantrekkelijke rust die samengaat met de ontkleding van de geest "van de onophoudelijk wisselende verschijnselen van de zichtbare wereld". Aldus zoekt hij de vrijheid van geest, en het schouwen van de noëtische schoonheid.[26]

De cultivering van het hierboven beschreven metafysische schouwen draagt in zich dit ultieme gevaar: Wanneer het aanvaard wordt, leidt het tot de afsterving van het hypostatische beginsel in de mens en tot de dood op het metafysische vlak.[27] De grote verzoeking daarvan ligt hierin, dat het de natuurlijke genadegaven uitbuit die God de mens geschonken heeft bij zijn schepping "naar het beeld en naar de gelijkenis" Gods. Deze genadegaven – in plaats van te worden ontvangen met dankbaarheid, en te worden ontwikkeld met het zicht op God – worden verzelfstandigd op egocentrische wijze en verabsoluteerd. Zij worden tot een hoge muur, die het redelijk schepsel voor eeuwig scheidt van de God Die hem geschapen heeft. De natuurlijke genadegaven lijken op "de boom der kennis van goed en kwaad". Overeenkomstig de houding die de mens aanneemt met betrekking tot deze gaven, ontvangt hij ook de vruchten daarvan. Door de verkeerde houding herhaalt hij op zekere wijze die grote Val, die plaatsvond in het paradijs, reeds in de eerste dagen van het menselijk leven.

De geest van de mens, geschapen "naar het beeld en naar de gelijkenis" Gods, heeft een natuurlijke neiging tot het Absolute. Doch men moet deze "weerglans in zichzelf van de Absolute Natuur" niet overwaarderen.[28] De geschapen genadegave van deze natuurlijke tendens tot het Absolute, in combinatie met de hoogmoed daarover, verspert de weg tot het verwerven van de bovennatuurlijke genade-

---

[25] Cf. "On Prayer", GK p.200, EN p.80.
[26] Cf. ibid., GK p.188, EN p.169.
[27] Cf. "We Shall See Him": Vader Sophrony spreekt in dit verband over een "hypostatische dood" (GK p.334, EN p.212), en over "zelfmoord op het metafysische vlak" (GK p.90, EN p.57).
[28] Cf. ibid., GK p.333, EN p.211.

gaven, en tot de vergoddelijking overeenkomstig het grote verlangen van de Hemelse Vader. Al is deze 'absoluutheid' ingeboren, wanneer ze gecultiveerd wordt buiten het gebod van de persoonlijke God om, verwordt dit tot een "neiging tot zelfvergoddelijking"[29] naar het model van Lucifer.

In hun val verstaan de mensen noch Gods raadslagen, noch Zijn weg.[30] Zij projecteren hun eigen psychologische en individuele gesteldheid op het Wezen van God, en verliezen elk gezond criterium van Godskennis. Zij verwarren het begrip van de 'persoon' met het begrip van het 'individu' uit de dagelijkse ervaring, terwijl deze diametraal tegenovergesteld zijn.[31] In hun hovaardigheid komen zij tot de conclusie dat het Absolute geen persoon kan zijn, en dat de eeuwigheid niet besloten kan liggen in de (volgens hen) 'psychologische' aard van de Evangelische liefde.[32] Zij nemen derhalve de strijd op zich hun hypostatische beginsel te overstijgen "als zijnde een tijdelijke vorm van bestaan",[33] om een hypothetische oneindigheid en stilte te bereiken – die in wezen niets anders zijn, dan die oorspronkelijke staat die zij hadden voordat zij op deze wereld kwamen.[34]

Herstel van deze dwaling is slechts mogelijk door de bekering. Hierdoor wordt de relatie van de Persoonlijke en Levende God met Zijn schepsel – geschapen "naar [Zijn] beeld" – hersteld en wederom bezield met leven. Door de genadegave van het gebed der bekering wordt de natuurlijke neiging tot de waarlijk Zijnde God tot een vurig elan. De Almachtige God, in Zijn zorg voor de mens, schenkt hem dan de heerlijkheid van al Zijn eigen genadegaven. Dit "leven in overvloed",[35] dat de bekering met zich meebrengt, is de realiteit die de verfijnde dwaling van de oosterse filosofie weerlegt en wegneemt. Dit leven is noch een bedenksel van het verstand van de "natuurlijke" mens,[36] noch een voortbrengsel van zijn ver-

---

[29] Cf. "On Prayer", GK p.188, EN p.169; "We Shall See Him", GK p.41, EN p.26.
[30] Cf. Jes.55:7-9.
[31] Cf. "We Shall See Him", GK p.42, EN p.27. Voor het onderscheid tussen de termen 'persoon' en 'individu', zie hfst.1a, noot 1.
[32] Ibid., GK p.50, EN p.32.
[33] Ibid., GK p.41, EN p.27.
[34] Cf. "On Prayer", GK p.188-189, EN p.169.
[35] Cf. Joh.10:10.
[36] Cf. 1Kor.3:14.

beelding, maar de genadegave van God en de voorsmaak van Zijn onsterfelijk Koninkrijk. En deze realiteit van God overtreft zowel het verstand als de verbeelding van de mens.[37]

Het aanvaarden van de dwaasheid van het Kruis tijdens de volledige bekering, die plaatsvindt in de gewaarwording van de eigen zondigheid, versterkt het intellect van de mens niet slechts om te worden bevrijd van elke gehechtheid aan de materiële en voorbijgaande wereld, en zich te ontdoen van alle hartstochtelijke gedachten en noëtische beelden van dit geschapen bestaan, maar ook om de ongeschapen heerlijkheid te aanschouwen van zijn Schepper. Men wordt niet slechts "ontkleed" van de hartstochten, maar tevens "overkleed met onze woonstede, die uit de hemel is", en men "draagt ook het beeld van de Hemelse [mens]".[38] De via technieken bereikte 'ontkleding' van het Boeddhisme, zelfs in haar meest edele uiting, bereikt niet meer dan de helft van de zaak.[39] Bovendien bestaat hierbij het gevaar, wanneer het intellect zich bevindt in de "duisternis der ontkleding", dat dit zich tot zichzelf keert om zijn eigen lichtende doch geschapen schoonheid te bewonderen, en "het schepsel te dienen in plaats van de Schepper".[40] En dan, volgens het woord des Heren "wordt het laatste van [de] mens erger dan het eerste."[41]

---

[37] Cf. "We Shall See Him", GK p.400, EN p.226. Zie ook 1Kor.2:9; Ef.3:20.
[38] Cf. 2Kor.5:3; 1Kor.15:49.
[39] D.w.z. de positieve dimensie van de ascese ontbreekt hier, zie noot 16.
[40] Zie Rom.1:25.
[41] Mt.12:45.

2
De zelfontlediging van het Woord en het heil van de mens

2a) De zelfontlediging van het Woord

De beginloze en eeuwige Realiteit van het Goddelijk Zijn zou voor altijd een onbekend mysterie zijn gebleven, als het niet Hemzelf – uit liefde – welbehaaglijk ware geweest Zich aan de mens te openbaren als een Drieëenheid van Personen: Vader, Zoon en Heilige Geest. Deze openbaring werd aan de wereld gebracht door de tweede Persoon van de Heilige Drieëenheid – de Eniggeboren Zoon en het Woord van de Vader. Met Zijn menswording en al wat daarop volgde werden aan de zonen der mensen Gods onzegbare liefde bekend gemaakt en Zijn vóóreeuwige plan voor het heil der wereld. Christus, de Eniggeboren Zoon van God, werd de Bewerker van dit heil, en Hij verwezenlijkte dit werk door Zijn onbeschrijfelijke zelfontlediging en uiteindelijk door Zijn opstanding in heerlijkheid.

De zelfontlediging van het Woord is in wezen de uitdrukking van het mysterie van Gods liefde "tot het einde". Oudvader Sophrony onderscheidde deze goddelijke kenotische liefde op twee niveaus: op het niveau van het leven binnen de Drieëenheid Zelf, en op het niveau van de menswording en het heilswerk. Deze kenotische liefde wordt weerspiegeld op het niveau van de menselijke bestaanswijze als de "nieuwe schepping"[1] die de Levende God en Heiland liefheeft tot aan zelfhaat toe.[2]

Uit de Orthodoxe leer over de Drieëenheid weten wij, zoals wij reeds hebben aangehaald, dat de Vader de Zoon verwekt buiten de tijd, en Hem bij deze verwekking heel Zijn eigen 'Zijn' overdraagt: Zijn wezen zowel als Zijn energie. Hij leeft geheel in de Zoon; en de Zoon, in een onzegbare beweging "van zichzelf ontledigende

---

[1] Cf. 2Kor.5:17; Gal.6:15.
[2] Cf. "We Shall See Him", GK p.219-220, 326, EN p.139-140, 209. Zie ook Openb.12:11.

liefde, geeft Zichzelf over aan de Vader... volgens Zijn Goddelijke... natuur".[3] Op vergelijkbare wijze doet de Vader vóór alle eeuwen de Heilige Geest van Zich uitgaan, Die eveneens in Zichzelf heel Diens 'Zijn' bezit: Diens wezen, zowel als Diens energie. De Heilige Geest leeft geheel in de Vader en rust in de Zoon. Elke Hypostase van de Heilige Drieëenheid bezit in Zichzelf de volheid van het Goddelijk 'Zijn', en tegelijkertijd heeft Hij dit volledig gemeenschappelijk met de andere twee Hypostasen.[4]

Juist in dit elkaar wederzijds in liefde omvatten van de Drie Hypostasen ziet oudvader Sophrony het karakter van de "zichzelf ontledigende" liefde en het leven in de boezem van de Heilige Drieëenheid.[5] Dit bestond "eer de wereld was",[6] en deze bestaanswijze[7] getuigt eveneens van de eenheid van het Goddelijk 'Zijn'.[8] Deze houding van "kenotische liefde" van elke Persoon jegens de andere twee blijkt ook op het moment waarop de Eerstgeboren Zoon van God in de wereld komt om de wil van de Vader te vervullen.[9]

---

[3] Ibid., GK p.219, EN p.139 [Deze paragraaf betreft het vóóreeuwige goddelijke leven binnen de Heilige Drieëenheid. Het volledige citaat omvat ook de menswording, en eindigt: "zowel volgens Zijn Goddelijke, als volgens Zijn menselijke natuur." *Noot vert, cf. CWL.*] Cf. Joh.14:10-11. Zie ook "On Prayer", GK p.37, EN p.25.
[4] Cf. "We Shall See Him", GK p.406, EN p.230.
[5] Ibid., GK p.219, EN p.139.
[6] Joh.17:5. Zie ook "On Prayer", GK p.37, EN p.25.
[7] De schrijver gebruikt hier een bijzondere uitdrukking: *'trópos hypárxeos'* (τρόπος ὑπάρξεως), d.w.z. wijze van zijn, wijze van bestaan, bestaanswijze. In het theologische vocabulaire wordt deze uitdrukking gebruikt voor de wijze waarop iets leeft of bestaat, beschouwd als een afzonderlijk element *naast* de wezenlijke natuur als zodanig van de desbetreffende zaak of persoon. *Cf. CWL.*
[8] "We Shall See Him", GK p.341, EN p.216: "[..] in de Goddelijke Drieëenheid [..] is elke Hypostase volkomen open voor beide anderen. Daar is de kenotische liefde het fundamentele karakter van het Goddelijk Leven, en derhalve is de eenheid van de Drieëenheid absoluut volmaakt. In de theologie wordt dit uitgedrukt door de term 'perichorese'." ['Perichorese' = 'elkaar wederzijds omvatten'. *Noot vert.*]
[9] "Zie, Ik ben gekomen... om Uw wil te doen, o God", Heb.10:7. ['Eerstgeboren' is hier de vertaling van het Griekse *'prôtótokos'* (πρωτότοκος), dat verwijst naar de erfgenaam (i.v.m. het eerstgeboorterecht: *prôtotokía*/ πρωτοτοκία) – en het is juist de Erfgenaam van de Vader, Die Zich ontledigt in Zijn Menswording omwille van ons. Daarnaast is Christus ook de 'Eniggeborene' van de Vader (*monogenês* /μονογενής). *Noot vert.*]

Het is Gods wil dat de wereld wordt behouden door het kenotische offer van de Zoon.[10] Dit "werk"[11] heeft de Zoon op Zich genomen volgens het gemeenschappelijke vóóreeuwige Raadsbesluit van de Vader en van de Zoon en van de Heilige Geest. Als volmaakte en absolute God toont de Zoon van de Vader Zich volmaakt en onvatbaar in Zijn zelfontlediging en Zijn nederigheid.[12]

Zoals de "geboorte vanuit den hoge" van het Goddelijk Woord gekenmerkt wordt door de kenotische liefde, op dezelfde wijze wordt ook de "geboorte hier beneden" gekarakteriseerd door dezelfde goddelijke liefde. Heel de daad van de menswording van de Zoon van God toont Zijn zelfontlediging. Al de gebeurtenissen van Zijn aardse leven, vanaf het eerste moment van de geboorte tot aan het bloedige zweet van het gebed in Gethsémane, en Zijn "het is volbracht" aan het kruis, en dan nog de schrikwekkende nederdaling tot "de nederste delen der aarde", vormen tezamen Zijn onzegbare en grootse zelfontlediging.

De vleeswording van het Woord van God is de voorbereiding en als het ware de voorafgaande samenvatting van al de onderdelen van Zijn leven, die Zijn onbegrijpelijke zelfontlediging en nederigheid openbaren. Zoals de apostel Paulus zegt, "zijnde in de gedaante van God [heeft Hij] het geen buit geacht God gelijk te zijn."[13] Als waarachtige God en één van Wezen met de beginloze Vader bezat Hij heel de rijkdom van de Godheid op natuurlijke wijze. Daar Hij "de Zijnde" was, de waarachtige God, "gelijk" aan God de Vader, daalde Hij zonder dwang en uit vrije wil neder van Zijn goddelijke staat, en nam Hij de geschapen menselijke natuur aan. Hij "[heeft] Zichzelf ontledigd, toen Hij aannam de gedaante van een dienstknecht, en wording kreeg in de gelijkenis der mensen."[14] Hij verborg Zijn Goddelijke natuur in het menselijk lichaam en werd mens, zonder

---

[10] Cf. Joh.3:16; Rom.8:32.
[11] Joh.17:4.
[12] Cf. "We Shall See Him", GK p.220, EN p.139-140.
[13] Fil.2:6, zie ook 2Kor.8:9. [Het Griekse woord in Fil.2:6, hier vertaald met 'buit', betreft de schat die men voor zichzelf heeft buitgemaakt door roverij of plundering. Doch zoals de auteur aangeeft, was Christus' goddelijkheid Zijn natuurlijk bezit, en derhalve had Hij geen nood Zich daaraan vast te klampen als aan een verworven buit. *Noot vert.*]
[14] Fil.2:7.

gescheiden te worden van Zijn goddelijkheid. De maat van Zijn zelfontlediging is oneindig, en even oneindig en bodemloos als de afgrond is de kloof tussen de Ongeschapene en hetgeen geschapen is. Doch Hij heeft de menselijke natuur die Hij aannam "gezalfd" met Zijn goddelijke natuur "boven [al Zijn] medegenoten".[15] Terwijl Hij volmaakt en waarachtig God was, werd Hij tevens een volmaakt en waarachtig mens.

Christus komt in de zwakheid van het menselijk vlees om de heldendaad te volbrengen van de Godwaardige vernedering, en Zijn 'hielelichter'[16] te schande te maken. Door Zijn onzegbare zelfontlediging rechtvaardigt Hij God tegenover de mens, en door Zijn volmaakte nederigheid rechtvaardigt Hij de mens tegenover diens Formeerder. De rechtvaardiging van God tegenover de mens geschiedt, doordat God in de Persoon van Christus de mens Zijn liefde "tot het einde" schenkt.[17] Omwille van de mens levert Hij Zijn Eniggeboren Zoon over tot de dood. Dus hoe zou Hij "ons, mét Hem, ook niet met alle dingen begenadigen?"[18] Hoe hard het kruis van de goddelijke wil ook moge toeschijnen, toch kan de mens God nimmer beschuldigen, omdat Diens gave oneindig veel groter is. Aldus richt de rover aan het kruis de pijlen der blaam tegen zijn eigen onrechtvaardigheid en ondankbaarheid, en hij beschuldigt God niet, doch God blijft voor immer rechtvaardig en gezegend.

Wederom rechtvaardigt Christus de mens tegenover God, omdat Hij als mens volmaakte "gehoorzaamheid"[19] betoont en een zondeloze wandel. God heeft in Hem Zijn welbehagen en aanvaardt in Zijn Persoon elke mens die Zijn weg en Zijn voetsporen volgt.

De menswording van Christus en Zijn werk voor het heil der wereld zijn één en dezelfde voortdurende daad van zelfontlediging en nederigheid. Wij kunnen daarin echter drie betekenisvolle momenten onderscheiden, waarin de openbaring van Zijn heilseconomie zich concentreert, en Zijn oneindige menslievendheid

---

[15] Heb.1:9.
[16] Cf. Gen.3:15; Ps.40(41):9/10.
[17] Joh.13:1.
[18] Rom.8:32.
[19] "En in gestalte bevonden als mens, heeft Hij Zichzelf vernederd, door gehoorzaam te worden tot de dood, ja, de dood des kruises." Fil.2:8.

zich doet kennen: het gebed in Gethsémane, de dood aan het Kruis, en de nederdaling in de Hades.

Al hetgeen de Heer in Zijn leven volbracht, verwezenlijkte Hij door de kracht van de Heilige Geest, en daarom blijft dit alles voor eeuwig voor Gods aanschijn. Het gebed des Heren in Gethsémane heeft oneindige dimensies. De inhoud daarvan omvat heel het geschapen 'zijn', en behoudt heel het menselijk geslacht. Wij kunnen dit ten dele bevroeden uit het hogepriesterlijk gebed van Christus, in het Evangelie bij monde van Johannes.[20] Al werd dit gebed in het bijzonder opgedragen voor de leerlingen en hun volgelingen, daarbij ging het vergezeld van een diepe droefheid voor het heil der wereld. Dit gebed openbaarde de volmaakte en vrije onderwerping van de menselijke wil van Christus aan de wil van de Hemelse Vader. Aangezien de Heer een "onberispelijk Lam" was en "zonder zonde", was heel Zijn 'staan' voor het aanschijn van de Vader een reine dankzegging, en daarom ging Zijn gebed ook ten volle vergezeld van Gods welbehagen. Niettemin was het een smeking onder bloedig zweet voor het behoud van de wereld uit al de tragische en eindeloze doodlopende wegen der zonde, en van de vloek des doods. Zoals Hij Zichzelf als het (goddelijk) Woord volmaakt ontledigde en mens werd, zo offerde Hij Zichzelf als mens – vrijwillig en met uiterste nederigheid – in dit gebed te Gethsémane, dat alles omvatte. Aldus ontledigde Hij ten volle Zijn eigen wil ten gunste van de wil van God de Vader.

Wij zien dus dat het gebed in Gethsémane, als definitieve "band der liefde",[21] werd opgedragen voor het heil van heel de wereld. In de geest van dit gebed, en terwijl Hij heel de mensheid in Zichzelf meedroeg, ging Christus op tot Golgotha.[22] In dit gebed offerde Hij Zijn wil, en was heel Zijn liefde werkzaam. Doch dit diende te worden voltooid en bezegeld door het Offer van Zijn Lichaam aan het Kruis. Aangezien de Heer in Zichzelf het bewustzijn van heel de Adam droeg, bad en leed en stierf Hij voor heel de wereld. Toen Hij opstond, stond Hij op met al hetgeen Zijn Geest had omvat. Aldus behield Hij heel het geslacht van Adam. Zijn woorden "Vader, in

---

[20] Joh.17, met name vers 25.
[21] Cf. Kol.3:14.
[22] Cf. "We Shall See Him", GK p.81, EN p.53. Zie ook Lk.23:28.

Uw handen beveel Ik Mijn geest" en "Het is volbracht" zijn de tekenen van de volledige zelfontlediging en nederigheid van Christus, van Zijn volmaakt Offer, en derhalve van het heil voor heel de wereld – dat op aarde bewerkt werd door Zijn medelijden.

Het laatste stadium van de zelfontlediging, dat nog een uitbreiding is van het voorgaande, ontvouwde zich bij de nederdaling in de Hades. Met deze nederdaling tot "de nederste delen der aarde" heeft de Heer "alles [met Zichzelf] vervuld".[23] Zoals Hij de aarde verlicht heeft door Zijn leven alhier, en de natuur der wateren geheiligd heeft door Zijn Doop in de Jordaan, op dezelfde wijze verlichtte Hij de gevangenis van de Hades met het licht van Zijn Aangezicht, en bevrijdde Hij Adam en de geesten der rechtvaardigen uit de banden der duisternis. Door Zijn leven, Zijn dood, Zijn begrafenis en Zijn nederdaling in de Hades heeft de Heer heel de ruimte van het geschapen 'zijn' "vervuld" met Zijn vergoddelijkende Energie. Met andere woorden, in elke plaats is het de mens mogelijk de levenschenkende genade van Christus te ontmoeten, en te worden behouden onder welke condities dan ook. In Zijn gebed in Gethsémane omvatte de Heer heel de breedte van het 'zijn'. Bij de nederdaling in de Hades reikte Hij tot de uiterste diepte waartoe de Val van redelijke schepselen had geleid, en bij Zijn opstanding werd Hij verheven tot boven de hemelen, waarbij Hij het ontelbare leger van hen die behouden zijn achter Zich meevoerde.[24]

---

[23] Cf. Ef.4:10. Zie ook de Goddelijke Liturgie van de heilige Basilius de Grote.
[24] Cf. Openb.7:9; 19:14. Zie ook Ef.3:18 "de breedte, en lengte, en hoogte en diepte". *Noot vert.*

2b) De weg der geboden [1]

Het gehele aardse leven van Christus, vanaf Zijn verschijning in de wereld tot aan Zijn "uittocht" aan het Kruis,[2] vormt de weg van Zijn zelfontlediging. Het Kruis, de bekroning van de zelfontlediging, openbaart ook de uiterste nederigheid[3] van God. Het voorbeeld van de "gekruisigde" Christus[4] vormt de kern van het "evangelie" van de apostel Paulus,[5] en zijn voornaamste zorg in de toerusting en de bevestiging van de gelovigen. De Apostel nodigt de gelovigen uit dit voorbeeld voor ogen te houden en deze weg te gaan.[6] Wie aan het eind verheven wil worden in de wereld waar Christus woont, dient Hem daaraan voorafgaand te volgen op deze nederige weg en in de kenotische nederdaling.[7]

De zelfontlediging van Christus vormt het begin van elke geestelijke opgang en de voorwaarde daarvoor. Dit grote mysterie der vroomheid wordt de gelovigen aangeboden als de weg van het waarachtige leven, die de dood overwint en in hen "de volheid van het goddelijk beeld" verwezenlijkt.[8] De gelovigen, als ledematen van de Kerk, kunnen dit mysterie van de zelfontlediging van Christus "kennen op existentiële wijze, door de levende ervaring", doch alleen "door de gave van de Heilige Geest".[9]

Deze levenswijze van kenotische liefde die geopenbaard werd door de Eniggeboren Zoon van God, werd aan de mens gegeven als een gebod.[10] En dit gebod is het eeuwige leven.[11] Het is de inhoud van de waarachtige Hypostase van het Woord. Daarom ook heeft

---

[1] Cf. LXX Ps.118(119):32 – "Ik zal voortsnellen op de weg van Uw geboden, wanneer Gij mijn hart hebt uitgebreid."
[2] Het Grieks gebruikt hier het woord *'exodos'* (ἔξοδος), dat verwijst naar de Uittocht van Israël uit Egypte, en dat in het Evangelie ook verbonden wordt met de lijdensweg van Christus (cf. Lk.9:31). *Noot vert.*
[3] Deze uitdrukking 'de uiterste nederigheid' wordt ook gebruikt als benaming van een bijzondere icoon m.b.t. het lijden van Christus. *Cf. CWL.*
[4] Cf. 1Kor.2:2 en Gal.3:1.
[5] Cf. Rom.2:16; 16:25.
[6] "Want deze gezindheid zij in u, die ook is in Christus Jezus", Fil.2:5.
[7] Cf. Ef.4:9-10.
[8] Cf. "We Shall See Him", GK p.297, EN p.192.
[9] Cf. ibid., GK p.219, EN p.139.
[10] Cf. ibid., GK p.407, EN p.231. Zie Mt.22:37-40; Mk.12:29-31; Lk.10:27-28.
[11] Cf. Joh.12:50.

De weg der geboden

Gods gebod, gericht tot de mens die verstoken was van het goddelijk leven, tot doel hem in te wijden als Godgelijke hypostase.

Christus vervulde het gebod van de Hemelse Vader door Zijn zelfontlediging. Dienovereenkomstig wordt de zelfontlediging van de mens met name tot uitdrukking gebracht door het bewaren van het tweevoudige gebod van de liefde tot God en tot de naaste.[12] Doch het is onmogelijk voor de mens dit "zeer wijde gebod"[13] van de Heer op Godwaardige wijze te vervullen, in de gevallen staat waarin hij zich bevindt. Zijn intellect en zijn hart moeten eerst genezen worden, om te kunnen worden opgeheven tot de hoogte van dit gebod. Juist daarom beantwoordt de mens het woord van Gods roeping met de bekering, die al de geboden omvat en de mens geneest.[14]

De bekering is niet enkel een menselijk streven, maar ook een genade. De genade der bekering sterkt de vermogens van de ziel en verenigt de menselijke natuur, zodat deze – gesterkt zijnde – een tweevoudige noëtische en geestelijke visie kan dragen. In deze staat schouwt de gelovige enerzijds de onberispelijkheid van de gloeiende liefde van Christus – een liefde die zichzelf tot het einde toe offert in zelfontlediging – en anderzijds ziet hij zijn eigen ontaarding en lelijkheid. Dit ontzagwekkende schouwen begeestert de gelovige met een afkeer van zijn geestelijke nutteloosheid, en met de eerzucht om met aandrang de liefde van God te zoeken.

Wanneer de drang der bekering groeit, reikt deze tot aan de zelfhaat. Dit manifesteert zich als een vlam, die "alle vuilheid en slechtheid" van het oude leven verbrandt.[15] Het hart van de mens wordt gereinigd, en opent zich geheel en al. Het wordt ontvankelijk voor de verlichting vanuit den hoge en spant zich ten volle in om het woord Gods aan te grijpen. In deze staat nadert hij tot de maat van de volmaaktheid van de geboden des Heren, en wordt hij tot leerling

---

[12] Cf. Mt.22:37-40.
[13] LXX Ps.118(119):96 – "... Uw gebod is zeer wijd."
[14] De heilige Gregorius Palamas karakteriseert de goddelijke geboden als het "grote en volmaakte geneesmiddel voor de ziel". Zie «Ὑπὲρ τῶν ἱερῶς ἡσυχαζόντων» (Over hen die de gewijde stilte beoefenen) 2,3,11, in: «Γρηγορίου τοῦ Παλαμᾶ, Συγγράμματα», P.Christou, deel 1, p.547 (PG151, 56D). En het bewaren van de geboden karakteriseert hij als "zegel" en "volheid" der deugden (zie Homilie 4, PG151, 60 D).
[15] Jak.1:21.

van Diens kenotische liefde. Zoals de Heer de rijkdom van Zijn goddelijkheid aflegde, en door Zijn armoede de mens verrijkte, door hem de "overvloed"[16] van Zijn leven en Zijn liefde te schenken, evenzo legt de mens elke zaak af die in deze wereld geworden was tot leven van zijn ziel,[17] om heel zijn wezen te maken tot een woonplaats toebereid voor God. Hij ontdoet zich van elke vergankelijke en aardse zaak, om "overkleed" te worden met het onvergankelijke en hemelse, "opdat het sterfelijke verslonden moge worden door het leven".[18]

De zelfontlediging van Christus, tot de dood toe, was vrijwillig. "Onberispelijk en smetteloos"[19] en "zonder zonde"[20] dronk de Heer de "beker"[21] van de wil en het gebod van de Vader. Zijn vrijwillige en hoogst onrechtvaardige dood "voor ons" werd de veroordeling van onze eigen hoogst rechtvaardige dood, veroorzaakt door de zonde die daaraan vooraf ging. Door de dood van Christus werd de dood van de mens veroordeeld, en heerste het leven door de "overvloed der genade en de gave der rechtvaardigheid".[22]

De Christen verdraagt de zelfontlediging vrijwillig door te leven in bekering en door het bewaren van Gods geboden. In de strijd zijn wil te identificeren met de wil van God en Hem welbehaaglijk te worden, bereikt hij een eerzucht die zelfs de dood geringschat. Deze staat van zijn geest, waarin hij onderricht wordt door de nederige en kenotische liefde van Christus, werd op wonderbare wijze uitgedrukt door de apostel Paulus: "Ik acht het leven mijner ziel geenszins van waarde voor mijzelf... maar ik ben zelfs bereid te sterven voor de Naam van de Heer Jezus.[23] In deze zelfde lijn wandelen ook de heiligen. Dit is de volmaakte liefde, die volgt op de volmaakte zelfontlediging van de mens. Deze toont de mens als hypostase, in staat "de goede en welgevallige en volmaakte wil van God" in zichzelf te bevatten.[24]

---

[16] Joh.10:10. Cf. "We Shall See Him", GK p.412, EN p.234.
[17] Cf. Lk.14:26.
[18] 2Kor.5:4.
[19] Cf. 1Petr.1:19.
[20] Heb.4:15, cf. Joh.8:46.
[21] Mt.26:39 en Lk.22:42.
[22] Rom.5:17.
[23] Cf. Hand.20:24 en 21:13.
[24] Rom.12:2.

Deze liefde doodt elk gevoel van eigenliefde in de mens, opdat God in hem moge leven, en opdat God in hem moge worden grootgemaakt. Het gebed, vergezeld van de kenotische zelfhaat en gloeiend van het vuur van de nederige liefde van Christus, voltrekt zich van aangezicht tot Aangezicht met de beginloze God. Tijdens dit gebed wordt op hem de innerlijke staat overgedragen van Christus Zelf. Door Gods genade wordt de mens tot een waarachtige en vervulde hypostase. Gedragen door de Geest van God kan ook hij met een heilige vrijmoedigheid uitroepen: "Nu, mijn Christus, in U en door U: ...ook *ik ben!*"[25]

Het hart van de mens, die zichzelf tot het einde toe heeft ontledigd van al zijn wilsverlangens, wordt beheerst door de liefde van God. Deze liefde geneest heel zijn wezen en verzamelt dit "binnenin" hemzelf. Zij opent zijn ogen voor een nieuwe visie. Hem wordt geopenbaard dat "het wezen van heel de mensheid – naar zijn afkomst en naar zijn natuur – één wezen is, één mens".[26] Aldus verstaat de mens de uiteindelijke bestemming "van alle vlees".[27] Voor allen verlangt hij het eeuwige erfdeel van hen die worden behouden. Hij wordt geïnspireerd door het van droefheid vervulde gebed van de Heer in Gethsémane: "O Rechtvaardige Vader, en de wereld heeft U niet gekend."[28] Vanuit een 'natuurlijke' drang van de geest bidt hij "voor alle mensen, *voor de gehele Adam*, als voor zijn eigen zelf."[29] Dit gebed kan de mens pijnlijk afmatten tot aan de uiterste uitputting van al zijn krachten, maar de geest der liefde tot de naaste getuigt in zijn ziel van het heil. Zoals de Apostel zegt: "wij weten dat wij zijn overgegaan van de dood tot het leven, omdat wij de broeders liefhebben."[30]

De mens die op wettige wijze strijdt volgens het gebod van de kenotische liefde, ontvangt door de genade de staat van Christus en wordt aan Hem gelijk in zijn "gezindheid"[31] en gevoelens. Zoals Christus de gehele Adam liefheeft en in Zich draagt, zo wordt ook

---

[25] "We Shall See Him", GK p.412, EN p.234.
[26] "On Prayer", GK p.83, EN p.57.
[27] Cf. Joh.17:2, Lk.3:6 e.a.
[28] Joh.17:25.
[29] "On Prayer", GK p.83, EN p.57.
[30] 1Joh.3:14.
[31] Cf. Fil.2:5.

hij door de geest der liefde uitgebreid, om heel de mensheid te omarmen. Zoals de Heer bad in Gethsémane en opging tot Golgotha omwille van het leven en het heil van allen, zo bidt ook de mens, die de gave van Diens liefde ontvangt, voor de gehele wereld zoals hij ook voor zichzelf bidt. Door dit gebed wordt "de gehele Adam" tot inhoud van zijn hart. Hij wordt opgeheven tot de hoogte van het tweede grote gebod en begint dit te vervullen in de authentieke dimensies daarvan.

Wij zien dus dat al wat de Heer gedaan heeft, het plan vormt voor de weg die de mens dient te volgen om te gaan lijken op de Zoon van God, en de genade van de aanneming tot zonen te ontvangen. Naar de mate waarin hij deelheeft aan het lijden en de zelfontlediging van Christus, wordt hem de rijkdom van Gods genadegaven geschonken. Door elke zondige neiging prijs te geven en door het afleggen van de "voorzorg voor het vlees"[32] wordt hij bevrijd van elke band met de geschapen wereld, en opent hij zich volledig voor het ongeschapen leven van God. Aldus raakt hij in staat voort te gaan in de geest van de geboden van Christus. Op definitieve wijze heeft hij God lief, en voor hem wordt de goddelijke wil tot wet en bron des levens. Op deze weg van de wil van God "maakt elk offer hem gelijk aan Christus",[33] terwijl de vrijwillige afsterving door de zelfontlediging, die hij op deze aarde in zich draagt, veranderd wordt in een kracht ter opstanding. Deze kracht zal echter pas geopenbaard worden in zijn volle heerlijkheid, "wanneer Christus, Die ons leven is, Zich zal openbaren".[34]

Doch na die vrijwillige zelfontlediging zal de mens aanstonds ook de onvrijwillige zelfontlediging ondergaan van zijn natuurlijke dood. Het geloof en de hoop op de opstanding inspireren de mens ertoe te leven in overeenstemming met Gods geboden, en de wil van het vlees te doen sterven. Door die vrijwillige afsterving wordt de dood overwonnen, en wordt een begin gemaakt in het nieuwe, eeuwige leven. Aldus, door het geloof in Christus, de Overwinnaar van de dood en de Aanvoerder des levens, slaagt de gelovige erin vrijwillig voort

---

[32] Cf. Rom.13:14.
[33] "We Shall See Him", GK p.63, EN p.41.
[34] Kol.3:4.

te gaan in het zicht van dat onafwendbare feit, en dit te veranderen van een onvrijwillige tot een vrijwillige gebeurtenis.

De weg van de zelfontlediging naar het model en het voorbeeld van de zelfontlediging van Christus is een weg van verwerving en vervolmaking van het hypostatische beginsel in de mens. Zo reikt hij "tot de volmaakte man (de hypostase), tot de maat van de grootte der volheid van Christus."[35] Hij wordt een Godgelijke hypostase met supra-kosmische dimensies, naar het beeld van de opgestane Christus, de Overwinnaar der wereld.[36] Volgens het samenvattende woord van oudvader Sophrony: "Hoe vollediger onze zelfontlediging is, des te volmaakter is de opgang van onze geest in het lichtdragende gebied van de Vóóreeuwige Godheid."[37]

---

[35] Ef.4:13.
[36] Cf Joh.16:33.
[37] "We Shall See Him", GK p.347, EN p.220.

2c) *De liefde tot aan zelfhaat toe*

In eerste instantie werd God aan Mozes geopenbaard als "de Zijnde",[1] als Persoon. Vervolgens, tijdens Zijn inwoning in het vlees, openbaarde Hij dat de inhoud van Zijn Hypostase de liefde is, en wel "liefde tot het einde".[2] Deze openbaring, volgens het woord van de apostel Paulus, vormt het "grote mysterie der vroomheid".[3]

De menswording van de Zoon van God "verklaarde" ons de Persoon-Hypostase. In het vlees, dat de Zoon en het Woord van God had aangenomen, toonde Hij de waarachtige dimensies van de Persoon en van Zijn kenotische liefde. "Hijzelf heeft eerst ons liefgehad",[4] en om niet heeft Hij eerst het heil geschonken aan de goddeloze, als een Dienstknecht, door het werk van de zelfontlediging. Op de wijze van "een dienstknecht",[5] omdat Hij de schuldige mens geen vrees wilde aanjagen, waardoor Hij tevens diens vrijheid zou aantasten. Hij toonde dat Zijn liefde absoluut is, maar ook onbeschrijfelijk nederig – doordat "Christus, toen wij nog zondaars waren, voor ons gestorven is".[6]

De mens werd geschapen "naar het beeld en naar de gelijkenis" van God. Om deze reden is ook de mens een persoon en weerspiegelt hij God, zijn 'prototype'. Doch om te slagen in de uiteindelijke vervolmaking van het hypostatische beginsel, zoals dat door God was voorbestemd, is hij verschuldigd de volheid te bereiken van de goddelijke liefde. Ook van hem wordt verwacht dat hij als een dienstknecht, door werken van bekering en van nederigheid, zijn dankbaarheid uitdrukt voor het heilswerk van Christus, en Diens liefde beantwoordt met liefde, en als persoon vervolmaakt wordt door de navolging van Diens voorbeeld en Diens leven.

Verwijzend naar de woorden van de Heer in de nacht van het Mystieke Avondmaal, merkt oudvader Sophrony op, dat de liefde van Christus toen "haar absolute volheid bereikte"[7], zowel met

---

[1] LXX Ex.3:14.
[2] Joh.13:1 en 15:10-15.
[3] 1Tim.3:16.
[4] 1Joh.4:19.
[5] Cf. Fil.2:7.
[6] Rom.5:8.
[7] "We Shall See Him", GK p.112.

betrekking tot God de Vader, als met betrekking tot de gevallen mens. Deze weg, die de Heer voleindigde tijdens de wedkamp van Zijn zelfontlediging, stelt Hij de mens voor als "voorbeeld" voor zijn leven.[8] Doch de Oudvader staat in het bijzonder "versteld" en wordt specifiek "aangetrokken" door "de gestalte van Christus Die opgaat tot Golgotha, terwijl Hij in Zichzelf de gehele Adam draagt, alle volkeren van alle eeuwen, [...] om Zijn leven voor hen te offeren, en om door het aanvaarden van de dood, die de mensen verwond had, hen het leven te schenken".[9] Hij was zodanig 'krijgsgevangen' door het ethos van "Christus, [het] onberispelijk en smetteloos Lam"[10] tijdens die vreeswekkende opgang, dat hij in zijn geschriften herhaaldelijk en met dogmatische overtuiging stelt: "God is nederigheid". Hierin volgt hij de geest van zijn grote leermeester, de heilige Silouan, die op dezelfde authentieke wijze getuigde, dat "de nederigheid van Christus... onbeschrijfelijk" is.[11]

Het zien van Christus, Die "als een Lam ter slachting [wordt] geleid"[12] en "de boze niet weerstaat",[13] in Zijn lijden voor de zonden van de gehele Adam – zodat in Zijn Persoon alle natiën gezegend worden met het licht des levens "uit de opstanding der doden"[14] – had een centrale plaats in het bewustzijn van vader Sophrony. Aldus was hij gelijk aan de Heilige, die niet ophield zich te verwonderen over "de onmetelijkheid van de goddelijke liefde en van de nederigheid van God.[15] Deze liefde van Christus is oneindig zowel als nederig, omdat zij allen omarmt, en geen onderscheid maakt tussen vijanden en vrienden, tussen kleinen en groten, tussen "die nabij zijn, en die verre zijn".[16] Hij neemt op Zich het gewicht van de zonden van heel de wereld. De empirische kennis van deze nederige liefde leidde oudvader Sophrony tot de originele formulering van de

---

[8] Joh.13:15, cf. "We Shall See Him", GK p.113, EN p.73.
[9] «ΑΣΚΗΣΙΣ ΚΑΙ ΘΕΩΡΙΑ» *(Over de ascese en het schouwen)*, GK p.97.
[10] 1Petr.1:19.
[11] "We Shall See Him", GK p.209 en 45, EN p.132, 29.
[12] Jes.53:7.
[13] Cf. Mt.5:39.
[14] Hand.26:23.
[15] Cf. "Saint Silouan", GK p.123, EN p.99, NL p.111.
[16] Cf. Ef.2:17.

theorie van de "omgekeerde piramide".[17] Deze theorie verklaart op de meest uitnemende wijze het mysterie van de liefde van Christus, en hoe deze werkzaam is en lijdt in deze wereld, die "in (de macht van) de boze ligt".[18]

In deze theorie wordt heel het menselijk 'zijn' voorgesteld als een gebouw in de vorm van een piramide. De hiërarchische ordening van mensen in hoger en lager, zoals ook elke verdeeldheid en ongelijkheid onder hen, is het gevolg van de val van de eerstgeschapenen. Degenen die zich bevinden aan de top van de piramide overheersen degenen die onder hen staan en doen hun gezag over hen gelden, terwijl er geen rechtvaardigheid is – wat toch een eis is in de geest van de mens, geschapen naar Gods beeld. Om heel de mens te genezen, om een uitweg te schenken uit de uitzichtloosheid van diens onrechtvaardigheid, en om allen die op aarde vernederd worden omhoog te heffen, keert Christus deze piramide van het zijn ondersteboven, met de top naar beneden, en zo vestigt Hij de uiterste volmaaktheid.[19] De top van deze piramide (die zich nu onderaan bevindt) is uiteraard Christus Zelf, als hoofd van het lichaam van de "nieuwe schepping".

Deze visie van de omgekeerde piramide is geïnspireerd door de woorden van Christus, dat Hij "niet gekomen [is] om gediend te worden, maar om te dienen, en het leven Zijner ziel te geven tot losgeld voor velen".[20] Hij heeft heel het gewicht van deze piramide op Zich genomen en, zoals de Apostel zegt, "omwille van ons is Hij een vloek geworden".[21] God heeft "Hem Die geen zonde gekend heeft [...] voor ons tot zonde gemaakt"[22] en "Zijn Eigen Zoon niet gespaard, maar heeft Hem voor ons allen overgeleverd" tot "de dood des kruises".[23] En dit voorzeker, omdat "Jezus... de Zijnen, die Hij in de wereld liefhad, heeft liefgehad tot het einde".[24]

---

[17] Cf. "Saint Silouan", GK p.312-316, EN p.237-239, NL p.255-259.
[18] 1Joh.5:19.
[19] Cf. "Saint Silouan", GK p.313, EN p.237-238, NL p.256-257.
[20] Mt.20:28; Mk.10:45.
[21] Cf. Gal.3:13.
[22] 2Kor.5:21.
[23] Rom.8:32 en Fil.2:8.
[24] Joh.13:1.

De liefde tot aan zelfhaat toe 65

Aan de bodem van de omgekeerde piramide heerst de nederige en heilbrengende geest van de gekruisigde Christus, Die het inderdaad "nuttig" was vernietiging te ondergaan "ten behoeve van het volk".[25] Aldaar, volgens het onthullende woord van de Oudvader, "is een volstrekt bijzonder leven werkzaam, daar wordt een volstrekt bijzonder licht openbaar, en daar ademt een bijzondere geur."[26] Christus is de Aanvoerder en de Dienaar van deze zichzelf ontledigende en onbeschrijfelijke liefde. Zijn liefde is absoluut en volmaakt in elk van haar uitingen. Hij betoonde Zich volmaakt jegens de Hemelse Vader door het aannemen van de gedaante van een dienstknecht, door mens te worden. En Hij betoonde Zich eveneens volmaakt jegens de mens, door de gehoorzaamheid en de aanvaarding van het Kruis. In de tuin van Gethsémane gaf Hij Zijn wil over aan de Hemelse Vader. Aan het Kruis offerde Hij Zijn lichaam, en met Zijn heilige ziel daalde Hij neder in de Hades voor het heil van allen. Hijzelf verzekerde dat "niemand grotere liefde [heeft] dan deze".[27]

De geest van de Oudvader was zozeer gegrepen door de volmaaktheid en de grootheid van Christus' heiligheid, zoals geopenbaard werd in Diens Godwaardige zelfontlediging en Diens nederige liefde, dat hij in diepe nederigheid en verwondering zegt: "Christelijk te leven is onbereikbaar. Men kan slechts Christelijk sterven".[28] Doch deze dood wordt hoofdzakelijk verwezenlijkt op het niveau van de gezindheid en de activiteiten van de 'oude mens'; het is een tocht 'naar beneden', naar de top van de omgekeerde piramide, achter Christus aan – en dat "dagelijks".[29]

Een onontbeerlijke vereiste voor het verwerven van de geest van deze liefde is de vervulling van de onschendbare voorwaarde die de Heer stelde: "Zo wie onder u groot wil worden, zal uw dienaar zijn.

---

[25] Joh.18:14.
[26] "Saint Silouan", GK p.315, EN p.239, NL p.258.
[27] Joh.15:13.
[28] "Saint Silouan", GK p.311&317, EN p.236&241, NL p.255&259; "We Shall See Him", GK p.113, EN p.73 [Aldus de Griekse tekst. De Engelse versie van deze uitspraak verwoordt dit door een verwijzing naar de apostel Paulus: "al wat men kan doen is 'dagelijks' te sterven, in Christus"– cf. 1Kor.15:31. *Noot vert.*]
[29] Lk.9:23; 1Kor.15:31.

En zo wie onder u de eerste wil zijn, zal uw dienstknecht zijn".[30] Hetzelfde heeft Hij eveneens uitgedrukt in het gebod, dat Hij gaf aan allen die Hem willen volgen en Zijn leerlingen willen worden: "Want zo wie het leven zijner ziel wil behouden, die zal het verliezen; doch zo wie het leven zijner ziel zou verliezen omwille van Mij, die zal het behouden."[31] Dit is ook de wet des levens voor allen die bezield zijn van het streven naar beneden te gaan, om dichterbij die wondere top te komen van de omgekeerde piramide, om verenigd te worden met de Geest der liefde, en gesterkt door de genade des Heren "de zwakheden te dragen van de krachtelozen" onder de broeders.[32] Deze tocht 'naar omlaag' maakt de mens op onuitsprekelijke wijze gelijk aan de Zoon van God, "het Lam Gods Dat de zonde der wereld wegneemt".[33]

De liefde is niet een natuurlijke eigenschap van de "psychische" mens,[34] maar de ontologische inhoud van het zalige Leven van de goddelijke Hypostasen. Voor de mens is de liefde geen vanzelfsprekend gegeven. Door de geboden der liefde nodigt Christus hem uit, verheven te worden tot het Licht van de goddelijke Liefde van de Hypostasen – een liefde die "niet uit de aarde, maar uit de Hemel" is.[35] Deze roeping door de Heer is gericht tot het hart, "het geestelijk centrum van de persoon",[36] dat het vermogen bezit de eeuwigheid in zich op te nemen en "zijn prototype te kennen, de Levende God".[37]

De geboden en elk woord van de Heer dragen in zich het mysterie

---

[30] Mt.20:26-27.
[31] Lk.9:24. [Het Griekse woord *'psychê'* (ψυχή) betreft de 'ziel', die naar Bijbels begrip zeer nauw verbonden is met het leven van de mens. Vaak zijn beide betekenissen van belang, vandaar de vertaling 'het leven zijner ziel'. *Noot vert.*]
[32] Cf. Rom.15:1. Zie ook Nikolaas Kabasilas: "Want het leven van de ziel is de vereniging met God, datgene nu wat verenigt is de liefde" (in «Ἡ ἐν Χριστῷ ζωή» – *"Het leven in Christus"*, PG150, 640C) en: "Overal ligt de verbondenheid in de vurige liefde." (ibid., PG150, 712B). Voor een Engelse vertaling, zie "The Life in Christ" (SVS Press, 1974), p.216.
[33] Cf. Joh.1:29.
[34] De apostel Paulus onderscheidt deze 'psychische' mens (d.w.z. de mens in zijn aardse, gevallen staat) van de 'geestelijke' mens, die is wedergeboren in Christus. Cf. 1Kor.2:14. *Noot vert.*
[35] "We Shall See Him", GK p.273, EN p.177
[36] Ibid., GK p.272, EN p.177
[37] Ibid., GK p.300, EN p.194.

De liefde tot aan zelfhaat toe 67

van het Kruis, de energie van de heilige Liefde van God. Wanneer een woord van God tot de mens komt en hij dit aanvaardt, wordt dit mysterie werkzaam, en als een "vuur" doordringt de goddelijke liefde het hart. Dit is het "vuur" dat Christus is "komen werpen op de aarde",[38] en oudvader Sophrony identificeert dit met het bloedige zweet van het gebed van Jezus voor de wereld, te Gethsémane. De aanraking van dit vuur met het hart van de mens brengt een wondere verandering van heel zijn wezen, en begenadigt hem met een nieuwe visie op het leven. Deze onberispelijke liefde van Christus openbaart, in een rijkdom van geestelijke gewaarwordingen en verheffingen, hoe de waarachtige mens zou moeten zijn, hoe hij vanaf den beginne geschapen werd, en hoe hij geopenbaard werd in Christus. Dan wordt "voor ons geestesoog ... steeds duidelijker het onbeschrijfelijk luisterrijke beeld geschetst van de Eerstgeschapen mens".[39] In het licht van deze openbaring wordt eveneens onthuld "welk een vreselijke ontaarding de oorspronkelijke idee van de Schepper voor ons heeft ondergaan".[40] Deze tweevoudige openbaring en visie, al is zij in eerste instantie 'tiranniek',[41] zal niettemin voor de mens tot grondsteen worden (van zijn leven) en tot een bron van kracht, wat hem de inspiratie zal schenken samen te werken met God voor zijn volledige herschepping.

Deze liefde, daar zij ontspringt aan de top van de omgekeerde piramide – aan de gekruisigde Christus – is een liefde "tot het einde". Deze liefde nu heeft de eigenschap, wanneer zij woning neemt in het diepe hart van de mens, hem te begenadigen met enerzijds het inzicht in zijn onrechtvaardigheid, en anderzijds de waarachtige rechtvaardigheid van Hem, over Wie de Schrift zegt: Hij "heeft niet Zichzelf behaagd, maar [..] de smaadheden van degenen die U smaden, zijn op Mij gevallen".[42] In tegenstelling tot Adam, die zichzelf rechtvaardigde en weigerde de verantwoordelijkheid op

---

[38] Cf. Lk.12:49.
[39] "We Shall See Him", GK p.71, EN p.46. [Deze uitdrukking betreft de persoon van Adam, de 'Eerstgeschapene' (*Prôtóplastos*/ Πρωτόπλαστος), die wij doorgaans alleen kennen in zijn gevallen staat, maar die hier geschetst wordt in zijn grootheid als drager van de heerlijkheid Gods. *Noot vert.*]
[40] Ibid.
[41] "On Prayer", GK p.53, EN p.35-36.
[42] Rom.15:3.

zich te nemen voor zijn overtreding, werd Christus het onberispelijke slachtoffer om de schuldige kinderen van Adam te bevrijden van hun schuld. Dus geholpen door de kracht en de uitstraling van de heilige liefde van Christus, richt de mens nu de pijlen der blaam tegen zijn eigen nutteloosheid. Hij verafschuwt de rechtvaardigheid der mensen als een gruwel – hij kent slechts rechtvaardigheid toe aan de Persoon van God, en aan zichzelf de "schaamte des aangezichts" vanwege zijn zonden.[43] En als de dankbare rover belijdt hij zijn eigen falen, terwijl hij de onberispelijke liefde van de Gekruisigde rechtvaardigt. Christus' liefde "tot het einde" wordt in het hart van Zijn dienaar tot een volmaakte liefde tot aan zelfhaat toe. In deze staat van zelfhaat is hij er definitief van overtuigd, dat "indien God zó is, als de gekruisigde Christus Hem heeft geopenbaard, dan zijn wij allen – en alleen wijzelf – verantwoordelijk voor al het kwaad waar de gehele geschiedenis der mensheid van vervuld is".[44]

Zoals wij reeds gezegd hebben, wanneer de nederige liefde van Christus in het hart komt, verlicht dit het intellect en schenkt de inspiratie van een tweevoudige visie. Enerzijds schouwt de mens de lichtdragende afgrond en de oneindigheid van de nederige liefde van Christus, tezamen met Diens vóóreeuwige plan voor de mens. Anderzijds ziet hij de duisternis en het verderf, die hij in zijn huidige staat in zich draagt, en aldus verwerft hij inzicht in het wezen van de zonde, dat dit de hel is. Dit vreeswekkende schouwspel verwekt in zijn hart afkeer en haat jegens de zonde en jegens zijn innerlijke duisternis, en maakt hem "ontvankelijke voor de energieën der genade".[45] Dan wordt de mens zich ervan bewust hoe hij zich heeft afgescheiden van de geliefde God, en met "ontzetting, vanuit het besef dat... hij zulk een God onwaardig zou blijven... bidt hij als een waanzinnige, met groot geween, tot aan de verbreking van zijn

---

[43] Dan.9:7-9.
[44] "On Prayer", GK p.53, EN p.36.
[45] Cf. "We Shall See Him", GK p.40, EN p.26. Ook de heilige Gregorius Palamas refereert vaak aan deze staat van zelfhaat (zonder deze zelfde term te gebruiken), en van Godwelgevallige droefheid en berisping van zichzelf. Zie bv. Homilie 29 (PG151, 369CD, Engelse vertaling, zie "The Homilies"), en "Letter to the Nun Xenia" (PG150, 176D-1077A; Engelse vertaling, zie: "The Philokalia", Faber & Faber 1995, Vol.4, p.306-312). Zie ook A.Keselopoulos «Πάθη καὶ ἀρετές» (Hartstochten en deugden), Domos 1982, p.95-96.

beenderen."⁴⁶ Zonder deze intensiteit, veroorzaakt door de heilige zelfhaat, kan het gebed van de mens niet worden opgedragen als de wanhopige kreet van zijn innerlijke afgrond tot de afgrond van Gods barmhartigheid, zoals de Psalm zegt: "afgrond roept tot afgrond".⁴⁷

Deze tweevoudige kennis en visie, die de mens verleend wordt in het uur van zijn aanraking met de nederige liefde van Christus "tot het einde", en die leidt tot de liefde Gods tot aan zelfhaat toe, is een onontbeerlijke vereiste om de kracht en de inspiratie te kunnen vinden voor de strijd tot het herstel van Gods icoon in de mens. "Het schouwspel van de eindeloze heiligheid van de nederige God aan de ene kant, en aan de andere kant de gewaarwording van de luciferische duisternis die in ons leeft, leiden de mens tot een dergelijke staat, waarin heel zijn wezen verdrukking lijdt vanuit de onstuitbare smartelijke impuls tot de Heilige God".⁴⁸ De heilige pijn van de zelfhaat maakt deze impuls onomkeerbaar en brengt de mens tot een volledige bekering, die zijn geest toebereidt om door de Heilige Geest te worden weggevoerd naar een andere sfeer van het Zijn, boven elke materiële gewaarwording.⁴⁹ Bij deze vervoering wordt de mens volkomen wedergeboren. Hij heeft andere gewaarwordingen, een ander intellect, een ander hart. Zijn hart wordt uitgebreid "om in liefde heel de schepping te omarmen".⁵⁰ Hij verstaat dat het doel van zijn komst in dit leven, zoals dat van elke ziel, is "te verblijven bij God, in Hem, en in Zijn eeuwigheid."⁵¹ De innerlijke staat van de Zoon van God, "Die wil dat allen worden behouden, en tot de kennis der waarheid komen",⁵² wordt op de mens overgedragen, samen met het bewustzijn van de universaliteit van Christus. Zijn geest, nu uitgebreid door de liefde van Christus, omarmt in gebed heel de

---

[46] Cf. "We Shall See Him", GK p.51, EN p.33. [Deze omschrijving refereert aan een gezegde onder de Vaders aangaande de van God geschonken bekering, dat deze niet ophoudt "totdat dit zowel het hart als de beenderen van de mens verbreekt" – d.w.z. niet alleen raakt dit de mens tot in het diepst van zijn hart, maar hij geeft zich daaraan tot aan de uitputting van al zijn krachten. *Noot vert.*]
[47] LXX Ps.41(42):7/8.
[48] "We Shall See Him", GK p.241, EN p.153-154.
[49] Ibid., GK p.104, EN p.67.
[50] Ibid., GK p.328, EN p.199.
[51] Ibid., GK p.104, EN p.68.
[52] Cf. 1Tim.2:4.

wereld. Van de 'praxis' (het werk) van de bekering, die inspireert tot de liefde tot aan zelfhaat toe, gaat hij op tot de 'theoria' (het schouwen), dat bewerkt wordt door de liefde "tot het einde" van Christus voor de wereld. Door het diepe medelijden jegens de wereld, dat door dit schouwen wordt verwekt, "is 'de gehele Adam' geen produkt meer van de pogingen van zijn verbeelding: Het blijkt een concrete werkelijkheid te zijn, de feitelijke inhoud van het schouwen."[53] In het gebed voor de gehele wereld ervaart de mens "de gehele mensheid als Eén mens"[54] – aldus heeft hij haar lief, en aldus leeft hij deze realiteit.

In de theologische visie van oudvader Sophrony wordt het gebed voor de gehele wereld geïdentificeerd met het gebed van Christus in Gethsémane, alwaar Hij door de Geest der Liefde het gebed opdroeg dat heel de Adam omvatte, en de Beker van de Vader aanvaardde, dat wil zeggen, het offer van het Kruis voor heel het menselijk geslacht. Op karakteristieke wijze noemt de Oudvader dit gebed "hypostatisch gebed".[55]

Wij zien dus, dat als de mens de eer aanvaardt van de roeping, die tot hem gericht wordt door het gebod van God, hij ontvankelijk wordt voor de energie van Gods liefde. De aard van deze liefde is kenotisch (zelfontledigend). Het is de liefde "tot het einde" van de gekruisigde God, die de basis vormt van de omgekeerde piramide van het bestaan in deze wereld. Wanneer deze liefde het hart van de mens beheerst, krijgt hij een afkeer van de staat die door de Val werd veroorzaakt, en hij dorst naar God tot aan de zelfhaat toe. Deze zelfhaat inspireert tot een volledige bekering. Wanneer deze bekering haar volheid bereikt, en door God aanvaardt wordt als de vervulling van het eerste en grote gebod, dan wordt de geest van de mens verenigd met de Geest van God, en wordt hij wedergeboren als waarachtige hypostase, gelijk aan de hypostase van Christus.

Zoals Christus in Zichzelf heel het 'Zijn' draagt van God, zowel als heel het 'zijn' van de geschapen wereld, zo draagt ook de mens, door deze gave van God, de volheid van de liefde en de genade van God – en hij drukt dit uit door de liefde en het gebed voor de

---

[53] "We Shall See Him", GK p.324, EN p.208.
[54] Ibid., GK p.397, EN p.225.
[55] Ibid., GK p.340, 349, EN p.216.

gehele Adam. Dit gebed wordt geïdentificeerd met het gebed van de Heer in Gethsémane en "hij leeft in waarheid heel de mensheid als één leven, als één natuur in een veelvuldigheid van hypostasen".[56] Dit hypostatische gebed vormt de volheid van het tweede gebod van God, dat gelijk is aan het eerste. De vervulling van deze twee grote geboden – het eerste door de nederdaling in de hel der bekering, en het tweede door het hypostatische gebed – is de verwezenlijking en de openbaring van het hypostatische beginsel in de mens, het teken van de "volheid der grootte van Christus binnen de grenzen der aarde".[57] Het vormt tevens het teken van het herstel in hem van het beeld Gods, in overeenstemming waarmee het intellect van de Schepper Zich de mens had gedacht "vóór de grondlegging der wereld".[58]

Overeenkomstig de ervaring van de heilige Silouan en het onderricht van oudvader Sophrony bezit de mens het hypostatische gebed, wanneer hij "voor de gehele Adam bidt zoals ook voor zichzelf".[59] De Oudvader definieert dit bovendien als de "uiterst bereikbare maat", waartoe de geschapen hypostase van de mens kan reiken door de voetsporen te volgen van Christus' leven, en Zijn "voorbeeld" na te volgen.

Tot besluit kunnen wij zeggen, dat de liefde tot aan de zelfhaat toe, die leidt tot het hypostatische gebed en derhalve tot de vervolmaking van het hypostatische beginsel in de mens, de zelfontlediging is van de liefde van Christus, zoals deze zich door de eeuwen heen voortzet in de Heiligen. Doel en zin van heel het bestaan van de mens is tot leerling te worden van de "alle verstand te boven gaande kenotische liefde van Christus",[60] die echter binnen de grenzen en de omstandigheden van deze wereld "onvermijdelijk lijdende is, mede-lijdende, en dit tot het einde, tot aan de volkomen zelfontlediging".[61] Deze zichzelf ontledigende liefde schenkt haar dienaar de kracht niet het leven van zijn eigen ziel lief te hebben, maar God, "tot de dood toe"[62] – en om de 'natuurlijke' dood vrijwillig te aan-

---

[56] Ibid., GK p.340, EN p.216.
[57] Ibid., GK p.346, cf. Ef.4:13.
[58] Joh.17:24.
[59] Cf. "We Shall See Him", GK p.228, EN p.146.
[60] "On Prayer", GK p.56-57, EN p.38, cf. Ef.3:19.
[61] "We Shall See Him", GK p.354.
[62] Openb.12:11.

vaarden en deze zelfs te overwinnen, waarbij de mens de volheid bereikt van dat goddelijke leven en die nederige liefde, waartoe God hem had voorbestemd "vóór de tijden der eeuwen".[63] Dezelfde liefde tenslotte, daar zij zelfs de laatste drempel overschrijdt van de dood, wordt omgevormd tot een zalige vreugde bij het schouwen van alle andere menselijke hypostasen "die tot volmaaktheid gekomen zijn", en bij de gemeenschap met hen door de Heilige Geest. "De heerlijkheid van zijn broeder zal ook zijn eigen heerlijkheid zijn, de jubelende vreugde bij het schouwen van personen die verheerlijkt zijn door het Goddelijk Licht".[64]

Het Hypostatische beginsel in het 'Zijn' van God en in het 'zijn' van de mens vormt een paradoxaal mysterie, dat aan de mens geopenbaard wordt naar de mate van de kenotische liefde in zelfhaat. Wanneer de mens zichzelf overlevert aan Christus' liefde "tot het einde", is dit de aanvang van een tocht die hem zal inwijden als waarachtige hypostase. De beschrijving van deze tocht en het wonderbare einddoel daarvan wordt door oudvader Sophrony samengevat in de volgende woorden: "Haat uzelf uit liefde voor God, en gij zult al wat bestaat omarmen door deze liefde".[65] Om deze reden – oordelend naar de vernieuwing en de vruchten in de mens, veroorzaakt door Christus' gebod van liefde tot aan zelfhaat toe – kunnen wij zeggen, dat dit gebod een "openbaring [is] omtrent de Goddelijke Liefde: die liefde waarmee Hijzelf ons liefheeft".[66] De vervulling van dit gebod is alleen mogelijk door de inwoning van God in het hart van de mens.

---

[63] 2Tim.1:9 en Tit.1:2.
[64] "We Shall See Him", GK p.122, EN p.79.
[65] Ibid., GK p.329, EN p.199.
[66] "On Prayer", GK p.45, EN p.31.

3
De tweespalt en de genezing

3a) De grootheid en de nietigheid van de mens

Als de mens Gods Intellect bezighield "vóór de grondlegging der wereld",[1] en God voor hem zulk een groot plan had opgevat, dat Hij voor de verwezenlijking daarvan zelfs "Zijn eigen Zoon niet gespaard heeft",[2] dan moet de mens waarlijk groot zijn volgens zijn afkomst en zijn voorbestemming, en wonderlijk in de vermogens die verborgen liggen in zijn natuur, geschapen naar Gods beeld.

De theologische visie van oudvader Sophrony met betrekking tot de mens strekt zich uit van het oorspronkelijke plan van God aangaande diens schepping tot aan "de einden der eeuwen".[3] Hij verstaat dit plan van God voor de mens in het licht van de openbaring van de goddelijke Hypostase van het Woord. "Vóór de tijden der eeuwen"[4] werd de mens door God voorbestemd om "gelijkvormig [te worden] aan het beeld van Zijn Zoon".[5] Dit beeld werd "in deze laatste tijden"[6] geopenbaard. De mens is groot wanneer hij verblijft in de genade van het heil.[7] Deze grootheid is tweezijdig: Aan de ene kant ligt deze in de schepping "naar het beeld en naar de gelijkenis" Gods – hierin "herhaalt onze Schepper feitelijk Zichzelf, en in deze zin is Hij onze Vader".[8] Aan de andere kant is daar de roeping van de mens, van vóór de grondlegging der wereld, om kind van God te worden door de eenwording met Christus. En deze twee kanten tezamen vormen het mysterie van de mens, als een uitbreiding van

---

[1] Ef.1:4.
[2] Rom.8:32.
[3] 1Kor.10:11.
[4] 2Tim.1:9; Tit.1:2.
[5] Rom.8:29.
[6] 1Petr.1:20.
[7] Cf. "We Shall See Him", GK p.160, 288, EN p.102, 187.
[8] Ibid., GK p.298, EN p.193.

het mysterie van Christus, dat onthuld en gekend kan worden door de genade der bekering en het leven in de Heilige Geest.

Bij de schepping van de mens "naar het beeld en naar de gelijkenis" Gods, heeft God in diens natuur grote vermogens gelegd en hem voorbereid om in de toekomst de Evangelische openbaring te ontvangen en gelijk te worden aan Christus.[9] De voornaamste onder deze vermogens zijn de ingeboren idee van het Absolute, en 's mensen zoeken naar Hem. In de ontmoeting van zijn geest met de Almachtige God "is het [de mens] mogelijk Hem te 'herkennen', omdat Deze hem verwant is".[10] De mens "wordt verwant"[11] met God, wanneer hij de staat van het Godschouwen bereikt, en van de liefde Gods. Dan wordt hij "ééngemaakt; hij wordt genezen",[12] en hem wordt onthuld dat wij "van Gods geslacht" zijn en aldus ons bestaan hebben.[13]

Hiervolgend willen wij nota maken van enkele uitingen in het leven van de mens, waaruit duidelijk blijkt dat hij "verwant" is aan God, en van Hem afkomstig is. Dit blijkt op positieve wijze, wanneer het woord van Christus de enige wet wordt van zijn bestaan, en de mens zich overlevert aan "de aanblik van de heiligheid van Christus, de nederige God",[14] en God dient door de aanbidding "in geest en in waarheid".[15] Het uit zich eveneens op negatieve wijze, wanneer hij het gebod van God verwerpt, en verstoken van Diens genade en verre van het licht van Diens Aangezicht "het schepsel dient boven de Schepper".[16] In het eerste geval toont de mens een wonderlijke en Godgelijke grootheid, in het tweede geval daarentegen een tragische en erbarmelijke nietigheid. In het algemeen getuigt hij ervan dat hij "van Gods geslacht" is, wanneer hij zich in elk van zijn levensuitingen – zijn gezindheid, zijn gewaarwordingen en zijn werkzaamheid – bewust is van het feit, dat God hem de gehele schepping heeft toevertrouwd.

---

[9] Cf. H. Gregorius Palamas, Homilie 16 (PG151, 204A, EN: zie "The Homilies").
[10] "We Shall See Him", GK p.400, EN p.226.
[11] Ibid., GK p.387; zie ook "His Life is Mine", EN p.94.
[12] Ibid., GK p.273, EN p.177.
[13] Hand.17:28-29.
[14] "We Shall See Him", GK p.386; zie ook "His Life is Mine", EN p.94.
[15] Joh.4:23.
[16] Rom.1:25.

De grootheid en de nietigheid van de mens 75

Vanaf het moment van het ontwaken van het hypostatische beginsel, wat gerealiseerd wordt door de genade van de gedachtenis aan de dood, beleeft de mens zijn dood als de vernietiging van al hetgeen hij kent en waarmee zijn wezen verbonden is. Hij beleeft dit als het uitdoven van elk licht van zijn bewustzijn, als het uitwissen van al hetgeen zijn geest ooit heeft omvat, als de dood van "heel de wereld, en zelfs van God".[17] Deze geestelijke gewaarwording, al is het in negatieve vorm, toont dat "de mens als zodanig, in zekere zin, het centrum is van het heelal".[18] De waarheid dat hij geschapen is "naar het beeld" Gods blijkt in dit geval uit het vermogen om in zichzelf zowel God als de geschapen wereld te omvatten.[19]

Zijn leven neemt eveneens 'Adamitische' dimensies aan wanneer hij zich bekeert. In een dergelijke bekering, die zich voltrekt in een uiterst intense spanning van al zijn vermogens, leeft de mens niet alleen het drama van zijn persoonlijke val en verderf, maar ook de tragische uitzichtloosheid waartoe de kracht van het kwaad en de zonde van heel de mensheid geleid hebben. Wanneer hij het "uitbrult in de verzuchtingen van zijn hart",[20] weerklinkt zijn kreet door heel de kosmische woestijn en wordt waardig bevonden dat zelfs de hemel daar gehoor aan schenkt.[21]

In het werk der bekering wordt de mens gesterkt door Gods genade, zodat hij op wondere wijze "allerlei lijden [kan] verduren, waardoor de voorheen onbekende diepte van het gebed wordt geopenbaard".[22] Door de energie van dit openbarende gebed wordt hij deelgenoot aan het lijden en het martelaarschap van heel de mensheid. Deze energie is de energie van de liefde van Christus – een liefde die in deze wereld lijdende is en haar drager inwijdt in het verlossende lijden van Christus.[23] Door deze liefde, die geboren wordt bij het verzinken in de oceaan van het lijden van de gehele Adam, wordt de natuurlijke gerichtheid van de mens op God – die

---

[17] "We Shall See Him", GK p.18-29, EN p.13.
[18] Ibid.
[19] Cf. ibid., GK p.26, EN p.17.
[20] Cf. LXX Ps.37(38):9.
[21] Cf. "Saint Silouan", hfst.18 (De weeklacht van Adam).
[22] Cf. "We Shall See Him", GK p.305, EN p.198.
[23] Cf. Hand.26:23. Zie ook "We Shall See Him", GK p.385; zie ook "His Life is Mine", EN p.94.

nog onderworpen is aan "verzoeking" en "dwaling"[24] – omgevormd in een tocht "naar beneden", in een "nederdaling tot de diepste diepte" van de omgekeerde piramide, zoals wij in het vorige hoofdstuk gezien hebben. Daar ontvangt de mens niet alleen de openbaring van "het beeld van de Mens, zoals dit vóór alle eeuwen bestaat in het scheppende intellect van God",[25] maar ook de geestelijke staat van Hem, Die het Hoofd is – (de top) van deze omgekeerde piramide – de Nieuwe Adam, die de last en de zwakheden draagt van allen. Door de verdrukking van al dit lijden en de diepe kennis van de dimensie van het mysterie van het Kruis wordt het hart uitgebreid. Zo wordt het toereikend gemaakt om in gebed heel de geschapen wereld te omarmen, waarbij heel de mensheid de inhoud van zijn wezen wordt.[26] En overeenkomstig de geestelijke wet die de Oudvader formuleert: "Degene die gelijk wordt aan Christus in zijn aardse uitingen, die zal op natuurlijke wijze ook aan Hem gelijk worden op het Goddelijke vlak,"[27] of wederom: "naar de mate van onze kennis van... Zijn lijden, zal ook Zijn eeuwige heerlijkheid op ons rusten".[28]

Wij zien dus dat de mens, gesterkt door de goddelijke genade, zich "groot" toont in het lijden dat samengaat met de bekering. Al dit lijden bereidt hem voor om de kracht van de liefde van Christus te ontvangen, en zich door het gebed voor de wereld te betonen "als een pan-kosmisch middelpunt".[29]

Wanneer de mens zich trouw betoont tot het einde en uit vrije wil

---

[24] Cf. "We Shall See Him", GK p.335, 333, EN p.213, 211.
[25] Cf. ibid., GK p.254, EN p.165.
[26] Cf. ibid., GK p.395-397, EN p.224. Oudvader Sophrony schrijft o.a.: "... ik aanvaard deze heilige pijn met dankbare liefde. Deze pijn is vol betekenis. Daardoor word ik ingewijd in het mysterie van het 'Zijn', niet alleen van hetgeen geschapen is, maar ook van de Ongeschapene. Dankzij deze pijn wordt ik medelijdend, en zie ik in de geest alle mensen die lijden; de Goddelijke liefde daalt tot mij neder – in het begin als medelijden jegens de gehele wereld, doch in de toekomende eeuw als de zaligheid van de aanblik van hen die behouden zijn in Onvergankelijke Heerlijkheid. [...] Deze pijn... is een onontbeerlijk 'stadium' in de geestelijke tocht waarin wij groeien van aardse dimensies tot de dimensies van het heelal, en zelfs nog verder, van de eeuwigheid."
[27] Ibid., GK p.138, EN p.88.
[28] Ibid., GK p.385.
[29] Ibid., GK p.288 en 331-332, EN p.187.

het lijden aanvaardt omwille van de liefde van Christus, wordt hij voorzeker wedergeboren "in de lichtdragende sfeer der hemelen"[30] en wordt hij "toereikend om het Vuur van de Vaderlijke Liefde in zich te ontvangen."[31] Deze liefde echter omarmt ook de hel. Aldus, wanneer de mens wedergeboren is en deze liefde van Christus heeft als inhoud van zijn leven, wordt hij door de Heilige Geest geleid tot gesteldheden die raken aan de uiterste grenzen van zijn ziel en "hij ontvangt de voorsmaak van de Goddelijke universaliteit".[32] De grootheid van het hypostatische beginsel in de mens, in haar uiteindelijke vervolmaking in Christus, ligt in de inhoud daarvan:[33] In deze staat "strekt de ziel van de mens zich uit tussen twee grenzen, de hel[34] en het Koninkrijk, waartussen heel het geestelijk leven van de redelijke en hypostatische geesten zich beweegt".[35] Deze grensgebieden zijn van zulk een grootheid, dat volgens het woord van de apostel Paulus "de "menselijke dag" ze niet kan "beoordelen".[36] Dit is de 'goddelijke maat', waarover de asceten van Egypte spraken in de vierde eeuw.

Wanneer de mens voortgaat naar omlaag en het voorbeeld navolgt van Christus' nederigheid, betoont hij zich groot en wordt hij tot middelpunt van de wereld, met een goddelijke volheid. Wanneer hij daarentegen volgt in de voetsporen van de eerste Adam, wordt hij bevlekt door de vreeswekkende ziekte van de vijand, de hoogmoed. Verduisterd door deze hartstocht vergeet hij het feit dat hij geschapen is, hij verabsoluteert de weerglans van God, die hij als genadegave in zich draagt, en hij vervalt in dwaling. Tekenend voor de dwaling is dat hij "zichzelf overwaardeert, en zich aanmatigt wat zijn maat te boven gaat".[37] Door deze dwaling van de hoogmoed raakt hij gescheiden van de God der liefde en verzinkt hij in de duistere afgrond, waarin de mens verzonken was bij de Val. Het

---

[30] Ibid., GK p.137, EN p.88.
[31] Ibid., GK p.134, EN p.85.
[32] Ibid., GK p.137-138, EN p.88.
[33] Ibid., GK p.138, EN p.88.
[34] In het Grieks 'hades', d.w.z. het dodenrijk, de plaats van Gods afwezigheid. *Noot vert.*
[35] "We Shall See Him", GK p.156, EN p.100.
[36] Cf. 1Kor.4:3 en 2:15.
[37] Cf. "We Shall See Him", GK p.333, EN p.211.

oorspronkelijke fundament in de mens van zijn vrijheid tot zelfbepaling, dat een zeker "absoluut, Godgelijk" element in zich draagt, wordt dan tot drijfveer van de daad van zelfvergoddelijking, verstaan als een terugkeer tot het oorspronkelijke 'zijn'.[38] Deze hoogmoedige verheffing in luciferische zelfvergoddelijking, met haar vergiftige geur en haar dood-brengende genot, neemt de mens krijgsgevangen en verblindt hem – hetgeen hem maakt tot een waanzinnige, een gevangene van de hel. Gescheiden van God en van de liefde van Christus raakt de hoogmoedige mens geïsoleerd in zichzelf. In deze redeloze staat van isolatie, daar hij zich "tot zichzelf [keert] als ware hij het middelpunt, zal hij vroeg of laat stoten op de verpletterende leegte, waaruit de Formeerder ons in het leven riep".[39] Doch aangezien hij ten prooi gevallen is aan de dwaling, en "veeleer de duisternis liefheeft dan het licht",[40] wordt deze leegte tot een ongeneeslijke wond, die de mens doet ontaarden en hem verderft tot aan zijn vernietiging toe.

---

[38] Cf. ibid., GK p.41, EN p.26-27.
[39] Ibid., GK p.47, EN p.30.
[40] Cf. Joh.3:19.

3b) De dood

In het vorige hoofdstukje hebben wij gezien, dat de grootheid van de mens erin ligt te verblijven in Gods genade en gelijkvormig te worden aan Diens Wil, zoals deze wordt uitgedrukt in de geboden. Zo leeft de mens niet slechts, maar hij wordt tot een wonderbaarlijk pan-kosmisch middelpunt van het leven, en draagt in zich heel de geschapen wereld, zowel als het goddelijk leven. Hij wordt niet alleen eeuwig, maar zelfs beginloos. Wanneer hij zich echter bevindt in de verheviging van de eigenliefde der hoogmoed, dan wordt zijn band met God – het werkelijke leven – ontbonden; de mens raakt geïsoleerd in zichzelf, hij valt in de leegte die hij in zich draagt, en "wordt zeer beperkt". Deze uiterste beperktheid en de leegte van zijn leven vormen zijn 'koninkrijk'.

God heeft de mens geschapen "naar [Zijn] beeld en naar [Zijn] gelijkenis".[1] Ook heeft Hij voorzeker "de dood niet geschapen",[2] maar Zijn oorspronkelijke wil voor de mens was, dat deze zou leven "in onvergankelijkheid".[3] Hij heeft hem tevens het gebod gegeven "vermeerdert u en wordt talrijk", om hem een richting te geven, en hem te plaatsen in een perspectief van dynamische groei en van voortgang in God – om van het zijn "naar het beeld" Gods te worden "naar [Zijn] gelijkenis". Hij heeft hem begiftigd met een ongelofelijk intellect voor het schouwen van God, en voor de vooruitgang in de ontplooiing daarvan, opdat hij de volmaaktheid zou mogen bereiken. Ook heeft Hij hem als richtlijn een gebod gegeven: "Van alle boom [..] zult gij vrijelijk eten, doch van de boom der kennis van goed en kwaad, daarvan zult gij niet eten..."[4] Dit gebod, niet te eten van de vrucht van de boom der kennis van goed en kwaad, was noodzakelijk voor de mens, die zich bevond tussen de zichtbare geschapen schepping en het ongeschapen paradijs van God. Het onderstreepte het feit dat hij geschapen was, en bijgevolg hield het zijn geest nederig in een juiste wijze van schouwen, binnen de grenzen van de mogelijkheden van zijn natuur. Het gebod had tot doel hem het middel te geven de zichtbare natuur te beschouwen op zodanige

---

[1] Cf. Gen.1:26.
[2] Wijsheid van Salomo 1:13.
[3] Wijsheid van Salomo 2:23.
[4] Gen.2:16-17.

wijze, dat hij zou worden ingewijd in de noëtische wereld,[5] en met groeiende dankbaarheid en dankzegging "vervuld [zou] worden in al de volheid (van de liefde) van God".[6]

Doch de eerstgeschapene werd hoogmoedig vanwege zijn koninklijke gezag over de geschapen wereld, en hij verviel in de verzoeking die de vijand hem voorstelde: god te worden, zonder zich te onderwerpen aan het gebod van God, zonder van iemand afhankelijk te zijn – wat uiteindelijk wil zeggen, zonder God. En toen geschiedde de kosmische ramp en tragedie. Door de overtreding van het gebod verloor Adam zijn natuurlijke verlangen en het levenschenkende schouwen van God dat hij bezat, en via de zintuigen raakte hij gehecht aan de zintuiglijke wereld. Toen begon het tegennatuurlijke genot een plaats te krijgen in zijn leven. Vrijwillig verzonk hij in een duistere afgrond en werd hij geestelijk blind, niet in staat de aanwezigheid van de hoogmoed te onderscheiden in de bewegingen van zijn intellect en zijn hart.[7] Doch God, die "geen verrukking vindt in het verloren gaan der levenden",[8] maar zorg draagt voor het heil van allen, stond toe dat de smart in het leven van de mens kwam "als een bestraffende kracht" en tezamen daarmee de wet van de dood, om de dwaasheid der hartstochten te bedwingen.[9] En deze wet strekte zich uit tot heel het geslacht der mensen. De geestelijke dood kwam onmiddellijk, als gevolg van de overtreding van Gods gebod en het afsnijden van de gemeenschap met Hem,[10]

---

[5] Zie H. Simeon de Nieuwe Theoloog ("Sources Chrétiennes", deel 51bis, p.116. Engelse vertaling, ed. Cistercian Publications, Kalamazoo 1982, "Practical and Theological Chapters" 2:23, p.70). Meer hierover bij Anestis Keselopoulos in «Ἄνθρωπος καὶ φυσικὸ περιβάλλον» (Athene 1989, p.135 etc.; Engelse vertaling, ed. St. Vladimir's Seminary Press, Crestwood 2001, "Man and the Environment", met name hfst.4).
[6] Ef.3:19.
[7] Cf. "We Shall See Him", GK p.46, EN p.30.
[8] Wijsheid van Salomo 1:13.
[9] Zie H. Maximos de Belijder "Aan Thalassius" 61 (PG90, 628BC) en Abba Dorotheüs van Gaza "Onderricht" 1,7 (PG88, 1625B. Engelse vertaling, ed. Cistercian Publications, 1977: "Discourses and Sayings"): "Deze (de mens) is dwaas, die zich niet wist te verheugen. Indien hij geen slechte dagen ziet, gaat hij volstrekt verloren. Want indien hij niet leert wat verdrukking is, zal hij niet leren wat rust is."
[10] Cf. Gen.2:17.

terwijl – naar Gods wijze voorzienigheid – de lichamelijke dood daar pas later op volgde. God bedoelde hiermee de mens een weldaad te bewijzen, zodat deze door het vele lijden en de dood tot het bewustzijn zou komen van zijn zonde, en volstrekt zou worden ontrukt aan het tegennatuurlijke genot. Door het wegnemen daarvan zou vervolgens de noëtische genade van het Goddelijke genot geopenbaard worden, en de overtreder zou worden hersteld in de oorspronkelijke heerlijkheid die hij bezat toen hij geschapen werd.[11]

Het lijden en de dood worden door God aan de mens aangeboden als een nieuwe boom der kennis van goed en kwaad. Overeenkomstig de wijze waarop de mens deze dingen tegemoet treedt, wordt dit tot een bron van leven in heerlijkheid, of tot oorzaak van eeuwige ondergang. Het lijden en de dood hebben eeuwigheidswaarde, wanneer zij ontvangen worden met geloof en vertrouwen in de wil van God. Doch zij zijn catastrofaal, wanneer zij beleefd worden op fatalistische wijze, alsof lijden en dood natuurlijk zouden zijn.

De weg van de juiste aanvaarding van de dood, overeenkomstig het gebod van God, werd in de wereld getoond door Christus. Door de schuldeloze en onrechtvaardige dood – als van een zondaar – vrijwillig te aanvaarden, vanwege het gebod van de liefde tot God en tot de mens, veranderde Hij de dood in een veroordeling van de dood, en Hij wiste deze uit door Zijn Opstanding. Door Zijn Menswording, Zijn Dood en Zijn Opstanding voerde Hij een nieuwe wet in voor de mens: Datgene wat niet begeleid gaat van het genot der zintuigen, dat wat vrijwillig is en overeenkomstig het gebod van God – en derhalve zondeloos – datgene overwint de dood die hij onvrijwillig geërfd heeft vanwege de Val van de eerstgeschapene. Daarom worden het lijden en de dood van de mens, wanneer zij naar hun aard lijken op het lijden en de dood van Christus, door God aanvaard, en leiden dan tot de veroordeling van de dood, en tot de opstanding. Deze geestelijke wet werd op volmaakte wijze uitgedrukt door de apostel Paulus: "Want indien wij met Hem zijn samengegroeid in de gelijkenis van Zijn dood, dan zullen wij het ook zijn in de gelijkenis van Zijn opstanding."[12] Om deze reden is ook het leed van de heiligen de Heer aangenaam, en

---

[11] H. Maximos de Belijder, ibid. (PG90, 628C).
[12] Rom.6:5-14.

"kostbaar... is de dood van de Hem toegewijden".[13] Juist in dit perspectief verstaat oudvader Sophrony de strijd en de ascese van het leven in Christus, wanneer hij zegt dat de dood de enige vijand is van de mens, en dat "wij strijd voeren voor de opstanding, van ons persoonlijk en van al onze medemensen".[14]

De Oudvader benadrukt, dat de hoogmoed een "kwaadaardig gezwel [is], dat de dood aanbrengt".[15] Het is de Heilige Geest Die de aanwezigheid hiervan openbaart. De luciferische hoogmoed van de zelfvergoddelijking schenkt een dood-brengend genot – het is mogelijk dat dit de mens krijgsgevangen neemt en hem maakt tot een waanzinnige, een gevangene van de hel. In de duisternis van deze hel raakt de mens afgescheiden van de God der liefde, en hij ondergaat de geestelijke dood. De dood is dus een vrucht van de hoogmoed en van de afvalligheid aan de God der liefde.[16] Elders zegt de Oudvader nog, dat wanneer de heilige liefde van God de mens verlaat, hij verzinkt in de duisternis van de dood.[17]

Deze gesteldheid van de geestelijke dood wordt vervolgens geconsolideerd wanneer de mens zich overgeeft aan de psychosomatische genietingen en de verkwikking van deze tegenwoordige wereld.[18] Dan bestaat de mogelijkheid dat hij geestelijk volkomen verschrompelt,[19] in zulk een mate dat hij niet meer kan geloven in Christus, noch in zijn behoud door de opstanding. Dit is de geestelijke essentie van de wanhoop, die verwekt wordt door de moedeloosheid van het ongeloof, en dit leidt ertoe dat de mens zichzelf veroordeelt tot een volledige vernietiging na de dood.[20]

De overwinning op de dood werd verwezenlijkt in de Persoon van Jezus Christus. Vrijwillig en zondeloos nam Hij onze dood op Zich, die rechtvaardig was vanwege de zonde, en Hij deed deze teniet door Zijn eigen onrechtvaardige dood, waardoor Hij de gehele wereld behouden heeft. Dezelfde weg strekt zich ook uit voor de mens, die

---

[13] LXX Ps.115:6 (116:15).
[14] "We Shall See Him", GK p.155, EN p.99.
[15] Ibid., GK p.46-47, EN p.30.
[16] Cf. ibid., GK p.57, EN p.37.
[17] Cf. ibid., GK p.68, EN p.44.
[18] Cf. ibid., GK p.145, EN p.93.
[19] Het Griekse woord hier is verwant met het medische begrip 'atrofie'. *Noot vert.*
[20] Cf. "We Shall See Him", GK p.416 en 334, EN p.236.

de overwinning wil behalen op allereerst zijn eigen dood, en daarna die van zijn medemensen – "om te volgen in Zijn voetsporen".[21]

Het met geloof aanvaarden van het "voorbeeld" van Christus verwekt in de ziel de vlam van de liefde van Christus. Deze liefde versterkt de natuur van de mens "om alle lijden te overwinnen, en zelfs ook de dood".[22] Het begenadigt hem tevens met de verlichting en de openbaring van het beeld van de vóóreeuwige Mens. Dan beleeft de mens de dood – dat wil zeggen zijn afvalligheid en het verlaten zijn van de nederige liefde van Christus – als het verderf en de ziekelijkheid van zijn natuur. Deze staat leidt hem tot bekering. Het inspireert tot gebed van een uiterste intensiteit "met sterk schreeuwen en onder tranen",[23] omwille van zijn genezing: "Kom en genees mij van de dood die mij omvangt".[24]

De vrees voor de dood die de mens in zijn natuur ontdekt, wordt tot bron van kracht voor de volledige bekering.[25] De smart van deze bekering "blijkt een wonderbaarlijk geschenk van Gods liefde" en doet hem wedergeboren worden in het authentieke leven "in de lichtdragende werkelijkheid van de Heilige Geest".[26] Het lijden en de offers, waaraan de mens onderworpen wordt tijdens zijn bekering, vormen de "weg die alles te boven gaat".[27] Deze weg leidt de mens "via het mysterie van de dood, omwille van een meer volmaakte gelijkwording aan Christus".[28] Met andere woorden, de vrijwillige (geestelijke) dood "in de razernij der bekering"[29] overwint de on-vrijwillige dood, die hij geërfd heeft vanwege de voorvaderlijke

---

[21] Cf. 1Petr.2:21.
[22] "We Shall See Him", GK p.81, EN p.53.
[23] Hebr.5:7. Zie ook "We Shall See Him", GK p.86, EN p.56.
[24] "We Shall See Him", GK p.102, EN p.66, cf. LXX Ps.129(130):1.
[25] Voor een nadere beschouwing m.b.t. de vrees voor de dood, zie: «Ἀπὸ τὸ φόβο στὴν ἀγάπη» (*Van vreze tot liefde*), Vader B. Kalliakmanê, Thessaloniki 1993, p.53 vv.
[26] "We Shall See Him", GK p.49, EN p.32.
[27] Cf. 1Kor.12:31.
[28] "We Shall See Him", GK p.63, EN p.41.
[29] De Nederlandse vertaling 'razernij' is hier gebruikt in geestelijke zin (cf. Van Dale, 1970) m.b.t. de staat van uiterst intense bekering, waarin de mens heel zijn aardse bestaan terzijde zet, gegrepen als hij is door het verlangen naar God en het contrast tussen Diens liefde en het aanschouwen van zijn eigen ellende. *Noot vert.*

zonde. Nog vóór de lichamelijke dood schenkt dit hem de tweevoudige ervaring "van zowel de hel als de opstanding".[30]

De apostel Paulus zegt, dat "door één mens de zonde in de wereld kwam, en door de zonde de dood".[31] Adams overtreding van het gebod bracht de dood aan al zijn nakomelingen. De gehoorzaamheid aan Gods gebod daarentegen brengt de bevrijding uit de dood. Door het gestadig bewaren van de geboden wordt de mens genezen van de wonden van zijn zonden, en wordt hij tot woonplaats van het eeuwige leven van God, wat niet alleen de dood uitbant, maar de mens ook "beginloos" maakt door de energie van Gods liefde.[32] De dood door de zonde wordt slechts opgeheven door de levende aanwezigheid van God in de ziel en het lichaam van de mens, en dan wordt het hypostatische beginsel van de mens verwezenlijkt naar de mate van zijn vereniging, in liefde, met de waarlijk Zijnde God.[33]

Zoals wij eerder hebben gezegd, de gewaarwording van de dood – een gewaarwording die voortkomt uit de verlichting van het geloof door het woord van Christus – leidt tot bekering. De bekering nu, als een algemeen gebod, stelt de mens in staat al de geboden te vervullen. Het bewaren van de geboden vestigt in ons het "verblijf" van de Drieëne God. Naar de mate van de inwoning van God in de mens "wordt de dood op de vlucht gejaagd",[34] en de mens wordt wedergeboren door het heilige Licht van de nederige liefde, en treedt binnen in een nieuwe wijze van leven. De juiste houding en levenswijze met betrekking tot de dood leiden dus tot de wedergeboorte en het schouwen van het ongeschapen Licht. Dit Licht, als energie van God, is God Zelf. Het is "het onbedorven leven, vervuld van de vrede der liefde".[35] Hierdoor wordt de onzegbare goddelijke liefde overgedragen, die het hart van de mens uitbreidt, en het toereikend maakt om de gehele wereld te omvatten. Op grond

---

[30] Ibid., GK p.69, EN p.45.
[31] Rom.5:12.
[32] "We Shall See Him", GK p.315, EN p.206. "Deze energie overwint de dood die ons verwondt en wordt beleefd als een opstanding uit de doden tot een nieuw, beginloos leven. Dan verdwijnt de gewaarwording van onze aardse afkomst." Zie verder: G.I. Manzarides «Χριστιανικὴ Ἠθική» (*Christelijke ethiek*), p.522-23.
[33] Cf. "We Shall See Him", GK p.164, EN p.104.
[34] Ibid., GK p.258, EN p.167.
[35] Ibid., GK p.258, EN p.167.

van zijn ervaring noemt oudvader Sophrony dit Licht "het Licht der Opstanding".[36]

Christus werd mens "niet uit bloed, noch uit de wil van het vlees, noch uit de wil van een man",[37] maar "uit de Heilige Geest en de Maagd Maria".[38] Bijgevolg was Zijn geboorte zondeloos. Ook toen Hij op aarde leefde en onder de mensen verkeerde bleef Hij zonder zonde.[39] En Hij stierf, hoewel hij "onschuldig" en "rechtvaardig" was.[40] Daarom werd Zijn dood tot veroordeling van de dood en tot bron van de opstanding en het eeuwige leven.[41] Door de zonde van Adam kwam de wet van de dood in het leven der mensen. En al degenen die de natuur van Adam beërfden – hetgeen gepaard ging met het genot – en die zondigden gelijk Adam, stierven. Door de vrijwillige en zondeloze dood van Christus, omwille van het gebod van God, werd een nieuwe wet ingesteld voor de menselijke natuur: "Want indien wij met Hem zijn samengegroeid in de gelijkenis van Zijn dood, dan zullen wij het ook zijn in de gelijkenis van Zijn opstanding".[42] Met andere woorden, wanneer de mens door de Doop één wordt met het Lichaam van Christus, en strijdt tegen de zonde "om het geweten jegens God [..] in onrechtvaardig lijden,"[43] en sterft "in Christus",[44] dan wordt zijn dood tot veroordeling van de dood, en hij wordt daarvan bevrijd door een rijke intrede in het land der levenden.[45]

Deze wet wordt op de meest wonderbaarlijke wijze waargemaakt door de dood in heerlijkheid van de martelaren.[46] In dit perspectief plaatst oudvader Sophrony ook al het lijden en de ascese van de bekering. Door de vrijwillige en geestelijke dood in Christus wordt de onvrijwillige dood der zonde, die wij bij de vleselijke geboorte

---

[36] Ibid., GK p.280, zie ook p.275, EN p.181, 178.
[37] Joh.1:13.
[38] Cf. Lk.1:35 & Geloofsbelijdenis.
[39] Cf. Joh.8:46.
[40] Cf. Mt.27:4,24.
[41] Cf. Hand.2:27.
[42] Rom.6:5.
[43] 1Petr.2:19.
[44] Cf. 1Thess.4:16.
[45] Cf. H. Maximos de Belijder, "Aan Thalassius" 61 (PG90, 636B).
[46] Cf. Hand.7:56.

hebben geërfd, ongedaan gemaakt. Naar zijn inzicht is de bekering een "Christus-gelijke zelfontlediging", dat wil zeggen, een dood die het begin wordt van het eeuwige leven. Gelijk de apostel Paulus formuleert hij dezelfde geestelijke regel: "Zij die aan Hem gelijk worden door hun dood, worden opgewekt door de Heilige Geest, en zij ontwaken in een eeuwige heerlijkheid gelijk aan die van Christus".[47] Uit het bovenstaande blijkt dat de dood in Christus "om het geweten jegens God", zoals wij hier beschreven hebben, voorafgaat aan het beërven van de vergoddelijking.

In de geschriften van de Oudvader is tevens sprake van een hypostatische dood, zowel in negatieve als in positieve zin. In de eerste – de hypostatische dood in negatieve zin – ziet hij de uitkomst van de ascetische cultivering van de Oosterse religies. In deze tradities vindt men het arrogante streven zichzelf te ontdoen van elke relatieve en voorbijgaande realiteit, om zich te identificeren met een "Absolute realiteit, gecreëerd door onze verbeelding". De eenwording daarmee resulteert in de hypostatische dood[48] – de terugkeer tot het 'niets', waaruit God de mens in het leven riep. Ook de vrees voor de dood heeft een negatieve uitwerking in de mens, wanneer het geloof en de hoop op de opstanding afwezig zijn. In dit geval leeft de mens als een dienstknecht onder de heerschappij van de dood, en wordt hij vervuld van hartstochten en eigenliefde. Hij zoekt plaatsvervangers voor de leegte, die hij in zich draagt, en vanwege zijn vrees wordt hij volstrekt tot krijgsgevangene van het koninkrijk van de dood.[49] Deze uiterste wanhoop wordt door de apostel Paulus getoond in de Eerste Brief aan de Korinthiërs 15:32.[50]

Als hypostatische dood in positieve zin beschouwde de Oudvader de dood van die mens, die de lijdende liefde van Christus aanvaardt, de grenzen van zijn eigenliefde overstijgt, en niet meer voor zichzelf leeft. Hij leeft voor God, en door Hem leeft hij in gebed voor de gehele wereld. "Hij treedt binnen in een nieuwe persoonlijke, hypostatische wijze van 'zijn', naar het beeld van de Hypostase

---

[47] "We Shall See Him", GK p.289, EN p.188.
[48] Ibid., GK p.334, EN p.212.
[49] Cf. Hebr.2:15.
[50] "... indien de doden niet worden opgewekt: Laat ons eten en drinken, want morgen sterven wij."

van de Eniggeboren Zoon".[51] In deze staat wordt hij gelijk aan Christus in Diens gebed te Gethsémane, en wordt hij geestelijk verenigd met het offer aan het Kruis, en de kracht van Christus' Opstanding. Het einde van een dergelijk soort leven is "de dood van de toegewijden".[52] Deze wordt hypostatisch genoemd, omdat hun gebed alles omvat, en omdat hun leven het bestaan van de wereld "rechtvaardigt". Deze dood gaat gepaard met de voorsmaak van de opstanding, waar deze uiteindelijk toe leidt.[53] Naar het inzicht van dezelfde schrijver bestaat er op aarde geen grotere volmaaktheid en gelijkheid aan Christus, dan die waarvan getuigd wordt door het "gebed gelijk aan dat van Christus Zelf te Gethsémane, en een dood gelijk aan die van Hem op Golgotha".[54] Dan kan de mens "zich verheugen en jubelen"[55] in de levende hoop op "een betere opstanding".[56]

Uit het weinige dat wij hebben aangehaald omtrent het diepgaande thema van de dood kunnen wij concluderen, dat de wijze waarop wij deze tegemoet treden in het kader van dit tijdelijke leven, bepalend is voor de eeuwige toekomst van de mens. De dood kwam het leven binnen als een vloek vanwege de zonde. Doch Christus maakte onze eigen veroordeling tot de Zijne. Door Zijn dood vormde Hij de vloek om tot een zegen en gaf Hij aan elke mens de mogelijkheid dezelfde weg te gaan. Door Christus werd de dood tot een uitnodiging en een 'evangelie' van het leven, omdat de nederige liefde "sterker [bleek] dan de dood":[57] "De laatste vijand die teniet wordt gedaan, is de dood".[58]

---

[51] "We Shall See Him", GK p.388 (EN: "His Life is Mine", p.95).
[52] Cf. LXX Ps.115:6 (116:15).
[53] "We Shall See Him", GK p.388 (EN: "His Life is Mine", p.95); cf. Rom.6:5 en 8:11 – "Indien iemand met Hem verenigd wordt in de gelijkenis van Zijn dood, in de diepten van het gebed voor de wereld en de ondraaglijke dorst naar het heil der mensen, dan ontvangt hij een voorsmaak van de gelijkenis van de opstanding."
[54] "We Shall See Him", GK p.346, EN p.220.
[55] Cf. Mt.5:12.
[56] Hebr.11:35.
[57] Cf. "We Shall See Him", GK p.187, EN p.117.
[58] 1Kor.15:26.

3c) De genade van de gedachtenis aan de dood

In het vorige hoofdstukje hebben wij gezien dat de dood een tweevoudige energie bezit en op twee wijzen beschouwd kan worden, zoals in het paradijs de boom bestond van de kennis van goed en kwaad. Beschouwd binnen het geheel van het mysterie van Christus wordt de dood omgevormd tot een uitnodiging van hoogstaande wijsgerigheid,[1] die inspireert tot een "bekering ten leven",[2] en dan blijkt de gedachtenis aan de dood een genadegave te zijn, een geschenk van de Heilige Geest.

Terwijl de eeuwigheid een vanzelfsprekende werkelijkheid zou moeten zijn, wordt deze na de val van de eerstgeschapene tot een probleem. De mens zweeft tussen de eeuwigheid en de afgrond van het niet-zijn. Het doel van zijn vóóreeuwige bestemming is zijn aanname van de eeuwigheid als onvervreemdbaar eigendom. Elke afwijking van dit perspectief veroorzaakt een gevoel van nutteloosheid, of zelfs van zinloosheid. Zonder de kennis van dit perspectief blijkt alles leeg. Als het leven definitief eindigt met de dood, dan heeft het absoluut geen betekenis. De gedachtenis aan de dood stelt het probleem van de eeuwigheid, zonder enig compromis te aanvaarden met welke realiteit dan ook buiten God. Gods genade, die de "verlorene" zoekt[3] op al diens wegen, bezit het vermogen de mens op Evangelische wijze uit te dagen en het probleem te verscherpen door deze gedachtenis aan de dood, die – overeenkomstig de ervaring van oudvader Sophrony – "verzengend [wordt] als een gloeiende massa gesmolten metaal".[4]

De gedachtenis aan de dood, als gewaarwording van de afwezigheid van de eeuwigheid, vormt een wonderbaarlijke 'roeping'

---

[1] Het Griekse woord *'philosophia'* (φιλοσοφία) betreft hier niet de wetenschappelijke discipline van de 'filosofie', maar veeleer de letterlijke betekenis van dit woord: 'de liefde voor de wijsheid' – vandaar de Nederlandse vertaling 'wijsbegeerte' of 'wijsgerigheid'. De heilige Vaders gebruiken dit woord in deze zin, wanneer zij spreken over het Christelijk geloof als de waarachtige wijsbegeerte, daar zij leidt tot de waarachtige goddelijke wijsheid, die het antwoord geeft op de diepste vragen van het menselijk leven, en zelfs op de dood. *Noot vert.*
[2] Hand.11:18.
[3] Een verwijzing naar het verloren schaap, cf. LXX Ps.118(119):176 & Lk.15. *Noot vert.*
[4] "We Shall See Him", GK p.17, EN p.11.

van de mens tot zijn vóóreeuwige bestemming om te worden tot "deelgenoot aan de goddelijke natuur".[5] Deze gedachtenis, die bewerkt wordt door Gods genade, is een geestelijk verschijnsel, dat totaal verschilt van de natuurlijke of psychologische kennis dat de mens sterfelijk is. De charismatische gedachtenis aan de dood is een "realiteit van een andere orde, niet van deze aarde, onbevattelijk".[6] Deze bezoekt de mens met gezaghebbende kracht, en bereidt hem voor om de openbaring te aanvaarden van de Levende God. In zijn hart ontstaat een nieuwe innerlijke gewaarwording, die de visie van zijn intellect verandert. Het is een geestelijke staat, die degene die nog ontoereikend is om God te schouwen, helpt in het zoeken van hetgeen waarachtig en eeuwig is.

De innerlijke staat van de gedachtenis aan de dood gaat vergezeld van "het schouwen van de omringende wereld, op een wijze die moeilijk is uit te leggen".[7] Dit schouwen openbaart de ijdelheid en de voorbijgaande 'vorm' van deze wereld – die tijdelijk is en "in den boze" ligt.[8] De schrijver zelf tekent aan: "Heel het geschapen 'zijn', dat reeds vanaf het begin het stempel draagt van de vergankelijkheid, schijnt zonder betekenis, verzonken in de duisternis van de dood".[9] Om deze reden wordt het diepe hart van de mens beheerst door de vreemde gewaarwording van de ijdelheid "van alle aardse verworvenheden".[10]

Parallel aan dit specifieke schouwen van de omringende wereld, schenkt de gedachtenis aan de dood het innerlijk inzicht in de grote kloof die de mens scheidt van God. In de geest zweeft de mens boven de bodemloze afgrond, maar hij is niet in staat de oversteek te maken. Dit is een verpletterend schouwspel. Deze visie kan door niets worden beantwoord dat niet eeuwig is, alleen door God Zelf. Wanneer de mens zich ervan bewust wordt, dat hij veroordeeld is te sterven, raakt hij in verschrikking en hij lijdt ondragelijk.[11] Hij leeft tegelijkertijd op twee niveaus, het geestelijke en het psychologische,

---

[5] Cf. 2Petr.1:4.
[6] "We Shall See Him", GK p.19, EN p.12.
[7] Ibid., GK p.156, EN p.99.
[8] 1Joh.5:19.
[9] "We Shall See Him", GK p.156, EN p.99.
[10] Ibid., GK p.17, EN p.11.
[11] Cf. ibid., GK p.19, EN p.12.

en hij lijkt op paradoxale wijze in tweeën gespleten. In de geest schouwt hij de bodemloze afgrond en verblijft hij in die mysterieuze en onbeschrijfelijke sfeer, terwijl zijn rede en zijn psychische beleving gewoon functioneren in het alledaagse leven.[12]

Zoals wij in het voorgaande hoofdstukje hebben aangetekend, is de dood een onnatuurlijk verschijnsel, en tegengesteld aan de bestemming van de mens. Om deze reden bad de Heer in Gethsémane, dat de "beker" aan Hem mocht voorbijgaan. Zo toonde Hij – Die zondeloos was, en derhalve vrij van het gezag van de dood – dat deze voor Hem zowel onrechtvaardig als onnatuurlijk was.[13] Wij zien nu dus, waarom de beving en de smart van de mens die oog in oog staat met de dood, zo groot zijn. De dood neemt algemene dimensies aan. Als diegene sterft, die ertoe is voorbestemd om in zijn persoon heel de geschapen wereld te omvatten, en deze als waarachtige koning en priester op te dragen aan God, dan betekent dit dat met hem alles zal sterven. Dezelfde vreeswekkende aanblik van de algehele heerschappij van de dood verzamelt het intellect van de mens in zijn hart, en daar formuleert hij met uiterste intensiteit de schrikwekkende visie van deze krachtige ervaring: "Al wat ik kende, al wat ik liefhad, al wat mijn leven uitmaakte en mij begeesterde – absoluut alles, zelfs ook God Zelf – zou sterven in mij en door mij, als ikzelf volstrekt zou verdwijnen".[14]

De charismatische gave van de gedachtenis aan de dood is fundamenteel voor de geestelijke ontwikkeling van de Christen. Dit vormt het uitgangspunt voor zijn wedergeboorte in God. Oudvader Sophrony schetst deze onthullende ervaring in nog levendiger bewoordingen, in zijn geestelijke autobiografie: "In mij en met mij zou alles sterven dat mijn bewustzijn had omvat: de mensen die mij nastonden, al hun lijden en hun liefde, heel de ontwikkeling der geschiedenis, geheel de aarde, en de zon en de sterren en het oneindige heelal – en zelfs ook de Schepper der wereld, ook Hijzelf

---

[12] Cf. ibid., GK p.22, EN p.15.
[13] De onrechtvaardigheid daarvan geldt Hemzelf, daar Hij zonder zonde was; de onnatuurlijkheid van de dood geldt eveneens voor heel het menselijk geslacht. Cf. CWL.
[14] "On Prayer", GK p.60, EN p.41.

zou in mij sterven. Algemeen gesproken, heel het 'zijn' zou worden opgeslokt door de duisternis der vergetelheid".[15]

In dit perspectief van de gedachtenis aan de dood, waarbij de mens in eerste instantie alle dingen schouwt onder de macht en de sluier van de alles-vernietigende dood, wordt hij zich ervan bewust dat zijn hypostase een "middelpunt [is] – drager van heel de schepping".[16] Hij ontdekt dat hij "existentieel verbonden" is met heel het geschapen en voorbijgaande 'zijn', dat echter met nadruk verhaalt van de ijdelheid daarvan.[17] In deze staat wordt de eeuwigheid aan de mens aangeboden in haar negatieve aspect,[18] en dit hernieuwt in hem het begin van een hypostatische wijze van leven: "Dan beleeft de mens in de geest zijn dood als een ramp voor heel de wereld: In hemzelf, door hemzelf, zal alles sterven vanwege zijn dood, zelfs God".[19] Deze ervaring toont de waarheid, zij het op onvolmaakte wijze, van de openbaring dat de mens als beeld van de Absolute God een pan-kosmisch middelpunt is. Aanvankelijk identificeert hij zijn dood met de dood van alle mensen en hij beleeft dit als een "uitdoven van alle leven".[20] Later, bij het zien van het ongeschapen Licht in de uiteindelijke vervolmaking in Christus, wordt deze negatieve ervaring omgevormd tot de positieve ervaring van de opstanding van zijn ziel, en tot gebed "voor de gehele Adam".[21]

Wanneer de gedachtenis aan de dood intensiever wordt, veracht de mens heel de zichtbare wereld en alle realiteiten van dit leven, zelfs ook de intellectuele verworvenheden, daar dit alles niet in staat is antwoord te geven op zijn zoeken.[22] Heel het empirische 'zijn' verliest zijn zin en zijn waarde. In zoverre dit het stempel draagt van de dood en veroordeeld is tot vernietiging, blijkt het ijdel. "De eeuwige vergetelheid, als uitdoving van het licht van het bewustzijn,

---

[15] "We Shall See Him", GK p.18, EN p.12.
[16] "On Prayer", GK p.60, EN p.41, en "We Shall See Him", GK p.19, EN p.13.
[17] Cf. "We Shall See Him", GK p.18, EN p.11-12. [Zie Pred.1:2 – "IJdelheid der ijdelheden, alles is ijdelheid." *Noot vert.*]
[18] Cf. "On Prayer", GK p.114, EN p.74.
[19] Cf. "We Shall See Him", GK p.332, EN p.201.
[20] Ibid., GK p.24, EN p.15.
[21] Ibid., GK p.332, EN p.201.
[22] Cf. ibid., GK p.25, EN p.16.

doet [de mens] verzinken in verschrikking".[23] De dood blijkt niet alleen de ijdelheid in het leven te brengen, maar ook de zinloosheid, tot aan het punt waarop "heel het heelal beschouwd wordt als één 'fata morgana', te allen tijde gereed te verdwijnen in de eeuwige afgrond van het niets".[24] Wat niet voor eeuwig blijft heeft geen waarde, en verliest haar aantrekkingskracht op de aandacht van de mens.

Zoals wij eerder hebben gezegd, gaat de genade van de gedachtenis aan de dood gepaard met de gewaarwording van de ijdelheid en de zinloosheid waardoor heel de geschapen wereld getekend is. In deze visie is alles omgeven door de dood, die de mens berooft van elke steun op aarde. Dit is de werkzaamheid van de openbaring die deze charismatische gedachtenis met zich meebrengt, al is het ook in negatieve vorm, en dit toont hem de diepten van het 'Zijn'. In een eschatologisch perspectief verliest de materiële wereld haar samenhang, en de tijd zijn duur.[25] Deze openbarende ervaring houdt de geest van de mens gevangen, en werpt hem in een duister gebied, waar geen tijd bestaat.[26] Niet alleen zijn lijden wordt dan 'buitentijdelijk', maar bovendien wankelt heel zijn wezen, en zijn leven wordt tot stilstand gebracht in een gebied "tussen de tijdelijke vorm van bestaan en de eeuwigheid".[27]

In deze kwellende en wankele staat zal de mens alleen rust en steun vinden in de Evangelische openbaring van het Woord van God "Dat uit de hemel is nedergedaald", omdat alleen daarin sprake is van het eeuwige leven. Hij zal voorzeker behouden worden, als hij Diens Aangezicht ziet. De Heer echter verbergt Zich, en tuchtigt de mens met wijsheid en liefde, terwijl deze laatste een steeds dieper inzicht verwerft in het mysterie van de dood, en deze onder ogen ziet "niet naar het lichaam, noch in zijn aardse vorm, maar in de eeuwigheid".[28] Dan zal hij verstaan, dat door de weldoende gave van de gedachtenis aan de dood, Gods eeuwigheid "klopte aan de deur van zijn ziel, die zich uit vrees in zichzelf had opgesloten".[29]

---

[23] Ibid., GK p.18, EN p.12.
[24] Ibid., GK p.19, EN p.12.
[25] Cf. ibid., GK p.20, EN p.13.
[26] Cf. ibid., GK p.18, EN p.12.
[27] Ibid., GK p.24, EN p.15.
[28] Ibid., GK p.20, EN p.13.
[29] Ibid., GK p.25, EN p.16. Zie Openb.3:18-20.

Deze gedachtenis aan de dood wordt door God aan de mens geschonken, om hem te behouden van de dood.[30] Hierdoor wordt de mens ingewijd in het mysterie van die plaats, waarin hij zich bevindt en waar het Licht des levens afwezig is. De eeuwigheid, die hem als het ware van buitenaf wordt geopenbaard, is nog niet zijn eigendom. Hij verstaat de vreeswekkende dimensies van de dood en hij lijdt vreselijk in de duistere afgrond van de afwezigheid van de Eeuwige. Hij zoekt een uitweg. Doch in wezen, terwijl alles verhaalt van vergankelijkheid, dood en ijdelheid, wijst dit hem op de kennis en de diepten van een ander soort 'Zijn'. Door deze gewijde gedachtenis verkondigt God de vreugdetijding van Zichzelf, en heel de schepping verwijst naar Hem. Al lijkt er aanvankelijk geen uitweg te zijn, niettemin hangt op dit punt alles af van de wijze waarop de mens zelf zijn geest richt.

Aan de mens die zich bevindt in de roes van deze groeiende gedachtenis aan de dood, en daar diep door lijdt,[31] kunnen zich twee gedachten voordoen bij wijze van oplossing. De eerste gedachte zou kunnen zijn dat de onvermijdelijke dood een natuurlijk gegeven is "van weinig of geen betekenis, uiterst onbeduidend".[32] Indien de mens dit voorstel aanvaardt, dan dooft het vuur van de roeping Gods, en alles eindigt in het graf. Doch de tweede gedachte verwerpt de eerste vanuit een diepe intuïtie, een verlangen en een ernst in de mens aangaande het leven, en vanwege de aard van de gedachtenis aan de dood als zodanig, die hem aantrekt tot het waarachtige leven. Hij weigert zelfs eeuwen van gelukkig leven, omdat zijn geest – die naar het beeld Gods is – eeuwig leven eist. Hier ligt de oplossing. Indien de mens ontkomt aan de verzoeking God de schuld te geven van de marteling van zijn geest – hetgeen hem volkomen zou doen verzinken in de afgrond der duisternis – en in plaats daarvan zijn toevlucht neemt tot het gebed, dan zal hij de uitweg vinden en wedergeboren worden.[33] De overwinnaar van de dood is Christus, en het behoud van de dood komt wanneer de mens Hem aanvaardt; dat wil zeggen, wanneer hij

---

[30] "Niemand die bewust leeft in de gedachtenis aan de dood, zal ooit kunnen zondigen." Johannes Klimakos, "The Ladder", step 6:18 (PG88, 797A).
[31] "We Shall See Him", GK p.19-20, EN p.12-13.
[32] Ibid., GK p.18.
[33] Cf. ibid., GK p.25, EN p.16.

gelooft dat het waarachtige 'Zijn' – de Zijnde[34] – niemand anders is dan Christus Zelf. Doch wanneer wij Hem aanvaarden als de Waarheid van het onvernietigbare 'Zijn', dan heft de Geest van God ons op tot de plaats van het Goddelijk Licht.[35]

Het is dus mogelijk waar te nemen, hoe de energie van de gedachtenis aan de dood zich uitstrekt over heel de weg van de mens tot God, op een zekere specifieke en charismatische wijze. Door de verschrikkelijke aanblik te tonen van de ijdelheid en de zinloosheid van heel de geschapen wereld, in de staat waarin de mens gescheiden is van God, brengt deze gedachtenis met zich mee dat het intellect zich ontdoet van alle zaken, en zijn aandacht "binnenin" concentreert.[36] Dit vormt de waardevolle conditie om uiteindelijk "overkleed" te kunnen worden en de "Goddelijke wasdom" te ontvangen.[37]

De verschrikking van de gedachtenis aan de dood draagt in zich een voorsmaak van de hel, van dat duistere gebied "waar geen tijd bestaat".[38] Deze staat brengt de mens tot verbrokenheid en nederigheid. Hij ontdekt waarin zijn grootheid bestaat, en hij concludeert in positieve zin dat hij een speciale plaats moet hebben in Gods ogen.[39] Met andere woorden, hij begint de vreze Gods te verwerven zowel als zelfkennis.

Door de ervaring van de "duistere afgrond" wordt de geest van de mens er in zekere zin toe genoodzaakt zich niet tot de aarde te wenden, maar tot God.[40] De wanhoop die veroorzaakt wordt door deze onbeschrijfelijke gedachtenis wordt aanleiding tot de terugkeer tot God. De energie ervan, en al het lijden dat ermee gepaard gaat, kunnen dan leiden tot de volledige bekering.

De genade van de gedachtenis aan de dood inspireert tot gebed van zodanige aard, dat het zelfs de meest hardnekkige hartstochten overwint. Het staat de geest van de mens niet toe "af te dalen tot de

---

[34] LXX Ex.3:14.
[35] Cf. "We Shall See Him", GK p.334, EN p.212.
[36] Ibid., GK p.17, EN p.11.
[37] Cf. 2Kor.5:2 en Kol.2:19.
[38] "We Shall See Him", GK p.18, EN p.12.
[39] Ibid., GK p.19, EN p.12-13.
[40] Cf. ibid., GK p.20, EN p.13.

aarde", noch iets te waarderen dat tijdelijk is en onderworpen aan de vergankelijkheid.[41] Hij veracht de eer en heerlijkheid der mensen, de rijkdom, de intellectuele verworvenheden en het gelukkige leven. Kortgezegd, "deze wondere gedachtenis leidt onze geest weg uit de aantrekkingskracht van al het aardse" en "bevat de ervaring van de hartstochtloosheid", zij het dan ten dele in negatieve zin, en nog niet in de volheid van de "allesoverheersende Goddelijke liefde".[42] Deze gedachtenis maakt de mens vrij van elk gezag dat hem vreemd is, en verbindt hem "onverbrekelijk" met de Eeuwige. Langzaamaan transfigureert het heel zijn bestaan en doet het heel zijn wezen overgaan naar het vlak van de eeuwigheid. Te zien hoe zijn medemensen, die van gelijke hartstochten zijn en onder dezelfde veroordeling van de dood vallen, vervult hem met medelijden jegens hen[43] en dit neigt zijn geest tot gebed voor alle mensen, zoals ook voor zijn eigen zelf. Dit medelijden is het begin van de goddelijke liefde, en bijgevolg overstijgt het de dood door God, Die liefde is. De gedachtenis aan de dood leert de mens te leven zonder zorgen, in een eschatologisch perspectief, om verrijkt te worden met alle genadegaven van God.[44]

Het belangrijkste tenslotte is, dat in deze heilige gedachtenis de hypostatische wijze van leven en bestaan wordt geïntroduceerd. Het schrikwekkende schouwen van een dood, die alles omvangt en elk licht des levens veroordeelt om voor eeuwig te worden gedoofd, verbindt de mens existentieel met al zijn broeders, die van gelijke hartstochten zijn en onder hetzelfde oordeel vallen, en wiens lijden en liefde de inhoud vormen van zijn bewustzijn. Het doel van de schepping van de mens, en van zijn bestemming in Christus, is heel het geschapen 'zijn' te omvatten, zowel als het ongeschapen 'Zijn', en door genade tweevoudig te worden, zoals ook het vleesgeworden Woord van de Vader omwille van ons tweevoudig werd naar Zijn natuur. De gewijde gedachtenis aan de dood vormt de inleiding op deze goddelijke staat.

---

[41] Cf. ibid., GK p.23-24, EN p.15.
[42] Ibid., GK p.26, EN p.17.
[43] Cf. ibid., GK p.26, EN p.17.
[44] Ibid., GK p.59, EN p.39: "Wanneer wij echter beheerst worden door de zorg om onze voorbereiding voor de eeuwigheid, dan verandert alles, en wij strijden opdat wij mogen worden bevrijd van alle innerlijke duisternis."

Dus de gedachtenis aan de dood schenkt de mens zijn dood te beleven als het einde van de gehele wereld. Door deze ervaring wordt de openbaring bewaarheid, dat de mens beeld van God is, met de mogelijkheid in zichzelf zowel God als heel de geschapen wereld te bevatten.[45] Deze wondere gedachtenis leert hem een universele visie op de wereld te hebben, zich ontologisch verbonden te voelen met heel het menselijk geslacht, en in het leven "zijn persoonlijke gesteldheden te zien in allen".[46] In hem begint het hypostatische beginsel (beeld en weerglans van de Absolute) zichtbaar te worden, en daagt het schouwen daarvan (het schouwen van de Absolute), zij het nog in negatieve vorm.[47] De positieve ervaring van het hypostatische beginsel komt met het schouwen van het ongeschapen Licht, en met de uitbreiding van het hart die bewerkt wordt door de gloed van de nederige en onberispelijke liefde van Christus. Wanneer het Licht komt en de opstanding van de ziel bewerkt, dan ziet de mens ook de opstanding van alle dingen die voorheen met hem gestorven waren.

---

[45] Ibid., GK p.332 (zie ook p.26, EN p.17): "Dan beleeft de mens in de geest zijn dood als een ramp voor heel de wereld: In hemzelf, door hemzelf, zal alles sterven vanwege zijn dood, zelfs God."
[46] Ibid., GK p.21, EN p.14.
[47] Ibid., GK p.289, EN p.187: "In mij, door mijn dood, zal heel het geslacht der mensen sterven, met hun lijden en hun vreugde, hun verlangens en hun kennis. Daarenboven God Zelf... ook Hij zal sterven in mij en met mij... De ervaringen van deze staat waren in wezen een schouwen van de 'Absolute', van het hypostatische beginsel in ons (beeld en weerglans van de Absolute), maar dan onder zijn negatieve vorm."

3d) De geestelijke treurnis en de tranen

Zoals wij gezien hebben, wekt de gedachtenis aan de dood de mens op uit de eeuwenlange verdoving van de zonde, en brengt hem tot het schouwen van de goddelijke eeuwigheid. Dit schouwen vormt de inwijding tot de kennis van het mysterie van Gods afwezigheid en van de gevolgen die het heeft voor heel de wereld om van Hem gescheiden te zijn. Het ongeschapen goddelijk Licht verlicht aanvankelijk 'van achteren' en van verre de 'plaats' waar de mens zich bevindt, en zo verwerft deze inzicht in de 'doodse hel'[1] van zijn geestelijke armoede en verwoesting.[2] Niettemin is dit de eerste weerschijn van de genade die inspireert tot de vreze Gods: "de 'verschrikking' dat wij de God onwaardig zullen blijken, Die ons geopenbaard is in het avondloze Licht".[3] Het zien van de geestelijke armoede en het inzicht in de gevallen staat waarin de mens zich bevindt, verre zijnde van God, is het fundament van het nieuwe leven. Dit is het uitgangspunt van de weg en de eerste trede van de opgang op de ladder van de volmaaktheid in Christus, zoals ook de Heer Zelf bevestigt in Zijn zaligspreking van de "armen van geest".[4] Het is tevens de onontbeerlijke voorwaarde voor de geestelijke treurnis, de tweede trap van de zaligsprekingen van de Heer.[5]

Het Licht van God, hoewel het in het begin nog ongezien blijft, treedt binnen in het hart en samen met de gewaarwording van de geestelijke armoede bewerkt dit een ongewone warmte die het hart verzacht. Dankzij deze voorbereidende verlichting raakt de mens in staat de aanwezigheid van de hoogmoed te onderscheiden in de bewegingen van het hart en het intellect, en deze hartstocht te verafschuwen als een kwaadaardig gezwel, dat de dood brengt.[6] De wanhoop over de gevallen staat en de energie van deze warmte inspireren "tot een wenen over de zonde", die zich dan vertoont in

---

[1] In het Grieks 'hades', d.w.z. het dodenrijk – de plaats van Gods afwezigheid, en derhalve ook te vertalen met 'hel' (zoals bv. in Gods woord tot de H. Silouan). In de context van dit hoofdstuk zijn beide betekenissen betekenisvol. *Noot vert.*
[2] Cf. "We Shall See Him", GK p.53, EN p.34-35.
[3] Ibid., GK p.29, EN p.19. Zie ook Mt.10:37-38.
[4] Cf. Mt.5:3.
[5] Cf. Mt.5:4.
[6] Cf. "We Shall See Him", GK p.46-7, EN p.30.

haar metafysische dimensie en wezen – als zelfmoord en eeuwige afvalligheid jegens de Formeerder.[7] Deze nieuwe visie is apocalyptisch en openbaart het vóóreeuwige plan van God voor de mens, en het beeld Gods in Christus overeenkomstig waarmee de mens geformeerd werd. Dan wordt zijn hart verwond door het leed dat veroorzaakt wordt door het inzicht in de afvalligheid aan dit beeld – en zijn geest wordt nederig gestemd en neemt de treurnis op zich.[8]

De apostel Paulus onderscheidt de geestelijke en heilbrengende "droefheid naar God" van de dodelijke "droefheid der wereld".[9] Verblijvend in dezelfde geest als de Apostel, onderscheidt oudvader Sophrony de geestelijke treurnis – "die behoort tot het andere niveau van het 'zijn'"[10] – van het psychologische wenen, dat "de dood brengt aan de aardgeborenen".[11] Volgens dezelfde schrijver is de eerstgenoemde treurnis een genadegave van de Heilige Geest, die aan de mens wordt meegedeeld door zijn aanraking met het "vuur van het Gethsémane-gebed" van de Heer. Dit verandert het hart door de verlichting der liefde en brengt zijn intellect over naar de hemel.[12] De tweede soort treurnis is psychologisch en wordt veroorzaakt door het verstoken zijn van dingen van tijdelijke waarde.[13] Dit kan de banden der hartstochten niet verbreken, en hierdoor blijft de mens in de gevangenis van zijn gehechtheden.

Wanneer de mens de geestelijke treurnis beoefent, bevindt hij zich in onophoudelijk gebed en dialoog met God. Hij geeft de voorkeur aan de armoede, en jaagt na zonder zorgen te zijn omtrent al het aardse.[14] Hij strijdt om zijn relatie met de eeuwige Geest van

---

[7] Ibid., GK p.44, 57, EN p.28-29, 37.
[8] Cf. ibid., GK p.53, EN p.35.
[9] Cf. 2Kor.7:10.
[10] Cf. "We Shall See Him", GK p.75, EN p.49.
[11] Ibid., GK p.84, EN p.55.
[12] Ibid., GK p.75, EN p.49: De treurnis "wordt opgewekt door onze aanraking met de Geest van God. Die bezoekt ons... vervult het hart met de onvergankelijke liefde, doch het intellect wordt verwond door deze nieuwe visie... onze geest wordt weggerukt tot de sfeer van het ongeschapen 'Zijn'. Het vuur van het 'Gethsémane-gebed'... komt ons broze wezen nabij, en dit geeft zich volledig over aan de macht der Liefde."
[13] Cf. ibid., GK p.84, EN p.55.
[14] De 'amerimnía' (ἀμεριμνία), d.w.z. 'zonder zorgen' of 'vrij van zorgen' te zijn, betreft in diepste wezen uiteraard de innerlijke deugd zich niet bezorgd te maken, in

Christus te herstellen en levend te houden – een relatie die de mens reinigt van de doodbrengende hartstochten, en hem aldus het leven schenkt.[15] Deze treurnis, bewerkt door de energie van de Heilige Geest, geneest en verenigt heel het wezen van de mens, en richt zijn gezindheid op een andere wereld. Dit is de onvergankelijke troost, die de Heer beloofde met Zijn woorden: "Zalig de treurenden, want zij zullen worden vertroost".[16] Wanneer de mens "hete tranen" vergiet, blijkt dat zijn intellect en zijn hart slechts gericht zijn op één ding, de inhoud van zijn gebed. Daardoor bewaart hij ten volle de wet van de geestelijke waakzaamheid, en wordt zijn intellect bevrijd van de hartstochtelijke beelden. Doch in de tirannieke staat van de hartstochtelijke, psychologische treurnis blijft de mens gekooid in zichzelf, zonder enige psychische ontspanning of uitweg. Dan wordt deze treurnis tegenovergesteld aan de geestelijke treurnis: moordend voor het lichaam en een domper op zijn levendigheid.[17]

Degene die vervuld is van de heilige vreze,[18] wordt bevrijd van elke andere, aardse vrees.[19] Op vergelijkbare wijze zouden wij kunnen zeggen, dat degene die vervuld is van het heilige verlangen naar God, en zich volgens Diens gebod overgeeft aan de treurnis en de tranen, elk ander verlangen op aarde overwint, en een geestelijke manmoedigheid verwerft die hem plaatst "boven alle zieleangst en vrees".[20] Met andere woorden, zonder de geestelijke treurnis kan men onmogelijk binnentreden in de gewijde plaats van de vrijheid van zonde en in de goddelijke hartstochtloosheid.

De geestelijke treurnis verdiept zich naar de mate waarin de mens gesterkt wordt in de tweevoudige visie van de oneindige heiligheid van God aan de ene kant, en aan de andere kant de gewaarwording

---

volmaakt vertrouwen op God. Doch om vrij te zijn voor het gebed zoekt de asceet, indien mogelijk, vaak ook de uiterlijke vrijheid van aardse beslommeringen, door zich te ontdoen van alle onnodige aardse bezigheden en bezit. *Noot vert.*

[15] Cf. ibid., GK p.77, EN p.50.
[16] Mt.5:4.
[17] Cf. "We Shall See Him", GK p.77, EN p.50.
[18] D.w.z. de 'vreze Gods'. *Noot vert.*
[19] Cf. ibid., GK p.29, EN p.19.
[20] Ibid., GK p.77, EN p.50: "Hoe dieper het wenen der bekering reikt, zoveel te radicaler wordt men bevrijd van een reeks schijnbaar natuurlijke noden en van verderfelijke hartstochten, zoals de hoogmoed en de woede. In ons vestigt zich de tot dan toe onbekende vreugde van de vrijheid."

van de luciferische duisternis die in ons leeft. Deze charismatische visie brengt wanhoop, en inspireert tot zelfhaat vanwege de verschrikking van de Val. Deze visie gaat vergezeld van een metafysische pijn, en de ziel wordt beheerst door een diep wenen. In deze staat van "diep wenen" gaat de mens op tot het niveau, dat vereist wordt door de geboden van Christus – want heel zijn wezen wendt zich met onuitblusbare dorst en een onstuitbaar smartelijk elan tot de Heilige God. Het psychologische wenen daarentegen is "verbonden met allerlei ongeluk binnen de grenzen van het aardse leven".[21]

Afgezien van het onderscheid tussen de geestelijke en de psychologische treurnis, dat wij in de voorgaande paragrafen hebben opgemerkt, zijn er in de geestelijke treurnis als zodanig allerlei vormen en verschillende graden te onderscheiden.[22] Deze fluctueert tussen de bittere treurnis van het berouw om de zonden en de gevallen staat, en de grote en adamitische weeklacht die de mens opdraagt onder een vloed van tranen voor het heil van alle mensen.[23] Dit laatste is een deelname aan het bedroefde gebed van de Heer in Gethsémane voor het heil van heel de wereld.

De bittere treurnis doet zich voor tijdens het stadium van de voorbereidende bekering,[24] wanneer de mens zich diep bewust is van zijn zondigheid en van de macht van zijn hartstochten. Deze treurnis komt ook als de mens zich verlaten weet door de merkbare genade.[25] Het eerste schijnsel van de genade openbaart de duistere afgrond in hemzelf. Dan treurt en weeklaagt hij "om zichzelf met sterk wenen" en in een geest van verbrokenheid en nederigheid.[26] Deze staat noemt de Oudvader "charismatische wanhoop".[27] Dit schijnsel onthult al de wonden van de ziel, en de mens – "naakt en ontbloot"[28] – staat voor God in een "aanhoudende en diepe treurnis".[29]

---

[21] Ibid., GK p.241, EN p.154.
[22] Ibid., GK p.78, EN p.51: "De wijziging van mijn innerlijke staat had ook een verandering tot gevolg in het karakter van de treurnis."
[23] Cf. ibid., o.a. GK p.83, EN p.54.
[24] Cf. ibid., GK p.77, EN p.50.
[25] Cf. ibid., GK p.83, EN p.54.
[26] Cf. LXX Ps.50:19 (51:17).
[27] "We Shall See Him", GK p.43, EN p.28.
[28] Cf. Hebr.4:13.
[29] "We Shall See Him", GK p.223, EN p.142.

In dit stadium gaat het "wenen in verbrokenheid" vergezeld van een diepe droefheid, de vreze Gods, en de verschrikking vanwege elke val die de mens tot dan toe geleden heeft. De tranen die verwekt worden door dit diepe wenen der bekering reinigen de mens van de zonden, de boze werken, en de ijdelheid van zijn leven in het verleden. Hoe langer het wenen voortduurt in de mens die de treurnis bedrijft, en hoe nederiger en onvrijmoediger zijn gezindheid is, zoveel te groter is de reiniging en des te radicaler is de wedergeboorte die in hem voltrokken wordt.[30] Dit is ook de meest passende voorbereiding om de geest van de mens zodanig te stemmen dat hij het ongeschapen Licht waardig wordt.

Naarmate de treurnis groeit, neemt ook de troost toe die de Heilige Geest bewerkt in degene die zich bekeert. Het hart van de mens vult zich met dankbaarheid vanwege de groeiende kennis van het mysterie van zijn afgescheiden zijn van God, en alleen door tranen kan hij zijn rouwmoedigheid uitdrukken, zijn bedroefde liefde voor Gods aanschijn.[31] Gaandeweg wordt de treurnis omgevormd tot een treurnis vol tranen van Goddelijke liefde, die de mens in vervoering brengt. Het gebed krijgt vleugels en wordt God welgevallig. De energie van haar dankbaarheid transfigureert de natuur van de mens en bewerkt een nog volmaakter wedergeboorte "tot een nieuw, reeds onvergankelijk leven".[32]

De treurnis die bewerkt wordt door de onberispelijke liefde van God geneest heel de mens en verenigt zijn natuur, opdat hij verenigd kan worden met de Geliefde God. In deze staat verwerft de mens de eenheid van geest, en het intellect staat versteld van dit nieuwe schouwen en neemt woning in het diepe hart van de mens. Dan werkt alles samen en leidt tot een nog grotere volheid van liefde. De mens gaat van liefde tot liefde, en alle dingen krijgen een krachtige impuls tot het ongeschapen Licht. Deze charismatische treurnis ontwortelt elke hartstocht en bevrijdt van de zonde. In deze staat ontvangt de mens de ervaring van de hartstochtloosheid en de gewaarwording

---

[30] Ibid., GK p.62, EN p.40; cf. GK p.32, EN p.21: "Vanuit het grote leed vanwege het verlies van God ontbloot de ziel zich, op natuurlijke wijze, van alle materiële en noëtische beelden, en het intellect nadert tot die grens, aan de andere kant waarvan het mogelijk is dat het Licht verschijnt." Zie ook GK p.43, EN p.28.
[31] Cf. ibid., GK p.76, EN p.49.
[32] Ibid., GK p.77, EN p.50.

van de heiliging van heel zijn wezen, die bewerkt wordt door de goddelijke liefde.[33]

Een vrucht van de Godwelgevallige treurnis zijn de tranen. Het gebed van de mens, dat vergezeld gaat van afkeer en verschrikking vanwege zijn nietigheid en geestelijke armoede, verwekt menigvuldige tranen.[34] Deze tranen zijn een teken dat het intellect en het diepe hart bevangen zijn door één nederige gedachte, die het gebed inspireert – en hieruit blijkt dat het gebed de plaats van zijn bestemming heeft bereikt, de troon van de Allerhoogste. Het is mogelijk dat deze gedachte rechtstreeks geschonken wordt door de Heilige Geest. In dat geval beantwoordt deze aan de innerlijke staat van degene die zich bekeert. Soms is het een woord uit de Heilige Schriften, dat Gods genade heeft doen opvlammen. Het vurige verlangen van de mens verenigt zich met de energie van het hemelse Vuur, dat het hart verzacht,[35] en dit doet de tranen opwellen als een onvergankelijke troost van de Heilige Geest, de Trooster.[36] Deze troost is niet "van psychologische of fysieke orde, maar vóór alles ontologisch, verwijzend naar de goddelijke eeuwigheid".[37]

De tranen verzekeren ons ervan dat de smart van de treurnis door God is aanvaard als een welgevallig offer, en dat dit het begin is van de opheffing van de oude wet van zonde en dood, die het leven binnenkwam door het genot. De afwezigheid van dergelijke tranen betekent dat de geest van de mens nog niet begonnen is aan de opgang tot God, en dat de liefde ontbreekt.[38] Naar het inzicht van onze schrijver waarderen al de Vaders van de Kerk de tranen in zulk een mate, dat zij nadrukkelijk beklemtonen dat het de mens zonder de tranen onmogelijk is te volgen in de voetsporen van Christus, en God en zijn naaste lief te hebben naar de wijze van het Evangelie.[39] Zoals de treurnis onderscheiden kan worden in verschillende soorten en vormen, zo zijn ook de vruchten daarvan, de tranen, van uiteenlopende aard. Wanneer de mens zich bekeert

---

[33] Ibid., GK p.83, EN p.54.
[34] Cf. ibid., GK p.92, EN p.59.
[35] Ibid., GK p.76-77, EN p.50.
[36] Cf. Mt.5:4.
[37] "We Shall See Him", GK p.82, EN p.54.
[38] Cf. ibid., GK p.83, EN p.55.
[39] Cf. ibid., GK p.76, 83-84, EN p.51, 54-55.

met een diep bewustzijn van zijn overtredingen en zijn onderworpenheid aan de hartstochten, dan overheersen de "bittere tranen". Deze worden ook teweeggebracht door de vermindering of het terugtrekken van de gewaarwording van de genade (ten tijde van de Godverlatenheid).[40] Doch soms, naar de ervaring van de Oudvader, gebeurt het dat tijdens deze periode van dorheid en beproeving ook de tranen ontbreken – en de weinige druppels die opwellen onder grote en verschrikkelijke pijn, zijn als brandend bloed dat "opwelt uit een gewond hart".[41]

Hiernaast bestaan ook de "zoete tranen" die teweeggebracht worden door de wondere gewaarwording van de nabijheid en de aanwezigheid van de God der liefde.[42] Deze tranen maken de mens tot 'krijgsgevangene'[43] en doen heel zijn wezen herleven. Zij tonen dat de Heilige Geest de treurende heeft overschaduwd en in hem, op mystieke wijze, zijn eenheid met God bewerkt. Het intellect wordt opgeheven tot een onuitsprekelijk schouwen, en het hart wordt uitgebreid om, met de liefde van Christus, heel de hemel en de gehele schepping te omvatten.[44] Wanneer zijn geest zich keert tot zijn medemensen vergiet hij tranen van medelijden voor heel het menselijk geslacht.[45] De voorspraak van de Heiligen voor de wereld gaat altijd vergezeld van deze tranen.[46]

De meerderheid der asceten beoefent een mate van treurnis, waarin een mengeling van tranen overheerst, van berouw en van liefde, van vreugde en van droefheid. Er bestaat echter ook het geval waarin de afwezigheid van tranen niet alleen onberispelijk is, maar zelfs de vrucht vormt van een aanhoudende treurnis. Dit gebeurt wanneer de natuurlijke tranen uitgeput raken. Dan echter wordt een gebed geschonken "zonder woorden, als de tedere gewaarwording van de genade van de Heilige Geest in ons", en dit gaat gepaard met de wondere vrede van Christus. Deze "stille bries"[47] omvangt heel

---

[40] Cf. ibid., GK p.83, EN p.54.
[41] Ibid., GK p.85, EN p.55.
[42] Ibid., GK p.83, EN p.53.
[43] Cf. 2Kor.10:5.
[44] Cf. "We Shall See Him", GK p.85, EN p.55.
[45] Cf. ibid., GK p.83, EN p.55.
[46] "Saint Silouan", GK p.581, EN p.468-469, NL p.492.
[47] Cf. 1Kon.19:12 (LXX 3Kon.) "... en na het vuur het geluid van een stille bries".

de mens, na een gebed waarin hij aan God een volmaakt offer van liefde heeft opgedragen.[48]

Zonder het wenen en de tranen der bekering is het de gelovige onmogelijk de kracht van de zaligsprekingen van de Heer te leren kennen en de Evangelische geboden te vervullen. De wedergeboorte van de mens wordt voltrokken door het Vuur van de genade der bekering. De gewaarwording van dit Vuur omvangt het hart en maakt dat dit smelt als was vanwege de warmte daarvan. Dan wordt op het zachte en warmgloeiende hart de gestalte afgedrukt van de vóóreeuwige Mens, Jezus Christus. In deze staat ontvangt de mens de energie van God Zelf, Die hem op wondere wijze verandert door Zijn liefde.[49] De verbroken geest van de mens wordt voortdurend en met steeds groter kracht aangetrokken en gedragen tot zijn Prototype, terwijl tegelijkertijd de gestalte van de Heer Jezus steeds helderder wordt. Dan verstaat de mens de ontologische diepte en de onbereikbare hoogte van de geboden van Christus, en hij raakt ervan overtuigd dat Deze de waarachtige God is, en "het beginloze feit van het 'Zijn'".[50]

Het wenen geschiedt met een ontologische diepte en op een metafysisch niveau, wanneer de mens in zijn hart het grote verlangen bezit om de scheidsmuur en de sluier weg te nemen tussen zijn Voorbeeld en hemzelf, Diens beeld – en daarvoor strijd. Deze drang tot Christus is alomvattend en "hernieuwt de kracht van het streven tot de Goddelijke Wereld".[51] Dit is de treurnis die de mens als hypostase betaamt. Deze kan ertoe leiden dat het hypostatische beginsel tot het einde toe verwerkelijkt wordt, zodat hij een rein en tastbaar schouwen bezit van de Levende God. Doch de Godwelgevallige treurnis heeft geen einde op aarde, want dit zou betekenen dat de mens ten volle verenigd is met Christus, het Licht – hetgeen als belofte gegeven is voor de toekomende wereld.[52]

De charismatische treurnis voltrekt zich op een bovennatuurlijk niveau en met een ontologische diepte, waarbij elke misstap ervaren

---

[48] Cf. "We Shall See Him", GK p.83-84, EN p.54.
[49] Cf. ibid., GK p.67, EN p.44.
[50] Ibid., GK p.277, EN p.180.
[51] Ibid., GK p.83, EN p.54.
[52] Cf. 1Joh.3:2.

wordt als een misdaad jegens de Vaderlijke liefde, als zelfmoord en als afvalligheid jegens de Formeerder. Wanneer nu aan de mens deze charismatische treurnis wordt geschonken, en wanneer het hart volledig is overgeleverd aan het gezag van de Liefde van Christus, dan wordt hem de omvang geopenbaard van de geestelijke ontbering van alle andere mensen, zijn broeders, die van gelijke hartstochten zijn en daardoor lijden als hijzelf. Het intellect wendt zich tot hen met medelijden. Hij is vol mededogen jegens hen, hij vergeeft hen elk falen en weeklaagt over hen in het verlangen en met het gebed dat hen dezelfde volheid en hetzelfde deel van de Geest geschonken moge worden, als ook aan hemzelf ten deel is gevallen.[53] Zoals Christus medelijden heeft en lijdt voor de gehele Adam, en zoals Zijn Kruis voor alle mensen bemiddelt voor Gods aanschijn, zo is ook de 'arbeider der treurnis' vervuld van een Godwaardig mededogen voor zijn broeders – daar hij deelgenoot is geworden aan het lijden en de innerlijke staat van Christus – en hij "weeklaagt om degenen die God niet kennen",[54] zowel als voor de gehele Adam in het algemeen. Dit is de "adamitische weeklacht" van de heiligen, die tot de hemel opstijgt als een schreeuw voor heel de aarde, en verwaardigd wordt dat de hemelen daar het oor toe neigen.[55] Deze weeklacht maakt de mens tot medegenoot in het gebed van de Heer te Gethsémane, tot deelgenoot aan Zijn heilbrengend lijden – en als vriend van God bidt hij tot Hem voor het heil van heel de wereld.

De weg is Christus Zelf. En voor wie verlangt naar de goddelijke eeuwigheid bestaat er geen andere weg, dan die van "groot en sterk schreeuwen en tranen van smeking, opdat wij zouden worden behouden van de dood der zonde, die ons omvangt".[56] Door de geestelijke treurnis dient de mens God "in geest en in waarheid", hij belijdt de universele waarheid van de val in de zonde, en van het herstel – in Christus – van Diens beeld, door de bekering. De mens "wordt waarachtig".[57]

---

[53] Cf. "We Shall See Him", GK p.86, EN p.55-56.
[54] Ibid., GK p.78, EN p.51.
[55] Cf. Dt.32:1 (begin 2^e Ode). Zie "Saint Silouan", deel II, Hfst.18.
[56] Cf. "We Shall See Him", GK p.86-87, EN p.56. Zie Hebr.5:7.
[57] Ibid., GK p.79, EN p.51.

3e) De wanhoop en de gewaarwording van Gods aanwezigheid

De geest van de mens is geschapen naar Gods beeld. Om de goddelijke maat te bereiken overeenkomstig het vóóreeuwig Raadsbesluit van God,[1] dient de geest van de mens voort te gaan in twee richtingen. Eerst zal hij moeten nederdalen naar omlaag, om later op te gaan naar omhoog. In beide richtingen dient deze tocht zoveel mogelijk te raken aan de uiterste grenzen daarvan – in een afwisseling tussen twee uitersten: de diepten van de onderaardse hel, en de hemel der hemelen. De kennis die de mens verwerft door deze tweeledige tocht en afwisseling verleent zijn leven stabiliteit en sterkt hem op de weg van God. De vereiste energie en inspiratie voor deze 'zweefvlucht' over de afgrond, die "de wankele en geschapen dingen" scheidt van "het onwankelbaar Koninkrijk",[2] put hij uit de Godwelgevallige charismatische wanhoop.[3]

Deze wanhoop is een geestelijk verschijnsel. Dit volgt op de goddelijke verlichting. Daardoor ziet de mens de onwaarachtigheid van de gesteldheid waarin hij zich bevindt, en vervuld van wantrouwen jegens zichzelf hangt hij alles aan het medelijden en de goedheid van Hem, Die "de doden levend maakt en het niet-zijnde tot het zijn roept".[4] De mens verwerft het privilege van deze charismatische wanhoop, wanneer het hemels Licht hem overschaduwt bij de ontmoeting van hem die geschapen is met de Ongeschapene. Wanneer de mens Diens levende "stem hoort" en Diens "gedaante ziet",[5] verkrijgt hij inzicht in de verdorvenheid van zijn eigen natuur. Dan bewerkt de levenschenkende vreze Gods de goede wanhoop, die de onontbeerlijke conditie vormt voor de verdere positieve assimilatie van de genadegaven van de Heilige Geest.[6]

Na de eerste aanraking met het eeuwig Licht van Christus wordt in de mens een nieuw bewustzijn geboren. Hij begint te onderscheiden tussen de geschapen en de Ongeschapen werkelijkheid, en op beslissende en onomkeerbare wijze richt hij zichzelf alleen op de

---

[1] D.w.z. om te groeien tot de staat 'naar Gods gelijkenis'. *Noot vert.*
[2] Hebr.12:27,28.
[3] Cf. "We Shall See Him", GK p.43, EN p.28.
[4] Cf. Rom.4:17.
[5] Cf. Joh.5:37.
[6] Cf. "We Shall See Him", GK p.40, EN p.26.

dingen die onveranderlijk en eeuwig zijn. Hij ziet de kloof tussen deze twee realiteiten en hij wanhoopt aan de eerste, die in de duisternis ligt en in de heerschappij van de dood. Met het pijnlijke gevoel van wanhoop vanwege zijn geestelijke verachtelijkheid wendt hij zich met aandrang tot de tweede realiteit, de goede eeuwigheid, die nog niet zijn eigendom is.[7] Dit nieuwe bewustzijn is tiranniek, maar tegelijkertijd vormt het een bron van inspiratie voor de opgang tot het transcendente niveau van Gods liefde, die hem het supra-kosmische 'Zijn' van God openbaart.

De wanhoop die oprijst bij de bewustwording van de verschrikking van de Val en de vergankelijkheid – na het zien van het schijnsel vanuit den hoge – schenkt de mens de geestelijke manmoedigheid met de "dwaasheid" van het Kruis.[8] Hoe groter de mate van verlichting, des te helderder wordt het zicht op de hel waarin hij verblijft – dat wil zeggen, die plaats waar men verstoken is van Gods genade. Nadat hij de aanwezigheid van de Levende God ervaren heeft, weigert hij de orde der dingen van dit tegenwoordige leven te aanvaarden, zowel als zijn eigen vergankelijkheid, als zijnde onwaardig en ontoereikend om zijn Formeerder te verheerlijken. Maar ook God snelt te hulp met Zijn genade, om de waarachtigheid van deze houding te bevestigen, waarbij Hij hem begenadigt met de vurige en onvrijmoedige weeklacht der bekering.[9]

Deze charismatische wanhoop 'nagelt' het intellect aan het nieuwe schouwen dat geopenbaard wordt door de genade Gods, die tegelijkertijd het waarachtige besef van de zonde schenkt, en die de mens de metafysische dimensie daarvan doet peilen. Geen enkele zonde is onbetekenend, aangezien deze een aanvechting is van het eeuwig Koninkrijk van het Licht en de Liefde. Dit inzicht in de zonde verwekt de smartelijke vrees, dat wij misschien "onwaardig zullen blijken binnen te treden in het Heilig Koninkrijk".[10] Deze heilige vreze reinigt niet alleen van de zonden, maar laat bovendien niet toe dat het intellect terugvalt (tot een aardse visie) of dat de intensiteit van deze volledige bekering zou verminderen. Door de

---

[7] Cf. ibid., GK p.206, EN p.130.
[8] Cf. 1Kor.1:18,23.
[9] Cf. "We Shall See Him", GK p.43,124, EN p.28,80.
[10] Ibid., GK p.93-94, EN p.60.

genade en de energie van de wanhoop wordt een vreeswekkende grens overwonnen, namelijk die van de verzoeking terug te keren tot zichzelf[11] – een verzoeking die verwoestend is voor de volle en volmaakte wedergeboorte van de mens.

Het schouwen van het ongeschapen Licht en de gewaarwording van de Levende God openbaren de diepte van de Val. Ook de strenge onderwerping van het eigen leven aan de geboden van Christus leidt de mens tot dezelfde heilige wanhoop bij de gewaarwording van de "gruwel" van de inhoud van zijn hart. Doch deze schrikwekkende ervaring van de Godwelgevallige wanhoop houdt de mens in een staat van onstuitbaar wenen en bewerkt het onophoudelijk gebed van een "uiterste intensiteit".[12] Wanneer het gevoel van afkeer jegens zichzelf de regionen van Gods welbehagen bereikt, dan "wijkt [dit gevoel] terug en geeft vervolgens plaats aan de lichtdragende liefde".[13]

De rechtvaardige wanhoop ligt hierin, dat de mens zijn vergankelijkheid en zijn dood niet aanvaardt als een natuurlijke staat. Hij lijdt in wanhoop om zijn erbarmelijke gesteldheid, omdat hij inziet dat hij verwijderd is van Gods grote en vóóreeuwige plan voor ons. Zelfs de gedachte daarentegen dat de verlangde eeuwigheid die ons geopenbaard is onbereikbaar is, en dat de vergoddelijking van de mens niet te verwezenlijken valt, berooft de mens van elke inspiratie, terwijl zijn wanhoop verandert in een ondraaglijke nachtmerrie en een eindeloze pijniging.[14] Dit veroordeelt de mens tot een jammerlijke verlatenheid in het heden, en na de dood tot volledige vernietiging.[15]

Wil de wanhoop Godwelgevallig zijn, dan dient deze vergezeld te gaan van afkeer jegens onszelf, en van het vertrouwen dat God

---

[11] Cf. ibid., GK p.206, EN p.130.
[12] Ibid., GK p.51, EN p.33.
[13] Cf. ibid., GK p.73, EN p.47. [De bewoordingen van oudvader Sophrony in dit verband bevatten een verwijzing naar de verloren zoon in zijn terugkeer naar het huis van de vader, die reeds op de uitkijk staat en toesnelt om zijn zoon te omhelzen. *Noot vert.*]
[14] Cf. ibid., GK p.100, EN p.64.
[15] Cf. ibid., GK p.416, EN p.236. [Dat wil zeggen, de mens veroordeelt zichzelf daartoe, door toe te geven aan de negatieve wanhoop bij het aanvaarden van de leugenachtige gedachte dat het goddelijk heil onbereikbaar is. *Noot vert.*]

"rechtvaardig is in alles wat Hij over ons gebracht heeft".[16] De zondeloze en charismatische wanhoop vestigt geen enkele hoop op onszelf, noch op enig ander schepsel, maar wendt zich met een absoluut vertrouwen tot God, "voorbij elke wanhoop".[17] Wanneer de mens gesterkt wordt in de gewaarwording van Gods onberispelijke rechtvaardigheid en liefde, dan raakt hij in staat om elke wanhoop te dragen die voortkomt uit de gewaarwording van de hel, waarin hij zich nog steeds bevindt. Als hij de grenzen van zijn krachten bereikt in deze geest van zelfverloochening, als hij elke menselijke rechtvaardigheid vervult en God een welgevallig offer opdraagt "tot aan het einde", dan openbaart de Heer Zijn barmhartigheid en overbrugt de kloof van de afgrond door de gave van Zijn genade.[18] Dan wordt de band der liefde sterk en onverbrekelijk. Het gebed dat dan werkzaam is overschrijdt de grenzen van tijd en ruimte, en wordt opgedragen met een andere intensiteit en in een wereld van andere dimensies.[19] De uiterste wanhoop overkomt de dienstknechten Gods, opdat zij bevrijd mogen worden van de pijniging der hel en van de veroordeling tot de dood.[20] Deze wanhoop is bij uitstek het geloof der rechtvaardigen, waarvan het model gegeven werd in de persoon van Abraham, die "tegen hoop op hoop"[21] geloofde in God, en gerechtvaardigd werd.

De smartelijke kreet van de charismatische wanhoop is onontbeerlijk voor de overgang van de buitenste duisternis naar het wondere Licht van de Godheid.[22] Daarzonder leert men de dimensies van Adams val niet kennen, noch kan men de sprong maken van de geschapen gesteldheid van het knechtschap in deze tegenwoordige wereld tot de geestelijke vrijheid van de kinderen Gods.[23]

Men leert de waarachtige Godwelgevallige wanhoop kennen, wanneer Gods goede Voorzienigheid de Godminnende mens ertoe uitdaagt alles te riskeren. De mens die "de hand aan de ploeg slaat"

---

[16] Dan.3:26.
[17] Cf. "We Shall See Him", GK p.58, EN p.38.
[18] Cf. ibid., GK p.106-107, EN p.69.
[19] Cf. "Saint Silouan", GK p.145.
[20] Cf. "We Shall See Him", GK p.125, EN p.81.
[21] Rom.4:18.
[22] Cf. "We Shall See Him", GK p.224, EN p.143.
[23] Cf. ibid., GK p.261, EN p.169.

van Gods geboden, wordt onvermijdelijk geleid tot vreeswekkende uitzichtloze situaties, omdat zijn leven zich nog bevindt in deze wereld die 'in den boze' ligt, en hijzelf nog een 'verdeelde dienaar' is, van God en van de zonde. De afgrond van zijn afgescheiden zijn van God ligt voor hem uitgespreid, en dit laat hem niet toe "om te zien naar hetgeen achter hem ligt".[24] Zoals wij hierboven hebben opgemerkt, dient hij deze afgrond over te steken om de andere kant te bereiken, de boezem van Abraham, het Licht van de hemelse stad van de Levende God.[25] De weg is onbekend en het is een "grote afgrond".[26] Hij heeft grote kracht en vastbeslotenheid nodig. Dit zal hem gegeven worden door de "gezegende wanhoop", die geïnspireerd wordt door de stoutmoedigheid der wanhoop. In deze staat heeft de mens een geloof nodig gelijk aan dat van Abraham, een vertrouwen gelijk aan dat van Paulus,[27] en een geduld gelijk aan dat van Mozes, die volhardde "als ziende de Onzichtbare"[28] en die als eerste op profetische wijze de kracht van het Pascha kende. Wanneer er een volmaakt vertrouwen is in de Naam van Jezus Christus, en een volmaakte overgave aan Hem, dan "in plaats dat ons hoofd verbrijzeld wordt tegen de klippen die in de duisternis verborgen liggen, verschijnt een onzichtbare hand, die ons op tedere wijze veilig vasthoudt boven de afgrond".[29] Geholpen door de tedere hand van de Levende God, wordt de gelovige tot dienaar van een wonder dat hem verbaasd doet staan, en dan kent hij Christus als Gods enige waarachtige en eeuwige Pascha.[30]

---

[24] Cf. Lk.9:62.
[25] Cf. Hebr.12:22.
[26] Lk.16:26.
[27] Cf. 2Kor.1:9.
[28] Hebr.11:27.
[29] "We Shall See Him", GK p.106-107, EN p.69,
[30] De Hebreeuwse wortel van het woord *'Pascha'* impliceert een 'overgang', een 'sprong' – hier dus over de afgrond die de gevallen mens scheidt van God. Het woord zelf wordt gebruikt m.b.t. het offerlam dat het volk Israël in Egypte beschermde tegen de dood, en dat jaarlijks geofferd werd ter gedachtenis van hun definitieve Uittocht – een voorafschaduwing van het Offer des Heren aan het Kruis, dat leidde tot de Opstanding en de overwinning op de dood. In Kerkelijke context verwijst het daardoor ook naar de vreugde van het 'Feest der Feesten', het 'Pascha der gelovigen' (cf. 1Kor.5:7; zie ook de Orthodoxe hymnografie voor de Paasnacht). *Noot vert.*

Het leven naar het gebod van Christus is een compleet risico.[31] Dit gaat echter vergezeld van het wonder, waarbij de mens versteld staat van Zijn wedergave "boven al wat wij vragen".[32] Zich baserend op zijn diepe geestelijke ervaring stelt oudvader Sophrony, dat "het veiligste 'risico' is om onszelf met kinderlijke eenvoud toe te vertrouwen aan Gods Voorzienigheid, in het zoeken naar dat leven, waarin de eerste plaats gegeven is aan Christus".[33] Dit is uiteraard niet te danken aan de menselijke deugd, maar aan de goedheid van Hem Die getrouw blijft, omdat Hij Zichzelf niet kan verloochenen.[34]

De levende genade van God gaat altijd samen met de rechtvaardige wanhoop van de mens die "tot de dood"[35] dorst naar zijn Heer en Heiland. Dit is wat de profeet voor ogen had, toen hij sprak: "Doch ik zeide in mijn verbijstering: Ik ben verworpen van voor Uw ogen. Daarom verhoorde Gij de stem van mijn smeking."[36] De smart van deze wanhoop maakt, dat de ziel van de mens "wordt verscheurd door een groot leed"[37] en uit de diepten schreeuwt voor Gods aanschijn. Dan weerklinkt deze schreeuw vanuit de diepten van de woestenij van heel de geschapen wereld tot aan de oren van de Heer Sabaoth. Soms gaat deze schreeuw vergezeld van "de gewaarwording van een vuur" dat de mens wedergeboren doet worden en zijn geest binnenleidt in de sfeer "van een ander 'zijn'"[38] – in het schouwen van het ongeschapen Licht.[39]

Om een 'adamitisch bewustzijn' te verwerven gaat de mens onvermijdelijk ook door de staat van de wanhoop. En alleen wanneer

---

[31] Cf. Lk.9:24.
[32] Ef.3:20.
[33] "We Shall See Him", GK p.107, EN p.69.
[34] Cf. 2Tim.2:13.
[35] Openb.12:11.
[36] LXX Ps.30(31):22/23.
[37] Cf. "Saint Silouan", GK p.561, EN p.450, NL p.473.
[38] "We Shall See Him", GK p.52, EN p.34.
[39] Cf. ibid., GK p.43, EN p.28. Elders omschrijft oudvader Sophrony wederom dit zelfde geestelijke verschijnsel (zie "On Prayer", GK p.28-29, EN p.19): "En ik weeklaag bij het zien van mijzelf zoals ik ben. Doch wanneer mijn smartkreten mij uitputten en mij leiden tot aan het grensgebied van de dood, waarbij ik hulpeloos boven de afgrond der duisternis hang, dan komt op onverklaarbare wijze de subtiele liefde uit de andere wereld, en mét haar het Licht. Voorzeker is dit de wedergeboorte vanuit den Hoge".

hij al de mogelijke gesteldheden kent, zelfs die van de doodbrengende wanhoop, verkrijgt hij stabiliteit in het leven. De uiterste Godwelgevallige wanhoop, afgezien van het feit dat deze een volmaakt offer is, is ook de weg die de eeuwige pijniging van de hel voorkomt.[40] De mens 'smaakt' weliswaar de diepe duisternis van de hel, maar wordt daar niet door beheerst. Door deze ervaring van de wanhoop wordt hij onwankelbaar, en de "menselijke dag" kan hem niet "beoordelen".[41]

Bij de charismatische wanhoop riskeert men alles, om alles te beërven. Naar de mate van de afsterving wordt ook de herleving bewerkt. De mens riskeert het éne talent dat hem gegeven is, om dit honderdvoudig te maken. Hij riskeert zijn tijdelijke bestaan, opdat dit moge worden omgezet in eeuwig leven.

---

[40] cf. "We Shall See Him", GK p.125, EN p.81.
[41] Cf. 1Kor.4:3.

4
Het mysterie
van de wegen des heils

Wanneer oudvader Sophrony sprak over het geestelijk leven, vergeleek hij dit vaak met een bol en zei dan, dat op welk punt de mens deze ook maar aanraakt, hij onmiddellijk de gehele bol aangrijpt. In zoverre het authentieke leven in Christus het leven is van God Zelf, heeft elke aanraking met Hem tot resultaat dat een goddelijke staat wordt overgedragen op de mens. De oudvader had dit leven op systematische wijze uiteen willen zetten in een boek waarin al het materiaal op ordelijke en methodische wijze gerangschikt zou zijn, maar hij bevond dat dit onmogelijk was, om reden van de dynamische veelvormigheid van dit leven en de gelijktijdige eenvoud en eenheid van de veelsoortige ervaringen daarvan.[1] De ondoenlijkheid van deze onderneming is ook ten volle te begrijpen om deze reden, dat elke mens als onherhaalbare persoon een specifieke persoonlijke relatie heeft met de Persoonlijke God, een specifieke geestelijke naam,[2] zowel als een unieke route van geestelijke ontwikkeling en vervolmaking in zijn leven. Oudvader Sophrony vergeleek de rijkdom van het geestelijk leven met het water: Al neemt dit in zijn voortstromen oneindige vormen aan van beekjes, winterbeken, rivieren, meren, zeeën en oceanen, niettemin blijft dit hetzelfde water.[3] Deze vergelijking wordt ook bevestigd door het woord van de Heer, dat zegt dat Zijn genadegave in degenen die in Hem geloven wordt tot "een bron van water, opwellend tot eeuwig leven".[4]

Hoewel de Oudvader onwillig was een systeem of programma te formuleren of een gemeenschappelijk pad van ontwikkeling, dat voor allen zou gelden, aanvaardt hij dat er algemene principes

---

[1] Cf. "We Shall See Him", GK p.151, EN p.96-97.
[2] Cf. Openb.2:17.
[3] Cf. "We Shall See Him", GK p.152, EN p.96-97.
[4] Joh.4:14. Zie Patriarch Kallistos (Griekse uitgave van de Philokalia, vol.4, p.296); EN: "Writings from the Philokalia on Prayer of the Heart (Faber & Faber, Londen, 1951), p.271-273.

bestaan die zich herhaaldelijk voordoen in de verschijnselen en de voortgang van het geestelijk leven van alle mensen, met vrijwel dezelfde orde en regelmaat.[5] Hij observeert en omschrijft dan ook drie stadia of drie perioden in het leven van de Christen: De eerste periode is de tijd van de roeping door God. Deze periode is in de meeste gevallen kort, maar rijk in geestelijke ervaringen en goede veranderingen, die 'om niet' bewerkt worden door het eerste bezoek van Gods genade. De tweede periode is langdurig en wordt gekarakteriseerd door het terugtrekken of de vermindering van de genade.[6] Deze periode is weliswaar moeizaam, maar ook oneindig creatief. De strijd voor het verwerven van de genade wordt tot het einde toe geïntensiveerd, en resulteert in vaardigheid en kennis die "wijs maken tot heil".[7] De derde periode betreft diegenen die op wettige wijze hebben gestreden en elke rechtvaardigheid hebben vervuld. Deze periode kan van korte duur zijn, evenals de eerste, maar is rijker in zegeningen en genadegaven van de Levende God.

Uit de beschrijvingen van de Oudvader blijkt dat hij deze theorie van de drie stadia van het geestelijk leven verder ontwikkelt met als doel het belang en de betekenis van de tweede periode naar voren te halen. De ervaring daarvan is namelijk van onschatbare waarde, en onontbeerlijk voor de volledige toerusting en voltooiing van de mens in het mysterie van Gods "tuchtiging". Alleen wanneer de mens al deze drie stadia doorloopt, is zijn ervaring volledig en kent hij het mysterie van de wegen des heils voor zichzelf en voor zijn broeders. Hij wordt "geestelijk" en "onderscheidt wel alle [verschijnselen van het eeuwige leven], doch hijzelf wordt door niemand onderscheiden".[8]

---

[5] Cf. "We Shall See Him", GK p.133, EN p.85.
[6] Deze ervaring van het 'terugtrekken' of 'verminderen' van de genade betekent niet noodzakelijk dat God de mens volledig verlaat in absolute zin. Deze schijnbare tegenstelling maakt deel uit van het mysterie van deze periode, dat verderop nader zal worden aangeduid. *Noot vert.*
[7] 2Tim.3:15.
[8] 1Kor.2:15.

4a) De genade van de roeping

De roeping van de mens bevindt zich reeds in het scheppende Intellect van de vóóreeuwige Raad van de Vader en van de Zoon en van de Heilige Geest. Enkel vanuit Zijn goedheid 'bedacht' God de mens, op beginloze wijze, en door Zijn scheppende woord riep Hij hem tot het leven in de tijd. Door hem te scheppen "naar het beeld en naar de gelijkenis" van Hemzelf, legde Hij in hem de mogelijkheid om aan Hem gelijkvormig te worden,[1] of preciezer gezegd, op profetische wijze maakte Hij hem "gelijkvormig aan het beeld van Zijn Zoon".[2] Hij bestemde hem voor om te leven in de onvergankelijkheid van de gemeenschap met Hem, in liefde. In de geschapen natuur van de mens plantte Hij de goddelijke genade, het zaad van de vergoddelijking. Uit het vóóreeuwige plan van God voor de mens, uit het feit dat deze geschapen werd op directe en persoonlijke wijze, uit Gods "veelvoudige" en "veelvormige" zorgzaamheid toen de mens gevallen was, en uit Zijn onzegbare Heilseconomie "in het laatste der dagen"[3] voor diens herstel in de genade van het eeuwige leven, stellen wij vast dat de roeping van de mens onbegrijpelijk groot en wonderlijk is.[4]

De kennis van de grootheid van de roeping van de mens in Christus – dat wil zeggen, dat God de mens "sinds de tijden der eeuwen" ontwikkelde en voorbestemde om volmaakt gelijk te worden aan zijn Vader "Die in de hemelen is" – inspireert tot nederigheid jegens de onzegbare goddelijke goedheid en voorzienigheid.[5] Deze nederigheid maakt de geest van de mens gunstig gestemd en opent zijn hart om de gave en de zegen van zijn roeping door de bovenwereldse Vader met dankbaarheid te aanvaarden. De nederigheid en de dankbaarheid vormen de twee onontbeerlijke voorwaarden voor het onderwezen worden in de Geest van Christus, zowel als

---

[1] Cf. LXX Ps.81(82):6.
[2] Cf. Rom.8:29.
[3] Cf. Hebr.1:1-2.
[4] "We Shall See Him", GK p.154, EN p.98. Zie ook "Saint Silouan", GK p.122, EN p.98, NL p.110: "Zozeer heeft de Heer Zijn schepsel liefgehad, dat de mens aan God gelijk werd." Zie ook "On Prayer", GK p.17, EN p.10-11.
[5] "We Shall See Him", GK p.120, EN p.78.

voor de samenwerking "met Hem in de Daad van het scheppen, door Hem, van onsterfelijke goden".[6]

Deze roeping is eeuwig en wordt door God tot de mens gericht in het eeuwige heden. Het doelwit is het "diepe hart", "de geestelijke kern van de persoon".[7] De vreugdetijding[8] van deze eeuwigheid gaat vergezeld van de gave der genade. De keuze in geloof om deze roeping door God en het eerbewijs van Zijn beloften te aanvaarden, trekt de scheppende genade aan, die het versteende hart van de mens doet ontvlammen. Het eerste bezoek van de genade is een geschenk van Gods welbehagen en brengt de eerste goede verandering in de mens, door de ervaring van de liefde die in zijn hart wordt uitgegoten door de energie van de Heilige Geest. Dit is de "eerste liefde",[9] die getuigt van de waarheid en die "de zekerheid"[10] bezegelt van het Nieuwe Verbond van God de Heiland. De roeping door de Drieëne God is dus een roeping van liefde. Doch deze liefde is "niet uit de aarde, maar uit de Hemel".[11]

Deze eerste uitwerking van Gods liefde voor de mens vindt plaats wanneer God hem gunstig gestemd vindt om het bezoek van Zijn genade te ontvangen in een geest van goede intentie. De eerste eenwording van de mens met Gods Geest is een reine gave van Gods wil, die altijd equivalent is aan de maat van de liefde van diegene die deze ontvangt. Reeds vanaf zijn eerste ontmoeting met God ontvangt de mens genade, die hem verlicht en het model van het Godgelijke leven openbaart. Deze genade schenkt hem de voorsmaak van al de Godwelgevallige deugden en deze ervaring vormt een inleiding op de "vele mysteriën van het mystieke leven in God".[12] Dan komt het gebed uit de diepten van het hart en wordt een natuurlijke staat voor de mens. Het intellect keert zich "naar binnen",

---

[6] Ibid., GK p.159, EN p.101.
[7] Ibid., GK p.272, EN p.177.
[8] Het Griekse woord voor deze vreugdetijding (*euaggelismós*/εὐαγγελισμός) , dat nauw verwant is met het woord voor 'Evangelie', wordt ook gebruikt als benaming voor het Feest van de verkondiging (letterlijker: de "vreugdetijding") door de aartsengel Gabriël aan de Moeder Gods. *Noot vert.*
[9] Openb.2:4.
[10] Lk.1:4.
[11] "We Shall See Him", GK p.273, EN p.177.
[12] Ibid., GK p.133, EN p.85.

het wordt verfijnd en verlicht, en beweegt zich als een bliksemstraal in overeenstemming met de Geest des Heren. In één woord, God sluit een persoonlijk verbond met de mens, hetgeen niets anders is dan de vernieuwing van dat verbond, dat hij beleden had bij de Doop. Dit verbond wijst op het positieve antwoord van de mens op de roeping door God, en gaat vergezeld van de verlichting der genade, die de mens overschaduwt en hem wedergeboren doet worden voor een "leven in de Levende God".[13]

Tijdens de eerste periode van het geestelijk leven wordt de mens de levende aanwezigheid van God gewaar als een Licht van liefde en als een diepe jubelende vrede. Deze gewaarwording bewerkt in zijn geest een onstuitbare aantrekking tot Christus,[14] en gaandeweg wordt Diens innerlijke leven hem eigen. Bij de komst van de genade in de ziel wordt de mens vervuld met troost vanwege zijn geestelijke vrijheid, en met inspiratie om de strijd van het Kruis op zich te nemen. Hij heeft een sterk verlangen de roeping door God waardig te blijven en geleid te worden tot de volheid van de Goddelijke liefde. Hij aanvaardt de dwaasheid van het geloof en hij heeft de stoutmoedige zekerheid dat hij "alle dingen vermag door Christus, Die hem kracht geeft".[15] Dan begint hij het geestelijk werk te volbrengen van zijn 'wasdom' in Christus.

Deze eerste periode van goddelijke 'bezoeken' haalt heel de mens overhoop, en verandert zijn gehele levensvisie. Bij deze aanvankelijke ervaring van de genade worden de fundamenten gevestigd van het nieuwe Godwelgevallige leven, op een wijze die overeenkomt met de feiten van de Openbaring in Christus. Het hart wordt beheerst door de buitengewone ervaring van levende energie en raakt ontvlamd door de onuitsprekelijk zoete liefde van God. "Het is een periode die rijk is aan gewaarwordingen van het hart en vol van sterke ervaringen".[16] Deze innerlijke verrukking concentreert al de vermogens van de mens en maakt elk werk van vroomheid zo licht en aangenaam, dat hij dit niet aan zichzelf kan toeschrijven,

---

[13] Ibid., GK p.92, EN p.59.
[14] Cf. ibid., GK p.91, EN p.58. Zie ook "On Prayer", GK p.105, EN p.68.
[15] Cf. Fil.4:13.
[16] "Saint Silouan", GK p.250, EN p.188, NL p.207.

maar het aanvaardt als een geschenk van God.[17] De zegen van God rust op de mens op duidelijke en wonderbaarlijke wijze, waarbij de hemel open staat voor al zijn beden, en zijn gebeden goedgunstig verhoort.[18] Hij bezit de vrede van de verzoening met God en hij geniet de vreugde des heils. Hij leeft het waarachtige feest van zijn overgang van de dood tot het leven.

Deze eerste gave van Gods genade kan over de mens worden uitgestort in grote overvloed, tot de maat der volmaakten.[19] Dit hangt enkel af van Gods initiatief en van de intentie van de mens, welke God voorziet. Reeds vanaf de eerste bezoeken der genade verwerft de mens een kennis en visie van het "grote mysterie der vroomheid".[20] Hij wordt bevestigd in de vreze Gods en hij wordt beheerst door de genade van de gedachtenis aan de dood. Zijn leven wordt niet meer gesteund door de gissingen van de verbeelding en de rede, maar door het vuur van de goddelijke liefde, door het beginloze feit van het 'Zijn', hetgeen hem alles kan leren wat nodig is om te wandelen "in nieuwheid des levens".[21] Hij raakt vertrouwd met het Evangeliewoord en met de woorden van de Schriften in het algemeen, die nu op onmiddellijke en persoonlijke wijze tot hem gericht blijken. Zijn intellect en zijn hart worden gereinigd bij het voortdurend aanwakkeren van de genade van zijn roeping omwille van de radicale transfiguratie van heel zijn wezen.[22] Hij wordt slechts beheerst door dit éne door God bezielde verlangen, dat de liefde die hij gekend heeft voor altijd zijn onvervreemdbaar eigendom moge worden.[23] Hij voelt zich vervuld en verstaat dat de betekenis en het doel van zijn leven is om "met Christus te zijn",[24] zowel nu als voor heel de eeuwigheid.[25]

---

[17] Cf. Ef.2:8.
[18] "Saint Silouan", GK p.266, EN p.200, NL p.220.
[19] Cf. "On Prayer", GK p.105, EN p.68.
[20] Ibid., GK p.21, EN p.13: "Door Zijn komst in mij werd iets wonderlijks geopenbaard, dat zoet was voor het hart, boven zelfs de meest stoutmoedige verbeelding."
[21] Rom.6:4.
[22] Cf. "We Shall See Him", GK p.76, EN p.50.
[23] Cf. ibid., GK p.80, EN p.52.
[24] Fil.1:23.
[25] "We Shall See Him", GK p.104, EN p.68: "De ziel nu wordt zich bewust dat de betekenis van haar bestaan is om bij God te verblijven, in Hem en in Zijn eeuwigheid."

4b) Het terugtrekken van de genade

Voor Gods aanschijn zijn alle mensen gelijk, want aan allen wordt dezelfde genade van de roeping aangeboden. God riep de mensen in het leven door Zijn scheppende Woord en schonk hen het voorrecht en de mogelijkheid om Godgelijkend te worden. Dit is een hoge eer, die voor allen gelijkelijk geldt. Daarom ook richt God tot allen dezelfde geboden en beloften. Zoals heel het bestaan van de mens een geschenk is van Gods goedheid, zo is ook de eerste genade van Zijn bezoek een geschenk van Zijn welbehagen. Dit geschenk van God is groot, doch de mens is vervolgens verschuldigd dit in zijn leven te rechtvaardigen door een harde en langdurige strijd, waarbij hij de volledige onderwerping van zijn wil als een welgevallig offer opdraagt aan de onnaspeurbare voorzienigheid en wijsheid van God.

De Paasvreugde en -blijdschap van de eerste periode, wanneer de hemel voor de mens opengaat en God Zich persoonlijk openbaart, en een verbond met hem sluit, is geen blijvende en stabiele staat. Het is enkel een "kapitaalsom" van goedertierenheid en menslievendheid, die de Formeerder toevertrouwt aan Zijn redelijk schepsel. In een originele geestelijke interpretatie van Lukas 16:10-12 definieert oudvader Sophrony de eerste genade met de woorden van de Heer als "onrechtvaardige mammon"[1] of "onrechtvaardig (verworven)" en "andermans rijkdom",[2] waarvoor de mens in vrijheid al zijn inzicht en zijn trouw dient te tonen als een goede rentmeester, opdat dit zijn onvervreemdbare erfenis moge worden tot in alle eeuwigheid.[3] Zoals wij heel ons 'zijn' te leen hebben van God,[4] evenzo hebben wij deze kapitaalsom, dit "talent" te leen, om het te vermenigvuldigen en rijk te worden "in God".[5]

Na een zekere tijdsduur,[6] die enkel afhangt van het initiatief

---

[1] "We Shall See Him", GK p.343, zie ook p.316, EN p.206, 218.
[2] Cf. ibid., GK p.190, EN p.119-120. Zie Lk.16:10-12.
[3] "We Shall See Him", GK p.134, zie ook p.279, EN p.85, 181. Zie ook "On Prayer", GK p.106 (e.a.), EN p.76.
[4] Cf. H.Maximos de Belijder, "On the Lord's Prayer" (PG90, 893C, EN: "The Philokalia", vol.2, p.297).
[5] Cf. "On Prayer", GK p.106, EN p.76. Zie Lk.12:21.
[6] Cf. H.Makarius van Egypte, Homilie 17 (PG34, 624D): "...nadat David gezalfd was, werd hij terstond overvallen en verdrukt door vervolgingen, en na zeven jaar werd hij koning. Hoeveel te meer dus degenen wiens intellect en innerlijke mens

van God, wordt deze rijkdom van de voorbereidende genade weggenomen van de mens als "onrechtvaardig". Aangaande de oorzaken en het doel van dit terugtrekken van de genade "hebben wij veel te zeggen, en de reden daarvoor is moeilijk uit te leggen".[7] Doch al degenen die dit stadium hebben doorlopen drukken zich uit met zulk een enthousiasme, dat dit veeleer een zegen en een voorrecht blijkt te zijn. Oudvader Sophrony benadrukt, met een verzekerdheid die berust op zijn ervaring, dat als iemand de tuchtiging van het terugtrekken der genade en van de Godverlatenheid niet kent, dit niet alleen een teken is van een onvolmaakt of onwaarachtig leven, maar zelfs een kenmerk van ongeloof.[8] Velen hebben aan het begin van hun leven een grote dosis genade ontvangen, in een mate die zelfs reikt tot de genade der volmaakten. Doch allen hebben zij de beproeving doorgemaakt van de tweede periode, die van het verlies of de vermindering van de gewaarwording van de genade. De reden voor deze verandering is ons niet altijd vanaf het begin bekend.[9]

In het begin werd het de mens gegeven om zich te verblijden in de zoetheid van Gods aanwezigheid en de afspiegeling te zien van het paradijs, om deelgenoot te worden "van Diens 'Zijn', op een wijze die niet in menselijke woorden te beschrijven is",[10] en om medegenoot te worden van de onvergankelijke en hemelse troost. Doch de kracht van dit leven en de liefde waartoe dit inspireert trekken zich vervolgens terug. Enkel de herinnering en de verstandelijke kennis hiervan blijven over – en die getuigen van de woestenij der verlatenheid, de leegte, de dood en het verlies van de genade.

---

gezalfd worden met de heiligende en genadebrengende olie der jubel [...] zij ontvangen het teken van dat Koninkrijk van de onvergankelijke en eeuwigdurende kracht, de verloving van de Geest – de Heilige Geest, de Trooster."
[7] Hebr.5:11.
[8] "We Shall See Him", GK p.202, EN p.128: "Degenen die niet in God geloven kennen de Godverlatenheid niet."
[9] Cf. ibid., GK p.203-204, EN p.129. [De ervaring van de heilige Vaders leert, dat de mens die deze beproeving op wettige en Godwelgevallige wijze ondergaat, daar geestelijk verrijkt uit te voorschijn komt. Zoals verderop in dit hoofdstukje wordt gezegd, is het belangrijk een juist begrip te hebben van de betekenis en het doel van de drie stadia, wat de inspiratie kan schenken om te volharden in de geestelijke strijd van deze tweede periode, die van zulke grote betekenis is voor het Christelijk leven. *Noot vert., cf. CWL p.103,§2.*]
[10] Ibid., GK p.80, EN p.52.

De gelovige verliest deze eerste en grote genade, die hem 'om niet' geschonken was, vooreerst omdat zijn natuur nog niet gelijkvormig is aan de geestelijk visie die hem geopenbaard werd. Het terugtrekken van de genade en de periode van "de vuurgloed der verzoeking"[11] worden door God beschikt om de natuur van de mens om te vormen, opdat deze gelijkvormig wordt aan het wilsverlangen van zijn wedergeboren hypostatische beginsel.[12] Hij dient de wettige tuchtiging te verduren, die God "ons als zonen doet ondergaan",[13] om onderricht te worden in het mysterie van de wetten van de aanneming tot Zijn zoon. Voordat de genade van de Heilige Geest zich vermengt met de menselijke natuur, is de mens niet in staat geleid te worden "in al de waarheid",[14] of de rijkdom te dragen van de liefde Gods.[15] Het is zondermeer noodzakelijk dat hij tot wasdom en rijpheid komt, door onderworpen te zijn aan Gods tuchtiging en onderwezen te worden in Diens volmaakte wil.[16]

Afgezien van deze voornaamste reden voor de verlatenheid naar Gods voorzienigheid, die behoort tot het alwijze plan van de Formeerder, en waaraan wij zojuist gerefereerd hebben in de bovenstaande paragrafen, bestaan er nog andere redenen. Deze liggen aan de mens zelf, en aan zijn eigenzinnige wilsbesluit. De meest wezenlijke en kenmerkende reden, naar het inzicht van oudvader Sophrony, is "de hoogmoed, als de openlijke of verborgen neiging tot zelfvergoddelijking".[17] De besturende Geest Gods is zo tactvol,

---

[11] 1Petr.4:12.
[12] D.w.z. aan de menselijke wil zoals deze oorspronkelijk bedoeld was, en zoals deze door de eerste grote genadegave opnieuw in hem actief wordt. Genoemde tegenstelling tussen zijn vernieuwde innerlijke houding en de natuur van de 'oude mens' wordt duidelijk uitgedrukt door de apostel Paulus: "Want hetgeen ik wil, dat doe ik niet, maar hetgeen ik haat, dat doe ik." (Rom.7:15) *Noot vert., cf. CWL.*
[13] Hebr.12:7.
[14] Joh.16:13.
[15] "We Shall See Him", GK p.48, EN p.31: "De betekenis van het verlaten worden door God is, dat duidelijk zou blijken dat wij mensen zijn; dat de weg nog niet tot het einde toe doorlopen is; dat wij verschuldigd zijn een strijd door te maken van nog volediger zelfontlediging, om de beker tot het einde toe te drinken, zoals Hijzelf deze gedronken heeft" (Cf. Mt.20:22).
[16] H.Makarius van Egypte, Homilie 42:2 (PG34, 769B; voor een Engelse tekst, zie "Fifty Spiritual Homilies", p.267): "Zij die de doortocht maken, kunnen er onmogelijk doorheen komen zonder verzoekingen."
[17] "On Prayer", GK p.113, EN p.74.

gevoelig en edel, dat Hij niet alleen noch de hoogmoed verdraagt noch de ijdele trots, maar zelfs ook niet de terugkeer van het intellect van de mens tot zichzelf, in zelfbehagen. Door dergelijke bewegingen van het hart wordt Hij "bedroefd"[18] en dan verlaat Hij de ellendige mens.[19] Er bestaat ook nog de bestraffende verlatenheid, die de mens overkomt om reden van zijn zonden, of ook vanwege zijn geestelijke traagheid.

De beschrijving van dit stadium van het terugtrekken van de genade en van de Godverlatenheid komen wij ook tegen bij vroegere Vaders van de Kerk.[20] In de geestelijke homilieën van de heilige Makarius van Egypte bijvoorbeeld, vinden we een uitgebreid onderricht en een waardering van deze periode.[21] Doch oudvader Sophrony zet het onderricht van de Godverlatenheid systematisch uiteen, en gaat vervolgens over tot een theologische verzekering daarvan, met als basis het leven van de Heer Jezus.[22] In zoverre de Godverlatenheid deel uitmaakt van de weg die de Heer aflegde om de menselijke verlatenheid te genezen, is het natuurlijk dat ook elke mens dit zou ondergaan. De kennis van dit feit inspireert de

---

[18] Cf. Ef.4:30. Zie ook H.Makarius van Egypte, Homilie 27 (PG34, 697D-700B; voor een Engelse tekst, zie "Fifty Spiritual Homilies", p.204): "De Heer overziet de zwakheid van de mens, dat hij zich al spoedig verheft; daarom verbergt Hij Zich en trekt Zich terug om de mens te oefenen en hem te raken... diens zwakheid ziende beschikt God verdrukkingen, om nederigheid te verwekken en vooral opdat de mens God zou zoeken; ... niet dat de genade als zodanig wordt uitgedoofd of verzwakt, maar opdat uw vrije wil en uw vrijheid beproefd zouden worden, die geneigd zijn te gehoorzamen aan het kwade... Zie dus, dat dit afhangt van uw eigen wilsverlangen en van uw vrije wil om de Heilige Geest te eren, en Hem niet te bedroeven."

[19] Cf. "We Shall See Him", GK p.11-12, EN p.141.

[20] Een duidelijk voorbeeld is de heilige Maximos de Belijder (zie m.n. PG90, 1264A, 1268-1269A), EN: "The Philokalia", vol.2, "Fourth Century on Love" (p.112-113) en "Third Century on Various Texts" (p.211-215, nrs.10,16,17,22,23).

[21] Zie H.Makarius van Egypte, Homilie 15 (PG34, 596A): "Want sommige dingen die de Heer beschikt, zijn opdat de goddelijke genade en zijn roeping niet onopgemerkt zouden blijven; en sommige dingen, die Hij beschikt door Zich te verwijderen, zijn opdat de mens beproefd en geoefend zou worden, opdat de vrije wil van de mens zich moge tonen." Zie ook Homilie 27 (PG34, 708C), Homilie 29 (PG34, 716B), Homilie 32 (PG34, 710D). EN, zie: "Fifty Spiritual Homilies".

[22] Cf. "We Shall See Him", GK p.202,213, EN p.128,135.

gelovige en dan blijkt dit een creatieve periode te zijn, die de genadegave van God doet opvlammen.

In de Patristieke geschriften wordt meermalen gerefereerd aan drie stadia van het geestelijk leven: de reiniging, de verlichting en de vergoddelijking. Dit schema is meer filosofisch van aard, en helpt bij het verstaan van de structuur van de geestelijke voortgang van de mens. In wezen echter is de genade Gods tegelijkertijd reinigend, verlichtend en vergoddelijkend. De Oudvader volgt het Bijbelse schema van het geestelijk leven, zoals dit werd voorafgebeeld in de geschiedenis van het volk Israël, in de drie perioden van de roeping, de beproevingen in de woestijn en de intocht in het Beloofde Land. Doch wat hij daarbij benadrukt is de Godskennis, die het hoogtepunt vormt van de zelfontlediging en de onontbeerlijke voorwaarde is voor de uiteindelijke vervulling van de vergoddelijking waartoe de mens was voorbestemd. Deze vergoddelijking wordt voltrokken naar de mate van Godverlatenheid die daaraan vooraf ging.[23]

Op de hiervolgende bladzijden zullen wij het doel en de betekenis uiteenzetten van die verlatenheid, die de mens maakt tot navolger van Christus in Diens verlatenheid van Zijn beginloze Vader, en tot erfgenaam van de "volmaakte staat van vergoddelijking".[24]

Wanneer het "vuur" in het hart lijkt te doven en de waarneembare geestelijke zoetheid verdwijnt, dan begint de creatieve strijd onder Gods tuchtiging door de Godverlatenheid. Maar toch kan de mens ook de smaak van de wereld in den hoge, die hij geproefd heeft, niet geheel vergeten. Over de zalige opgang van de profeet Elia wordt getuigd, hoe – tijdens zijn opgang tot in de Hemel der hemelen – het Licht van elk van de opeenvolgende hemelen als duisternis was in vergelijking met die van de hemel die daarop volgde.[25] Oudvader Sophrony drukt dezelfde ervaring en dezelfde waarheid uit – doch op omgekeerde wijze – wanneer hij zegt dat de mens, nadat hij het zozeer

---

[23] Ibid., GK p.81, EN p.53: "De volheid van de zelfontlediging gaat vooraf aan de volheid van de volmaaktheid."
[24] Cf. ibid., GK p.316, EN p.206.
[25] Abba Ammonas. Aldus de Griekse tekst, zie 4ᵉ brief, "Patrologica Orientalis 11", 444, 14-16, 445, 1-2. In de Engelse uitgave "Letters of Ammonas", brief 10, ed. SLG, Fairacres 1979, p.12. (In deze vertaling wordt echter, op grond van recent tekstonderzoek, verwezen naar een document m.b.t. de profeet Jesaja).

verlangde Licht des Hemels heeft genoten, bij de daaropvolgende nederdaling, wanneer de Heilige Geest hem verlaat, vreeswekkende gesteldheden ervaart.[26] Eerst werd hij verheven tot een geestelijk schouwen en werd hij bezitter van de "verborgen schat",[27] doch plotseling verwijdert Zich de Hemelse Bezoeker en de mens lijdt ontroostbaar in de woestenij der verlatenheid. Deze verwijdering – "wanneer alles in ons opdroogt"[28] – laat een ontologische leegte achter, die verschrikking teweegbrengt en een metafysische smart in de geest, en die door het gewonde hart gevoeld wordt als een dood. De vertwijfeling en de onzekerheid "of Hij Die is weggegaan ooit zal terugkeren",[29] intensiveren de pijn van de wanhoop.

Het is onmogelijk de gewaarwordingen te beschrijven van de mens die door deze periode van beproevingen heengaat. De intensiteit van de psychische zielepijn en de beklemming van zijn geest naderen buitentijdelijke grenzen.[30] Het zou onmogelijk zijn dit ongeschonden te doorstaan zonder de veilige bescherming en de zorg van de goede Vader.[31] Het terugtrekken van de genade veroorzaakt een verandering van de innerlijke staat, en droefheid vanwege deze verarming. Na de ervaring van de genade kan de mens niet meer terugkeren tot de "zaligheid"[32] der onwetendheid, die hij bezat voordat hij de genade kende, noch kan hij zijn geweten geruststellen met de "onschuld" der onervarenheid. Naar de mate van het aanvankelijke schijnsel en de gave die hem bezocht heeft, vermeerdert en verdiept zich de smart van zijn geest. Hij verwerft een geestelijk zintuig, doordat hij de levende adem van Christus heeft gesmaakt, en verlicht werd door de wondere energie van Diens woorden – en daardoor kan hij geen rust vinden in geschapen surrogaten voor de ongeschapen en onbedorven hemelse goederen.

Dit geestelijk verschijnsel, dat met onveranderlijke regelmaat wordt waargenomen en bevestigd in het leven van de asceten, wordt door oudvader Sophrony nadrukkelijk geformuleerd als een wet van

---

[26] "We Shall See Him", GK p.95, EN p.61.
[27] Cf. Mt.13:44.
[28] "We Shall See Him", GK p.85, EN p.55.
[29] "On Prayer", GK p.21, EN p.13.
[30] Cf. "We Shall See Him", GK p.204, EN p.129.
[31] Cf. ibid., GK p.129, EN p.33.
[32] "Saint Silouan", GK p.258, EN p.193-194, NL p.213-214.

het leven in Christus: "Zoveel te intenser de mens de vreugde heeft gesmaakt van de eenwording met God, zoveel te dieper lijdt hij door van Hem gescheiden te zijn".[33] En al is het verblijf in de eerste genade van de roeping van korte duur, het schouwen en de criteria voor het geweten dat dit op de mens overdraagt overschrijden de gewone maat van deze wereld – want het eeuwige leven wordt nu tot onontbeerlijke voorwaarde, wil zijn tijdelijke leven waarachtige waarde krijgen. Dit prisma van de eeuwigheid is nu zijn maatstaf bij elk verschijnsel dat hij ziet, en hij meet elke zaak daaraan af. Wanneer de gesteldheid van het leven niet geïnspireerd wordt door de levende genade, zelfs indien zulk een leven hem voorheen natuurlijk had toegeschenen, "blijkt dit [nu] dierlijk – als van vee", verstoken van de heerlijkheid Gods en de koninklijke verwantschap met Hem.[34] Het inzicht in de grote eer en zegen die hij ontving, en de val uit het licht der genade of zelfs de vermindering daarvan, veroorzaken een marteling van het geweten die overeenkomt met de maat en de intensiteit van de uitbreiding van zijn hart, die eerder bewerkt werden door het bezoek van de genade.[35]

Het terugtrekken van de genade in de vorm van de Godverlatenheid is een stadium waar de mens noodzakelijkerwijze doorheen zal moeten gaan om bevrijd te worden van de vloek van de Val en de zonde. Het is het middel dat leidt tot de bewustwording van de geestelijke dood van al de nakomelingen van Adam, en het verschaft de mogelijkheid deze dood te overwinnen door de vrijwillige aanvaarding daarvan. De verlatenheid van deze periode doet de mens oog in oog staan met al de gevolgen van de voorvaderlijke overtreding, en openbaart de werkelijke dimensies van deze pan-kosmische realiteit. Het inzicht in deze apocalyptische waarheid stimuleert de mens ertoe zich over te geven aan een zo

---

[33] "We Shall See Him", GK p.202, EN p.128.
[34] Cf. "On Prayer", GK p.21, EN p.13. [Ook in de Psalmen wordt het leven buiten de genade vergeleken met dat van het vee, zie LXX Ps.48(49):12/13,20/21. *Noot vert.*] Zie ook H.Makarius van Egypte, Homilie 35 (PG34, 789AB-792A): "[De verdorde ziel]... vond leven en heil... daar zij opgeheven werd tot deze verwantschap... Zult gij niet terugkeren tot uw hemelse verwantschap, tot de Heer?"
[35] Cf. "We Shall See Him", GK p.96, EN p.61: "Wanneer wij wegvallen uit het Licht tot onze eerdere duisternis, dan beleven wij deze duisternis met nog intenser smart." Zie ook GK p.344.

volledig mogelijke bekering en uit vrije keuze de zelfontlediging te aanvaarden omwille van zijn genezing. Naarmate het gebed der bekering voortduurt, wordt de gelovige vermorzeld en "hij lijdt op alle niveaus van zijn wezen".[36] Dan "kleeft zijn ziel aan de grond"[37] en "hij onderwerpt zich aan elke menselijke instelling, omwille van de Heer".[38] Hij maakt zich klein en wordt tot dat verschrikkelijke niets, het "materiaal, waaruit het onze God eigen is te scheppen".[39] De martelende pijn die heel het wezen van de mens beheerst, doet een overvloed aan tranen opwellen. Deze reinigen, genezen en verenigen zijn verdorven natuur,[40] en leiden tot een diepe nederigheid. In deze staat "wordt hij ontvankelijk voor de energie van de Heilige Geest",[41] wat hem herstelt in eeuwige gemeenschap met God.

Gedurende deze periode van het terugtrekken der genade en van de geestelijke dorheid kan de ziel van de mens, die het model van het waarachtige leven in God heeft leren kennen, geen rust vinden – in geen enkel geschapen goed – dan alleen in de ongeschapen God. Maar ook God lijkt "onbarmhartig". Het lijkt alsof Hij "Zich van de mens heeft afgekeerd en op geen enkele kreet van hem acht slaat".[42] Het enige dat de mens overblijft is het verlangen naar God, als een brandende vlam. De ondraaglijke hartepijn nagelt de ziel aan een onzichtbaar kruis, en "van alle bescherming verstoken, hangt [de mens] boven de vreeswekkende afgrond".[43] In deze periode van Godverlatenheid heeft de mens de gewaarwording dat de God Die hij voorheen kende volstrekt ongenaakbaar is, en hij wordt gekweld door de onzekerheid, vanwege de mogelijkheid dat God niet meer zal terugkeren. Gedrongen door de martelende vrees voor de dood, die dan metafysische dimensies aanneemt, zal de mens wanhopig streven naar het naspeuren van Gods oordelen, en

---

[36] Cf. "We Shall See Him", GK p.195, EN p.123.
[37] Cf. Ps.118(119):25.
[38] Cf. 1Petr.2:13.
[39] "We Shall See Him", GK p.196, EN p.124.
[40] Cf. Gen.6:12; 2Tim.3:8. Zelfs wanneer de mens niet deelneemt aan opzettelijke 'verdorven' werken, heeft hij onvermijdelijk deel aan de natuur van heel het mensdom, en aan de diepten van de Val. *Noot vert.*
[41] "We Shall See Him", GK p.196, EN p.124.
[42] "Saint Silouan", GK p.257, EN p.193, NL p.213.
[43] Ibid. Zie ook "On Prayer", GK p.72-73, EN p.50.

naar het vinden van wegen tot herstel in de eerste genade die hij gekend heeft. Met uiterste striktheid beoordeelt hij zichzelf[44] in het licht van de geboden des Heren,[45] en legt hij de "verborgen" diepte bloot van zijn ontaarding die niet past bij het vóóreeuwige Raadsbesluit van de Formeerder, en die rampzalig is voor zijn uiteindelijke bestemming. Dan begint het mysterie van de tuchtiging des Heren zich te onthullen voor zijn noëtische ogen, en hij verstaat het lijden en het martelend karakter van deze periode als een teken van Gods zegen en van zijn uitverkiezing door God.[46]

Deze geestelijke kennis verdiept de gewaarwording van de geestelijke armoede en vermeerdert uitermate het leed om het verlies van de schat der genade. De asceet is ervan overtuigd dat "buiten de God der liefde alles verstoken [is] van zin en betekenis" en hij handelt onder de vrees voor de dood.[47] Ondanks de uiterste inspanning van al zijn krachten lukt het hem niet de troost te vinden van Gods barmhartigheid. Hij raakt uitgeput en "bovenmatig, boven vermogen bezwaard, zodanig dat hij zelfs in vertwijfeling is over zijn leven".[48] Bij deze algehele kruisiging zijn er twee mogelijke uitwegen: Ofwel God te berispen als onrechtvaardig, en te bezwijken in deze laatste verzoeking tot rebellie, om dan te verzinken in de afgrond der duisternis. Of wederom, met Abrahamitische hoop "tegen hoop",[49] "zich te vernederen onder de machtige hand van God", "Die de doden opwekt", "opdat Hij hem te Zijner tijd moge verheffen".[50] Alleen zó wordt hij bevrijdt van de "vervloekte" erfenis, en wordt hij wedergeboren tot het goddelijk leven.[51]

In deze onbeschrijfelijke en diepe neerslachtigheid van de Godverlatenheid en in de verzoeking tot rebellie, waaraan wij zojuist

---

[44] Cf. "We Shall See Him", GK p.201, EN p.127.
[45] Cf. ibid., GK p.194, EN p.122.
[46] Cf. ibid., GK p.146-147, 206, EN p.94,130. Zie ook "Saint Silouan", GK p.258, EN p.194, NL p.214.
[47] "We Shall See Him", GK p.78, EN p.51.
[48] Cf. 2Kor.1:8. Zie "Saint Silouan", GK p.257, EN p.193, NL p.213-214. Zie ook "We Shall See Him", GK p.127: "Hij lijdt zo ellendig, dat hij indien mogelijk alle bestaan totaal zou verloochenen."
[49] Rom.4:18.
[50] Cf. 1Petr.5:6 en 2Kor.1:9.
[51] Cf. Gen.3:14-19. Zie ook "We Shall See Him", GK p.195-196,346, EN p.122-123,220.

refereerden – en waarover zelfs de ervarenen het stilzwijgen bewaren[52] – wordt de wankelende mens gesteund door de wondere bescherming van de "Goede Vader",[53] en daarnaast ook door de gedachtenis aan de "eerste liefde", en door de trouw aan al de lessen die de genade hem heeft geleerd tijdens de eerste periode.[54] Als hij ook tijdens de afwezigheid van de genade dezelfde levenswandel volhoudt, en al haar onderrichtingen bewaart als was zij nog in hem, dan is hij waarlijk sterk en zalig, omdat hij zo de eeuwige zin vervult van de woorden van Christus: "Zalig zij die niet zien, en toch geloven".[55]

Voordat wij de diepere theologische redenen onderzoeken, waarom dit terugtrekken der genade, en de Godverlatenheid, de mens worden toebeschikt, is het noodzakelijk hieraan toe te voegen dat – overeenkomstig het onderricht van de Oudvader – de vermindering van de kracht van het goddelijk leven in de mens een verschijnsel is dat ontegenzeglijk wijst op een afwijking ten aanzien van Gods rechtvaardigheid. Dit leidt op natuurlijke wijze tot de berouwvolle bekering, het enige middel dat God geschonken heeft tot "vergeving, als een hersteld worden in de liefde".[56] De mens wordt "van God geleerd".[57] Hij leeft tegelijkertijd in twee gesteldheden: de vermindering der genade, maar ook de stormachtige wending tot God door het gebed der bekering, dat als zodanig eveneens een gave is van de opgestane Christus. Door de herhaalde afwisseling van deze twee gesteldheden wordt hij "onophoudelijk verrijkt", hij "wast op" en wordt bevestigd "op het niveau van de

---

[52] Cf. "Saint Silouan", GK p.258, EN p.194, NL p.214.
[53] "We Shall See Him", GK p.206 (zie ook p.106-107), EN p.130 (zie ook p.69). Zie ook "Saint Silouan", GK p.267, EN p.201, NL p.220-221.
[54] Cf. Hand.26:19. "Vandaar... dat ik niet ongehoorzaam ben geweest aan dit hemelse gezicht".
[55] Joh.20:29. Zie "On Prayer", GK p.106, EN p.69: "[die]...ten tijde van de langdurige Godverlatenheid leeft, alsof de zelfde genade te allen tijde mét hem zou zijn..." Zie ook "Saint Silouan", GK p.312, EN p.236, en H. Johannes van Karpathos, "The Philokalia", vol.1 "Texts for the monks in India",71 (p.315): "Zalig zij die tijdens het terugtrekken der genade geen troost vinden in zichzelf". Zie eveneens "Choix de sermons et discours de S.Em. Mgr. Philarète", vol.1, II, Sermon pour le Dimanche de St. Thomas (p.66-67).
[56] "We Shall See Him", GK p.65, EN p.42.
[57] Joh.6:45.

Geest".[58] Het voorbeeld en fundament van dit leven is de Heer Zelf, Die gelijktijdig de verlatenheid leefde, en het lijden en de dood, maar ook de onvervreemdbare goddelijke heerlijkheid.[59]

Het aanvaarden en bewaren van elk woord van de Heer, en de navolging van zelfs de kleinste details van Diens leven, vormen een krachtige genadegave, die de mens verenigt met de Geest des Heren. De Zoon van God heeft de Godverlatenheid verduurd om de mens te verzoenen met God, en om de woestenij van Zijn schepsel, dat "vervreemd [was] van het leven Gods", vrucht te doen dragen "in waarachtige rechtvaardigheid en heiligheid".[60] Aldus vormen het terugtrekken der genade, en de periode waarin de mens door God verlaten wordt, een krachtige genadegave van de Heilige Geest, die leidt tot de heerlijkheid van de aanneming tot zonen. Tijdens de eerste periode der genade openbaart God aan de mens de rijkdom van Zijn liefde, en roept hem om wedergeboren te worden voor Zijn Koninkrijk. Evenzo daagt Hij hem tijdens deze tweede periode van 'terugtrekking' uit, die kentekenen te tonen die de mens bekleden met de koninklijke waardigheid van de leefwijze in dit Koninkrijk, en die hem maken tot een waardige rentmeester van deze erfenis. Zou de gelovige niet door dit stadium van beproeving heengaan, dan zou dit betekenen dat hij onvoltooid blijft, en nog niet alle dimensies kent van de liefde van Christus voor de mens. Want overeenkomstig de wet die oudvader Sophrony formuleert (en waaraan wij reeds eerder refereerden) komt de volheid van het heil dat men ontvangt overeen met de diepte van de persoonlijke zelfontlediging.[61]

Deze periode in het leven van de Christen is uiterst belangrijk, en hier op wettige wijze doorheen te gaan verrijkt zijn wezen met genadegaven. Om deze reden is de kennis van de verschillende stadia, en van de betekenis en het uiteindelijke doel daarvan, onontbeerlijk.

---

[58] "On Prayer", GK p.22, EN p.12.
[59] Cf. ibid., GK p.226-227, EN p.100.
[60] Cf. Ef.4:18,24.
[61] "We Shall See Him", GK p.203, EN p.128: "De Christen is verschuldigd te naderen... tot de staat van zelfontlediging, om verwaardigd te worden het heil te ontvangen, dat te allen tijde overeenkomt met de diepte van zijn persoonlijke zelfontlediging." Zie ook ibid., GK p.81, EN p.53: "De volheid van de zelfontlediging gaat vooraf aan de volheid van de volmaaktheid."

Een juiste visie hierop verschaft de vereiste inspiratie om de strijd aan te gaan die deze tweede periode vergezelt.

Overeenkomstig de geestelijke interpretatie van de tekst van de evangelist Lukas (16:10-12), zoals wij aan het begin van dit hoofdstukje hebben aangehaald, definieert oudvader Sophrony de eerste genade van de roeping als "onrechtvaardig" en "andermans rijkdom" – een rijkdom die de mens van God ontvangt, en die hij vervolgens verschuldigd is zich eigen te maken als "waarachtig" door de wijze strijd "ten tijde van de langdurige Godverlatenheid". Het doel van de zware beproeving van het terugtrekken der genade, en van de zelfontlediging tijdens de periode van Godverlatenheid, is dus de assimilatie door de mens van de eerste gave, in zulk een mate dat dit zijn onvervreemdbaar eigendom wordt voor alle eeuwigheid – verenigd te worden met de genade zodat deze "wordt samengeweven met zijn geschapen natuur".[62] Met andere woorden, het uiteindelijke doel van de zelfontlediging van de mens, naar het voorbeeld van Christus, is de gelijkwording met de Godmens door de transfiguratie en de heiliging van de geschapen natuur – het is, zoals de Oudvader puntig aantekent, "de overdracht op hem van een goddelijke vorm van 'zijn'",[63] dat wil zeggen, de vergoddelijking.

De martelende beproevingen van de Godverlatenheid zijn noodzakelijk opdat deze hoge bestemming van de mens, en zijn kostbare roeping tot de heiliging en de vergoddelijking van zijn natuur, zichtbaar zouden worden. De wanhoop over de schijnbare nutteloosheid van het gebed, de vruchteloosheid van zijn martelende pijn wanneer hij voor Gods aanschijn staat, en de ijdelheid van de beangste kreet der bekering vanuit zijn gewonde ziel, beogen de gelovige te bevestigen in de waarheid, dat "al onze inspanningen tot nu toe, geenszins toereikend zijn voor het heil"[64] – opdat de mens zich bewust zou worden dat het heil "een geschenk van God" is,[65] en geen menselijke verworvenheid. De smart van de geest en het nederige inzicht in Gods waarheid openen het hart van de mens, zodat dit toereikend

---

[62] "On Prayer", GK p.106, EN p.69.
[63] Ibid.
[64] "We Shall See Him", GK p.206, EN p.130.
[65] Ef.2:9. Zie H. Gregorius Palamas, Homilie 33 (PG151, 416D-417A): "Want elke soort van deugd valt ons ten deel door Gods medewerking" en "wanneer God niet in ons werkzaam is, dan is alles zonde wat door ons geschiedt."

wordt om op waardige wijze de genade en de gave Gods te ontvangen. Hij Die Zelf het gebod gaf "Geeft niet het heilige aan de honden",[66] bepaalde dat "de vuurgloed der verzoeking"[67] van deze periode vooraf gaat aan de genadegave en de heerlijkheid van de aanneming tot zonen.[68] Het terugtrekken der genade en de tuchtiging des Heren worden beschikt omwille van de mens, opdat hij Christus-gelijkend moge worden, volmaakt,[69] en met zijn zintuigen geoefend om te onderscheiden tussen geschapen en ongeschapen. De ervaring van hetgeen ongeschapen is gaat zelfs de meest stoutmoedige verbeelding te boven.[70]

Tijdens dit tweede stadium varieert de intensiteit van de Godverlatenheid, en soms komt de genade terug om de hoop en de inspiratie weer te doen opvlammen. Het uiterste lijden van de ziel en de geest van de mens tijdens deze periode, dat wij hierboven beschreven hebben, met de afwisseling van het bezoek en het terugtrekken van de genade, resulteert erin dat de geestelijke dorst zich vermeerdert, dat de psychische vermogens en het lichaam versterkt worden, en dat de vrije wil van de mens zich ten volle ontplooit, zodanig dat hij zichzelf op positieve en onherroepelijke wijze bepaalt voor alle eeuwigheid. Aldus zal hij een "volmaakter" eenwording kunnen dragen, "dat is, een onveranderlijke en onvervreemdbare eenwording met de geliefde God".[71] Deze tweede periode is bovendien een tijd met een diepe betekenis, waarin de mens de mogelijkheid heeft aan God zijn trouw te tonen, zijn vrijheid en zijn begrip.[72]

---

[66] Mt.7:6.
[67] Cf. 1Petr.4:12.
[68] H. Isaak de Syriër, "Ascetical Homilies" (*Engels:* Hom.42; *Grieks:* Hom.46; *Oudgrieks:* Hom.37): "De verzoeking komt niet, tenzij de ziel eerst op verborgen wijze een grotere mate ontvangt dan zij eerst had ontvangen, zowel als de Geest der genade [...] Zelfs al is het zo, dat de genade vóór de verzoeking komt, niettemin gaat de gewaarwording van de verzoekingen altijd vooraf aan de gewaarwording van de genade, opdat de vrijheid van de mens beproefd moge worden. Immers, de genade wordt nimmer door iemand ontvangen, voordat hij de verzoekingen heeft gesmaakt. De genade gaat dus weliswaar vooraf in noëtisch opzicht, doch in de gewaarwording van de mens komt zij pas later."
[69] "On Prayer", GK p.106, EN p.69.
[70] Cf. ibid., GK p.21, EN p.13.
[71] "We Shall See Him", GK p.322, 344, EN p.207, 218.
[72] "On Prayer", GK p.106, EN p.68. Zie ook "We Shall See Him", GK p.204, EN p.129.

Deze voortgang temidden van gesteldheden van smart en van troost traint de geest van de mens, zodat hij een grotere capaciteit verwerft voor het geestelijk schouwen en de theologie, waardoor vervolgens zijn gerichtheid op God onomkeerbaar wordt gemaakt, en de inhoud van zijn gebed volmaakt en universeel.

Wanneer de gelovige zich onderwerpt aan de tuchtiging des Heren, brengt dit hem niet alleen geestelijke groei, zoals wij hierboven hebben uiteengezet, maar hij geeft bovendien aan God de gelegenheid de grootheid te tonen van Zijn liefde voor de mens, in Zijn verlangen "de asceet te maken tot heer en koning, naar Zijn beeld, en op hem de heiligheid en de volheid over te dragen van het goddelijk bestaan".[73] Hij wil Zich verenigen met Zijn beeld, de mens, en hem overwinnaar betonen over de duivel. Zonder dat de gelovige het stadium van de Godverlatenheid doormaakt, kan hij de vijand niet overtuigen van zijn vroomheid.[74] Nadat hij echter door het lijden iedere rechtvaardigheid van Gods tuchtiging vervuld heeft, en zichzelf op volmaakte wijze en in alle vrijheid bepaalt op het vlak van de eeuwigheid, wordt hij ontvangen door de Hemelse Vader, Die hem eert met "de eeuwige erfenis van al wat Hij heeft".[75] Dan wordt de mens onwankelbaar in zijn trouw en een vaste woonplaats "van het Vuur van de Vaderlijke Liefde".[76]

Deze periode is uitermate creatief, en inspireert tot vurig gebed, dat vergezeld gaat van een uiterste pijn van heel het wezen van de mens. Dit gebed herstelt hem in de oorspronkelijke 'ademhaling' van zijn schepping "naar [Gods] beeld". Hij wordt tot medewerker van God op dit pad van herschepping, dat hem gelijkmaakt aan de Eniggeboren Zoon van de Vader. In deze samenwerking ontdekt de mens zijn vrijheid ten aanzien van elke andere kracht en ieder verschijnsel van de geschapen wereld – hij wordt bevestigd in het ongeschapen en beginloze leven van God, dat hem verheft boven de wereld zowel als de heersers der wereld, en dat hem maakt tot "heer", in staat om het "onwankelbaar Koninkrijk" te beërven.[77]

---

[73] "Saint Silouan", GK p.258, EN p.194, NL p.214.
[74] Cf "We Shall See Him", GK p.125-126, EN p.81-82.
[75] Cf. Lk.15:31.
[76] Cf. "We Shall See Him", GK p.134, EN p.85.
[77] Cf. "On Prayer", GK p.82, EN p.56, en "We Shall See Him", GK p.125, EN p.81: "dat ieder van ons in staat is 'heer' te worden... [door de overwinning over]

Dan wordt hij in zichzelf gewaar dat zijn hypostatische beginsel vrij oprijst. Daar hij eerst het drama heeft doorleefd van de kosmische woestenij, door de ervaring van zijn persoonlijke zelfontlediging, en een besef heeft verworven van de gesteldheid van heel het mensdom, begint hij nu ook een meta-kosmisch zelfbewustzijn te krijgen. Door geduldig te volharden in het lijden van deze periode en medegekruisigd te zijn met Christus "wordt hij ontvankelijk voor het oneindig grote Goddelijk 'Zijn'". Deze verheven staat van de geest van de mens blijkt uit het uitputtende gebed voor de gehele wereld, dat hij onmogelijk zou kunnen verduren tenzij hij eerst medegenoot is geworden "van de universaliteit van Christus Zelf", Die in Zich alles draagt wat bestaat".[78]

God onttrekt Zijn merkbare genade aan de mens, maar door deze goddelijke tuchtiging vormt Hij hem, opdat de mens zou weten dat hij alles van God ontvangen heeft, en "zonder Hem niets kan doen".[79] Aan de mens, die het lijden van de Godverlatenheid ondergaat, wordt het voorrecht geschonken zijn begrip en zijn trouw te tonen aan de God, Die hem eerder geroepen had tot Zijn eeuwig Koninkrijk, en in vrijheid zichzelf te bepalen in de persoonlijke gemeenschap en relatie van liefde met zijn Formeerder. Deze zelfbepaling dient volmaakt en eeuwig te zijn. Het uiterste lijden, de ondraaglijke pijn en de beangstigende beproevingen van deze periode openen het hart en ontledigen de mens van al hetgeen zijn eigen 'zelf' uitmaakt, om plaats te maken voor de volheid van de goddelijke liefde en het goddelijk leven – een volheid die niet ophoudt zich te vermeerderen overeenkomstig de roeping Gods en het welbehagen van Gods wil. Op deze wijze betoont God Zijn achting en Zijn liefde jegens hem die geschapen is naar Zijn beeld, ernaar strevend om in hem "de verheven vorm van een verantwoordelijk geweten"[80] te cultiveren, als de onontbeerlijke conditie van vertrouwen en stabiliteit, opdat Hij Zijn "heilige (gaven)"[81] aan hem zou overleveren, de volheid van Zijn onberispelijke en nederige liefde.

---

al wat de zichtbare en noëtische wereld vervult". Zie ook Joh.16:33.
[78] "On Prayer", GK p.116-117, EN p.76-77.
[79] Cf. Joh.15:5.
[80] "We Shall See Him", GK p.335, EN p.212.
[81] Cf. Mt.7:6. [Vgl. in dit verband ook de uitdrukking in de Goddelijke Liturgie, bij het opheffen van de Gaven: "Het Heilige voor de heiligen" – letterlijk een

Deze periode van het terugtrekken van de genade is bij uitstek de tijd – in navolging van Christus, de Leermeester – van de kruisiging van de leerling. Het kruis dat de gelovige "opneemt" wanneer hij Christus volgt en onderwezen wordt door Diens Geest is gelijktijdig zichtbaar en onzichtbaar. Het zichtbare kruis wordt gevormd door heel de reeks van menigvuldig lijden, dat God "naar Zijn eigen oordelen" toestaat in het leven van Zijn uitverkorenen – degenen die Hij "aanneemt",[82] met zorg omringt, en eert. Tot dergelijk lijden behoren: de ongelijkheid en het onrecht dat zij ondergaan in het gemeenschapsleven, waarbij hun natuurlijke genadegaven onbenut blijven; de erfelijke gebreken en lichamelijke ziekten; de tirannie van de psychische of ook fysieke zwakheden, die veroorzaakt worden door de onvoldane en onvervulde hartstochten; de minachting of zelfs ook vervolging van de zijde van de zonen van deze wereld; het verraad van hooggeachte vrienden en valse broeders, enzovoort. Het onzichtbare kruis is de innerlijke pijn, teweeggebracht doordat hij zichzelf plaatst in het licht van het onderricht van het Evangelie, zowel als het bittere besef van zijn geestelijke armoede – de vreeswekkende gewaarwording van de waarheid van de Psalm: "Het heil is verre van de zondaars".[83]

De leerling van Christus is een leerling van het kruis, maar ook van de zaligheid. De ladder van de Zaligsprekingen die de mens opheft tot het hemels Koninkrijk en de hemelse zaligheid, heeft als fundament en basis het besef van de geestelijke armoede, en als hoogste trap de vervolging en het martelaarschap "omwille van" Christus en Zijn Evangelie.[84] Dat wil zeggen, de volledige kruisiging van de gelovige wordt verwezenlijkt door het geduldig verdragen van deze twee kruisen, het zichtbare en het onzichtbare. Doch datgene wat zijn lijden ten top voert en heel zijn wezen verwondt, is de ondraaglijke smart van de goddelijke verlatenheid, wanneer de Hemel de oren sluit en doof blijft voor de schreeuw van de rechtvaardige.[85]

---

meervoud: "De heilige (gaven) voor de heiligen." *Noot vert.*]
[82] Hebr.12:6.
[83] LXX Ps.118(119):155.
[84] Zie Mt.5:3-12, cf. Mk.8:35.
[85] Cf. "Saint Silouan", GK p.266, EN p.201 (& 193), NL p.220.

Het is aangenaam en natuurlijk voor de mens God lief te hebben, wanneer Diens genade merkbaar in hem werkzaam is. Doch trouw te blijven in overgave aan diezelfde liefde, wanneer hij de kruisiging verduurt van de Godverlatenheid van de tweede periode, betekent dat zijn liefde nadert tot de volheid der volmaaktheid en sterker wordt dan de dood die hij ervaart door het terugtrekken van de genade en door de zelfontlediging.

De Eniggeboren Zoon toonde in de wereld de uiterste limiet van de Godverlatenheid en de volheid van de zelfontlediging der Goddelijke liefde, door Zijn leven op aarde en door Zijn dood.[86] Toen Hij de Beker dronk van de wil van de Vader[87] en Zijn heilige ziel overleverde in Diens handen,[88] openbaarde Hij Zijn liefde "tot het einde" die de dood overwint: "Het is volbracht"![89] Naar de mate waarin ditzelfde "oordeel" van de Zoon van God[90] ook werkzaam is in het leven van de mens, en deze wordt ingewijd in het mysterie van Diens tuchtiging, door de pijn en het lijden die het terugtrekken der genade vergezellen, wordt de Godverlatenheid tot een bron van goddelijke genadegaven. Naar het woord van de Oudvader: "Hoe vollediger onze zelfontlediging is, des te volmaakter is de opgang van onze geest in het lichtdragende gebied van de Vóóreeuwige Godheid".[91]

---

[86] Mk.15:34.
[87] Cf. Mt.26:39,42.
[88] Lk.23:46.
[89] Joh.19:30. Zie ook "We Shall See Him", GK p.210,335, EN p.132-133,213.
[90] Cf. 1Petr.4:17.
[91] "We Shall See Him", GK p.347, EN p.220.

4c) Het herwinnen van de genade

Wanneer de mens een authentieke bekering opdraagt, en zich op rechtvaardige en wettige wijze onderwerpt aan de tuchtiging der verlatenheid en het terugtrekken van Gods genade, dan treedt hij binnen in een dynamische voortgang tot de volheid des levens. Deze zelfde genade keert terug en vindt rust in het hart van de mens, om voortaan bij hem te blijven met minder schommelingen en groter stabiliteit.[1] Deze eerste gave die de roeping door God vergezelt, wordt door de atleet der vroomheid geassimileerd, en naar de wil van God, de Gavenschenker, wordt dit zijn onvervreemdbaar eigendom voor alle eeuwigheid. Voorheen, overeenkomstig het woord van de Heer en de interpretatie van oudvader Sophrony, was dit de "onrechtvaardige mammon", "andermans rijkdom" en "vreemd" – zoals wij in het voorgaande hoofdstukje hebben gezien. Nu wordt dit de "waarachtige" en "eigen" rijkdom,[2] die door het leugenloze Evangelie van Christus beloofd is.

De zelfontlediging en de innerlijke dorheid van de tweede periode, de afwezigheid van de genade, wordt door de mens ervaren als de schaduw en de heerschappij van de dood. Het gewicht van deze gewaarwording verbreekt zijn geest, die enkel dorst naar de eeuwigheid van de Levende God. Doordat de mens het "vonnis des doods" in zich draagt,[3] is hij in staat elke hoogmoedige neiging tot zelfvergoddelijking af te werpen, bevrijd te worden van elke gehechtheid aan de geschapen wereld, en zich volledig te openen voor de goddelijke genade – wetend dat al hetgeen van waarde is zijn bron heeft in Gods goedheid.[4] Dit kostbare inzicht, dat verworven wordt door de schommelingen en de afwisseling tussen de staat van

---

[1] "Saint Silouan", GK p.312, EN p.236, NL p.255-256: "...dan verlaat de genade hem; indien hij echter zijn goede intentie toont, zal de genade hem liefhebben, en hem niet meer verlaten". Zie ook H.Makarius van Egypte, Homilie 29 (PG34, 716D; Engelse tekst in "Spiritual Homilies" 29:2, p.219): "God schenkt niet terstond de genade en de rust en de jubel des geestes, Hij is lankmoedig over hen en houdt zijn gave terug; en dit niet uit onverschilligheid, noch ontijdig, noch als bij toeval, maar met onuitsprekelijke wijsheid... tot beproeving van hun eigen vrije wil, om te zien of zij trouw en waarachtig geloven in God, de Beloofde..."
[2] Cf. Lk.16:12.
[3] 2Kor.1:9.
[4] 1Kor.4:7.

genade en de verdorring door het terugtrekken daarvan, leidt tot een diepe nederigheid van geest en tot stabiliteit op de weg van God. De nederigheid en de stabiliteit die deze met zich meebrengt, hebben tot resultaat dat de mens zich ontplooit, dat hij de volheid van Gods gaven in zich op kan nemen, en dat het leven van God zijn eigen leven wordt.[5] De nederigheid maakt de mens transparant voor de genade, die hem onbelemmerd en krachtig overschaduwt. De nederigheid steunt en vervolmaakt bovendien zijn dankbaarheid voor al de gaven van God, hetgeen de geschapen mens tot bezitter maakt van de ongeschapen schatten der genade.[6] Het herwinnen van de genade wordt dus verwezenlijkt door de nederigheid, waarin de zware beproevingen van de tweede periode de mens onderrichten, overeenkomstig de wijsheid van de Schrift, dat God "de nederigen... genade" schenkt.[7]

De stabiliteit die de derde periode kenmerkt is een stabiliteit van genade. Gods tuchtiging oefent de mens in de volmaakte gewaarwording van Zijn liefde, zodat de mens aan niets anders meer de voorkeur kan geven, en geen enkel verschijnsel en geen enkele kracht in de wereld hem meer kunnen scheiden van de liefde Gods.[8] Door de wijsheid en de stabiliteit die hij verworven heeft in zijn aanvaarding van de Vaderlijke tuchtiging, blijkt nu de liefde van "de staat der volmaaktheid" sterker dan de dood, want deze liefde is de natuurlijke eigenschap van de onsterfelijke God, waarmee Hij de mens vergeldt. Door de vrijwillige afsterving in de Godverlaten-

---

[5] "We Shall See Him", GK p.162, EN p.103-104: "Als schepselen, die zijn voortgebracht 'uit het niet-zijn', en derhalve alleen bestaan hebben 'in potentie', zijn wij verschuldigd, via de langzaam groeiende kennis van de mysteriën, het proces van rijping te doorlopen, opdat deze in waarheid de onze zouden worden".
[6] H. Maximos de Belijder, "The Philokalia", vol.2, "Third Century of Various Texts",29, p.216 (PG90, 1272BC): "Al de verworvenheden van de heiligen waren duidelijk genadegaven van God. Niemand van de heiligen bezat ook maar het minste, dan alleen de goedheid die hem door de Heer God geschonken was, naar de mate van zijn dankbaarheid en zijn liefde. En datgene wat hij verwierf, verwierf hij slechts in zoverre hij zich onderworpen had aan de Meester, Die hem dit schonk."
[7] 1Petr.5:5. Zie ook H.Gregorius Palamas, Homilie 11 (PG151, 140D; in "The Homilies", 4:15): "...de genade... het loon voor de menigvuldige werken van bekering en nederigheid".
[8] Cf. Rom.8:35. Zie ook "Saint Silouan", GK p.259, EN p.194, NL p.214, en "We Shall See Him", GK p.111, EN p.72.

heid van de tweede periode, wordt de dood der zonde overwonnen en treedt de mens op dynamische wijze binnen in de nieuwheid en het licht van dat leven, dat alle duisternis verdrijft en vrij is van de dood.[9] Dan wordt de aanwezigheid van de genade van de Heilige Geest geconsolideerd, hetgeen de mens de 'levende hartstochtloosheid'[10] schenkt. De goddelijke liefde die de dood overwint maakt de mens vrij van alle vrees die voortkomt uit eigenbelang en eigenliefde. Zij leidt hem binnen in het onzelfzuchtige leven dat in overeenstemming is met de geboden van Christus, en vervult hem met een barmhartig mededogen, zelfs jegens zijn vijanden.[11]

Deze derde periode wordt eveneens gekarakteriseerd door het medelijden met allen, met de gehele Adam. De mens, die gelijk is geworden aan Christus in Diens vrijwillige Godverlatenheid volgens de goddelijke heilseconomie, wordt vervolgens ook aan Hem gelijk in de volmaaktheid van de liefde, overeenkomstig de gave van Zijn genade.[12] De heilige Silouan getuigt dat de natuur van de mens niet in staat is de volmaakte volheid van deze genade te dragen, dan alleen voor een uiterst kort moment, en nadat hij eerst versterkt is door deze zelfde genade van de Heilige Geest.[13]

Uit het bovenstaande is gemakkelijk te begrijpen dat dit derde en uiteindelijke stadium van de strijd, na het herwinnen van de genade, niet van lange duur kan zijn. Vandaar dat de mens, net als in de eerste periode, niet voortdurend kan verblijven in de volle intensiteit daarvan, zonder over te gaan "van de dood tot het leven".[14] Het is duidelijk, dat personen die getuige zijn van de waarheid van de "laatste dingen",[15] er niet naar verlangen om "terug te keren" tot de terneerdrukkende instabiliteit van de "woestenij" van de tweede periode, maar worden beheerst door het verlangen "heen te gaan

---

[9] Cf. Rom.6:9. Zie ook "We Shall See Him", GK p.259, EN p.168.
[10] Het Griekse woord voor hartstochtloosheid is 'apátheia' (ἀπάθειά), doch in Christelijke context betreft dit niet de doodse gevoelloosheid, maar een geestelijke staat die berust op de levende ervaring van Gods genade, waar de mens dan geheel van vervuld is. *Noot vert.*
[11] "We Shall See Him", GK p.158, EN p.101.
[12] Cf. "We Shall See Him", GK p.138, EN p.88.
[13] Cf. ibid., GK p.207, EN p.131.
[14] Joh.5:24. Zie ook "We Shall See Him", GK p.345, EN p.219.
[15] Cf. 1Kor.10:11.

en met Christus te zijn."[16] Het enige dat hen in dit leven vasthoudt is Gods mystieke Voorzienigheid, omwille van de bevestiging van het getuigenis van de opstanding van de Heer Jezus,[17] en de overdracht van de kennis daarvan aan gelovigen die bekwaam zijn ook anderen te onderrichten – opdat de draad van de Traditie van de Apostelen en de heilige Vaders ongebroken bewaard blijft.[18]

Wanneer de mens de hitte van de beproevingen in de dorre periode van het terugtrekken der genade verdraagt met vertrouwen, dapperheid en volharding, en de aanraking terugvindt van de onsterfelijke Geest van de Heilige der heiligen,[19] wordt hij – door zijn berouwvolle bekering – hersteld in het schouwen van het ongeschapen Licht, en hij wordt hernieuwd. Hij wordt bevrijd van elke innerlijke strijd met de hartstochten, en hij wordt medegenoot van Christus' overwinning en Diens Heerschappij over de wereld. Hij wordt genezen van alle wonden, veroorzaakt door de zonde, en hij wordt onwankelbaar in Gods liefde. In dit eindstadium – dat volgt wanneer hij de Heilige God heeft overtuigd van zijn betrouwbaarheid, en is ingewijd in het grote mysterie van Gods Vaderlijke tuchtiging – raakt hij vervuld van dankbaarheid en verwondering over de mathematische precisie en volmaaktheid van Diens Voorzienigheid, die hem op wonderbare wijze verzorgd heeft en hem ongedeerd bewaard heeft bij elke stap op zijn pad tijdens de periode van de Godverlatenheid.[20]

De volmaakte wedergeboorte van de mens wordt volbracht bij zijn intrede in het derde stadium. De genade Gods keert terug in kracht, en de mens bewaart nu de gewaarwording daarvan met de wijsheid en het begrip, die de vrucht zijn van de voorafgaande ervaring. De "waarachtige" rijkdom der genade wordt zijn onvervreemdbaar en eeuwig eigendom. De goddelijke vorm van bestaan wordt dan op hem overgedragen, dat wil zeggen, de staat van vergoddelijking – hetgeen betekent, dat zijn menselijke natuur getransfigureerd is, en de geboden van Christus tot wet van zijn bestaan

---

[16] Fil.1:23.
[17] Cf. Hand.4:33.
[18] Cf. "We Shall See Him", GK p.345, EN p.219. Zie 2Tim.2:2.
[19] Cf. "On Prayer", GK p.22, EN p.14.
[20] Cf. "Saint Silouan", GK p.267, EN p.201, NL p.220-221.

zijn geworden.[21] Juist deze staat toont duidelijk de vervulling van Gods oorspronkelijke roeping van de mens tot de hypostatische vorm van 'zijn' – het is de eer en de vervolmaking van de aanneming tot zonen, waarin het schepsel, geschapen naar Gods beeld, binnentreedt door middel van veel lijden, in navolging van de Aanvoerder en Voleinder van het geloof[22] en van zijn heil.

Doch de volheid van het Christus-gelijke leven is onbereikbaar op deze aarde, in dit zwakke en vergankelijke lichaam. Deze volheid zullen de gelovigen beërven in de toekomende eeuw, na de lichamelijke opstanding, wanneer Christus "alles en in allen" zal zijn als hun onveranderlijke erfenis.[23] In dit tijdelijke bestaan houdt het leven in Christus, dat de gelovige leidt, nimmer op zich op dynamische wijze te vermeerderen. Dit getuigt van de rijkdom van dit leven, zowel als van de oneindige volmaaktheid hiervan. Alleen wanneer hij rust vindt in de boezem van de Drieëne Godheid, waar "het dynamische en het statische aspect" van het leven op wondere wijze verenigd zijn,[24] vindt de mens de waarachtige stabiliteit van het onwankelbare Koninkrijk.

---

[21] Cf. «ΑΣΚΗΣΙΣ ΚΑΙ ΘΕΩΡΙΑ» (*Over de ascese en het schouwen*), GK p.18; Engelse tekst in "Principles of Orthodox Monasticism", p.259.
[22] Cf. Hebr.12:2.
[23] Kol.3:11. Cf. "We Shall See Him", GK p.96, EN p.61.
[24] "We Shall See Him", GK p.98, EN p.62.

4d) Het kennen van de weg

Gods weg voor de mens is Christus Zelf. Bijgevolg veronderstelt het kennen van de weg de volledige kennis van Christus – van de geest en het leven die Hij op aarde heeft geopenbaard. Doch aangezien Christus onvatbaar en absoluut is in elke daad en uitstraling van Zijn leven, is het natuurlijk dat een dergelijke definitieve kennis onbereikbaar is zonder de genade van de Alheilige Geest. Op onvoorziene wijze breidt deze genade de mens uit[1] tot de dimensies van de goddelijke oneindigheid, en leidt hem binnen in de Christusgelijke universaliteit. Het verwerven van deze alomvattende genadegave wordt gerealiseerd overeenkomstig de mate waarin de mens gelijkvormig wordt aan Christus en gelijk wordt aan Hem in Zijn aardse levensuitingen.[2]

Reeds vanaf het begin van het Oude Testament werd het mysterie van de wegen Gods tot bezit van diegenen, die eerst in persoonlijke aanraking waren gekomen met God, en erin slaagden een "lichtschenkende doorbraak" te maken in de hemel, "waar God is".[3] Met hun ogen verlicht door dat oneindige en avondloze Licht zagen en waardeerden zij de geschapen wereld. Een uitnemend voorbeeld hiervan is Jakob, die in de wedkamp van de nachtwake in zijn staan voor God erin slaagde Diens zegen buit te maken en Diens openbarende stem te horen: "Gij zijt sterk geweest met God, gij zult ook met de mensen krachtig zijn."[4] Met deze kennis begon Jakob het oude volk Israël vorm te geven.

In geestelijke verrukking zagen de rechtvaardigen van het Oude Testament op profetische wijze de grootsheid van de wegen Gods, en de oneindige kloof die deze scheidt van de wegen der mensen.[5] Om dit inzicht en deze kennis achtten de profeten zichzelf zalig,[6] want zij kenden de waarheid die hen bevrijdde van de wereldse dwaling. Ondanks genoemde kloof verkondigden zij reeds vooraf

---

[1] Cf. 2Kor.6:13.
[2] "Saint Silouan", GK p.449, EN p.354-355, NL p.376-377. "We Shall See Him", GK p.138, EN p.88.
[3] Cf. "We Shall See Him", GK p.248, EN p.158. Zie Ex.20:21.
[4] LXX Gen.32:28/29.
[5] Cf. Jes.55:8-9.
[6] Cf. Baruch 4:4-5.

dat de weg Gods een Persoon is, en nog "vóór deze wereld" zijn grondslag heeft in de Raad der Drieëenheid.[7] Deze weg is de "Mens des Heren" Die God zou "scheppen" uit de Maagd "voor Zijn werken" omwille van het heil der wereld.[8]

De "weg" volgens het Nieuwe Testament is Christus.[9] Tegelijkertijd wordt Christus ook "voorbeeld"[10], "model"[11] en "patroon" genoemd.[12] De kern van Zijn leven en Zijn werken wordt gevormd door Zijn Kruis en Zijn Opstanding. Ook de kennis van het mysterie van deze weg betreft derhalve de gemeenschap aan Zijn Lijden, Zijn Dood en de kracht van Zijn Opstanding.[13] De inwijding in de zaligheid van deze weg heeft geen einde,[14] en de wijsheid van de kennis daarvan verlicht niet slechts de mensen maar zelfs ook de engelen.[15] In het Evangelie noemt de Heer de leerlingen zalig vanwege de kennis van het mysterie van Zijn Koninkrijk, en Hij verzekert hen dat deze kennis niet alleen veel hoger is dan hetgeen de profeten ontvingen, maar zelfs uitgaat boven hetgeen zij "verlangden te zien".[16]

De idee van het kennen van de weg Gods is fundamenteel in de gedachte en het onderricht van oudvader Sophrony. Hij ontleent dit, vol verwondering, aan het schouwen van het voorbeeld van Christus, in het bijzonder zoals dit naar voren komt in de laatste uren van Diens leven. Toen leefde Christus gelijktijdig, en met een volheid die voor ons onvatbaar is, twee uiterste gesteldheden: het lijden zowel als de triomf der overwinning, de dood en de van Hem onafscheidelijke goddelijke heerlijkheid. Op treffende wijze merkt de

---

[7] Cf. Spr.8:22-23.
[8] Ibid. [De nieuwtestamentische vervulling van dit woord openbaarde dat het woord 'scheppen' hier slechts het menselijk vlees betreft, waarin God-de-Zoon één werd met de geschapen menselijke natuur, waarbij beide naturen (Goddelijk c.q. menselijk) in Zijn Persoon verenigd werden "zonder vermenging of scheiding". *Noot vert.*]
[9] Joh.14:6.
[10] Joh.13:15.
[11] Rom.6:17.
[12] 1Petr.2:21.
[13] Cf. Fil.3:10.
[14] Cf. Fil.3:12.
[15] Cf. Ef.3:10-11.
[16] Mt.13:16-17. [D.w.z. boven alles wat zij zich zelfs op grond van de oudtestamentische openbaring konden voorstellen (cf. Ef.3:20). *Noot vert.*]

Oudvader op, hoe in de vreeswekkende momenten voorafgaand aan de opgang tot Golgotha en de dreigende dood, Christus aan Zijn leerlingen de vrede overdraagt, en de komende triomf overweegt van Zijn Koninkrijk, die verwezenlijkt zou worden door Zijn offer. Terwijl Hij aan het kruis hangt, bidt Hij voor Zijn moordenaars, en belooft Hij aan de rover "heden" het paradijs. Terwijl Hij gesmaad wordt voor de rechterstoel van Kajafas, bevestigt Hij dat Hij de Zoon des mensen is, Die aanstonds zal komen in heerlijkheid om te oordelen "de levenden en de doden". De Oudvader schrijft deze onwankelbare vrede en Godgelijke stabiliteit van de Heer Jezus toe aan de volmaakte en onwankelbare kennis die Hij had van Zijn Hemelse Vader.[17] Ditzelfde wordt ook uitgedrukt door de wijze waarop de gekruisigde Christus in de Orthodoxe traditie wordt afgebeeld.[18]

Een vergelijkbare orde van gebeurtenissen en een overeenkomstige ervaring worden herhaald in het leven van de gelovige, die zijn eeuwig bestaan wil bouwen op het woord van Christus. Het kennen van de weg Gods en de stabiliteit van het Godwelgevallige leven zijn de vrucht van het doorlopen van de drie stadia van het geestelijk leven, die wij hierboven hebben beschreven. In het bijzonder door de ervaring van de tweede periode wordt de mens bevestigd op de weg Gods, en tezamen met de goddelijke en vaderlijke tuchtiging verwerft hij "het inzicht van Christus".[19] Het is voldoende voor de mens, al is het slechts éénmaal, te worden weggevoerd tot in de

---

[17] Cf. "On Prayer", GK p.226-227, EN p.99-100. Zie ook "His Life is Mine", EN p.59, en "We Shall See Him", GK p.105, 191-192, EN p.120.

[18] De traditionele Orthodoxe iconen tonen in de persoon van de Gekruisigde niet zozeer de verschrikkingen van het fysieke en psychische lijden, maar veeleer de diepe vrede en soms zelfs de goddelijke triomf van het Koninkrijk – wat de icoon van de Kruisiging maakt tot een getuigenis van de Opstanding en van de Overwinning van het Leven over de hel en de dood. *Noot vert.*

[19] 1Kor.2:16. [Letterlijk "het *intellect* (*nous*/νοῦς) van Christus". In het ascetisch taalgebruik van de Orthodoxe Vaders is het intellect, d.w.z. het schouwend vermogen van de ziel, aan de mens geschonken om God te schouwen, wat leidt tot een waarachtig inzicht in het wezen der dingen. Dit uit zich o.a. ook door een bijzondere gerichtheid in het leven, waardoor de hier gebruikte uitdrukking ook wel vertaald wordt met "de gezindheid van..." of "de zin van..." – hoewel het Grieks voor deze laatste aspecten afzonderlijke uitdrukkingen gebruikt (zie bv. Fil.2:5 & 4:7. *Noot vert.*]

hemelse wereld van Christus, omdat hij dan – in een uiterst kort ogenblik van de tijd – het voorrecht en de zaligheid ontvangt van de kennis van de weg. Hij wordt losgemaakt van de zichtbare wereld en treedt binnen in de dag des Heren. Hij kent de Eeuwige Waarheid, Die "ten grondslag ligt aan al het zijn", zodat geen enkel geestelijk verschijnsel hem meer kan doen wankelen, noch de menselijke dag hem kan beoordelen, want op koninklijke wijze heerst in hem de vrede van Christus.[20]

Op meer analytische wijze zouden wij echter kunnen zeggen, dat deze volheid van kennis, die hij bij de vervoering verwerft, teweeggebracht wordt door de hel van de Godverlatenheid, wanneer de mens tot het einde toe vernederd wordt. Na de voorvaderlijke zonde vormt de duisternis van de hel een onverbrekelijk onderdeel van het geheel van het bestaan. Derhalve is een alomvattende kennis van het mysterie van het bestaan onbereikbaar zonder de nederdaling van de menselijke geest "tot de nederste delen der aarde".[21] Deze nederdaling wordt vrijwillig, door de inspiratie die de mens ontleent aan het wondere schouwen van zijn roeping in Christus. Enerzijds openbaart de Heilige Geest het "aanraakbare" beeld van de vóóreeuwige God, dat is, Christus – wat de geest van de mens 'krijgsgevangen' maakt van de grootheid van Zijn liefde. En anderzijds openbaart Hij de schrikwekkende staat van de Val, en hoe de mens vervreemd is van de weg van Gods geboden. Dan, gedragen door de Heilige Geest, veroordeelt de mens met afkeer zijn tegennatuurlijke knechtschap aan de zonde, en uit vrije keuze aanvaardt hij de straf der hel als een waardige en rechtvaardige vergelding. Dit is de enige waarachtige houding van de mens voor Gods aanschijn. Hij belijdt de pan-kosmische gebeurtenis die heeft plaatsgevonden aan het begin van de schepping. Doch nu, in tegenstelling tot Adam, wijt hij de nederlaag van de overtreding aan zichzelf. Hierdoor wordt hij waarachtig en zo trekt hij de Geest der Waarheid aan om in hem woning te nemen. Aldus ontvangt hij de vereiste manmoedigheid om de grote pijn te verduren van de vrijwillige nederdaling in de duistere hades en de hel van het onuit-

---

[20] "We Shall See Him", GK p.105, EN p.68.
[21] Cf. ibid., GK p.123, EN p.80 & Ef.4:9.

blusbare vuur,[22] zonder te worden vernietigd. Dit almachtige vuur verteert de energie van de hartstochten in de mens, wiens geest en ingewanden gloeien van vurig gebed. Hij beseft zijn vergankelijkheid en zijn nietigheid en hij wordt verdrukt, tot vermorzeling toe, door de weerzinwekkende "buitenste duisternis" van de hades, die het gevolg is van de uitdenksels van de zonde. Dan komt onverwacht de dauw van de hemelse vertroosting als een "nieuwe kracht uit den hoge, die ons bekleedt met onvergankelijkheid". Op onzegbare wijze verandert het "uiterst wondere Licht... de diepe nacht in lichtstralende dag". Dan wordt het grote wonder voltrokken van de vervoering en de geestelijke wedergeboorte van de mens, en zijn intrede in het Huis van de Hemelse Vader.[23] Op een onzegbare wijze, die alle vormen van deze wereld te boven gaat, wordt de geest van de mens verlicht en kent hij de waarachtige dimensies en de aard van zijn val, maar ook de oneindigheid van de Goddelijke eeuwigheid.[24]

Wanneer de geest van de mens vrijwillig nederdaalt tot de hel, wat de hoogmoed overwint,[25] wordt zijn hart nederig gestemd om zich ten volle te openen voor de liefde Gods. Door deze volmaakte liefde duikt hij als overwinnaar op uit heel de reeks van helse beproevingen. Deze liefde blijkt "sterker dan de dood".[26] Ook deze liefde vermeerdert het lijden van de geest, maar zij doet tegelijkertijd heel het leven van de mens overgaan tot een ander niveau, waar de adem van de Heilige Geest alles tot leven wekt. Tenslotte leiden de nederigheid en de liefde tot de volheid der kennis, die verleend wordt wanneer de mens onderwezen wordt door de Geest van de zachtmoedige en nederige Heer.

De nederdaling en de opgang van de geest van de mens naar het voorbeeld van de Zoon van God,[27] zoals wij hierboven beschreven hebben, schenkt de mens een tweevoudige weldaad: Om te beginnen doet de kennis van de wereld hierboven de mens afsterven aan de wereld hier beneden, en begenadigt hem met de

---

[22] Cf. Mt.9:47-48.
[23] "We Shall See Him", GK .124, EN p.80.
[24] Cf. ibid., GK p.130, EN p.82.
[25] Ibid., GK p.45-46, EN p.30.
[26] Ibid., GK p.111, EN p.72.
[27] Cf. Ef.4:10.

hartstochtloosheid.[28] Vervolgens schenkt deze zelfde kennis van de eeuwigheid aan de mens de bestendigheid en het vermogen om met inspiratie de staat van Aanneming te bewaren, die de hemelse Vader hem heeft toevertrouwd.[29]

Deze tweevoudige ervaring, van de nederdaling van de geest van de mens in de helse diepten en zijn opgang tot de hoogte des hemels, is het "teken" dat toont dat hij heel de weg Gods heeft afgelegd, voor zover dit bereikbaar is op deze aarde – en dit wordt nu de 'bril' waardoor al de mysteriën des hemels worden geschouwd, en de maat waarmee al de aardse zaken worden geoordeeld. Het is juist dan, dat de mens "volkomen [wordt], tot alle goed werk volkomen toegerust"[30] en "geestelijk",[31] in het bezit van het mysterie van de kennis van de wegen des heils, voor zichzelf en voor zijn broeders.[32]

De smartelijke afdaling van de geest van de mens tot in de hel en de daaropvolgende verheffing, die de zaligheid verleent van het kennen van de weg, spelen zich af in de diepten van het hart. Hoe groter de pijn van de liefde voor Christus, die het hart torst, zoveel vollediger is haar genezing, en des te volmaakter de kennis die hij verwerft. Deze kennis is volmaakt, want zij wordt verleend door de Heilige Geest, en wordt door de mens ontvangen met heel zijn wezen. Binnenin het hart, dat met het intellect verenigd is, gaat "het zwaarste lijden gepaard met de uiterste vreugde".[33] Dan wordt de bekering krachtig en door de overschaduwing van de Heilige Geest worden de vermogens van de geschapen natuur van de mens tot hun uiterste grenzen benut. De mens begint de voorsmaak te ontvangen

---

[28] "We Shall See Him", GK p.104, EN p.67-68: "Na deze gebeurtenis, doen alle aardse dingen zich voor als tijdelijk en broos. De ziel wordt zich ervan bewust dat het verblijven met God – in Hem, en in Zijn eeuwigheid – de zin is van haar bestaan."

[29] Ibid., GK p.109, EN p.71. In deze staat van volledige wedergeboorte wordt de mens medegenoot van de universaliteit van de Zoon van God en leeft hij door Hem reeds in een andere vorm van 'zijn', "waarin alle gedachte aan de dood, aan vijanden, aan aardse dingen, uit zijn bewustzijn verdwijnen." Zie Gal.2:20.

[30] 2Tim.3:17.

[31] 1Kor.2:15.

[32] Cf. "Saint Silouan", GK p.293, EN p.221, NL p.240.

[33] "We Shall See Him", GK p.137, EN p.88.

Het kennen van de weg

van de goddelijke universaliteit van Christus en als "nieuwe schepping"[34] begint hij alles te omvatten.

Op dit pad van nederdaling en opgang wordt de mens onderworpen aan elke verzoeking van de wereldse geest van de vijand.[35] Doch omwille van het hem geschonken voorrecht van "de aanraking van de hemelse vlam", is hij bereid met vreugde alles te verdragen.[36] Hij ervaart de pijn van heel de schepping,[37] die onder hetzelfde oordeel ligt als hijzelf. Hij kent eveneens heel de waarheid en de troost van de Trooster, Die hem de kracht geeft de zwakheden van zijn broeders te dragen. Hij kan mede-lijden met de lijdenden, en zich vooral ook verheugen in het schouwen van diegenen die verheerlijkt worden met een grotere volheid van genade.[38] Juist dit is het teken van de volmaakte kennis, liefde en nederigheid, die leiden tot het alomvattende schouwen van het Goddelijk 'Zijn'. Dit schouwen kenmerkt de persoon-hypostase die naar het beeld en de gelijkenis is van de opgestane Christus.[39] De ervaring van deze kennis en dit schouwen is noodzakelijk, niet alleen om de "vuurgloed der verzoeking" veilig te doorstaan en samen met Christus "op te gaan tot Golgotha",[40] maar ook om de inspiratie te doen opvlammen die de mens ertoe brengt zich met al zijn krachten tot God te wenden, en zichzelf vrijelijk en definitief te bepalen voor alle eeuwigheid.

---

[34] Gal.6:15.
[35] Zie Job 1:7.
[36] "We Shall See Him", GK p.141, EN p.90. Zie Jak.1:2.
[37] Zie Rom.8:22.
[38] "We Shall See Him", GK p., EN p.79: "De heerlijkheid van zijn broeder zal ook zijn eigen heerlijkheid zijn, de jubelende vreugde bij het schouwen van personen die verheerlijkt zijn door het Goddelijk Licht..."
[39] Mt.28:18. "Mij is alle gezag gegeven, in de hemel en op aarde." Zie ook Mt.11:27 "Alle dingen zijn Mij overgegeven door Mijn Vader, en niemand kent de Zoon behalve de Vader, noch kent iemand de Vader behalve de Zoon, en degene aan wie de Zoon Hem wil openbaren."
[40] "We Shall See Him", GK p.147, EN p.94.

5
De monastieke weg en het geestelijk vaderschap

5a) Het monnikschap als genadegave van de Heilige Geest

De kennis van de weg Gods, die voortvloeit uit de ervaring van de drie perioden van het geestelijk leven, krijgt op specifieke en concrete wijze vorm in het leven der monniken. Het doel van de beproeving van deze drie perioden is de uiteindelijke intrede van de gelovige in de genade van de goddelijke 'aanneming'. Maar ook de monastieke ascese beoogt uitsluitend de verwerving van die volmaaktheid, die de Hemelse Vader zoekt van de kinderen van Zijn Koninkrijk. Bijgevolg leidt een verhandeling omtrent het monnikschap onvermijdelijk tot een beschouwing van de Christelijke volmaaktheid, zoals Christus deze geopenbaard heeft door Zijn woord en door het voorbeeld van Zijn leven.

De Christelijke volmaaktheid gaat elke menselijke maat te boven. Deze is geen eigenschap van de geschapen natuur,[1] maar een gave van de Heilige Geest. Deze volmaaktheid werd geopenbaard in de menselijke natuur van Christus, die Hij aannam uit de heilige Maagd, en deze blijft onbereikbaar binnen de grenzen van dit aardse leven.[2] Niettemin verlangt Christus deze volmaaktheid van de mens, Zijn schepsel, en Hij legt hem dit voor als een gebod.[3]

De volmaaktheid is vóór alles een volmaaktheid in de goddelijke liefde. Oudvader Sophrony identificeert deze met de "grotere liefde"[4] van het offer van Christus. Allereerst is hij vol verwondering over het voorbeeld van Christus, Die geheel alleen opgaat tot Golgotha en het uiterste lijden verduurt, om de mens te bevrijden van de dood, en allen te begenadigen met het eeuwige goddelijke leven.[5] De

---

[1] Cf. "We Shall See Him", GK p.206, 179-180, 201-202, EN p.130, 112, 127.
[2] Cf. ibid., GK p.206, EN p.130.
[3] Cf. ibid., GK p.395, 180, EN p.223, 112. Zie Mt.5:48. Zie ook «ΑΣΚΗΣΙΣ ΚΑΙ ΘΕΩΡΙΑ» (Over de ascese en het schouwen), GK p.99.
[4] «ΑΣΚΗΣΙΣ ΚΑΙ ΘΕΩΡΙΑ» (Over de ascese en het schouwen) GK p.98. Joh.15:12-15.
[5] «ΑΣΚΗΣΙΣ ΚΑΙ ΘΕΩΡΙΑ» (Over de ascese en het schouwen), GK p.97 en "We

Oudvader definieert als "uiterste volmaaktheid"[6] de volmaaktheid van de liefde van Christus, die de piramide van heel het kosmische 'zijn' omkeert, en Zichzelf aan de omgekeerde top plaatst. Op deze wijze neemt Christus de zonde van alle mensen weg en draagt Hij de vloek des doods die hen verwond had. Deze volmaaktheid ontspringt aan het Kruis. Het is de volmaaktheid van "de breedte, en de lengte, en de diepte, en de hoogte" van de onvatbare liefde van Christus.[7] Het is de "éne eeuwige Daad" van de nederdaling van Christus tot de nederste delen der aarde en Zijn opgang "tot boven alle hemelen". Hierdoor omarmde "de Eniggeboren Zoon, Die mede-eeuwig is met de Vader" de hemel en de aarde en diepten der hel.[8] De nederdaling en de opgang van Christus zijn de bron van al de genadegaven van de Heilige Geest, zowel als een aanwijzing van de aanwezigheid daarvan. Deze genadegaven zijn hemels,[9] en leiden degenen die daaraan deelhebben, door middel van de nederigheid, tot de maat van de volmaaktheid van "de grootte van de volheid van Christus".[10]

De weg tot verwerving van de volmaaktheid is die welke de Heer Jezus heeft getraceerd. Het is de weg van het Kruis, de weg van de zelfontlediging van Christus. Voor de Oudvader zijn de zelfontlediging en de volmaaktheid nauw met elkaar verbonden, zoals Christus Zelf heeft getoond: "de volheid van de zelfontlediging gaat vooraf aan de volheid van de volmaaktheid".[11] En als het monnikschap geen menselijk bedenksel is, maar de "derde genade",[12] dan is dit omdat het de mogelijkheid zeker stelt van de tocht van de mens 'naar omlaag', het pad dat leidt tot de geestelijke volmaaktheid.

De weg van het monnikschap brengt drie grote deugden naar voren: de gehoorzaamheid, de maagdelijkheid of de kuisheid, en

---

Shall See Him", GK p.95, EN p.60-61.
[6] "Saint Silouan", GK p.313, EN p.237, NL p.256-257.
[7] Cf. Ef.3:18-19.
[8] Cf. "We Shall See Him", GK p.95, EN p.60-61, en Ef.4:8-13.
[9] Cf. Jak.1:17.
[10] Ef.3:13.
[11] "We Shall See Him", GK p.81, EN p.53.
[12] Een uitdrukking van de heilige Theodoor de Studiet, geciteerd in «ΑΣΚΗΣΙΣ ΚΑΙ ΘΕΩΡΙΑ» (Over de ascese en het schouwen), GK p.22, "Principles of Orthodox Monasticism", EN p.260.

de vrijheid van bezit.[13] Door de vervulling van deze deugden wordt de monnik tot navolger van de zelfontlediging van Christus, en bijgevolg ook van Diens hemelse volmaaktheid. Niet Gods almacht, maar de "zwakheid"[14] en het "lijden"[15] van Zijn liefde hebben de wereld behouden van de hoogmoedige dwaling van de tegenstander. De "smaadheden"[16] van de zachtmoedige en nederige Christus hebben aan de mens, die door de zonde onteerd was, de heerlijkheid teruggeschonken, en de liefde hersteld als de "band der volmaaktheid".[17] En de kracht van de monniksgelofte ligt nu juist in de nederige geest van de kenotische weg, die men daarin volgt.

Volgens een opmerking van de Oudvader is het monnikschap "een dwingende eis van de geest" van de mens, die de gave van de Geest Gods geniet en in aanraking komt met het vuur van de "grotere liefde" van Christus – die liefde, die zich offert voor het leven van de anderen, en van hen de dood aanvaardt.[18] Op natuurlijke wijze veroorzaakt deze aanraking in het geweten van de mens de noodzaak ook zelf daarop te antwoorden door het "voorbeeld" van Christus te volgen. Op deze wijze wordt hij door de Heilige Geest gebracht tot het monnikschap, omdat dit de meest geschikte weg is om de gelijkwording met Christus te bereiken. Het is de weg van de navolging van de kenotische liefde van Christus, Die "het kruis heeft verdragen, de schande niet achtende",[19] en Zich zo betoonde als "de wijsheid..., en rechtvaardigheid, en heiliging en bevrijding".[20] Op deze weg overheerst de nederige beweging "tot zelfvermindering" en verdwijnt de hoogmoedige tendens om "zichzelf op te hemelen".

---

[13] Gezien de concrete vorm waarin deze derde deugd beoefend wordt in het monnikschap, wordt deze gelofte soms vertaald met 'armoede' of 'bezitloosheid'. Doch de hier gebruikte Griekse benaming wijst vooral op het doel van deze vorm van ascese, d.w.z. de hiermee verbonden innerlijke deugd, die in tegenstelling staat tot de zucht naar het 'verwerven' van materiële zaken, de 'bezitterigheid'. Immers, zelfs in feitelijke armoede kan de mens nog gehecht raken aan de kleinste zaken (cf. Dorothéüs van Gaza). *Noot vert.*
[14] 1Kor.1:25.
[15] Hand.26:23.
[16] Rom.15:3, Hebr.11:26 en 13:13.
[17] Kol.3:14.
[18] «ΑΣΚΗΣΙΣ ΚΑΙ ΘΕΩΡΙΑ» (Over de ascese en het schouwen), GK p.98.
[19] Hebr.12:2.
[20] 1Kor.1:30.

Het monnikschap als genadegave 151

Het betreft de tocht "naar omlaag", die de mens geneest van de gevolgen van de voorvaderlijke zonde.[21]

Om door Zijn goddelijk bloed het gelovige volk te heiligen, heeft de Heer Jezus "de uitnemende grootheid"[22] van Zijn nederige liefde getoond, en leed Hij "buiten de poort".[23] Ook de monniken, als wedergave van hun nederige dankbaarheid tot "de Meester, Die hen gekocht heeft",[24] "gaan tot Hem uit, buiten de legerplaats" van deze wereld. Daar dragen zij Zijn "smaadheid"[25] en verduren zij de schande van hun geestelijke armoede. Aldus, in deze eervolle en Godgelijke wedergave,[26] wordt het klooster een plaats van dankzegging en een plaats van berouwvolle bekering. Dit schenkt de monnik de mogelijkheid zich te oefenen in de kenotische nederdaling van de Eniggeboren Zoon. Doch zoals Diens nederdaling vrijwillig was en zondeloos, zo dient ook de monnik op zijn eigen tocht "naar omlaag" vrijwillig het "voorbeeld" te volgen van de goddelijke Verlosser. Dan, als deelgenoot aan de nederdaling van Christus, wordt hij ook deelgenoot aan Diens Opstanding. De gave van Diens Geest en Zijn genadegaven worden hem eigen.

Deze "uittocht" geeft het monnikschap een apocalyptisch karakter en plaatst dit in een eschatologisch perspectief. Deze weg schept gunstige voorwaarden om vrij te kunnen zijn van de vele zorgen voor het levensonderhoud, en inspireert tot een bestendige toewijding aan de geboden van Christus. Het "monastieke" levensmodel wordt voorgesteld als de navolging en de "nederdaling van de wereld der engelen op deze aarde".[27] Het staat ten dienste aan de éne en enige wil van God. Overeenkomstig het woord van de

---

[21] Cf. "On Prayer", GK p.36, 195, EN p.24, 174.
[22] Ef.1:19.
[23] Hebr.13:12.
[24] 2Petr.2:1.
[25] Hebr.13:13.
[26] Het woord 'eervol' betreft hier het begrip *'philotimia'* (φιλοτιμία), d.w.z. het Godwelgevallige eergevoel van een dankbaar hart, dat zo mogelijk zelfs de minste weldaad poogt te beantwoorden. Anders gezegd, de mens zou zich schamen om de weldaden, die hij van God ervaren heeft, *niet* te beantwoorden, en streeft er daarom naar heel zijn leven te maken tot een wedergave aan God. *Noot vert.*
[27] «ΑΣΚΗΣΙΣ ΚΑΙ ΘΕΩΡΙΑ» (Over de ascese en het schouwen), GK p.23, "Principles of Orthodox Monasticism, EN p.261.

Apostel dat "de gestalte van deze wereld [voorbijgaat]",[28] heeft alleen de vervulling van Gods geboden onveranderlijke waarde.[29] Dit is wat de monnik rechtvaardigt.

Het doel en de betekenis van het monnikschap worden door de Oudvader gedefinieerd als de uiterste toewijding aan het bewaren van de Evangelische geboden, zodat zij voor de gelovige worden tot "de enige en eeuwige wet van heel zijn wezen".[30] Deze staat, zichtbaar gemaakt in het monnikschap, drukt zich uit door de volmaaktheid van de genadegaven van de Geest en de "grotere liefde", die getuigen van de gelijkwording aan Christus op de meest volledige wijze.[31]

De weg van het monnikschap is dus een genadegave van de Heilige Geest. Deze weg verzekert de mogelijkheid tot een wijze van leven, die God "welgevallig" is.[32] Het monastieke bestaan is een offer aan God, dat Zijn Naam en Zijn menslievendheid verheerlijkt. Het trekt de goddelijke genade aan, die het hart reinigt en dit toebereidt als woonplaats van de Heilige Drieëenheid. Op deze weg, door de vruchtdragende vervulling van de monniksgeloften, wordt de monnik zich bewust – zoals wij verderop zullen zien – van zijn 'adamitische uitbreiding', die hem maakt tot een waarachtige hypostase, tot drager van heel het goddelijk en het menselijk 'zijn'.[33] Op deze wijze wordt de mens universeel, en deze universaliteit wordt bezegeld door het gebed "voor de gehele Adam, zoals voor zichzelf".[34]

In het bijzonder door de beoefening van de monastieke gehoorzaamheid leert de monnik in zichzelf de wil en het leven te aanvaarden van de anderen, zijn mede-asceten. Hij bidt terwijl hij in zijn hart het leven draagt van heel de broederschap. Hij gaat over van zijn "ik" tot het "ons" van de gehele mensheid. Hij beleeft haar pijn en haar eeuwige bestemming als een brandende persoonlijke aangelegenheid. Zo wordt het monnikschap tot een geestelijke

---

[28] 1Kor.7:31.
[29] Cf. 1Kor.7:19.
[30] «ΑΣΚΗΣΙΣ ΚΑΙ ΘΕΩΡΙΑ» (Over de ascese en het schouwen), GK p.18.
[31] Cf. ibid., GK p.99
[32] Cf. Hebr.13:16.
[33] Cf. «ΑΣΚΗΣΙΣ ΚΑΙ ΘΕΩΡΙΑ» (Over de ascese en het schouwen), GK p.101.
[34] Ibid. GK p.102.

'plaats', waar de mens kan worden ingewijd in de hypostatische wijze van 'zijn'. Doordat hij in zichzelf een kleine broederschap draagt, bereikt hij tenslotte de staat "naar de gelijkenis" van Christus; hij wordt toereikend om de totale mensheid – in tijd en ruimte – te omvatten, evenals Christus.[35]

---

[35] Zie "Words of Life" («Περὶ πνεύματος καὶ ζωῆς»), GK p.73, EN p.53-54.

5b) [1]*De vervulling van de monniksgeloften als geneesmiddel voor de vervreemding die teweeggebracht werd door de voorvaderlijke zonde*

Het monnikschap is een geestelijke genadegave. Hierdoor wordt het de mens mogelijk het "voorbeeld" te volgen van de Heer, en de "levenswijze der engelen" na te volgen. De uiterste nederigheid, geïnspireerd door de gestalte van Christus, en het onbedwingbare verlangen dat door het monniksleven wordt gecultiveerd, maken dat de goddelijke genade tot de mens wordt aangetrokken. Door deze genade wordt hij hartstochtloos en 'supra-kosmisch', "naar de gelijkenis" van Christus.

In het paradijs bevond de mens zich in gemeenschap met God, en God was zijn leven en zijn zekerheid. Door de ongehoorzaamheid en de val in de zonde werd deze levenschenkende eenheid met God verbroken, en kwam de dood in het leven van de mens, met al de tirannieke gevolgen daarvan. Aldus verloor de mens de zekerheid en de steun die hij van de levenschenkende God ontvangen had. Toen, uit vrees en in zijn strijd om te overleven, bedacht hij zijn eigen manier van leven, vooral gebaseerd op de natuurlijke geschapen krachten. Voorheen, door het bewaren van Gods gebod, had hij alle goede dingen genoten, en leefde hij in onvergankelijkheid. Doch na de overtreding, vanuit de wens zich te beschermen tegen de dreiging van de dood, zoekt hij zijn toevlucht in de volgende drie surrogaten of schijnzekerheden, die hem vervreemden van het leven van God:[2] 1) het vaste vertrouwen in zijn logisch oordeel en zijn eigen wil; 2) de natuurlijke verwantschap en het genot van de zintuigen; en 3) de verwerving van materiële goederen.

Door te vertrouwen op zijn logisch oordeel en zijn eigen wil ondergaat de mens de eerste vervreemding,[3] en hij vervalt in de luciferische dwaling van de zelfvergoddelijking. Hierdoor richt hij een muur op tussen God en zichzelf. Door zich te verlaten op de

---

[1] Hoofdstuk 5b werd gebruikt als basis voor een voordracht over het monnikschap, die werd opgenomen in het boek "Weest ook gij uitgebreid", inclusief aanvullende opmerkingen. Enkele daarvan zijn hier opgenomen in de noten (aangeduid: *Cf. WU*). Voor de volledige voordracht met bijgaande "Vragen & Antwoorden", zie Hfst.10 van het genoemde boek. *Noot vert.*
[2] Cf. Ef.4:18.
[3] D.w.z. door de hovaardigheid van zijn intellect. *Cf. WU.*

natuurlijke verwantschap[4], en door het genot van de zintuigen bekleedt hij zich met de "hemden van dierenhuiden",[5] en ondergaat hij de tweede vervreemding. Aldus verlengt hij slechts zijn leven "in de dood",[6] namelijk door te leven in eigenliefde met een "dode geest". Tenslotte, door het streven "vele goederen voor vele jaren"[7] te verwerven om zich zeker te voelen, ondergaat hij de derde vervreemding, die zijn intellect volledig verduistert en het hart versteent. En zo wordt hij overgeleverd aan ijdelheden en aan de zotheid der afgoderij.

De val in de draaikolk van deze drie vervreemdingen bepaalt in negatieve zin het geweten van de mens jegens God, jegens zijn naaste, en jegens de wereld om hem heen. In zijn relatie met God geeft hij de voorkeur aan zichzelf. In Zijn relatie met de naaste wordt hij geleid door de hartstocht van de heerszucht. En in zijn relatie tot de materiële wereld wordt hij overgeleverd aan de waanzin van de hebzucht.

Het doel van het monnikschap is de opheffing van deze drie vervreemdingen, en het herstel van de mens in de bestendigheid van de hypostatische bestaanswijze. Dit doel wordt verwezenlijkt door de vervulling van de drie monniksgeloften: 1) *gehoorzaamheid*; 2) *maagdelijkheid* of *kuisheid*; en 3) *vrijheid van bezit*. Daarbij is vooral de gehoorzaamheid van bijzonder belang, want hieruit putten ook de andere twee op natuurlijke wijze hun volle sterkte.[8]

Gehoorzaamheid

De eerste voorwaarde en de basis voor het monnikschap is de gehoorzaamheid. Deze wordt weliswaar ontwikkeld als menselijke ascese, maar is vóór alles een geschenk van God.[9] Overeenkomstig het woord van oudvader Sophrony vormt de gehoorzaamheid in zekere zin een "gewijd mysterie", dat slechts geopenbaard wordt door de

---

[4] Dit uit zich o.a. in het verlangen naar nageslacht. Cf. *WU*.
[5] Gen.3:21.
[6] Anders gezegd, hij is als het ware een levende dode. Cf. *WU*.
[7] Cf. Lk.12:19.
[8] «ΑΣΚΗΣΙΣ ΚΑΙ ΘΕΩΡΙΑ» (Over de ascese en het schouwen), GK p.47, "Principles of Orthodox Asceticism", EN p.271.
[9] Cf. H.Ignatius Brianchianinov (Russisch citaat in: "Brieven", 1ᵉ uitgave Sergiev Possad, 1913, p.25), geciteerd in «ΑΣΚΗΣΙΣ ΚΑΙ ΘΕΩΡΙΑ» (Over de ascese en het schouwen), GK p.53, "Principles of Orthodox Asceticism", EN p.274: "Tenzij de Heer Zelf hem onderricht in de weg der gehoorzaamheid, kan de novice van de mensen niets leren".

energie van de Heilige Geest. Het is een Mysterie van de Kerk. En het leven, waartoe dit de mens opheft, is onbeschrijfelijk en onvatbaar.[10]

Christus heeft als eerste het model en het "voorbeeld" getoond van de volmaakte gehoorzaamheid. Hij kwam in de wereld "in de naam van de Vader" en niet "in Zijn eigen naam",[11] waarin een houding van luciferische zelfvergoddelijking zou hebben gelegen.[12] Hij leerde ons dat het gebod van de Vader eeuwig leven is.[13] Vrijwillig aanvaardde Hij dit gebod,[14] en Hij vervulde het zonder te zondigen,[15] zoals wij leren uit de Schriften. Al droeg Hij, als Eniggeboren Zoon, onophoudelijk en voortdurend het welbehagen van de Vader en de kracht van de Heilige Geest, toch toonde Hij een volmaakte en exacte gehoorzaamheid aan de wil van Zijn Vader, zelfs tot aan de dood en de schande van het Kruis[16] – om ons te behouden. Doch de rechtvaardige God liet niet toe dat zijn Kind Jezus "het bederf zou zien".[17] Hij deed Hem opstaan, en verhief hem tot "Aanvoerder des Levens" en Heiland der wereld.[18] Door Zijn gehoorzaamheid heeft Christus, de Nieuwe Adam, een nieuwe levenswet ingesteld, en is Hij de gezonde wortel geworden van de "nieuwe" mensheid.[19]

Wanneer de monnik zijn gehoorzaamheid vervult,[20] is hij een navolger van Christus, en plaatst hij zichzelf op de weg van de wil des Heren. Doch hij kan de ascese van de gehoorzaamheid slechts op zich nemen, wanneer hij psychologisch gezond is. En de psycho-

---

[10] Cf. «ΑΣΚΗΣΙΣ ΚΑΙ ΘΕΩΡΙΑ» (Over de ascese en het schouwen), GK p.46, "Principles of Orthodox Asceticism", p.270.
[11] Cf. Joh.5:43.
[12] Cf. "On Prayer", GK p.171, EN p.155.
[13] Cf. Joh.12:50.
[14] Cf. Heb.10:7; Joh.5:30.
[15] Zie Joh.14:30-31.
[16] Cf. Fil.2:8; Heb.12:2.
[17] Hand.2:27.
[18] Cf. Hand.3:15; 5:31; Heb.2:10.
[19] Cf. Ef.2:14/15; 4:24.
[20] In de context van het kloosterleven betreft de 'gehoorzaamheid' van de monnik niet alleen zijn algemene innerlijke houding jegens zijn oversten en zijn broeders, maar ook de concrete 'taak' die hem is opgedragen, en die hij omwille van gehoorzaamheid naar beste weten probeert te vervullen. *Noot vert.*

logische gezondheid blijkt uit zijn besef, dat hijzelf niet toereikend is voor de onmiddellijke kennis van de grote en volmaakte wil van God. Hij volgt de wijze aansporing van de Heilige Schrift: "Vraag uw vader, en hij zal het u bekend maken; uw oudsten, en zij zullen het u zeggen."[21] Hij houdt vast aan de algemene regel van de monastieke ascese: "Vertrouw niet op uzelf." Daarom neemt hij zijn toevlucht tot zijn geestelijke vader, in het geloofsvertrouwen dat het zijn oudvader gegeven is Gods wil duidelijker te kennen.[22] Op deze wijze erkent hij, dat de waarachtige God de "God onzer Vaderen"[23] is, en aldus overwint hij de wanorde van de "dubbelhartige"[24] gevallen mens, die niet in staat is de vaste weg des levens te vinden. Wanneer hij deze nederige gesteldheid heeft, wordt hij "geschikt" om zijn hand te slaan aan de heilbrengende "ploeg"[25] van de gehoorzaamheid.

Wanneer de monnik de wil van God zoekt in deze gesteldheid van nederig leerlingschap, dan is hij erop voorbereid het "eerste woord" van de geestelijke vader te ontvangen als voortkomend uit de mond van de Heer, in Wiens naam hij ook om raad had gevraagd. Geleidelijk aan verwerft hij de kennis van de goddelijke wil, en raakt hij in staat de denkbeelden van de vijand te onderscheiden.[26] Dit onderscheidingsvermogen is onontbeerlijk om elke dwaling te kunnen afwijzen, want de wil van God manifesteert zich in deze wereld in dezelfde relatieve vormen, waarin de natuurlijke menselijke wil en de demonische wil zich aan het menselijk intellect voordoen.[27]

---

[21] Dt.32:7.
[22] «ΑΣΚΗΣΙΣ ΚΑΙ ΘΕΩΡΙΑ» (Over de ascese en het schouwen), GK p.53-45, "Principles of Orthodox Monasticism", EN p.275.
[23] Zie Ex.3:15-16.
[24] Jak.1:8. [Het Griekse woord voor 'dubbelhartig' (*dípsychos*/δίψυχος) betekent letterlijk vertaald 'dubbel van ziel', d.w.z. innerlijk verdeeld. *Noot vert.*]
[25] Cf. Lk.9:62.
[26] Cf. 2Kor.2:11.
[27] «ΑΣΚΗΣΙΣ ΚΑΙ ΘΕΩΡΙΑ» (Over de ascese en het schouwen), GK p.51, "Principles of Orthodox Monasticism, EN p.273. [D.w.z. aan het menselijk intellect doen zich drie soorten gedachten voor: gedachten van God, natuurlijke gedachten en gedachten van demonische oorsprong. Ondanks hun zeer uiteenlopende oorsprong is het verschil tussen dergelijke gedachten soms uiterst subtiel, en nauwelijks te onderscheiden wat hun uiterlijke vorm en inhoud betreft. *Noot vert., cf. WU.*]

Hierbij moeten wij benadrukken, dat de gehoorzaamheid, zoals elke Christelijke deugd, een vrijwillige daad dient te zijn in alle vrijheid, wil deze eeuwige waarde hebben voor Gods aanschijn. Gehoorzaamheid betekent het in vrijheid verloochenen van de wil en de gezindheid van de mens, en het overleveren van zijn logisch oordeel aan het gezag van een andere persoon, zijn Oudvader of geestelijke vader. Al is de mens vrij geschapen "naar Gods beeld", door de tussenkomst van de zonde in zijn leven werd zijn wil vervormd en zijn intellect werd verduisterd. In plaats van 'de dingen daarboven' te willen en daarop bedacht te zijn, zijn het 'de dingen hier beneden' die hij wil en waar hij op zint. Hij is gehecht aan de dingen en de waarden van deze wereld, die "niet voordelig" zijn voor de ziel.[28]

De vrije wil van de mens samen met zijn redelijk verstand, zijn de meest kostbare van zijn natuurlijke gaven.[29] Dus wanneer hij de gehoorzaamheid beoefent, offert hij deze beide gaven als het hoogstwelgevallige offer aan God. Dan ontvangt hij als wedergave van God de bovennatuurlijke genadegave van de kennis van de verheven goddelijke wil.[30] Door de vrije beoefening van de gehoorzaamheid maakt hij zichzelf tot dienstknecht naar het voorbeeld van de Zoon van God, en voor dit vrijwillig knechtschap wordt hem de vrijheid gegeven van de kinderen Gods. De tucht der gehoorzaamheid heeft tot doel de mens in te wijden in de levenschenkende en heilbrengende wil van God.[31] En deze inwijding schenkt hem de gelijkenis aan

---

[28] Heb.13:17.
[29] «ΑΣΚΗΣΙΣ ΚΑΙ ΘΕΩΡΙΑ» (Over de ascese en het schouwen), GK p.50-51, "Principles of Orthodox Monasticism, EN p.273.
[30] In één van zijn homilieën voegde Archim. Zacharias hier aan toe, dat hoewel dit begrip van de gehoorzaamheid als offer algemeen aanvaard is, oudvader Sophrony er ook op wees, dat dit niet verstaan moet worden in wettische zin (als een 'contract' of 'ruil', of als een opgelegde 'voorwaarde'), maar veeleer als een voorrecht. Het 'offer' wordt hier niet verstaan als een 'opofferen' in negatieve zin, maar als een 'zichzelf offeren' uit een vurige liefde voor God – en het is God welgevallig dit offer te aanvaarden. *Noot vert.*
[31] Cf. «ΑΣΚΗΣΙΣ ΚΑΙ ΘΕΩΡΙΑ» (Over de ascese en het schouwen), GK p.48, "Principles of Orthodox Asceticism", p.272: "Het leven ligt in Zijn wil". Zie LXX Ps.29:6 (30:5) en Rom.12:2.

Christus, en leidt hem tot de volmaaktheid van het Christelijke leven,[32] tot de verwerving van de Heilige Geest.[33]

Wanneer de monnik het woord of de wil van zijn geestelijke vader aanvaardt, leert hij om in zichzelf het leven en de wil te aanvaarden, allereerst van God en vervolgens van zijn broeders. Op deze wijze wordt de 'harde bolster' van zijn geïsoleerde individualiteit verbroken, en zijn wezen verwijdt zich. Hij wordt volmaakt in de liefde en vindt een harmonische en volmaakte relatie met God en met zijn broeders.[34] In het begin oefent hij zich om in zichzelf de wil te dragen van zijn Oudvader en zijn mede-monniken. Wanneer hij echter voortgang maakt in de kennis van de goddelijke wil, dan wordt zijn hypostase uitgebreid om in zichzelf de gehele wereld te bevatten, die hij ook in zijn gebed omvat. Hij verloochent zijn kleine wil. Hij zet zijn aardse, in zichzelf verdeelde rede opzij, en ontvangt als geschenk de wijsheid en de goddelijke universaliteit van Christus. In dit opzicht is de gehoorzaamheid een mysterie van de Kerk, dat hypostasen schept met een waarachtige universaliteit. Dienovereenkomstig wordt de geestelijke vader tot "medewerker van God"[35] in de gewijde en nimmer-eindigende schepping van goden "voor de eeuwigheid in het Onvergankelijk Licht".[36]

Door zijn intellect en zijn wil te kruisigen in de beoefening van de gehoorzaamheid, verwijdert de monnik uit zijn leven de "stutten" en de "zekerheid" waarmee hij gehoopt had de dood te weerstaan. Door de gehoorzaamheid, die geschiedt in naam van God, concentreert hij zijn geest op het woord of het gebod dat hem gegeven is, en zo, bevrijd van de zorg om alle tijdelijke dingen, richt hij zich met een onverdeeld intellect op het gebed. Zonder op zichzelf te steunen, stelt hij heel zijn vertrouwen op God, "Die de

---

[32] Cf. "We Shall See Him", GK p.63, EN p.41.
[33] Cf. «ΑΣΚΗΣΙΣ ΚΑΙ ΘΕΩΡΙΑ» (Over de ascese en het schouwen), GK p.48, "Principles of Orthodox Asceticism", EN p.271-272.
[34] Cf. ibid., GK p.49-50, EN p.272-273.
[35] 1Kor.3:9.
[36] "On Prayer", GK p.211, EN p.88. Zie ook «ΑΣΚΗΣΙΣ ΚΑΙ ΘΕΩΡΙΑ» (Over de ascese en het schouwen), GK p.49, 54, "Principles of Orthodox Asceticism", EN p.272, 275, en "Saint Silouan" GK p.147-148.

doden opwekt".³⁷ Hij wordt bevrijd van de gebondenheid aan al wat geschapen is, en bereikt zo de reinheid van het intellect.³⁸

De reinheid van het intellect is de kostbaarste vrucht van de gehoorzaamheid. Tegelijkertijd is deze reinheid de onontbeerlijke voorwaarde voor het reine gebed, dat de oorspronkelijk gemeenschap van het schepsel met de Schepper herstelt, en zijn persoon "van aangezicht tot Aangezicht" doet staan met de beginloze God.³⁹

Uit het bovenstaande blijkt duidelijk, dat de gehoorzaamheid fundamenteel verschilt van de discipline, en deze verre te boven gaat – zo ver als de hemel staat boven de aarde. Discipline betekent de onderwerping aan een hogere menselijke wil, omwille van (aards) menselijk nut. De discipline onderwerpt de mens aan een onpersoonlijke 'regel', de 'Wet', het 'Typikon', het 'Instituut', de 'Administratie'. De discipline stelt het algemene boven het specifieke, of de meerderheid boven het individu.⁴⁰ De gehoorzaamheid daarentegen, brengt de mens als persoon naar voren. De gehoorzaamheid is een vrije daad van geloof in God, en wordt te allen tijde verwezenlijkt in Zijn naam.⁴¹

De volmaakte vorm van de gehoorzaamheid, die de mens begenadigt met de volheid van het hypostatische beginsel, openbaart zich, zoals oudvader Sophrony aantekent, wanneer de geest van de mens geleid wordt door de "grotere liefde" van Christus.⁴² Dan verwerft de mens ook de genadegave van de theologie als een geestelijke staat, en wordt hij ontvankelijk voor openbaringen. Deze gehoorzaamheid vervult in één daad al de geboden, en wordt het middel waardoor de mens de levende Traditie in zich opneemt.⁴³

---

[37] 2Kor.1:9.
[38] Cf. «ΑΣΚΗΣΙΣ ΚΑΙ ΘΕΩΡΙΑ» (Over de ascese en het schouwen), GK p.52, "Principles of Orthodox Asceticism", EN p.271
[39] 1Kor.13:12.
[40] "Saint Silouan", GK p.152.
[41] Cf. «ΑΣΚΗΣΙΣ ΚΑΙ ΘΕΩΡΙΑ» (Over de ascese en het schouwen), GK p.53, "Principles of Orthodox Asceticism", EN p.274. [Deze beschrijving van de bijzondere aard van de monastieke gehoorzaamheid toont ook waarom dit in strikte zin alleen mogelijk is in een klooster, omdat daar – anders dan 'in de wereld' – alles zodanig georganiseerd kan worden dat het dient tot heerlijkheid Gods, en gericht is op het voltrekken van de Goddelijke Liturgie. *Noot vert, cf. WU.*]
[42] Cf. "Saint Silouan", GK p.147.
[43] Cf. "Saint Silouan", GK p.105, EN p.85, NL p.96-97.

Door het afsnijden van zijn eigen wil en het verloochenen van zijn eigen redelijk verstand verliest de monnik geenszins zijn persoonlijkheid, noch geraakt hij tot zelfvernietiging,[44] zoals de wereld meent. Integendeel, hij rijst uit boven de grenzen van zijn geschapen natuur, en toont zich als een waarachtige hypostase: hij wordt de drager van het goddelijk leven en van de gehele mensheid.[45]

Maagdelijkheid of kuisheid

De maagdelijkheid of kuisheid is de tweede voorwaarde voor het monnikschap.[46] Het dogmatische fundament hiervan is het leven van Jezus Christus, naar het model waarvan de monnik heel zijn ascese beoefent. De hoogste vorm is de geestelijke maagdelijkheid. Deze maagdelijkheid vereist het volgen van het eerste gebod der liefde, zo volledig als maar mogelijk is, en de reinheid van het intellect. Om deze reden veronderstelt de staat van geestelijke maagdelijkheid de gehoorzaamheid, en zonder haar is zij onbereikbaar.[47]

Christus werd geboren "uit de Heilige Geest en de Maagd Maria." Zijn geboorte ging niet gepaard met het zintuiglijk genot dat, volgens de oude wet van het leven na de Val, gevolgd wordt door een hoogst rechtvaardige dood. Evenmin baseerde Christus Zijn leven op de bloedverwantschap, maar Hij werd verteerd door de ijver voor het Huis van Zijn Vader. Hij bracht de menselijke verwantschap ten offer omwille van Zijn hemels 'vaderland'.

Wanneer de monnik het voorbeeld van Christus volgt door het bewaren van de gehoorzaamheid, bereikt hij de nederigheid en trekt zo Gods genade aan, die de reinheid van het intellect bewerkt. Deze reinheid is een noodzakelijke voorwaarde voor de geestelijke

---

[44] «ΑΣΚΗΣΙΣ ΚΑΙ ΘΕΩΡΙΑ» (Over de ascese en het schouwen), GK p.46, "Principles of Orthodox Asceticism", EN p.270-271.
[45] Cf. "Saint Silouan", GK p.148.
[46] Eén van de redenen voor de dubbele benaming van deze gelofte is het feit, dat sommigen die gehuwd zijn en in de wereld leven, na onderlinge overeenstemming, besluiten elkaar te verlaten om monniken en monialen te worden. Bovendien is datgene wat telt voor Gods aanschijn, strikt genomen, niet het celibaat of het huwelijk, maar het vervullen van Gods geboden. De mens die geheel is overgeleverd aan Christus verwerft de 'maagdelijkheid van het hart', die zijn gehele wezen geneest, zoals bv. in het geval van de heilige Maria van Egypte. *Noot vert., cf. WU.*
[47] Cf. «ΑΣΚΗΣΙΣ ΚΑΙ ΘΕΩΡΙΑ» (Over de ascese en het schouwen), GK p.47, "Principles of Orthodox Asceticism", EN p.271.

maagdelijkheid, zoals blijkt uit het woord van Christus.[48] Bovendien brengt de genade de zoetheid van de liefde voor Christus. Deze twee, de reinheid van het intellect en de zoetheid van de liefde van Christus, doen in de geest van de monnik de onvoorwaardelijke eis ontstaan tot geestelijke maagdelijkheid.

Deze verzoetende uitwerkingen van de genade verzinken in geen enkel opzicht tot het niveau van vleselijke voldoening of genietingen. Zij inspireren tot algehele matigheid en verwijderen de ziel van de monnik, als het ware instinctief, van iedere gedachte en elke handeling die niet strookt met de goddelijke liefde.[49] Zij verwekken een onbedwingbare aantrekking tot God en een 'onuitblusbare' dorst naar Hem.[50] In deze staat verlangt de monnik ernaar in dankbaarheid te antwoorden op de liefde van de Heer. Zoals Deze tijdens Zijn leven in maagdelijkheid leefde, zo volgt ook de monnik dit "voorbeeld", in navolging van Hem.[51] Hij verbreekt iedere natuurlijke band, en vrij van elke zorg zoekt hij nog slechts de aanwezigheid van de God der liefde.

Volgens de grote apostel Paulus is onze enige zorg in dit leven om volmaakt welgevallig te zijn aan de Heer. En dit doel wordt door de monnik gerealiseerd door vrij te zijn van aardse zorgen, en door zijn lichaam op te dragen als "een levend, heilig, en Godwelgevallig offer".[52] Door op deze wijze te leven verzoent de monnik zich niet met de wet van de vergankelijkheid en de dood, die in de wereld gekomen zijn door het genot van de ongehoorzaamheid, maar hij verandert iedere energie in zichzelf in een geestelijke kracht, om zijn geest onafgebroken in de Geest van God te kunnen houden.[53] Het leven in geestelijke maagdelijkheid wordt tot een hoogstaande cultuur en kunst, waarvan de fundamentele waarde ligt in "het bewaren

---

[48] Cf. Mt.5:28 (aangaande 'overspel in het hart').
[49] Cf. «ΑΣΚΗΣΙΣ ΚΑΙ ΘΕΩΡΙΑ» (Over de ascese en het schouwen), GK p.64-66, "Principles of Orthodox Asceticism", EN p.280.
[50] Ibid., GK p.65, EN p.280.
[51] Cf. Joh.13:15.
[52] Cf. Rom.12:1.
[53] D.w.z. door te verblijven in gebed verandert hij elke psychologische energie in een geestelijke energie, die hij aanwendt om zijn geest verenigd te houden met de Geest Gods. *Noot vert., cf. WU.*

van het intellect". De belangrijkste regel in deze strijd is het intellect niet over te leveren aan hartstochtelijke beelden en gedachten.

De levende aanwezigheid van God doet de "hemden van dierenhuiden"[54] gaandeweg verdwijnen en begenadigt de monnik met de wedergeboorte in het "onwankelbaar Koninkrijk"[55] van de hypostatische geesten "die tot volmaaktheid gekomen zijn".[56] Het verdelgt de schijnzekerheid van de vleselijke verwantschap en maakt in zijn hypostase een einde aan de dood. Door te verblijven in Gods aanwezigheid wordt de monnik doordrongen van het eeuwige leven, en zo wordt hij een "tempel"[57] van de Godheid.

Vrijheid van bezit

De derde voorwaarde voor het monastieke leven is de vrijheid van bezit. Dit is het natuurlijke gevolg en de voleinding van de gehoorzaamheid en de maagdelijkheid. De vervulling van deze drie voorwaarden heeft tot doel de verwerving van het reine gebed, en de volmaakte gelijkenis met Christus, de Zoon van God.[58]

Christus verloochende elke materiële steun op aarde. Hij had "niet waar Hij Zijn hoofd [zou] neerleggen".[59] Hij onderrichtte in werken en woorden "eerst het Koninkrijk der Hemelen"[60] te zoeken, en "niet bezorgd" te zijn "over de dag van morgen".[61] Hij wees ons erop, dat waar ons hart is, aldaar is ook onze schat.[62]

De vrijheid van bezit put zijn kracht uit de gehoorzaamheid. Door de gehoorzaamheid te beoefenen wordt de monnik erin opgevoed zowel de ziel als het lichaam gering te schatten, en al wat hem in dit leven dierbaar is – om God welgevallig te zijn. Op deze wijze wordt de geest zelfs bevrijd van het verlangen naar materiële

---

[54] Gen.3:21.
[55] Heb.12:28.
[56] Cf. Heb.12:23.
[57] Zie 1Kor.3:16; 6:19.
[58] Cf. «ΑΣΚΗΣΙΣ ΚΑΙ ΘΕΩΡΙΑ» (Over de ascese en het schouwen), GK p.69-70, "Principles of Orthodox Asceticism", EN p.282.
[59] Mt.8:20, Lk.9:58.
[60] Mt.6:33.
[61] Mt.6:34.
[62] Cf. Mt.6:21. [De schijnbare omkering in deze parafrase van de Evangelietekst, in het Griekse origineel van deze uiteenzetting, benadrukt dat het erom gaat ons hart te richten op datgene, waarin wij onze schat hopen te vinden. *Noot vert.*]

bezittingen. In de geest verwerft hij de vrijheid van bezit,[63] dat is: enkel het Koninkrijk Gods te zoeken, en vrij van zorgen te zijn over elke "voorzorg voor het vlees".[64] Aldus wordt hij genezen van de vervreemding die teweeg gebracht wordt door de hebzucht, en hij overwint de verzoeking van de schijnzekerheid van het bezit. Hij wordt "rijk in God",[65] en bewaart zijn ziel "tot eeuwig leven".[66] Hij wordt iemand, die "niets hebbende, en toch alles bezittende" is.[67]

Het monnikschap biedt de mens dus de gelegenheid Christus na te volgen in de nederigheid, in de tocht ter kruisiging, zonder te worden vernietigd. Hoe dieper hij voortgaat naar beneden, door de beoefening van de gehoorzaamheid en de berouwvolle bekering, des te hoger stijgt hij op, door de genade van Christus, Die ons deze weg heeft getoond.

Al de leerlingen van Christus, die geleid worden door de Heilige Geest, gaan voort naar beneden, naar de top van de omgekeerde piramide, om met Hem te worden verenigd.[68] Juist in deze tocht naar beneden en de eenwording met Christus ligt het doel van de monastieke leefwijze. De monnik onderwerpt zichzelf aan "alle menselijke ordening, omwille van de Heer"[69] en, verenigd met het Hoofd van de omgekeerde piramide, ontvangt hij als gave de staat van Christus Zelf. Dat wil zeggen, hij neemt de gehele mensheid in zich op, en bidt voor haar. Deze genadegave van de uitbreiding van de mens tot de oneindigheid, is de kampprijs van de monastieke roeping voor al degenen die deze roeping met wettige exactheid vervullen. Dit maakt de mens tot een waarachtige hypostase, gelijk aan de hypostase van Christus, de Nieuwe Adam.

Deze weg kan in het begin zelfzuchtig lijken. En in zekere zin wordt dit bewaarheid, want om te beginnen heeft de mens nood aan genezing. Daarenboven erkent hij, dat Christus geen "dienstknecht

---

[63] Cf. «ΑΣΚΗΣΙΣ ΚΑΙ ΘΕΩΡΙΑ» (Over de ascese en het schouwen), GK p.47-48,70 "Principles of Orthodox Asceticism", EN p.271, 283.
[64] Rom.13:14.
[65] Lk.12:21.
[66] Joh.12:25.
[67] Cf. 2Kor.6:10.
[68] Cf. "Saint Silouan", GK p.312-314, EN p.237-239, NL p.256-258.
[69] 1Petr.2:13.

der zonde" kan worden.[70] Wanneer hij echter op wettige wijze strijdt, en God ervan overtuigt dat hij geen "hond" is,[71] dan aanvaardt God hem als Zijn zoon, en vertrouwt hem al Zijn heilige gaven toe, dat is, al de rijkdom van Zijn eeuwig leven. Christus verwaardigt Zich tot hem af te dalen, om door deze mens Dienaar te zijn van de wereld, in het werk des heils. Dit is de meest kostbare dienst die de monnik aan de wereld te bieden heeft.

De monnik bezit geen specifiek liturgisch priesterschap. Doch door zijn nederig leven in bekering wordt hij tot priester van zijn eigen heil, en door zijn gebed voor de wereld wordt hij deelgenoot aan het "koninklijk priesterschap" van Christus, Die de gehele Adam behoudt.[72]

De vervreemdingen of schijnzekerheden, veroorzaakt door de Val van Adam, werden tot wetten die de relaties tussen de mensen bepalen. Zij worden erkend op het vlak van de moraal, en in de ogen der mensen zelfs als waardevol beschouwd. Toch is duidelijk, dat zij getuigen van niets anders dan van de liefde voor deze wereld en voor het vlees. De Schrift echter zegt, dat deze liefde "vijandschap" met God is,[73] en haar overleggingen zijn een "gruwel" voor Zijn aanschijn.[74] Zo wordt dus begrijpelijk waarom de grondvesten der aarde worden geschokt, wanneer iemand neigt tot het monnikschap. Hij komt in botsing met wetten, gesteldheden en ideologieën van kosmische dimensies. Wanneer hij echter, met Gods genade, de sprong van het geloof maakt en de Heer volgt op de weg van het monnikschap, dan overwint ook hij de wereld, evenals Christus. Dan wordt hij 'supra-kosmisch' door de onuitsprekelijke genadegaven van de Heilige Geest, die het vreugdevol getuigenis brengen van de verwezenlijking van zijn onsterfelijke hypostase in de boezem van de Vader, en van de Zoon, en van de Heilige Geest.

---

[70] Gal.2:17. [D.w.z. om Christus te kunnen volgen en mét Hem zijn, dient de mens te verzaken aan al wat in zijn oude, 'gevallen' levensvorm tot zonde leidt. Doch in deze verzaking zoekt hij uiteindelijk niet zichzelf, maar de eenheid met God – hetgeen dan eveneens ten goede komt aan heel de wereld. *Noot vert., cf. WU.*]
[71] Zie Mt.7:6 – "Geeft niet het heilige aan de honden".
[72] 1Petr.2:9.
[73] Rom.8:7; Jak.4:4.
[74] Cf. Lk.16:15.

5c) [1]*Het geestelijk vaderschap*
als dienst der verzoening van de mens met God

In de ascetische theorie en praktijk van oudvader Sophrony is het geestelijk vaderschap verbonden met het mysterie van het woord van God, dat in het hart van de mens ontvangen wordt door het gebed.[2] De profeet Jesaja zegt, dat wanneer een woord "uitgaat uit de mond" van God, het geen rust heeft en niet terugkeert, tenzij het eerst zijn werk heeft volbracht.[3] Hij zegt tevens, dat het een "vurige kool" is, die al degenen die het aanraakt reinigt en heiligt.[4] Dit profetische werk van Gods woord is de dienst van de geestelijke vaders van Christus' Kerk. En de geestelijke vaders zijn diegenen die, in de vreze Gods, "onwankelbaar verblijven in de vóóreeuwige stroom van de Wil" van God,[5] en waardig worden de "zachtmoedige stem" te horen van Christus, en daaraan te gehoorzamen met nederigheid en de gave van onderscheid, waarbij zij hun eigen psychologische geneigdheid overstijgen, zelfs wanneer deze daaraan tegengesteld is. Zij worden tot dragers van Gods woord, zij dragen dit over "tot nuttige opbouw" van het volk, en de genade ervan doordringt de harten "van hen die het horen".[6] Dit levende woord bewerkt de wedergeboorte van de gelovigen.

In het Oude Testament werd Christus reeds vooraf verkondigd als de "Vader der toekomstige eeuwigheid".[7] Door Zijn onuitsprekelijke geboorte in ons "geslacht"[8] kwam Hij, en sprak tot ons de scheppende en levenschenkende "woorden" van Zijn Vader.[9]

---

[1] Cf. 2Kor.5:18. [Hoofdstuk 5c werd gebruikt als basis voor een voordracht, die werd opgenomen in het boek "Weest ook gij uitgebreid", inclusief aanvullende opmerkingen. Enkele daarvan zijn hier opgenomen in de noten (aangeduid: *Cf. WU*), doch voor de volledige tekst met bijgaande "Vragen & Antwoorden" zie Hfst.7 van het genoemde boek. *Noot vert.*]
[2] Cf. "On Prayer", GK p.212, EN p.89.
[3] Cf. Jes.55:11.
[4] Cf. Jes.6:6-7 (LXX)
[5] Cf. "Een gebed tot God van de hegoumen en de geestelijke vader", gepubliceerd in de Griekse uitgave van "On Prayer", GK p.252-253. [*Voor een Nederlandse vertaling van dit gebed, zie Appendix.*]
[6] Cf. Ef.4:29.
[7] Jes.9:5/6 (LXX; zie Grote Completen, verzen bij "Met ons is God")
[8] Jes.53:8 (LXX)
[9] Cf. Joh.6:63, "De woorden die Ik tot u spreek, zij zijn geest en zij zijn leven".

Het geestelijk vaderschap 167

En daarenboven werd Hij "als een schaap ter slachting geleid",[10] en met Zijn bloed verwierf Hij Zich een nieuw "volk ten eigendom".[11] De ontzagwekkende heilseconomie van Zijn nederige nederdaling, tot de "nederste delen" van heel de schepping, en Zijn opgang "tot boven al de hemelen",[12] vervulde "alle dingen" met de vergoddelijkende energie van Zijn aanwezigheid. Niets in de geschapen wereld bleef "onzichtbaar" voor Zijn ogen.[13] Met Zijn levend woord zaaide Hij een "onvergankelijk zaad",[14] en door de genade van Zijn Geest schonk Hij de mensen de "gave der aanneming (tot zonen)"[15] – dat wil zeggen, Hij verwekte de Kerk en maakte de gelovigen tot kinderen van Zijn opstanding,[16] en "als het ware eerstelingen van Zijn schepselen".[17] De volheid van Zijn weg en van Zijn heilswerk stelde Christus tot stamvader en vader van het nieuwe volk, dat Hem "verwacht"[18] als "Heiland van alle mensen, inzonderheid voor de gelovigen".[19]

Om het onrecht van de ongelijkheid te corrigeren, dat na de Val in het menselijk leven binnendrong, heeft Christus de piramide van het kosmische 'zijn' omgekeerd, en Zichzelf als 'hoofd' van deze 'omgekeerde piramide' onderaan geplaatst. Hij heeft de zonde en de "zwakheden" van de gehele wereld gedragen, en de waarachtige rechtvaardigheid hersteld als onvervreemdbare aanspraak van de geest en het geweten der mensen.[20] Hij heeft aan allen gelijke eer gegeven, dezelfde geboden en Zijn éne voorbeeld, en aan niemand weigert Hij "de opgang tot de uiterste grenzen" der volmaaktheid.[21]

Zoals wij hierboven hebben vermeld, ligt de grote waarde van het monnikschap in de nederige weg die het volgt: de weg "naar

---

[10] LXX Jes.53:7; Hand.8:32.
[11] Tit.2:14.
[12] Cf. Ef.4:10.
[13] Cf. Hebr.4:13.
[14] Cf. 1Petr.1:23.
[15] Gal.4:5.
[16] Cf. Lk.20:36.
[17] Jak.1:18.
[18] Cf. Fil.3:20.
[19] 1Tim.4:10.
[20] Cf. "Saint Silouan", GK p.312-315, EN p.237-239, NL p.256-258.
[21] "On Prayer", GK p.224, EN p.98.

beneden", naar de top van de omgekeerde piramide. Naar de mate waarin de monnik in zijn nederdaling Christus nabij komt, zal hij ook deelgenoot worden aan het geestelijk vaderschap van Christus.[22]

Het monnikschap is bij uitstek de genadegave van de nederigheid, die gecultiveerd wordt door de ascese der gehoorzaamheid. De gehoorzaamheid is voornamelijk gericht op het hart van de mens, en heeft de eigenschap het "diepe hart" te openbaren, het begin en het centrum van diens hypostase.[23] Dit is de "plaats" waar het "onvergankelijk zaad"[24] van Gods woord wordt gezaaid, en waar de "leertijd" in de geboden van Christus vrucht draagt. Zoals de Oudvader bevestigt, is het "eigen" aan God "een welbehagen te hebben in allen die "verbroken van hart"[25] zijn". Dit welbehagen brengt op hen de kennis over van de mysteriën van het Koninkrijk der hemelen.[26] Deze kennis is onontbeerlijk voor de geestelijke vader, om helder te kunnen onderscheiden tussen de geschapen dingen en de ongeschapen gaven van God, zodat hij, onder het licht daarvan, elk verschijnsel in het leven kan evalueren met begrip en precisie, om het te herleiden tot het geestelijke vlak. Het is bovendien zeer nuttig, wanneer deze kennis zo volledig mogelijk is, en heel de ladder bestrijkt van de geestelijke gesteldheden, waarover hij het waagt anderen te onderrichten.[27]

De Oudvader verwoordt zijn inspiratie en verwondering over de dienst van de geestelijke vader, zeggende dat deze dienst "vreeswekkend" is, "maar ook boeiend; pijnlijk, maar ook inspirerend".[28] Het is een genadegave en een roeping, met de onvergelijkelijke eer ten dienste te staan aan de meest hoogstaande schepping: want daarbij wordt de geestelijke vader "medewerker van God in het

---

[22] Dit geldt overigens niet alleen voor monniken, maar ook voor iedere priester en voor iedere Christen – al worden slechts sommigen ertoe geroepen dit vaderschap ook uit te oefenen in de vorm van een kerkelijk 'ambt'. *Noot vert, cf. WU.*
[23] Cf. "We Shall See Him", GK p.268, 272, EN p.173-174, 176-177.
[24] 1Petr.1:23.
[25] Cf. LXX Ps.50:19 (51:17); "We Shall See Him", GK p.275, EN p.178.
[26] Cf. Mt.13:11.
[27] Cf. "On Prayer", GK p.211, EN p.89.
[28] Ibid., GK p.210, EN p.88.

scheppen van onsterfelijke goden",[29] en leidt hen binnen in "de eeuwigheid in het Ongeschapen Licht".[30]

Het hart van de geestelijke vader is fijngevoelig geworden door de berouwvolle bekering en zijn voortdurend staan voor Gods aanschijn. Zijn intellect beweegt zich tegelijkertijd naar de diepte, en de hoogte, en de breedte van de weg des Heren. Voor zijn geest opent zich "een wereld van onbeschrijfelijke grootsheid: zowel de duistere diepten van de hel, als de lichtdragende sferen der hemelen".[31] De kennis van deze weg verleent zijn leven stabiliteit en diepe vrede. Om echter in staat te zijn "het ritme" aan te voelen "van de innerlijke wereld van allen" die tot hem komen,[32] is het hem nuttig onophoudelijk zijn toevlucht te nemen tot God, met pijn in zijn hart: om vol vuur te verzoeken om inzicht in de goddelijke wil, en een passend woord om dit uit te drukken en over te dragen, tot nut en inspiratie van zijn broeders. Zelfs tijdens het gesprek met de mensen houdt hij het "gehoor" van zijn intellect geneigd tot zijn hart, om "de goddelijke wenk"[33] te kunnen aangrijpen, de eerste gedachte die daar geboren wordt.

De profetische houding van de geestelijke vader – dat is, door het gebed der bekering vast te houden aan de weg van Gods wil, en deze aan zijn broeders bekend te maken – komt voor vele moeilijkheden te staan. Het woord dat tot ons komt door het gebed, is vanuit den hoge gegeven. Het openbaart "de eeuwige sferen van de beginloze Geest",[34] die in wezen onbeschrijfelijk zijn. Het is beladen met de genade van de Heilige Geest, maar het wordt gericht tot "psychologische" mensen, die "de dingen van de Geest Gods" verwerpen, en deze beschouwen als "dwaasheid".[35] Opdat het woord Gods zal resulteren in de vernieuwing van de mens, en hem niet

---

[29] Notitie bij "Een gebed tot God van de hegoumen en de geestelijke vader", in de Griekse uitgave van "On Prayer", GK p.253.
[30] "On Prayer", GK p.211, EN p.88.
[31] "We Shall See Him", GK p.121, EN p.78-79. [Aldus Grieks; het Engels is iets uitgebreider, en benadrukt hoe deze visie geworteld is in het gebed. *Cf. CWL.*]
[32] "On Prayer", GK p.210, EN p.88.
[33] Ibid., GK p.212, EN p.90.
[34] Ibid., GK p.217, EN p.93.
[35] 1Kor.2:14.

"vermorzelt",[36] dient de ontvanger van dit woord bereid te zijn tot offers. Dit woord is een gave van Gods liefde en een roeping om die te verwerven. Doch deze liefde verwekt in de mens "een heel scala aan uiteenlopende martelingen van de geest".[37] Deze geestelijke "martelingen" zijn metafysisch en de dimensie ervan strekt zich uit tot de eeuwigheid. Het is hierom, dat wanneer de geestelijke vader vaststelt dat de leerling leeft op het psychologische vlak, en niet de vastberadenheid en de zelfverloochening heeft voor de geestelijke strijd, hij niet door het gebed zal verzoeken om een rechtstreeks woord van God, maar toegeeflijk is en zich uitdrukt op grond van zijn menselijke ervaring. Aldus betoont hij medelijden met de mens, en vermijdt, dat hij hem zou leiden tot de ernstige zonde te strijden tegen God.[38]

Doch zelfs wanneer Christenen vertrouwen tonen in hun geestelijke vader, en hem als "een profeet [ontvangen] in de naam van een profeet",[39] is de dienst van de geestelijke vader geenszins eenvoudig. Hij kan zich niet verlaten op voorgaande successen of vergaarde kennis. Hij heeft nood aan de onmiddellijke en directe leiding van de Heilige Geest, voor elke mens en in elk afzonderlijk geval. De geestelijke vader is vooral de "rentmeester" van Gods woord. Doch dit woord dat vanuit den hoge gegeven wordt, is niet "naar de mens".[40] Het gaat zijn maat te boven, en daarom lijkt het "hard".[41] Het openbaart het 'gebied' van het eeuwige Licht, doch tegelijkertijd verleent het ook de volmaakte zelfkennis. Dit woord brengt de profetische "aardbeving"[42] teweeg, en veroorzaakt een evangelische "tweedracht" in de mens[43] door "het zwaard des Geestes".[44] Het verbreekt zijn hart door de ondraaglijke schaamte over zijn armoede, maar het inspireert de mens ook om voortaan

---

[36] Mt.21:44.
[37] "We Shall See Him", GK p.138, EN p.88.
[38] Cf. "On Prayer", GK p.213, EN p.90.
[39] Mt.10:41.
[40] Gal.1:11.
[41] Cf. Joh.6:60.
[42] Cf. 1Kon.19:11 (LXX 3Kon.).
[43] Zie Mt.10:35.
[44] Ef.6:17.

"alles in ons dat weerstaat aan Christus' woord"[45] te beleven als de aanwezigheid in ons van de dood. Als hij de consequenties en het lijden van deze strijd vastberaden verduurt, en gereinigd wordt van de vergankelijkheid van de "oude mens", dan – zonder dat men dit kan "waarnemen"[46] – groeit in hem de aanwezigheid Gods,[47] als de "stem van een stille bries".[48] Deze bries is de nederige liefde van Christus, die de gevallenen verlost en het Koninkrijk van de Hemelse Vader voor hen opent.

De geestelijke vader streeft ernaar het woord van God te brengen aan al degenen die zich tot hem richten. Dit woord is het zaad van het eeuwige leven. Wanneer het ontvangen wordt, doorsnijdt dit het hart als een zwaard (zoals hierboven werd aangetekend) en geeft het geen rust, totdat het heel de mens wedergeboren doet worden, en hem geschikt maakt voor het hemels Koninkrijk. Deze tweespalt en de spanning die bewerkt wordt door het woord Gods, dienen door de geestelijke vader op geen enkele manier te worden gekalmeerd of verminderd. Veeleer het tegendeel; volgens het ascetische begrip van de Oudvader is het nuttig deze te intensiveren tot de hoogst mogelijke graad, en de leerling te leiden tot "de voorportalen des doods",[49] zodat de "oude mens" van de vergankelijkheid en de zonde gedood wordt. Deze vreeswekkende en riskante handelswijze wordt door de geestelijke vader ten uitvoer gebracht naar de mate van zijn onderscheidingsvermogen, zijn ervaring, en de kracht van het gebed dat hij voor zijn leerlingen opdraagt.

Bij dit werk gebruikt hij twee methoden: een positieve en een negatieve. Overeenkomstig de negatieve methode, streeft de geestelijke vader ernaar de leerling met wijsheid en tact te bewaren voor de ijdele trots vanwege diens eventuele genadegaven. Want de trots versteent het diepe hart, "de plaats van het geestelijke gebed".[50] Hij duidt de ontoereikendheden en de negatieve elementen aan in de levenswijze van de leerling. Zo worden het intellect en het hart vernederd, terwijl het verlangen naar diepere geestelijke kennis wordt

---

[45] "On Prayer", GK p.217, EN p.93.
[46] Cf. Lk.17:20.
[47] Cf. "On Prayer", GK p.217, EN p.93.
[48] 1Kon.19:12 (LXX 3Kon.).
[49] Cf. "On Prayer", GK p.227, EN p.101.
[50] Ibid., GK p.19, EN p.11.

aangewakkerd.[51] Van betekenis hierbij is voorzeker de energie der genade, die de aanwijzingen van de geestelijke vader vergezelt, en niet de behendigheid of welsprekendheid van zijn woorden. Wil het een geestelijke genadegave overbrengen, dan dient het woord van de geestelijke vader voort te komen uit een brandend hart, dat het volk liefheeft, en vervuld van diep medelijden voor haar bidt.[52] Al de profeten hebben deze methode toegepast, in het bijzonder de heilige Johannes de Doper. Hij noemde zijn leerlingen "adderengebroed" en toch, zo verzekert de Evangelist, met dergelijke woorden "troostend vermanende, bracht hij aan het volk het Evangelie".[53] Dezelfde methode schuilt ook achter de woorden van de grote Paulus, wanneer hij zegt: "Wie anders is het, die mij verblijdt, dan degene die door mij bedroefd is?"[54] De "harde" woorden van de Heer Jezus en van alle geestelijke vaders, die "deelgenoten" worden aan Zijn dienst, hebben tot doel de verschansingen te vermorzelen die worden opgericht door de menselijke verwaandheid, en de gelovigen te brengen tot een nederige ontvankelijkheid om leerling te worden van de zachtmoedige en nederige Heer.

De positieve methode is nog moeilijker; deze reikt hoger, en is creatiever. Deze vooronderstelt dat de geestelijke vader niet alleen de praktijk, maar ook de theorie (de 'visie') kent van het ascetische leven.[55] Deze visie is de vrucht van de "grotere liefde" van Christus; en Zijn dienaar, die zich deze heeft eigen gemaakt, arbeidt nu om zijn leerlingen daarin in te wijden. De visie die wordt bewerkstelligt door deze liefde, heeft tot resultaat dat alles geschiedt tot heerlijkheid Gods en ten goede van de mens.[56]

---

[51] Cf, ibid., GK p.209-210, EN p.87.
[52] Cf. ibid., GK p.222, EN p.96.
[53] Lk.3:7,18. [Het Griekse werkwoord voor 'vermanen' betekent eveneens 'troosten', vandaar de uitdrukking 'troostend vermanen' – deze troost komt voort uit de genade die de vermaning vergezelt, zoals in de hieropvolgende woorden wordt toegelicht. (Deze uitdrukking wil overigens geenszins verwijzen naar het latere Nederlandse begrip van de zgn. 'troostende vermaning'.) *Noot vert.*]
[54] 2Kor.2:2.
[55] Het Griekse begrip *theoria* (θεωρία) betreft niet alleen de 'theorie' tegenover de praktijk, maar ook het 'schouwen'. Het begrip 'theorie' betreft in deze context dus niet zozeer de theoretische boekenkennis, maar veeleer de visie die de vrucht is van het geestelijk schouwen. *Noot vert.*
[56] Anders gezegd: Wanneer de leerling zich in leed, moeilijkheden of verdrukking

Wanneer de geestelijke vader, in zijn persoonlijke bekering, de nederdaling naar de top van de omgekeerde piramide verwezenlijkt heeft, wordt hij één met Christus en deelgenoot aan Diens staat. Christus Zelf, in de dagen van Zijn vlees, leefde gelijktijdig "de voor ons onbereikbare volheid, zowel van het lijden als van de triomf der overwinning; de dood, maar ook Zijn onvervreemdbare Goddelijke heerlijkheid".[57] Evenzo raakt nu ook de dienaar van Christus in staat zich te allen tijde "te verheugen met hen die zich verheugen, en te wenen met hen die wenen".[58] Christus nam de dood van de mens op Zich, en de dood werd verzwolgen door Zijn goddelijk leven.[59] Op overeenkomstige wijze neemt de geestelijke vader, bevestigd in de gemeenschap van de genade van Christus, de dood van zijn broeders op zich, en heft hen op tot het goddelijk leven, waaraan hijzelf "deelgenoot" is geworden.[60]

De geestelijke vader die de weg kent tot de top van de omgekeerde piramide, gaat daardoor over van de oude wereldbeschouwing, die werd uitgevonden door Lucifer "in het paroxisme van zijn hoogmoed",[61] tot de nieuwe benadering van het "omgekeerd perspectief" van het Evangelie. De Heer introduceerde de visie van dit perspectief door Zijn "voorbeeld"[62] en Zijn woord, dat de nederigen verheft,[63] en "wat hoog is" (onder de mensen) verafschuwt.[64] In deze (theologische) visie staat Christus in het centrum van heel het geschapen 'zijn', en Hij draagt heel de volheid van de Godheid. Zoals in het geval van het "omgekeerd perspectief" in de iconografie de afgebeelde persoon of gebeurtenis voortkomt uit het centrum, waar alles zich naartoe buigt, zo wordt in de bovenbeschreven visie Christus het punt, waar al de gedachten en de verlangens van de mens zich op richten. In het licht van deze visie is gemakkelijk te

---

bevindt, poogt de geestelijke vader hem te wijzen op de zegen die in deze omstandigheden verborgen ligt. *Cf. WU.*
[57] "On Prayer", GK p.226, EN p.100.
[58] Cf. Rom.12:15. Zie "On Prayer" GK p.226, EN p.100.
[59] Cf. "On Prayer", GK p.222, EN p.96. Zie 1Kor.15:54.
[60] Cf. 2Petr.1:4.
[61] "We Shall See Him", GK p.120, EN p.78.
[62] Cf. Joh.13:15.
[63] Cf. Lk.14:11; 18:14.
[64] Lk.16:15.

begrijpen, dat "de laatsten de eersten" zullen worden, "en de eersten de laatsten",[65] en dat "hij die (het leven) zijner ziel in deze wereld haat, [het zal] bewaren ten eeuwigen leven";[66] en ook, dat de lichamelijke dood de ziel niet raakt.[67]

In zijn dienst streeft de geestelijke vader ernaar deze visie van het "omgekeerd perspectief" over te dragen aan de gelovigen, de enige visie die toereikend is om hen te inspireren tot bekering, en het hart te vormen naar de Geest, Die ademt aan de top van de omgekeerde piramide. Dan gaan de gelovigen vastberaden voort 'naar omlaag', en Christus wordt het centrale ijkpunt van hun leven. Zoals in de Orthodoxe iconografie de schilder anoniem blijft, evenzo blijft de geestelijke vader anoniem,[68] terwijl hij alle goddelijke ijver betoont om de zielen te "verloven" en hen "als een zuivere maagd" voor Christus te doen staan.[69] Vrij van de hartstocht van de heerszucht, verheugt hij zich, evenals Johannes de Doper, Hem te zien "opwassen, doch zelf minder te worden".[70]

In wezen volbrengt de geestelijke vader een apostolisch werk. Hij volgt de apostel Paulus na, en verkondigt uitsluitend "Christus, en Dien gekruisigd",[71] zodat de mensen mogen weten dat Hij ook "Gods kracht en Gods wijsheid" is.[72] Geïnspireerd door de visie van de "gekruisigde" God – van Christus als het "onberispelijk en smetteloos Lam",[73] Dat heel het gewicht draagt van de omgekeerde piramide – geven ook de Christenen zelf er de voorkeur aan "veeleer onrecht te lijden".[74] Want "ten onrechte te lijden", "omwille van Christus",[75] is "genade bij God".[76] Door zijn leerlingen voortdurend de visie voor te houden van het omgekeerd perspectief van het Evangelie, doet de geestelijke vader in hen de genadegave van God

---

[65] Mt.20:16.
[66] Joh.12:25.
[67] Cf. Mt.10:28.
[68] D.w.z. hij mag nimmer de plaats van Christus innemen. *Cf. WU.*
[69] Cf. 2Kor.11:2.
[70] Cf. Joh.3:30.
[71] 1Kor.2:2, cf. 1Kor.1:23. Zie ook Gal.3:1.
[72] Cf. 1Kor.1:24.
[73] 1Petr.1:19.
[74] 1Kor.6:7.
[75] Fil.1:29.
[76] Cf. 1Petr.2:19-20; Fil.1:29.

ontvlammen, en brengt hen tot de zalige eerzucht om in hun lichaam "de merktekenen van Christus"[77] te dragen, en kwaad te verduren omwille van Hem, Die "ons eerst heeft liefgehad",[78] en Die "Zichzelf heeft overgeleverd omwille van [ons]".[79] Deze visie van de geestelijke vader kan zijn discipelen[80] leiden tot de volmaakte eerzucht[81] en inspiratie, en in overeenstemming daarmee wordt het enige doel van hun leven, dat Christus wordt "grootgemaakt", "hetzij door [hun] leven, hetzij door [hun] dood".[82]

Met andere woorden, in het perspectief van de omgekeerde piramide, zoals de Oudvader bevestigt, is de waarachtige overwinning, die onveranderlijk blijft in alle eeuwigheid, de overwinning die behaald werd door de "striem"[83] van de Goede Herder.[84] Al degenen die volgen in Zijn voetsporen, en in hun lijden trouw blijven aan Zijn liefde, worden deelgenoten en erfgenamen van deze overwinning. Op hen rust "de Geest der heerlijkheid en der kracht, de Geest Gods",[85] en zij dragen onverwelkelijke vrucht.[86]

Het leven van de geestelijke vader, die verblijft in de aanhoudende weeklacht der bekering, is rijk aan wisselingen van vreugde en pijn. Christus "omvatte in één enkele daad zowel de hemel, als de aarde, als het onderaardse";[87] en door de herhaalde cyclus van opgangen en nederdalingen, draagt ook Zijn dienaar bestendig en

---

[77] Gal.6:17.
[78] 1Joh.4:19.
[79] Cf. Gal.2:20.
[80] D.w.z. degenen die zich onder zijn leiding hebben gesteld en die leven in ondergeschiktheid aan zijn leefregel, zowel als in gehoorzaamheid aan zijn woord. Het Griekse woord hier (*hypotaktikós*/ ὑποτακτικός) wijst in letterlijke zin op genoemde 'ondergeschiktheid', en heeft m.n. betrekking op de monastieke context, waar dit in principe voortkomt uit een geest van geloof en liefde tot God. Te onderscheiden van het begrip 'leerling' (*mathêtês*/μαθητής), dat specifiek betrekking heeft op het aspect van onderricht. *Noot vert.*
[81] M.b.t. deze 'eerzucht' (Grieks: *'philotimia'*), zie hfst.5a, noot 26. (Zie evt. ook "Weest ook gij uitgebreid", hfst.2, noot 34).
[82] Cf. Fil.1:20.
[83] Cf. Jes.53:5
[84] Cf. "On Prayer", GK p.243, EN p.112.
[85] 1Petr.4:14.
[86] Cf. "On Prayer", GK p.243, EN p.112.
[87] "We Shall See Him", GK p.95, EN p.60-61.

onafgebroken in zijn hart "zowel het Koninkrijk als de Hades".[88] Zijn waarneming wordt fijngevoeliger, en zijn hart wordt, zoals de Oudvader gewoon was te zeggen, "als een radar, die in één keer de gehele aarde meet". Hij zag dit zelfs als "een teken, genaderd te zijn tot de gelijkenis van Christus".[89]

De geestelijke vader die zich bevindt in de 'staat' van Christus, wordt voor de gelovigen bij elk contact een opening naar het eeuwige leven. Zoals de almachtige Heer menselijke "woorden" sprak,[90] maar daarmee de eeuwigheid van Zijn Absolute "Zijn" openbaarde, zo uit ook Zijn liturg gewone woorden, maar wat hij overdraagt is genade, en zo wordt hij de oorzaak van de wedergeboorte van zijn broeders.

Hij kent de weg des Heren, en is niet onwetend aangaande de uiteenlopende verzoekingen die men op deze weg ontmoet, alvorens de goddelijke liefde te verwerven; en daardoor wordt de geestelijke vader een bron van inspiratie voor zijn leerlingen. In het bezit van deze volledige geestelijke visie, sterkt en bemoedigt hij de gelovigen om deelgenoot te worden aan het lijden van Christus, en aldus op existentiële wijze de hoogte te kennen van "het Goddelijk plan voor ons".[91] Door zijn woord, zijn gebed en zijn voorbeeld streeft hij ernaar elke mens binnen te leiden in het 'gebied' van de vrede van Christus.[92] Met geduld en liefde zorgt hij voor al degenen die de voorzienigheid des Allerhoogsten hem heeft toevertrouwd, zodat in hen het beeld (de 'icoon') van Christus, dat door de Val verduisterd werd, moge worden gevormd en hersteld. Hij draagt hun zwakheden, en vereenzelvigt zich met hun leven. Zelf "door zwakheden omvangen",[93] offert hij berouwvolle bekering voor zichzelf en voor de anderen. In deze bekering wordt hij gelijk Christus, Die de zonde van de gehele wereld op Zich nam. In de tegenwoordige wereld, die een afkeer heeft van de nederige Geest van Christus, is deze dienst zwaar om te dragen, en bereikt nimmer de verlangde voleinding. Daarom ook zegt de Oudvader, dat zonder

---

[88] "On Prayer", GK p.225, EN p.99-100.
[89] Ibid.
[90] Cf. ibid., GK p.242, EN p.111.
[91] Cf. ibid., GK p.227, EN p.100.
[92] Cf. ibid., GK p.239, EN p.109.
[93] Cf. Hebr.5:2.

het voortdurende en intense gebed vanuit het hart, om God te verzoeken om een woord en Zijn zegen, deze dienst ijdel is, en verwordt tot een "half-blinde" wereldse bezigheid.[94]

Doordat hij in zichzelf de zaligheid draagt, die ontspringt aan de kennis van de weg van Christus, wordt de geestelijke vader tot instrument om het leven der mensen uit de hel, die zij hebben gecreëerd door hun tegenstrijdige hartstochten,[95] omhoog te leiden tot het werkelijke Christelijke leven en de geestelijke vrijheid. Hij wordt vermorzeld door de dood, die hen verwond heeft. Bovendien verduurt hij ook nog verdrukkingen, die voortkomen uit de geestelijke "kleurenblindheid",[96] veroorzaakt door de hartstochten en door menselijke vervormingen. Hem beheerst slechts één gedachte: Hoe de mens genezen kan worden.[97] Hij poogt de oorzaak en de intensiteit van de hartstochten vast te stellen, en de maat van geestelijke afsterving die voortkomt uit het niet-kennen van God – zodat, door de hoop op Hem, het lijden en de omstandigheden van het leven overschaduwd worden door de goddelijke genade, en aldus op de tweede plaats komen.[98] In het hart van de geestelijke vader worden de verdrukkingen van heel de wereld opeengehoopt, en dit verwekt een vurig gebed onder tranen, waarin de beden van elke zwakke en pijn-lijdende mens voor God worden gebracht. Wanneer hij gewaarwordt, wederom in zijn hart, dat de verdrukking verandert in innerlijke rust en vreugde, dan aanvaardt hij dit als een bevestigend teken, dat zijn gebed de oren van de Heer Sabaoth heeft bereikt, en een weldadige uitwerking zal hebben.[99] De geestelijke vader offert deze gewijde bediening voor de "kleinen" en de ongelukkigen onder de mensen, in volstrekte onzelfzuchtigheid. Hij intrigeert niet tegen hun vrijheid, maar ziet uitsluitend op de toekomstige vergelding.[100]

De geestelijke vader is het beeld van de "Goede Herder", die

---

[94] Cf. "On Prayer", GK p.238-240, EN p.108-109.
[95] Cf. ibid., GK p.213, EN p.90.
[96] Zie ibid., GK p.214, EN p.91.
[97] Cf. ibid., GK p.219, EN p.95.
[98] Zie ibid., GK p.219, EN p.94-95.
[99] Zie ibid., GK p.220-221, EN p.95.
[100] Cf. ibid., GK p.243, EN p.112.

"grotere liefde" heeft, en "zijn leven neerlegt voor zijn schapen".[101] Doch om deze liefde te verwerven, en zijn werk op Godwelgevallige wijze te volbrengen, dient de geestelijke vader de vurige oven van de vreze Gods te ondergaan, en de weg der bekering "tot de verbreking van zijn beenderen".[102] Alleen dan neemt de goddelijke liefde woning in zijn ziel, en daarmee verblijft in hem ook de goddelijke vreze van de volmaakten. Deze liefde is de kostbare "parel", van onschatbare en onvergelijkelijke waarde. De mens beeft, bij de mogelijkheid dat hij deze schat misschien zou verliezen.[103] Deze vreze waakt over de liefde, en de liefde vermeerdert zich tot zijn volheid. Wanneer de grote liefde van Christus zijn hart bezoekt en zijn intellect verlicht, wordt de geest van de mens uitgebreid en "omarmt heel de schepping in groot medelijden".[104] Deze gebeurtenis getuigt op onbetwijfelbare wijze van de éénwording van de mens met de God der liefde.

Het gebed der bekering, vergezeld van de zelfhaat, ontrukt de geest van de mens aan al het geschapene, en brengt het over "tot de lichtdragende oneindigheid, tot een onbeschrijfelijke afgrond", waar "alles verandert in de liefde Gods".[105] De ziel zou het liefst in dit feest van goddelijke liefde blijven. Doch de liefde van Christus is onverbrekelijk verbonden met de liefde voor de medemens. Bovendien was de liefde voor de mens de reden voor de zelfontlediging van de Zoon van God. Daarom is nu ook de geestelijke vader genoodzaakt, te verblijven in een matige (niet al te intensieve) staat van genade, om te kunnen functioneren in de omstandigheden van deze wereld, en om in zijn hart de moeilijkheden en het lijden van zijn broeders te kunnen opnemen.[106] Hij verdraagt geduldig deze "apostolische zelfontlediging", die door de apostel Paulus beschreven wordt; hij wordt "ten koste gelegd omwille van de zielen"[107] der Christenen. Hij bevindt zich voortdurend in de strijd en de tweespalt tussen het

---

[101] Cf. Joh.10:11; 15:13.
[102] "On Prayer", GK p.230.
[103] "On Prayer", GK p.230-231, EN p.102-103.
[104] Ibid., GK p.231, EN p.103.
[105] Ibid.
[106] Ibid., GK p.232-233, EN p.104.
[107] Cf. 2Kor.12:15.

verlangen zichzelf over te geven aan de liefde Gods, en de noodzaak mee te werken tot nut en vooruitgang van het volk.

De geestelijke vader weet beter dan allen, dat er niets kostbaarders bestaat in de wereld dan de kennis van de waarachtige God, die verworven wordt door de bekering en de 'school' van de gewijde stilte (van het gebed). Doch hij kan evenmin dit gebod van Christus ontkennen: "Gaat, en maakt al de natiën tot Mijn leerlingen...".[108] Hij is er absoluut van overtuigd, dat slechts "één ding nodig [is]",[109] maar uit liefde voor het volk houdt hij niet op zijn ziel te verontrusten, opdat misschien "al is het maar één ziel, zou worden behouden".[110] Deze beide kanten van het leven zijn onontbeerlijk, opdat de heilseconomie van God wordt vervuld: Enerzijds dat de schat der kennis van het mysterie der goddelijke liefde bewaard zal blijven, en anderzijds dat deze zou worden overgeleverd aan "gelovige mensen, die in staat zullen zijn ook anderen te onderrichten".[111]

In het geval van het monnikschap, zoals wij hierboven hebben aangetekend, en in het bijzonder door de ascese der gehoorzaamheid, leert de monnik gaandeweg in zichzelf het leven te dragen van zijn broeders, en tenslotte het leven van de gehele wereld. Op vergelijkbare wijze wordt ook de geestelijke vader, in het vervullen van zijn dienst, binnengeleid in de hypostatische vorm van bestaan. Hij houdt op enkel voor zichzelf te leven; hij bidt voor alle mensen en bekommert zich om hen, en zijn gebed bestrijkt alle mogelijke gesteldheden van het leven, positieve en negatieve. Hij omhelst de tragedie van de wereld, en "wordt aldus bevangen door de adem van de dood, die het menselijk geslacht verwond heeft".[112] In zijn worsteling om de zwakken te bevrijden van hun hartstochten, wordt hijzelf daardoor aangevallen, en hij beleeft deze als zijn eigen hartstochten – vaak zelfs zonder dat hij deze tevoren gekend had. Hij leeft in bekering omwille van zichzelf en vanwege de zonden van allen die God hem heeft toevertrouwd. Zijn gebed vermeerdert zich, en neemt

---

[108] Mt.28:19.
[109] Cf. Lk.10:42.
[110] "Saint Silouan", GK p.434, EN p.341, NL p.363.
[111] Cf. "We Shall See Him", GK p.345, EN p.219 en 2Tim.2:2.
[112] "On Prayer", GK p.240, EN p.109.

kosmische dimensies aan. Zijn bekering gelijkt op het offer, dat Christus opdroeg voor de zonden van de gehele wereld.[113]

De hypostatische bekering en het hypostatische gebed van de geestelijke vader komen te staan tegenover heel het drama van de menselijke zonde: Hoe deze begon in het paradijs, wat de gevolgen daarvan waren, en hoe deze werd uitgewist door de genade der bekering, die door Christus geschonken werd na Zijn Opstanding. Het begon, zegt de Oudvader, met de kleinmoedigheid van Eva en de onbeschaamdheid van Adam. Het werd vervolgens nog erger gemaakt door de broedermoord, die de universele natuur van het mensdom verscheurde.[114] Doch tenslotte werd dit alles overwonnen door de "striemen" van de Herder.[115]

Bij het uiteenvallen van de menselijke natuur door de zonde, hielden de mensen op in andere mensen zichzelf te zien, en zij onderscheidden niet meer hun eenheid "in het gemeenschappelijke leven".[116] In zijn gebed voor de mensen ontvangt de geestelijke vader een gewaarwording en 'informatie' in zijn hart, over de psychische of geestelijke staat van diegenen, voor wie hij bidt tot God. Hij beleeft de geestelijke vreugde van de "weinigen", en de woestenij in de zielen van de "velen".[117] Door de smartelijke ervaring van de innerlijke gesteldheden en de ellende van de mensen die hij dient, wordt hij uitgebreid en omvat heel de mensheid van alle eeuwen. Ten tijde van zijn bekering wordt hij deelgenoot aan de staat van Christus, waarbij hij zich tegelijkertijd ook bewust wordt van de oorspronkelijke en inspirerende idee van de Schepper aangaande de mens. Vervolgens echter, gedurende zijn dienst, wordt hem de ontstellende tegenstelling (tussen Gods plan en de Val) geopenbaard, zowel als het drama van de gevallen mens met zijn hartstochten – en dit gaat zijn kracht en zijn weerstand te boven. Hij wordt gepijnigd door een hachelijk dilemma: ófwel, dit tragische schouwspel op psychologische wijze aan te zien en met zijn natuurlijke

---

[113] Cf. ibid., GK p.239-240, EN p.109-110.
[114] Het Grieks gebruikt hier het woord *'Panánthrôpos'* (Πανάνθρωπος), dat de fundamentele éénheid uitdrukt van heel het menselijk geslacht, het 'universele mensdom'; vgl. de uitdrukking van Archim. Sophrony 'de gehele Adam'. *Noot vert.*
[115] Cf. "On Prayer", GK p.241-243, EN p.109-112. Zie 1Petr.2:24.
[116] "On Prayer", GK p.242, EN p.111.
[117] Cf. Mt.7:13-14.

logica, zoals de genezers van deze wereld – om zo te overleven, zonder volstrekt te worden vermorzeld door de intensiteit van de universele pijn; ofwel, zoals de Oudvader het uitdrukt, "nog verder te gaan".[118] Doch dit "nog verder",[119] is onbereikbaar voor de mens, indien hij niet daaraan voorafgaand gesterkt is door het volmaakte geloof en de genade der bekering. Overeenkomstig diezelfde uitspraak betekent dit "nog verder", dat de geestelijke vader Christus volgt tot in de tuin van Gethsémane, en opgaat tot Golgotha, "opdat hij mét Hem, en door Zijn kracht, het drama van de wereld moge leven als zijn eigen drama";[120] of, zoals de Oudvader in vele andere gedeelten citeert, dat hij de "beker" van Christus drinkt,[121] zodat ook zijn eigen geestelijke dienst vereenzelvigd wordt met het verlossende werk van de Heer voor de verzoening van de wereld met God.

Bijgevolg doorbreekt de geestelijke vader in het verrichten van zijn dienst de gesloten cirkel van zijn "individualiteit" – hij wordt uitgebreid, en draagt in zichzelf het leven van heel het geslacht der mensen, en heel de geschiedenis van 's mensen relatie met God. Zoals de Oudvader aantekent, "gaat hij uit in de wijdse uitgestrektheid van de 'hypostatische' vorm van 'zijn', hij wordt overwinnaar van de dood, en deelgenoot aan de goddelijke oneindigheid".[122]

Het geestelijk vaderschap, daar het een weg is tot de wondere hypostatische bestaansvorm, brengt een bovenmenselijke strijd met zich mee. Zonder de kracht Gods is de mens klein, en bij de opgang van Jezus tot Golgotha volgt hij "van verbazing ontsteld"

---

[118] "On Prayer", GK p.246, EN p.114.
[119] D.w.z. het op zich nemen van dit drama. *Cf. WU.*
[120] "On Prayer", GK p.246, EN p.114.
[121] Cf. "Saint Silouan", GK p.57,316, EN p.47,240, NL p.58,261 (de beker der liefde). Zie ook "We Shall See Him", GK p.48,63,206,290,367, EN p.31,41,200 (de beker van "de strijd tot een zo volledig mogelijke zelfontlediging"; de beker "van het lijden en de offers" voor de wil van God; de beker van de vrijwillige overlevering van Christus "om de verlossing voor allen"). Zie ook "On Prayer", GK p.41,61,103, EN p.28,41 (de beker van het bewaren der geboden; de beker van de vrijwillige ascese voor de vervulling van de bestemming van de mens; de beker "van het allerhoogste gebed").
[122] "On Prayer", GK p.248, EN p.116. [Deze geestelijke staat is het bezit van de Kerk. Per generatie worden misschien slechts enkelen in hun persoonlijk leven daadwerkelijk dragers van deze realiteit, doch door hen blijft deze genadegave bewaard als een kostbare schat in de boezem van de Kerk. *Cf. WU.*]

en "bevreesd". De dienst van de geestelijke vader wordt nog bemoeilijkt door de massale afvalligheid in onze dagen, die de Oudvader vereenzelvigt met "het uur en het gezag der duisternis".[123] Ook de lichamelijke constitutie van de geestelijke vader weerstaat aan zijn dienst; het lichaam raakt uitgeput, en gedreven door het instinct tot zelfbehoud, zou het zijn ogen willen sluiten voor het schouwspel van de pijn en de ontelbare rampen van de mensen, die "van gelijke hartstochten" zijn als hijzelf. Doch wie deelgenoot is geworden aan de Geest van Christus, kan niet ontkomen aan de ontmoeting met deze oceaan van menselijk leed.[124] Door de genade der bekering werd geopenbaard, dat hij deel uitmaakt van het grote lichaam van het universele mensdom, en onverbrekelijk verbonden is met haar "lotgevallen". En zo ook nu, om "nog verder" te gaan, opent hij zich voor een nog groter geestelijk lijden, en in een nog diepere weeklacht van gebed omarmt hij heel de lijdende mensheid. Hij neemt deel aan het gebed van de Heer te Gethsémane, dat ons hiertoe het "voorbeeld" gaf.

In dit intens wenen geschiedt de uitbreiding van de ziel, "plotseling, onverwacht, ongewild",[125] en op ontologische wijze treedt hij binnen in het wezen van de zonde, die een wegvallen is uit het Licht van Gods Aangezicht, en bovennatuurlijke dimensies heeft. Ook zijn persoonlijke zonde leeft hij als de zonde van heel het menselijk geslacht, en als herhaling van de zonde van Adam.[126] In dit gebed van volledige bekering verschijnt "energie van een andere soort, niet van deze wereld".[127] Door deze energie worden "de horizonnen van het persoonlijk leven [van de geestelijke vader] oneindig uitgebreid", en worden de grenzen van het individuele bestaan overstegen. Dat wil zeggen, "door de [vrijwillige] dood [der bekering], wordt de [onvrijwillige] dood [door de zonde] overwonnen, en overheerst de kracht der Opstanding"[128] – de prijs die behaald wordt[129] door hypostatische geesten. Door de nederige

---

[123] Cf. Lk.22:53; "On Prayer", GK p.244, EN p.112.
[124] Cf. "We Shall See Him", GK p.367; zie "His Life is Mine", EN p.87.
[125] "On Prayer", GK p.247, EN p.114.
[126] Zie ibid., GK p.244, 247-248, EN p.109-110, 115.
[127] Ibid., GK p.249, EN p.116.
[128] Ibid., GK p.249, EN p.117.
[129] D.w.z. de prijs die men ontvangt als overwinnaar in de wedloop, een beeld

tocht "naar omlaag", in de berouwvolle bekering, wordt de "allesverdervende hartstocht der hoogmoed" overwonnen, en "de zegen van de nederigheid van Christus daalt neer over de mens, en maakt ons tot kinderen van de Hemelse Vader".[130]

---

m.b.t. de geestelijke strijd dat reeds gebruikt wordt door de apostel Paulus; cf. 1Kor.9:24-25; Fil.3:13. *Noot vert.*
[130] "On Prayer", GK p.246, EN p.114.

6

De weg van het hesychasme

6a) Het Jezusgebed

Het Jezusgebed is een beknopte aanroep, in één korte zin,[1] van de naam van de Heer Jezus, die door de gelovigen onafgebroken wordt herhaald: "Heer Jezus Christus, Zoon van God, ontferm U over mij, de zondaar".[2] Dit is het ascetische werk bij uitstek, en een middel tot heiliging voor de monniken, zowel als voor alle Orthodoxe Christenen.

Onmiddellijk na de Opstanding van Christus en de openbaring van de Kerk, herkende men de Christenen als degenen "die [de] naam aanroepen" van Christus, en reeds toen werd de nieuwe "uitverkiezing" Gods geïdentificeerd met de strijd om "[Zijn] naam te dragen".[3] Zoals de Heer zeide, dat wij niet kunnen "leven tot in eeuwigheid" als wij niet "het vlees van de Zoon des mensen eten en Zijn bloed drinken",[4] evenzo verzekerden de getuigen van Zijn Opstanding reeds zeer vroeg, dat er "onder de hemel geen andere naam gegeven [is] onder de mensen, waarin wij moeten worden behouden".[5] De aanroeping van de Naam van de Heer Jezus en de deelname aan Zijn Lichaam en Bloed werden dus de twee centrale polen van het leven, rond welke het heil werd verwezenlijkt van het nieuwe volk, dat gekocht was door "het lijden van [Zijn] dood".[6]

---

[1] Letterlijk "éénwoordelijk" (*monológistos*/μονολόγιστος), een patristieke uitdrukking voor een dergelijk kort gebed, dat gemakkelijk kan worden herhaald zonder inspanning van het geheugen, en zonder dat de aandacht van het intellect versnipperd raakt door een veelheid aan woorden. *Noot vert., cf. CWL.*
[2] Of: "... ontferm U over mij, zondaar"; soms ook in meervoudsvorm: "... ontferm U over ons". *Cf. WU.*
[3] Cf. Hand.9:14-15,21.
[4] Cf. Joh.6:51,53.
[5] Hand.4:12.
[6] Hebr.2:9.

De Oudvader merkt op, dat het gebed in de naam van Jezus reeds bekend was bij de Apostelen, sinds de dagen van de komst van de Heer op aarde.[7] De dogmatische basis ervan zijn de woorden die de Heer sprak, kort voordat Hij opging tot Golgotha: "Tot nu toe hebt gij niet om iets gevraagd in Mijn naam. Vraagt, en gij zult ontvangen, opdat uw vreugde vervuld zij"... "Amen, amen, Ik zeg tot u: Al wat gij van de Vader zoudt vragen in Mijn naam, dat zal Hij u geven".[8]

Deze woorden van Christus zijn tegelijkertijd een gebod en een belofte. Degene die de naam van Jezus Christus aanroept, vervult een gebod. En degene die deze Naam onafgebroken aanroept, plaatst zichzelf op de weg der geboden, de weg des Heren, die leidt tot heiliging en tot de eenwording met God. Door Zijn Kruis en Zijn Opstanding vervulde Christus het grote gebod, dat Hij ontvangen had "van Zijn Vader",[9] en gaf Hij aan de gelovigen "genade op genade".[10] Degene die de naam van Jezus aanroept, wordt ingewijd in dit mysterie van het Kruis en de Opstanding van Christus, en hij wordt tot tempel van de Godheid.

Als dus het erfdeel, dat God gegeven heeft aan degenen die Zijn naam aanroepen, zo groot is, dan zijn wij verschuldigd – zo benadrukt de Oudvader – de betekenis, de hoedanigheden en de natuur te verstaan van de goddelijke Naam, opdat wij van dit gebed de volmaakte vrucht des heils mogen ontvangen en "[onze] vreugde vervuld zij".[11] Een dergelijk inzicht wordt al gaande verworven; en daarbij nadert men de maat der volmaaktheid, wanneer de vreugde van het hart en het licht van het intellect de rijping voltooien van de kennis en de liefde van de God, die wij aanroepen.

In zijn meest volmaakte vormen veronderstelt het gebed een zo exact mogelijke kennis van het mysterie dat God ons geopenbaard heeft. Zonder de openbarende goddelijke energie is het natuurlijke intellect, dat alleen overpeinst wat het weet óver God, niet in staat zijn gissingen te overstijgen. Doch God openbaart Zich in het leven

---

[7] "On Prayer", GK p.124, EN p.121-122.
[8] Joh.16:24 en 23.
[9] Cf. Joh.10:18.
[10] Joh.1:16.
[11] Cf. "On Prayer", GK p.125, EN p.122. Zie Joh.16:24.

van elke mens, zoals ook in de Bijbelse geschiedenis, door middel van Zijn namen. De Oudvader verdeelt deze gewijde geschiedenis in drie perioden:
1) Van Adam tot Mozes,
2) van het moment van de Sinaïtische Theophanie tot aan de goddelijke menswording, en
3) van de menswording van God het Woord, tot aan de voleinding der tijden.[12]

In de eerste periode overheerst overwegend de ontluikende, nog onduidelijke aanroeping van God.[13] Tijdens de tweede periode domineert de Sinaïtische openbaring met de naam "Ik ben de Zijnde".[14] De derde periode wordt bezegeld door de naam van de Heer Jezus Christus, die gepaard gaat met de vurige overtuiging van Pinksteren, dat dit de enige naam is die tot heil strekt,[15] en dat dit de "Naam boven alle naam"[16] is in kracht en heerlijkheid. Bij de komst van Christus werden al de namen van God geopenbaard in hun volmaakte en eeuwige dimensie. Zelfs ook de Godsnaam "Ik ben de Zijnde" werd bekend als naam van Jezus Christus,[17] in Wiens Aangezicht "alle dingen zullen worden samengebracht... die in de hemelen zijn, en die op de aarde zijn".[18] Hoewel het woord "Ik ben de Zijnde" een wondere openbaring was van de persoonlijke God aan Mozes, verborg dit toch nog onbekende hoedanigheden, die aanstonds geopenbaard zouden worden door de komende "Messias... Die genaamd wordt Christus".[19]

Het gebed door middel van de goddelijke namen is gebaseerd op Gods openbaring aan de mens, en niet op de overpeinzingen van het natuurlijke intellect. De menigvuldige namen van God werden aan de Profeten geschonken na een bovenmenselijke strijd, waarin zij hun geest volledig wendden tot de persoonlijke God van

---

[12] Cf. ibid., GK p.135, EN p.129-130.
[13] Zie bv. LXX Gen.4:26. *Noot vert.*
[14] LXX Ex.3:14.
[15] Cf. Hand.4:12.
[16] Fil.2:9.
[17] Cf. Joh.8:24,58 en 13:19.
[18] Cf. Ef.1:10.
[19] Joh.4:25. "On Prayer", GK p.127, EN p.124.

Israël. In elk van deze namen ligt een tweevoudige energie besloten: de gewaarwording van de Levende God, en de kennis Hem aangaande.[20] Niettemin werd het gebed der profeten, dat tot doel had de volle en waarachtige Godskennis te verwerven, onafgebroken en onvermoeibaar tot God gericht, in afwachting van de uiteindelijke volmaakte volheid der openbaring.[21] De mens als beeld van de Absolute God draagt in zich de onuitblusbare dorst naar de hoogste Godskennis, en in de tussenliggende stadia voelt hij zich niet vervuld. Deze kennis zal licht schenken in de duisternis der onwetendheid omtrent zijn eigen bestaan en zijn persoonlijke bestemming. Hoewel het 'Zijn' van God naar Zijn wezen boven alle namen is, niettemin wordt de mens door middel van Diens namen de aanwezigheid gewaar van de Ene God.

Niettegenstaande de herhaaldelijke openbaringen van God in het Oude Testament, bleef het intellect van de mens toch nog bedekt. Doch Christus bracht aan de wereld de volheid der Godskennis, en Hijzelf zeide "met gezag en kracht": "Zo iemand dorst heeft, hij kome tot Mij en drinke. Die in Mij gelooft... stromen van levend water [der Godskennis] zullen uit zijn binnenste vloeien".[22] Met hetzelfde onweerlegbare gezag zeide Hij: "Die Mij heeft gezien, heeft [God] de Vader gezien".[23] De nieuwe naam, die tot geleider wordt om aan de wereld het volmaakte licht over te dragen van de kennis van God, in Wie "in het geheel geen duisternis" is,[24] is de naam van de Heer Jezus. De naam *Jezus* werd gegeven door de openbaring van de Aartsengel en betekent Heiland, of *God-de-Heiland*. Dit openbaart het doel en de zin van de goddelijke menswording, maar ook de mogelijkheid van onze vergoddelijking als redelijke schepselen. Vóór Christus werd de kennis van de Godheid aan de mensen gegeven door middel van namen die voornamelijk de aard en de eigenschappen van God openbaarden. Doch bij de vleeswording van het Woord van de Vader werd de eenwording van God en de mens verwezenlijkt in zulk een volheid, dat

---

[20] Cf. "On Prayer", GK p.128, EN p.125.
[21] Cf. Dt.18:15, LXX Ps.79(80):1-3/4.
[22] Joh.7:37-38.
[23] Joh.14:9.
[24] 1Joh.1:5.

de Godskennis geen verdere aanvulling meer behoeft, maar enkel vraagt om een leven in de strijd deze kennis te assimileren.[25]

De naam Jezus Christus is op ontologische wijze verbonden met de Persoon van de Heer, en deze naam is van goddelijke aard. De Godwaardige aanroeping van deze naam schenkt de levende aanwezigheid van de Eeuwige God, die als een bijzondere energie van nieuw leven heel het wezen van de mens doordringt. Dan wordt het gebed met de naam van Jezus een vreeswekkend werk, maar tegelijkertijd is het een feest. Sinds de komst van Christus, zo zegt de Oudvader, wanneer het aanroepen van de goddelijke namen gepaard gaat met een waarachtige belijdenis van het geloof en in een staat van vreze Gods, vroomheid en liefde,[26] bewerkt dit de geestelijke wedergeboorte en de heiliging van de gelovigen. De vergetelheid of de onwetendheid van de ontologische kracht van de Namen maakt het religieuze leven van velen tot een eenzame woestenij, en haalt dit omlaag tot het psychologische niveau. Wanneer de mens echter tot drager wordt van deze Naam, dan draagt hij in zich God Zelf (in de vorm van Diens energie), en zo wordt hij het verbindende principe tussen God en de rest van de schepping.[27] Zoals in de Goddelijke Liturgie, door de kracht van de Goddelijke Namen – van de Vader, en van de Zoon, en van de Heilige Geest – het brood en de wijn worden veranderd in het Lichaam en Bloed van Christus, evenzo wordt door het aanroepen van de naam van Jezus Christus, als de belangrijkste naam van de tweede Persoon van de Heilige Drieëenheid, het grootste en belangrijkste wonder voltrokken van het menselijk bestaan: de eenwording van het schepsel met de ongeschapen en eeuwige God.

Het besef van de ontologische band van de Naam met de Persoon van de Heer Jezus, tijdens het aanroepen van deze Naam, is een onontbeerlijke noodzaak. Aldus zal het onafgebroken gebed de biddende leiden tot een groeiende volheid van liefde en tot een steeds diepere kennis van God de Heiland. Niet alleen houdt het onafgebroken gebed dan op bezwaarlijk te zijn, het wordt zelfs tot een bron van goddelijke troost en vreugde. Door middel van deze

---

[25] Cf. "On Prayer", GK p.138, EN p.133.
[26] Cf. ibid., GK p.140, EN p.134.
[27] Cf. ibid., GK p.143, EN p.136.

Naam worden de noëtische ogen van de mens geopend, opdat hij voortdurend weer nieuwe mysteriën van de wegen Gods moge verstaan, en verrijkt wordt met de ervaring van de eeuwigheid.[28]

---

[28] Cf. ibid., GK p.144, EN p.137.

6b) De beoefening van het Jezusgebed

Door het aanroepen van de naam van de Heer Jezus, zoals wij in de voorgaande paragraaf hebben gezegd, wordt het belangrijkste wonder voltrokken waartoe het menselijk bestaan verwaardigd is. Doch het Jezusgebed draagt nimmer vrucht indien het op mechanische wijze beoefend wordt. Als het niet gepaard gaat met de bijbehorende strijd tot het bewaren van de Evangelische geboden, dan eert dit de Genoemde Heiland niet, en daarmee wordt het een ijdele en berispenswaardige bezigheid, zoals Zijn woord ons waarschuwt.[1]

Datgene wat in deze ascese van het gebed wordt nagejaagd, is de vereniging van het intellect met het hart. Deze vereniging is onmogelijk te bereiken via een technische methodiek. Technieken kunnen de aandacht van het intellect slechts helpen de plaats van het hart te vinden, doch niet om zich daar te vestigen. Het gevaar echter van de overdreven waardering voor deze middelen is zeer groot, juist voor beginnende en onervaren asceten, en kan leiden tot een vervorming van het geestelijk leven. Het werkelijke gebed wordt geboren uit het geloof en de berouwvolle bekering. Deze zijn de stevige basis daarvan. De Oudvader volgt de aloude traditie van de heilige Vaders, wanneer hij als de meest juiste en zekere wijze van gebed aanbeveelt, de aandacht van het intellect te concentreren op de naam van Jezus Christus en de woorden van het gebed. Hoewel dit een langzamer proces is, niettemin is dit natuurlijker en brengt het meer nut. Wanneer de verbrokenheid vanwege de zonden zich intensiveert, en het 'gelijkvormig' worden aan de geboden van Christus een zekere volheid bereikt, dan wordt het intellect op natuurlijke wijze met het hart verenigd.[2]

De tempel van Salomo werd geheiligd, toen God "aldaar [Zijn] Naam" zette "tot in eeuwigheid", en dankzij deze Naam waren "[Zijn] ogen en [Zijn] hart... aldaar.. al de dagen".[3] Op dezelfde wijze wordt de mens tot tempel Gods en "een vat ter ere, geheiligd en bruikbaar voor de Meester, tot elk goed werk toebereid", wanneer hij de Naam des Heren aanroept "uit een rein hart".[4] Dan leeft hij

---

[1] Cf. Mt.7:22-23.
[2] Cf. "On Prayer", GK p.150-151, EN p.142.
[3] Cf. 1Kon.9:3 (LXX 3Kon.).
[4] 2Tim.2:21-22.

onafgebroken in de genadevolle en wondere aanwezigheid van de Levende God.

Wil de mens dus worden opgebouwd tot een tempel en "niet met handen gemaakte" woonplaats van God,[5] dan is hij verschuldigd zijn hart te reinigen en de naam van de Heer Jezus te dragen. Naar het woord van de heilige Gregorius Palamas, is het hart "het primaire redelijke orgaan van het vleselijk lichaam".[6] En de Oudvader bevestigt dat "aldaar, binnenin, is het begin en aldaar het einde en de voleinding. Van daaruit de uittocht en tot daar de terugkeer.[7] Met andere woorden, als de mens het hart, de wortel van zijn wezen, niet in bezit heeft, dan is hij niet voltooid en vóór alles blijft hij verstoken van de desbetreffende zaligspreking van de Heer.[8]

Het doel van het éénwoordelijk gebed[9] is dat de gelovige moge verblijven in de levende aanwezigheid van God. Deze aanwezigheid is uitermate weldadig en genezend. Het is een kracht die de geest der boosheid doet verdwijnen en het intellect en het hart van de mens geneest. Deze aanwezigheid voltooit en verenigt zijn wezen. In deze staat heeft de mens één gedachte, één gerichtheid in zijn geest, één verlangen, en hij strijdt om "in geest en in waarheid" de éne God in Drieëenheid te aanbidden. Het geheim van een vruchtbare en doeltreffende beoefening van het Jezusgebed ligt in de intense aandacht van het intellect en in de nederigheid. Deze geestelijke houding onderscheidt zich door een diepgaande gestemdheid tot berouwvolle bekering.

In de beoefening van dit gebed zijn twee factoren onontbeerlijk. De eerste is het streven van de mens zich te concentreren in zijn hart, en zijn geest nederig gestemd te maken. De tweede factor, van oneindig veel groter belang, is de genade van de Heilige Geest, zonder welke niets voorspoedig gaat. De theoretische kant van deze ascese is eenvoudig. Doch opdat de Naam van Jezus Christus diep

---

[5] Mk.14:58; 2Kor.5:1.
[6] In de tekst «Ὑπὲρ τῶν ἱερῶς ἡσυχαζόντων» (Over hen die de gewijde stilte beoefenen), Engelse vertaling in: "The Triads" (Paulist Press, New York, 1983), 1,ii,3, p.43.
[7] "On Prayer", GK p.238, EN p.108.
[8] Cf. Mt.5:8 "Zalig de reinen van hart..."
[9] Zie hoofdstuk 6a, noot 1.

in het hart wordt afgedrukt, en innerlijk en onafgebroken herhaald wordt, is grote zelfverloochening nodig, plus de gave der genade.

Deze ascetische inspanning brengt het hart tot verbrokenheid en maakt het gevoelig voor de geestelijke pijn. Het hart begint het brandpunt te worden van de persoonlijkheid van de mens. De pijn en de nederigheid trekken de goddelijke genade aan, terwijl deze het hart en het intellect versterkt en verenigt, zowel als al de krachten van de ziel, die voorheen verzwakt en verziekt waren vanwege de Val.[10] Dat wil zeggen, de eenwording van het intellect met het hart is een genezende praktijk, die verwezenlijkt wordt door het harmonisch samengaan van de Goddelijke en de menselijke factor. Dankzij deze pijn, en de nederigheid die bewerkt wordt door de vervulling van de heilige geboden, vindt het intellect gemakkelijk zijn plaats in het hart, en daar, in het bovenste deel van het hart, roept het de heilige naam van Jezus aan.

Gedurende de strijd van het onafgebroken éénwoordelijk gebed worden wij onderricht in vele verschijnselen van het mystieke leven in Christus. Allereerst, om reden van de ontologische band van de naam met de Persoon van Jezus, wordt de energie van de Godheid overgedragen op zowel de ziel als het lichaam. Beetje bij beetje wordt de gehele mens bevrijdt van de vleselijke gezindheid en het gezag van de zonde, en hij wordt het doel van het "bezoek"[11] van de Heer. Dat wil zeggen, hij begint werkelijk een hypostase te worden. Ten tweede, in het streven van de asceet zijn intellect in zijn hart te houden, door zijn aandacht te concentreren op deze éne en enige gedachte aan God, leert hij langzaam niet onwetend te zijn omtrent de denkbeelden van de satan,[12] die met geweld proberen het gewijde werk van het gebed te infiltreren en dit vervolgens te beletten. Ten derde wordt hij door het éénwoordelijk gebed erin geoefend om van God de 'goede gedachten' aan te grijpen die het hart uitbreiden, en om "elk denkbeeld krijgsgevangen te maken tot gehoorzaamheid aan Christus".[13] Dan functioneert alles op zulk een wijze, dat het bijdraagt tot heiliging door de liefde in de Geest.

---

[10] Cf. "On Prayer", GK p.153, EN p.144.
[11] Cf. Job.7:18.
[12] Cf. 2Kor.2:11.
[13] Cf. 2Kor.10:5.

Ten vierde wordt de waakzaamheid van het intellect iets natuurlijks, omdat Diegene, Die als koning heerst in het hart, "groter" is dan hij "die in de wereld is".[14]

Al de genadegaven zijn in de wereld gekomen door de nederdaling van de Zoon van God tot de aarde en het onderaardse, en Zijn daaropvolgende opgang. Op zekere wijze geschiedt ditzelfde ook in de mens. Hij doet zijn intellect nederdalen in zijn hart, en daar ontdekt en ontmoet hij God, de Heiland. Dan, door de genade, krijgt het intellect vleugels en regeert over het hart, dat wil zeggen, over heel het wezen van de mens, en het draagt heel zijn bestaan op aan God. Dan werken al de krachten van de menselijke ziel op harmonische wijze samen. Maar opdat het intellect deze nederdaling in het hart zou kunnen volbrengen om aldaar met het hart verenigd te worden, is Gods genade nodig. En deze daalt niet af door 'technische middelen', zoals bijvoorbeeld de houding van het lichaam of het gebruik van een gecontroleerde wijze van ademhalen. Deze zijn secundair. Het intellect verwezenlijkt deze nederdaling wanneer het gekruisigd wordt door de wijsheid van de Gekruisigde God. Wanner de gelovige gekruisigd wordt in de strijd om de Evangelische inzettingen te bewaren, dan leert hij in zijn hart de kracht van God kennen. Daarom ook benadrukt de Oudvader, dat de basis voor elke geestelijke opgang het geloof is in het feit dat Christus God is, en in de erkenning van de zondigheid van de mens.[15] Op eveneens onvermoede wijze worden al degenen, die de Naam van Christus liefhebben, vertrouwd met Zijn woord en zij verblijden zich in de lezing van Zijn Evangelie.

Heel het werk van het noëtische gebed[16] is uiterst creatief. Aan het begin van de schepping zweefde de Geest Gods boven de

---

[14] Cf. 1Joh.4:4.
[15] Cf. "We Shall See Him", GK p.40-41, 334, EN p.26. Zie ook "On Prayer", GK p.96, en GK p.174, EN p.157: "De eerste voorwaarde [in het onderricht van de Vaders omtrent het gebed] is het geloof in Christus als God, de Heiland; de tweede is de erkenning van onszelf als verloren zondaars".
[16] De uitdrukking 'noëtisch gebed' heeft betrekking op de activiteit van het intellect (*nous*), dat gedurende dit soort gebed zijn aandacht geheel concentreert op de gedachtenis aan God – en als zodanig wordt deze term vaak gebruikt in direct verband met de beoefening van het Jezusgebed. Het eigenlijke noëtische gebed begint, wanneer het intellect zich verenigt met het hart, en het gebed niet meer

afgrond, en op een gegeven ogenblik kwam de kiem van heel de schepping als bij een explosie tot bestaan.[17] Iets vergelijkbaars geschiedt ook bij de beoefening van het noëtische gebed. De asceet der vroomheid brengt zijn intellect in zijn hart en de naam van de Heer Jezus 'bebroedt' zijn afgrond. De goddelijk energie van deze naam wordt overgedragen op het hart, dat daardoor bekwaam wordt tot controle over elk van haar bewegingen, en in staat is de vijanden van buitenaf te zien naderen, en ze te verjagen door de kracht van de Naam van Christus. Door deze innerlijke waakzaamheid worden de zonden tot een minimum teruggebracht. Wanneer tenslotte het ogenblik komt van Gods welbehagen, en de energie van het gebed haar volheid bereikt, dan geschiedt de allesomverwerpende opening van het hart en ontvangt de mens de ervaring van de eeuwigheid. God komt het hart binnen om daar Zijn woning te maken,[18] en bewerkt de waarachtige vernieuwing van de mens op het ontologische niveau van Zijn liefde. De mens wordt wedergeboren in het beginloze Licht der Godheid.

De werken van de Oudvader bevatten vele beschrijvingen van deze onuitsprekelijke vervoering van de geest van de mens tot de plaats van het ongeschapen 'Zijn' van God, waarbij de mens overgaat van de dood tot het eeuwige leven.[19]

Volgens dezelfde schrijver is de weg van het hesychasme rijk aan (innerlijke) wisselingen en gewaarwordingen, die in wezen gebeurtenissen zijn in de geestelijke wereld. Hij benadrukt in het bijzonder de strijd van de mens tegen de vijandelijke krachten, zichtbare en onzichtbare, van kosmische dimensies. Deze strijd gaat

---

beoefend wordt vanuit het denken van het verstand (*diánoia*/διάνοια), maar vanuit het Godschouwende intellect en de innerlijke gewaarwording van Gods genade. In strikte zin is het noëtische gebed eigen aan die geestelijke staat, waarin de vereniging van het intellect met het hart door niets verbroken wordt. Dit is echter een zeer zeldzame verworvenheid, in de meeste gevallen verbonden met een uiterste ascese in de stilte en de eenzaamheid van de woestijn. *Noot vert.*

[17] Het Griekse werkwoord hier heeft betrekking op het beeld van het ei, dat in één keer wordt gelegd, en dat het gehele schepsel reeds in beginsel omvat – terwijl dit door het broeden wederom in één keer in z'n geheel te voorschijn komt. *Noot vert.*
[18] Cf. Joh.14:23.
[19] Cf. "We Shall See Him", GK p.103, 109, 225, 386, 393, EN p.67, 70-71, 143-144, 222. "On Prayer", GK p.22, 86, 132, 153, EN p.14, 128, 144. "His Life is Mine", EN p.59 e.a.

vooraf aan de vervoering en de verlichting door het Ongeschapen Licht,[20] een gebeurtenis die tevens een overwinning is van suprakosmische omvang. Na het zien van het Licht sterft de mens ten aanzien van deze wereld en "een wondere bloem ontluikt: de persoon-hypostase", die in liefde heel de schepping omarmt, en tenslotte op onzegbare wijze het luisterrijke en heilige leven in de eeuwigheid beërft.[21] De Oudvader waarschuwt daarbij, dat wil de Christen deze hoogste vorm van gebed en deze geestelijke staat bereiken, hij nood heeft aan een geestelijk leidsman, als "een engel, een trouwe gids".[22]

---

[20] Cf. "On Prayer", GK p.158, EN p.147.
[21] Cf. "We Shall See Him", GK p.287, EN p.186.
[22] "On Prayer", GK p.156, 159, EN p.147. Zie ook de tekst van de Dringende Litanie.

6c) De noëtische stilte en het overstijgen van de verbeelding

De ascese van het onafgebroken noëtische gebed heeft tot doel de intrede van de geest van de asceet in de noëtische stilte – de 'hesychia'. De term *hesychia*, die de inhoud van het hesychasme aangeeft, behoort tot het ascetische vocabulaire. Het duidt vóór alles op de innerlijke en noëtische gesteldheid, die een voorafbeelding is van de eeuwige Sabbat. Vrij van de dwaasheid en de ijdelheid van deze wereld ontvangt de asceet reeds hier de supra-kosmische overwinning van Christus, van Hem Die gekomen is en Die zal wederkomen.

Het doel van het langdurig en onophoudelijk aanroepen van de goddelijke Naam van Jezus, en het innerlijk bewaken van het intellect, is de versterking van een bestendige aantrekkingskracht tot het gebed der bekering. Op deze wijze wordt het gebed een natuurlijke bestaanswijze van de mens, en de vanzelfsprekende reactie van het hart bij elk verschijnsel in de geestelijke wereld. Deze geestelijke staat, zo verzekert de Oudvader, is van groot belang in het uur van de dood. Het ascetische werk van het noëtische gebed wordt een training tot voorbereiding op het einde van het aardse leven, zodat de geboorte van de gelovige in het hemelse leven zo smarteloos en gevaarloos mogelijk zal zijn.[1]

Volgend in de geest van de patristieke Traditie uit het verleden, definieert de Oudvader de hesychast als degene die de gewijde stilte beoefent, en de genade bezit van het noëtische of reine gebed. Tijdens de voltrekking van het hesychastische gebed heeft de hesychast zijn "intellect in biddende aandacht gevestigd in het hart".[2]

In het onderricht van de Oudvader omtrent het noëtische gebed worden drie soorten gebed beschreven, met een verschillende geaardheid. Elke soort onderscheidt zich door de wijze waarop de voornaamste geestelijke krachten van de mens daarin werkzaam zijn, en vooral door de gerichtheid van het intellect en de gewaar-

---

[1] Cf. "On Prayer", GK p.158, EN p.146.
[2] "Saint Silouan", GK p.172, EN p.133, NL p.143. Zie ook H.Johannes Klimakos, "The Ladder", Step 29:6 (PG88, 1097B): "De hesychast is degene die zich beijvert zijn onlichamelijk wezen vast te houden binnen de begrenzing van het lichaam." Zie eveneens H.Gregorius Palamas, «Ὑπὲρ τῶν ἱερῶς ἡσυχαζόντων» (Over hen die de gewijde stilte beoefenen), I,1,3: "Het intellect in het lichaam te doen terugkeren en daarin te omsluiten, en wel in 'het binnenste lichaam van het lichaam', dat wij het hart noemen."

wording van het hart. In de eerste soort is een buitenwaartse beweging waar te nemen van het intellect, en het hart neemt er geen deel aan. In de tweede soort gebed wordt de terugkeer ondernomen van het intellect "tot zichzelf". In de derde soort tenslotte, nadat het intellect gevestigd is in het hart, wendt dit heel de mens tot God. In deze drie stadia overheersen respectievelijk de "verbeelding", de "overweging" en het verzinken in het "schouwen". Vooral in de eerstgenoemde soort van gebed, maar ook nog in de tweede, blijkt de mens niet in staat zich op te heffen tot een rein begrip van God, noch is hij in staat zijn hartstochten te overwinnen, of bevrijd te raken van de strijd met de gedachten, noch om geleid te worden tot het hartstochtloze schouwen. Alleen de derde soort brengt de volmaakte geestelijke vrucht. Gedurende een dergelijk gebed verblijft het intellect bestendig in het hart, en de mens bidt vanuit de diepten van zijn wezen, zonder verbeelding, terwijl hij "met een rein intellect voor God staat".[3]

Bij de beoefening van het noëtische gebed streeft men er dus naar het intellect in het hart te houden met een onafgebroken biddende aandacht. De strijd om het "besturende intellect" te doen nederdalen in het hart, het onzichtbare centrum van de menselijke persoon, wordt gevoerd door het aanroepen van de naam van de Heer Jezus Christus – en hoewel dit gebed het allermoeilijkste is, niettemin is het tegelijkertijd ook wonderbaarlijk.[4] Het leidt tot de hoogst mogelijke mate van Godskennis op deze aarde. Als wijze van leven was het reeds ten dele bekend in het Oude Testament.[5]

Overeenkomstig het woord van de Oudvader, is het menselijk intellect "het beeld van het Eerste Intellect, Dat Licht is".[6] Dat wil zeggen, het is geschapen naar het beeld van de goddelijke Energieën. En aldus vormt het zelf ook een energie van de menselijke persoonlijkheid.[7] De bestemming ervan is om op onzegbare wijze de heerlijkheid Gods te schouwen, doch overgelaten aan zichzelf is het niet in staat de "dwaasheid" te aanvaarden van de Evangelische geboden.[8] Het natuurlijke intellect is "geneigd tot verbeelding" en

---

[3] "Saint Silouan", GK p.170, EN p.132, NL p.142.
[4] "On Prayer", GK p.180, EN p.162-163.
[5] Cf. LXX Ps.45(46):10/11a: "Weest stil, en weet dat Ik God ben."
[6] "We Shall See Him", GK p.243, EN p.155.
[7] Cf. ibid., GK p.272, EN p.177.
[8] Cf. "On Prayer", GK p.136, EN p.131.

"ongeschikt voor de theologie".[9] Gescheiden van het hart bevindt het zich buiten het 'gebied' van de Geest en is het door de verbeelding verstrooid over de gehele schepping.

Het hart van elke afzonderlijke mens werd door God op specifieke en unieke wijze geschapen. Het is niet herhaalbaar en vormt het centrum van de menselijke hypostase.[10] De mens is luisterrijk, wanneer hij God benadert vanuit het "diepe hart",[11] want daar is "de plaats van het geestelijke gebed",[12] en het "strijdperk" in het algemeen van elke geestelijke strijd.[13] Op dat punt openbaart zich de oneindigheid van de Heer, en daar concentreert zich de biddende geest van de mens. Daar omvat men "de hoogte van het schouwen en de diepte der kennis".[14] Het authentieke schouwen en de waarachtige Godskennis zijn onverbrekelijk verbonden met de gewaarwording van het diepe hart. Daarom ook verzekert Gods woord ons, dat "de verborgen mens des harten... kostbaar is voor het aanschijn van God".[15]

In de hesychastische traditie heeft het hart een centrale plaats, en is de werking van het intellect van uiterst groot belang. Het volhardend streven van de hesychast is de vereniging van deze twee, het intellect en het hart. Hij worstelt om voor God te staan in de eenheid van heel zijn wezen. Om deze eenwording van het intellect en het hart te bereiken – deze twee voornaamste vermogens van de persoonlijkheid – neemt de Oudvader nimmer zijn toevlucht tot welke psychotechnische methode dan ook, maar hij beveelt eenvoudig aan om de Naam van Jezus Christus met aandacht uit te spreken, zonder te worden afgeleid, hetgeen overigens gepaard dient te gaan met de dagelijkse strijd om de Evangelische geboden te bewaren.[16] Dan geschiedt genoemde eenwording als het resultaat van de genezing van de innerlijke staat van de mens, en wordt het "de natuur-

---

[9] "We Shall See Him", GK p.48, EN p.31.
[10] Cf. ibid., GK p.132, 268, EN p.84, 174.
[11] LXX Ps.63(64):6/7.
[12] Cf. "On Prayer", GK p.19, EN p.11.
[13] "Saint Silouan", GK p.12, EN p.10, NL p.22.
[14] "On Prayer", GK p.201, EN p.81.
[15] Cf. 1Petr.3:4.
[16] Cf. "On Prayer", GK p.168, EN p.153.

lijke religieuze gesteldheid van de menselijke geest, verlangd, gezocht, geschonken vanuit den Hoge".[17]

Wanneer het intellect niet verbonden is met het hart, raakt het via de zintuigen verstrooid over de geschapen wereld. "Als de golven bewogen en omgevoerd door elke wind"[18] der verbeelding, wordt het ook gemakkelijk krijgsgevangen gemaakt door demonische energieën en dwaling. De uiterste dwaling waartoe dit de mens kan leiden is die van de zelfvergoddelijking, waarbij hij een goddelijk principe toekent aan zijn geschapen natuur, en voorts overgaat tot de dwaalleer van het pantheïsme, de natuurlijke religie van de menselijke rede.[19]

Uiteraard, zonder dat het besturende intellect toezicht houdt op de ingangen van het hart, blijft ook dit versteend, en het is als aarde "die doornen en distelen draagt", "boze overleggingen", die het "onvergankelijk zaad" van het woord Gods verstikken.[20] Het wordt een rovershol vol verderf. Het wordt bepaald door de "wet der zonde",[21] die door middel van het hart al de ledematen van het lichaam beheerst, en het draagt deze vleselijke gezindheid ook over op het intellect. Het in verbeelding verheven intellect en het door de hartstochten gestorven hart bevinden zich in een staat, die tegengesteld is aan de Geest Gods.[22]

Opdat dus het lichaam en de geest van de mens een plaats worden voor de verschijning van de heerlijkheid Gods, is het noodzakelijk dat het onlichamelijke intellect terugkeert en verenigd wordt met het lichaam, en wel met het "binnenste lichaam"[23] van het lichaam, dat wil zeggen, met het hart. De hesychast voert strijd om zijn intellect in biddende aandacht te installeren aan de ingang van het hart.[24] Indien "het Koninkrijk der hemelen... binnenin" ons is,[25]

---

[17] "Saint Silouan", GK p.171-172, EN p.133, NL p.143.
[18] Cf. Ef.4:14.
[19] "Saint Silouan", GK p.204-205, EN p.158, NL p.166-167.
[20] Cf. Hebr.6:8; 1Petr.1:23.
[21] Cf. Rom.7:23.
[22] Cf. Rom.8:6-7.
[23] H. Gregorius Palamas, «Ὑπὲρ τῶν ἱερῶς ἡσυχαζόντων» (Over hen die de gewijde stilte beoefenen), I,2,3 [hier reeds eerder geciteerd, zie 6c, noot 2].
[24] Cf. "Saint Silouan", GK p.172, EN p.133, NL p.143.
[25] Lk.17:21.

en dit Koninkrijk is de Heer Zelf, hoe kan de asceet Hem dan op Godwaardige wijze eren, tenzij door zijn intellect te concentreren op Diens aanwezigheid. Zoals de Heer Zijn schepsel grootmaakt door Zijn goddelijke 'bezoek',[26] evenzo verheerlijkt de mens Hem door voortdurend vóór Hem te staan met het intellect in het hart, de plaats van de 'voetbank' van de grote Koning.

Het intellect, dat aanvankelijk buitenwaarts verstrooid was, daalt neer in het hart, en door daar "te allen tijde"[27] de Naam van de Heer Jezus aan te roepen, vervult het een goddelijk gebod. Hierdoor plaatst de mens zich op de weg des Heren. En aangezien de Heer Zelf ook "de Weg" is,[28] vindt de biddende de Heer als Metgezel op de weg, en Deze draagt op hem de energie over van Zijn goddelijkheid. Door het zogenoemde hesychastische gebed wordt de mens tot deelgenoot aan de beginloze Goddelijke Realiteit, die geen menselijk bedenksel is, maar een openbaring van God, bezegeld door het Kruis en de Opstanding van Zijn Zoon.

Afgezien van de positieve kant van de innerlijke stilte, als deelname aan het beginloze Goddelijke 'Zijn', is door het onafgebroken gebed tegelijkertijd ook de ascetische waakzaamheid verzekerd.

In de eerste twee van de drie soorten gebed, die wij hierboven beschreven hebben, bevindt het intellect zich voortdurend op een dwaalspoor, naar buiten gericht, in de wereld van de verbeelding en de abstracte overdenkingen. De innerlijke ingangen van het hart en het intellect blijven onbewaakt, en de biddende is onderworpen aan alle soorten van uiterlijke invloed, zowel als aan de verwarring van de hartstochtelijke gedachten. Hij is niet in staat de oorzaken van de zonden af te snijden, en aldus kan de genade in hem geen rust vinden om stabiliteit te geven in zijn leven. Gaandeweg verzwakt het gebed, en zijn leven concentreert zich in het brein, vol van elementen die voortkomen uit de verbeelding. Deze innerlijke staat blijkt uit de zwakheid en de ontaarding van de ziel van de mens, die verblijft buiten de plaats van de gewijde innerlijke stilte.[29]

---

[26] Cf. Job 7:17-18.
[27] Lk.18:1.
[28] Joh.14:6.
[29] D.w.z. buiten het hart. *Noot vert.*

In de derde soort gebed is het intellect gevestigd in het hart en functioneert het van daaruit. Dan is de waakzaamheid gemakkelijk en natuurlijk. De aandacht van het intellect houdt toezicht op al de gewaarwordingen en de bewegingen van het hart. De weerstand tegen de hartstochten wordt bewust en doeltreffend. De biddende ervaart dat hij kracht heeft tegenover zijn (geestelijke) vijanden en hij blijft vrij van de invloed van hun aanvallen van buitenaf. Het voortdurend aanroepen van de Naam van Christus vermeerdert de kracht van de aanwezigheid des Heren in het hart. Vervolgens ontdoet het intellect zich van ieder beeld en het wordt bevrijdt van de energie van de verbeelding, want de kracht en de warmte die zich in het hart openhopen zijn "meer dan overvloedig... boven al wat wij vragen of bedenken".[30] Deze kracht trekt de mens aan en maakt hem tot 'krijgsgevangene'. Dan wordt het intellect verfijnd, het wordt één en al oor en oog. Het waakt over het hart, gewapend met de naam van Jezus Christus. Het beweegt snel als een bliksemschicht, en met gezag wendt het elke vijandelijke aanval en energie van de hartstochten af, zodra zich daar maar een kiem van voordoet.[31] Op deze wijze vermijdt de asceet de zondige ontwikkeling van de hartstochtelijke gedachten in zichzelf, en met een vrij en "soeverein" intellect wordt hij geleid tot de hartstochtloosheid, die het doel vormt van de gewijde waakzaamheid.[32] Deze arbeid – die op negatieve wijze vervuld wordt door het intellect te ontdoen van elke 'vreemde' gedachte, en op positieve wijze door de openhoping van de goddelijke Energie in het hart – noemt men de noëtische stilte. Dit is de geestelijke 'plaats', waarin het staan voor Gods aanschijn in rein gebed verwezenlijkt wordt.

Het voortdurend verblijven in God, wat tevens het wezen is van de gewijde stilte, veronderstelt grote zelfverloochening en een strikt bewaren van Gods geboden. Wanneer de asceet op wettige wijze strijdt in de arena van de stilte – dat wil zeggen, op nederige wijze – dan vindt hij Gods genade. Deze genade reinigt het hart, versterkt de vermogens van zijn ziel[33] en herstelt in de mens de oor-

---

[30] Ef.3:20.
[31] Cf. "Saint Silouan", GK p.172, EN p.133, NL p.143.
[32] Cf. "Saint Silouan", GK p.175, EN p.137, NL p.145.
[33] Cf. "On Prayer", GK p.153, EN p.144.

spronkelijke adem en heerlijkheid Gods, doordat hij wordt wedergeboren in het "overvloedige" leven van Christus. Tijdens de gewijde stilte leven het hart en het intellect uitsluitend "op de Naam van Jezus en Zijn geboden".[34] Hart en intellect hebben dan een uiterst bijzondere innerlijke gevoeligheid, die zelfs toezicht houdt op het gebied van het onderbewuste. Wanneer het intellect geheel verzonken is in God, zonder enige andere gedachte, en het hart God onverdeeld liefheeft, dan wordt het eerste en grote gebod vervuld, dat aan het fundament ligt van de beoefening van deze gewijde stilte.[35]

Wanneer de beoefening van de noëtische stilte voortduurt en het intellect en het hart standvastig in God worden gehouden, dan komt plotseling dat ontzagwekkende ogenblik, waarin de onsterfelijke Geest het hart nadert en het intellect wegvoert naar het 'gebied' van het ongeschapen Licht.[36] Dan ontvangt de mens op onuitsprekelijke wijze de pan-kosmische uitbreiding der genade, waardoor hij heel de schepping en alle eeuwen omvat.[37]

De Oudvader zag de noëtische stilte als de voorwaarde voor het verwerven van het reine gebed,[38] voor het zich eigen maken van de geest van het woord Gods,[39] voor de juiste deelname aan de Goddelijke Liturgie,[40] voor de vervulling van het geestelijk vaderschap,[41] zowel als voor het gebed voor de gehele wereld.[42] Deze grote inspanningen vereisen dat men het diepe hart vindt en dat dit gereinigd en gecultiveerd wordt door de energie van de goddelijke Naam.

De energie voor deze moeizame en veeleisende ascese put de hesychast uit de charismatische wanhoop. Hoe meer het inzicht in zijn zondigheid zich verdiept, waarbij de diepe gewaarwording van

---

[34] "Saint Silouan", GK p.179, EN p.138, NL p.147.
[35] Cf. ibid., GK p.183, EN p.142, NL p.150-151.
[36] Cf. ibid., (Zie ook "We Shall See Him", GK p.221, EN p.141).
[37] Cf. "On Prayer", GK p.22, 86, 177, EN p.14, 59-160 (zie ook p.144).
[38] "Saint Silouan", GK p.177, EN p.137, NL p.145-146.
[39] "We Shall See Him", GK p.281-282, EN p.182-183; "On Prayer", GK p.61, EN p.41.
[40] Cf. "On Prayer", GK p.141, 170-171, EN p.135, 155.
[41] "On Prayer", GK p.234, EN p.105.
[42] "Saint Silouan", GK p.308-309, EN p.233, NL p.251-252. en "On Prayer", GK p.83, EN p.57 (zie ook p.144).

zijn vervreemding van God zich omvormt tot wanhoop, zoveel te meer vermeerdert zich de energie voor het aanroepen van de wondere naam van Jezus. Deze wanhoop kan de vreeswekkende grenzen bereiken van de waanzin, maar zij verwekt een vurig gebed, waarin heel het wezen van de mens schreeuwt om behoud.[43] Om deze reden dient degene, die het noëtische gebed beoefent, zich bestendig geplaatst te hebben op de weg van Christus, het pad 'naar omlaag', dat geïnspireerd wordt door de Heilige Geest, en het hart tot aan de wortel reinigt van de gevolgen van de hoogmoedige val van Adam.[44] Met andere woorden, opdat het noëtische gebed vrucht zal dragen en zal worden tot een bestendig zelfwerkzaam gebed[45] in het hart, dient het te worden opgedragen in een geest van diepgaande bekering, vergelijkbaar van aard met die welke besloten ligt in de woorden van de Heer tot de heilige Silouan: "Houdt uw geest in de hel, en wanhoop niet".

Als het hesychasme de genadegave bezit om het diepe hart te onthullen en de mens te leiden tot de hoogste Godskennis, voor zover bereikbaar binnen dit aardse leven – iets wat onvergelijkelijk veel waardevoller is dan alle andere menselijke verworvenheden – dan is het niet verbazingwekkend dat de hesychastische ascese ook de grootste tegenstand ontmoet temidden van de conventionele omstandigheden van deze tegenwoordige wereld. Het noëtische gebed doet de geest van de mens oog in oog staan met vijandelijke en duistere krachten van kosmische dimensies. Het roert en openbaart de verborgen hartstochten en de innerlijke gehechtheden, die in hem nestelen, en zijn geestelijke vrijheid belagen.[46] Standvastig te verblijven in het hesychastische gebed betekent een overwinning van kosmische en wederom supra-kosmische omvang.

---

[43] Cf. "On Prayer", GK p.174, 179 en 112, EN p.157, 161-162 en 73-74.
[44] Cf. ibid., GK p.36, 195, EN p.24,174.
[45] Dit is een gave van Gods genade, waarbij het gebed voortgaat *in het hart*, zelfs wanneer de asceet tot op zekere hoogte genoodzaakt is zich te richten op de dagelijkse taken. Dan wordt de mens zodanig gegrepen door de zegen hierin, dat het bewaren van dit Godsgeschenk een innerlijke noodzaak wordt – hetgeen leidt tot het bewust voortzetten van elke ascese die hieraan bijdraagt. *Noot vert.*
[46] Cf. "On Prayer", GK p.153, 156, 158, 163, 166, EN p.144, 146, 47.

6d) De strijd met de verbeelding

Wanneer het intellect niet verbonden is met het hart, dat zijn basis is, dan wordt het tot slachtoffer van de verbeelding en kan het zelfs geleid worden tot de uiterste dwaling van de zelfvergoddelijking. Het is verstrooid over de gehele schepping en wordt heen en weer geslingerd door de demonische aanvallen van de gedachten en de hartstochtelijke beelden. Het heeft alleen dan het hart als stevige basis, wanneer dit bewerkt wordt door de komst van de goddelijke Aanwezigheid. Christus' offer aan het Kruis openbaarde de gave van Zijn liefde, die alle verstand te boven gaat en zelfs de meest stoutmoedige verbeelding 'krijgsgevangen' maakt.

Door de ascese van de noëtische stilte, zoals wij hierboven gezien hebben, bevindt het intellect zich, door Gods genade, in het hart en wordt daarmee verenigd. De mens verwerft in zichzelf de goddelijke en noëtische "gewaarwording".[1] Dat wil zeggen, hij wordt geïnspireerd door de goede veranderingen, teweeggebracht door de Geest, en hij wordt tot onderwerp van Gods 'afwerking', die tot doel heeft dat hij voor Gods aanschijn zal kunnen staan met heel zijn wezen, in het bezit van het reine gebed, terwijl hij de wet vervult van de geboden der liefde.

Doch opdat de asceet hierin zou slagen, is hij verschuldigd zijn intellect te reinigen van de verbeelding. In de uiterste nederigheid en de zelfberisping van zijn bekering ontvangt hij genade, die in zijn ziel getuigt van het heil. Dan wordt het intellect bevestigd in de Realiteit van de gave Gods, die "meer dan overvloedig [is] boven al wat wij vragen of bedenken", en dat niet in verbeelding, maar "naar de kracht die in ons werkzaam is".[2]

In de beoefening van de stilte komt de gelovige dus te staan voor de strijd tegen de verbeelding. De Oudvader onderscheidde vier soorten verbeelding:

Aanvankelijk is de verbeelding, als functie van het intellect, verbonden met de energie van de grove vleselijke hartstochten.[3] Elke hartstocht doet zich voor in zijn eigen noëtische vorm.[4] Deze

---

[1] LXX Spr.15:14, "Een oprecht hart zoekt een gewaarwording."
[2] Ef.3:20.
[3] Cf. "Saint Silouan", GK p.198, EN p.154, NL p.162.
[4] D.w.z. bij elke hartstocht behoren beelden van een specifieke geestelijke geaardheid,

hartstochten behoren tot de sfeer van de geschapen wereld, waar het intellect sinds de voorvaderlijke zonde door begrensd is. De energie van ongeacht welke hartstocht verwerft alleen dan kracht, wanneer het beeld, dat dit in de mens verwekt, innerlijk wordt aanvaard en het intellect aantrekt. Als de asceet door het gebed de aanval van het hartstochtelijke beeld afweert, dan kan dit zich niet ontplooien en het verdwijnt. Doch in het geval, waarin het intellect aandacht schenkt aan dit beeld en zich daarmee verenigt, ontwikkelt zich de hartstocht en verkrijgt kracht, naar de mate van eenwording daarmee, tot aan de staat waarin deze de mens geheel in bezit heeft.[5] Om deze eerste soort van verbeelding te overwinnen is het absoluut noodzakelijk het intellect niet over te leveren aan het eerste 'voorstel' van de gedachte die door de hartstocht wordt aangeboden, om zo de reinheid en de kuisheid te bewaren van de gehele mens, zoals de geboden van de heilige God dat vereisen.

De tweede soort verbeelding wordt 'dromerij' genoemd.[6] In overeenstemming met deze soort verbeelding leeft de mens niet in de feitelijke werkelijkheid van de wereld die hem omringt, maar hij laat zich wegvoeren naar de sfeer van de verbeelding. Als werking van het geschapen intellect blijft de verbeelding te allen tijde gekooid binnen de grenzen van de geschapen wereld. Zij is niet in staat de ongeschapen wereld des Hemels te bevatten, noch iets te scheppen uit het niets, maar houdt zich bezig met de geschapen dingen, in de meeste gevallen op ziekelijke wijze. Het kan zijn dat dit dagdromen niet zo tiranniek werkt op de ziel als de eerstgenoemde soort van verbeelding, maar het is geen gezonde staat. Immers, dan verkeert het intellect in de dingen, en vervult zijn bestemming niet – dat is,

---

die eigen is aan de desbetreffende hartstocht. *Noot vert.*
[5] Cf. "Saint Silouan", GK p.199, EN p.154, NL p.162-163.
[6] Cf. ibid., GK p.199, EN p.154, NL p.163. [De Griekse uitdrukking hiervoor combineert twee woorden voor 'dromerij'. Het eerste (*oneiropólêsê*/ ονειροπόληση) houdt in specifieke zin verband met de dromen als zodanig. Doch het tweede woord (*rembasmós*/ρεμβασμός) duidt vooral op het her en der rondzwerven van de gedachten, zoals wanneer men 'dagdroomt'. Het gaat in dit geval dus m.n. om de doelloze verbeelding, die zich wel van alles voorstelt, mogelijk zelfs waardevolle zaken, doch zonder dat dit een werkelijke, creatieve uitwerking heeft op het leven van de mens. *Noot vert.*]

om op onzegbare wijze de onzichtbare en ongeschapen goederen van God te schouwen en te genieten.

De derde soort verbeelding heeft een verstandelijk karakter en is vooral gebaseerd op voorstellingen vanuit de herinnering en op het proces van het denken. Deze vorm van intellectuele activiteit is weliswaar bruikbaar voor de oplossing van problemen binnen het kader van deze wereld, en waardevol voor de ontwikkeling van de technische cultuur, doch naar het inzicht van de Oudvader is dit soort verbeeldingskracht geenszins nuttig voor de verwerving van het reine gebed. Om deze reden onthoudt de asceet van de noëtische stilte zich ook van deze soort van verbeelding, om heel zijn denken en heel zijn kracht onverdeeld aan God te geven.[7]

De vierde en laatste soort verbeelding die door de Oudvader beschreven wordt, is ook de meest gevaarlijke voor de mens van gebed. De menselijke rede streeft ernaar het mysterie van God te vatten, en zelf aan te vullen wat haar begrip te boven gaat. Deze soort verbeelding, die samengaat met een dergelijk streven, zouden wij ook de benaming 'religieuze verbeelding' kunnen geven. Hoewel er velen zijn die dit waarderen, zozeer dat zij dit 'theologische creativiteit' noemen, is dit volgens de Oudvader niets anders dan de weg tot dwaling. Het keert de oorspronkelijke orde van de schepping van de mens door God ondersteboven, en vormt God naar het beeld en de gelijkenis van de mens.[8] Een dergelijke theologie is antropomorf, en neemt geen notie van de realiteit van de Menswording en de openbaring van God, en bijgevolg is de authentieke Godskennis daarin afwezig. Hoe geniaal de resultaten van dit soort theologie ook mogen zijn, het blijven "voortbrengselen van ons aardse verstand en van de ziekelijke verbeelding".[9]

De biddende beschouwt het als een gegeven feit van het geloof, dat God de mens geschapen heeft, en daarom wendt hij zich tot God in beeldloos gebed, vrij van menselijke bedenksels, totdat het Hem welbehaaglijk is de mens te begenadigen met kennis van Zichzelf.[10] Deze kennis wordt overgedragen als een

---

[7] Cf. ibid., GK p.200, EN p.155, NL p.163.
[8] Cf. ibid., GK p.200, EN p.155, NL p.163-164.
[9] "We Shall See Him", GK p.245, EN p.156.
[10] Cf. "Saint Silouan", GK p.200-201, EN p.155, NL p.164.

innerlijke staat, en dit is wat de Oudvader definieert als waarachtige theologie.[11]

Als vervolgens deze kennis eveneens wordt uitgedrukt in menselijke woorden, is zij niettemin ingegeven door de genade en op profetische wijze geïnspireerd. God daalt uit liefde neder tot Zijn schepsel, en niet uit noodzaak of vanwege enige inherente waarde van de wereld. Deze laatste vindt zijn waarde in de kennis en de genade van God. Het redelijk schepsel gaat op tot God, niet door filosofische overpeinzing of verstandelijke abstractie, maar door het noëtische gebed. Door middel daarvan zondert de mens zich af van elk beeld en elke gedachte aangaande de geschapen wereld, om naakt te staan voor Gods aanschijn, van aangezicht tot Aangezicht.[12] Deze afzondering geschiedt niet uit verachting jegens de wereld, maar uit liefde tot de levende en waarachtige God en uit het verlangen met Hem te worden verenigd. Hijzelf is het doel en de waarde van de mens, en van de gehele schepping. Het vurig zoeken van Gods heilige wil met geheel ons wezen leidt de gelovige tot de (voor het intellect onbevattelijke) realiteit van het goddelijk leven, en bevrijdt hem van elk gezag van buitenaf.

Zonder dit vurig streven houdt de verbeelding de mens vast in de wereld van de "schijnbeelden" der waarheid, en wordt tot geleider van demonische energie.[13] Wanneer deze energie aanvaard wordt en zich ophoopt, leidt dit de mens tot de luciferische verzoeking van de zelfvergoddelijking, waarbij hij een zogenaamd 'goddelijk principe' toekent aan zijn geschapen natuur. Met andere woorden, zoals Oudvader Sophrony aantekent, de menselijke rede die zich laat leiden door de demonische verbeelding komt onvermijdelijk uit op natuurlijke religies van pantheïstische aard.[14]

Opdat de gelovige het reine gebed moge bereiken – deze volmaakte vrucht van de noëtische stilte, waar de hesychast naar streeft – dient hij al deze soorten van verbeelding te overstijgen. Noodzakelijk hierbij is de bekering, die hem verbindt met Christus,

---

[11] Cf. «ΑΣΚΗΣΙΣ ΚΑΙ ΘΕΩΡΙΑ» (Over de ascese en het schouwen), GK p.15. Zie ook "Saint Silouan", GK p.220, EN p.170, NL p.179.
[12] Cf. "Saint Silouan", GK p.203, EN p.157, NL p.165.
[13] Cf. ibid., GK p.204, EN p.158, NL p.166.
[14] Cf. "Saint Silouan", GK p.205, EN p.159, NL p.167.

de Heiland, en met de overvloed van Diens leven. Het meest geschikte middel om zijn doel te bereiken is het noëtische gebed, omdat dit de biddende bewaart in een geest van berouwvolle bekering. Het wakkert gedurig de gewaarwording aan van zijn nood aan Gods heil, door het onafgebroken aanroepen van de naam van Jezus-de-Heiland.

De tweede vorm van verbeelding wordt gekarakteriseerd door een uiterlijke wijze van bidden. Hieronder plaatst de Oudvader ook de in het Westen bekende methode van de "visuele meditatie". Daarbij vormt de mens met behulp van de verbeelding visuele beelden in zijn intellect, voornamelijk aangaande het leven van Christus. Daar vestigt hij zijn aandacht op, en wordt zo geleid tot een psychische opwinding. Het hart neemt geen deel aan dit "gefantaseerde" gebed,[15] en het intellect blijft verstoken van de waakzaamheid. Afhankelijk van de intensiteit waarmee men deze praktijk beoefent brengt dit ook ziekelijke gevolgen met zich mee, en het kan zelfs leiden tot een zekere pathologische extase. De Oudvader beschouwt dit soort ascese als een dwaling.[16]

Het is moeilijker zich te ontdoen van de derde en de vierde soort verbeelding. Deze beide soorten zijn verstandelijk van aard. Zij karakteriseren diegenen die bidden zoals beschreven bij het tweede soort gebed,[17] dat vooral beheerst wordt door de overweging. Niettemin is de derde soort verbeelding gemakkelijker te herkennen, vanwege haar aardse gerichtheid. De vierde soort echter, de religieuze verbeelding, is het meest moeilijke en subtiele obstakel, omdat het tevens de grootste pretenties en de meest hoogstaande voorwendsels bezit. Ook hierbij is het intellect niet verenigd met het hart, maar het is geconcentreerd in het brein. De mens bezwijkt

---

[15] Dit toont ook het verschil tussen de psychische emoties, die onderhevig zijn aan de stimulatie van de verbeelding, en de waarachtige geestelijke gewaarwording van het diepe hart waarvoor de verbeelding niet nodig is. *Noot vert.*

[16] Cf. "Saint Silouan", GK p.206, EN p.159, NL p.167-168.

[17] Zie hoofdstuk 6c, §4. [Samenvattend: De eerste en tweede soort verbeelding hangen samen met de eerste wijze van bidden, die gekenmerkt wordt door de expliciete "verbeelding". De derde en vierde soort verbeelding hangen samen met de tweede wijze van bidden, gekenmerkt door de verstandelijke "overweging". De derde wijze van bidden tenslotte, wordt gekenmerkt door het waarachtige "schouwen", dat de mens bevrijdt van de macht der verbeelding. *Noot vert.*]

voor de verzoeking te steunen op de rede, en met zijn verstand zelfs binnen te dringen tot de mysteriën van het goddelijk bestaan. Deze houding van de 'denkende' is bevlekt door de hoogmoed, die hem leidt tot de vervorming van het rationalisme. Deze mens kan misschien de formele logica overstijgen en verstandelijk zodanig gecultiveerd zijn dat hij zelfs de antinomische logica beheerst, maar dit is nog geen waarachtig geloof noch is dit het authentieke schouwen van God.[18]

Hoe hoog de rationalistische theoloog ook moge opstijgen en welke 'mystieke' diepte hij ook moge bereiken, aangezien hij zijn geschapen intellect vooropstelt blijft zijn ervaring in wezen begrensd door "een 'pantheïstische' ordening".[19] Het speculerende intellect, dat niet overstraald wordt door de vurige gewaarwording van het diepe hart, is onbekwaam tot het levende en onzegbare schouwen van God, dat heel de mens heiligt, zelfs ook het lichaam. De uiterste grens die het intellect op deze wijze kan bereiken is een zekere soort van "lichtende zelfbeschouwing" – het ziet dan zijn natuurlijke schoonheid, het natuurlijke licht van het intellect, dat geschapen is naar Gods beeld.[20]

De authentieke Christelijke ervaring betreft de bovennatuurlijke gemeenschap met de Persoonlijke God. Het is een geschenk vanuit den Hoge, een geschenk van Gods welbehagen, en de mens leert dit kennen wanneer hij zijn geschapen wil vrijelijk onderwerpt aan de ongeschapen wil van God. Deze ervaring bevrijdt de mens van het bedrog van de verbeelding en van het dwingende karakter van haar logische redeneringen. Wanneer de mens de geschapen vrijheid van zijn wil op zelfminnende wijze richt op zichzelf, dan blijft hij gesloten voor de energie van Gods genade – en hij gaat in tegen het wezen en de zin van zijn hypostatische beginsel,[21] dat hij verschuldigd is te vervolmaken in gemeenschap met de Heilige Geest, om geheel de schepping op te dragen aan God.

De hartstocht van de hoogmoed vermeerdert de energie van de verbeelding, terwijl de nederigheid en de dankbaarheid jegens God

---

[18] Cf. "Saint Silouan", GK p.207-208, EN p.161, NL p.168-170.
[19] Cf. ibid., GK p.209, EN p.162, NL p.170-171.
[20] Cf. ibid., GK p.209-210, EN p.162, NL p.170-171.
[21] Cf. ibid., GK p.215, EN p.165-166, NL p.175.

deze bedwingen. Wanneer het redenerend intellect in verdwaasde opwinding verkeert vanwege de hoogmoed van zijn verstand, komt het er zelfs toe zichzelf te vergoddelijken, waardoor het verzinkt in de uiterste diepte van de Val en de duisternis.[22] Wanneer het echter de nederdaling waagt in de hel der bekering, zoals de Oudvader zegt, dan wordt het verlicht door de genade en verheven tot het geestelijk schouwen. Deze ervaringen van het schouwen worden de mens gegeven, niet wanneer hij deze najaagt – en zichzelf dus daartoe waardig acht – maar wanneer hij zijn intellect gekruisigd heeft in diepe nederigheid, en het gevoel heeft dat hij de ergste is van alle schepselen.[23] Dan, onverwacht, wordt hij weggevoerd door de kracht der genade en hij wordt deelgenoot aan eeuwige zaken, die noch bevat kunnen worden door het intellect, noch omvat kunnen worden in het hart. Hij wordt verheven tot het schouwen van het ongeschapen Licht en hij neemt deel aan het betere bestaan van God, waarin hij ontvangen werd door de werking van de Heilige Geest. Na dit schouwen wordt de theologie een "verhaal" van het grote "mysterie der vroomheid".[24] De "zichtbare manifestatie" van deze eeuwige Realiteit bevrijdt de mens van de bedrieglijke beschouwing op grond van de logische speculatie, hoe geniaal het desbetreffende denkbeeld ook moge lijken.[25]

---

[22] Cf ibid., GK p.215-217, EN p.165-167, NL p.175-177.
[23] Cf. ibid., GK p.220, EN p.168-169, NL p.177-178.
[24] Cf. 1Tim.3:16.
[25] Cf. "Saint Silouan", GK p.220, EN p.170, NL p.178-179.

7
Van het psychologische tot het ontologische niveau

7a) De bekering op het psychologische niveau

Door de Val raakte de mens verstoken van de adem Gods, die de oorsprong van zijn leven was, en hij werd een "dwaas" – dat wil zeggen, hij verloor het lichtende schouwen dat bewerkt wordt door de brandende liefde van zijn Formeerder. Hij viel weg uit de wereld van de Geest. Zijn intellect werd verduisterd, en zijn ziel raakte gevangen in de zintuiglijke geschapen wereld. De zonde richtte een muur op tussen God en de mens.[1] Dat was het moment waarop een tweede niveau van leven ontstond. Behalve het geestelijke niveau van het heilige leven van het Koninkrijk Gods werd ook het niveau gecreëerd van het zintuiglijke leven, waar de zonde heerst, de vergankelijkheid en de dood. Het eerste, geestelijke niveau van het goddelijke leven en de goddelijke liefde noemen wij 'ontologisch', terwijl wij het tweede niveau, dat van het gevallen zintuigelijke leven, 'psychologisch' noemen.

Het inzicht van de Profeten in het Oude Testament, op uitzonderlijke momenten van hun leven, in hetgeen ontologisch en eeuwig is, was somtijds een bron van inspiratie[2] en op andere momenten werd de mens door beving bevangen.[3] In het Nieuwe Testament, door de vleeswording van de Zoon van God en de uitstorting van de Trooster, werd het schouwen van en de vertrouwdheid met het Koninkrijk Gods krachtig in de Persoon van de Eniggeborene.[4] Zowel in het Oude als in het Nieuwe Testament werd deze terugkeer of overgang – van het psychologische niveau van leven naar

---

[1] Abba Poemen (PG65, 333D-336A, Engelse tekst in "Sayings of the Desert Fathers", p.174, woord 54): "Abba Poemen zeide: 'De wil van de mens is een koperen muur tussen hem en God, en een steen des aanstoots." Hieraan refereert ook een woord van de heilige Silouan, zie "Saint Silouan", GK p.427, EN p.336, NL p.358.
[2] Cf. Jes.55:6-11.
[3] Cf. Richt.6:22 en 13:22.
[4] Cf. Joh.1:14.

het ontologische – verwezenlijkt door de berouwvolle bekering. De mens dient deze weg der bekering te doorlopen, opdat hij ontvangen moge worden in de eeuwigheid door de hemelse Vader van heel de schepping.[5]

Vanaf de beginstadia van de bekering tot aan de volmaaktheid daarvan bestaan vele gradaties, die samenhangen met de intensiteit en de mate van geestelijke vruchtbaarheid van dit werk.

Oudvader Sophrony onderscheidde twee (fundamentele) soorten van bekering:

1) De onvolmaakte bekering, die geschiedt op het psychologische of ethische niveau, en

2) de volmaakte bekering, die geschiedt op het geestelijke of ontologische niveau, door de kracht van de Heilige Geest.

De bekering die verwezenlijkt wordt op het psychologische of ethisch niveau wordt vooral gekenmerkt door de menselijke factor, die uiterst miniem is, maar toch onontbeerlijk voor het heil. Op dit niveau spant de mens zich op alle mogelijke wijze in om God ervan te overtuigen dat hij Hem toebehoort.

De tweede soort bekering wordt voornamelijk gekenmerkt door de goddelijke factor, die in wezen alles schenkt wat nodig is voor het heil van de mens, en de 'aanneming' bezegelt van diegene, die op wettige wijze gestreden heeft, en door God aanvaard is als 'de Zijne'.[6]

Vanaf het moment dat de mens de roeping Gods aanvaardt en zich in bekering tot Hem wendt, beweegt hij zich tegelijkertijd op beide niveaus van het leven. Het is moeilijk om precies vast te stellen in welke verhouding deze beide niveaus aanwezig zijn. Doch naarmate de kracht van de bekering toeneemt, zowel als de heiliging die daardoor voltrokken wordt, word het psychologische niveau overschaduwd door het ontologische niveau – en tenslotte wijkt het daarvoor, zodat de mens die "ooit duisternis" was volledig wordt wedergeboren en "licht [is] in de Heer".[7] Een zekere mate van deel-

---

[5] In het Nieuwe Testament wordt de overgang naar het ontologische niveau geïdentificeerd met de kennis van Christus (cf. Joh.17:3). Aldus is de bekering de strijd om de eenwording met Hem (cf. 1Tim.6:12 en 2Kor.5:17).
[6] Cf. Ps.118(119):94 en 2:7.
[7] Ef.5:8.

name aan het ontologische niveau is altijd aanwezig, zelfs in de eerste stadia van zijn ommekeer,[8] zoals tevens het psychologische niveau tot het einde toe in zekere mate aanwezig blijft in de mens, vanwege de zwakheid van het vlees[9] en de vrees voor de dood.[10] Om deze reden kent de bekering "geen einde" op deze aarde, totdat de mens voor Gods aanschijn komt te staan in de eeuwigheid.[11]

De meest fundamentele voorwaarde voor het verwerven, door de mens, van de eeuwige ontologische levenswijze, vormt zijn oorspronkelijke schepping "naar het beeld en de gelijkenis" Gods.[12] Zoals de Oudvader zegt, is God het Oorspronkelijke 'Zijn' en bij de schepping van de mens herhaalt Hij in zekere zin Zichzelf.[13] Hij geeft de natuur van de mens zodanig vorm, dat deze in staat is om in persoonlijk contact te treden met de Scheppende God, als met een Vader. God is de Zijnde. De onafgebroken opheffing van de mens tot God onthult de waarachtige zin van het bestaan, en voegt aan de mens zelf zijn waarachtige ontologische inhoud toe.[14] Wanneer de mens, geschapen uit het niets, zich afsluit en in zichzelf besloten blijft,[15] dan raakt hij gescheiden van zijn bron en wordt

---

[8] Cf. Lk.15:17-19.
[9] Cf. Mk.14:38.
[10] Cf. Rom.5:12 en 1Kor.15:26.
[11] "We Shall See Him", GK p.255, EN p.165, en 1Joh.3:2.
[12] H.Gregorius Palamas, Hom.45,1: "Want Hij formeerde het begin op een wijze die geschikt was voor het toekomende onderricht [noot vert.: het Evangelie], en later zet Hij het onderricht uiteen op een wijze die geschikt is voor hetgeen in het begin geformeerd was."
[13] "We Shall See Him", GK p.298, EN p.193. Alleen aan de mens schenkt de deelname aan God de volmaaktheid van Diens beeld, het gelijkvormig worden aan het beeld Gods: «τὸ τῆς εἰκόνος ἀπηκριβωμένον». Zie H.Gregorius Palamas, «Πρὸς Ξένην», PG150, 1081B, Engelse vertaling "To the Nun Xenia", in "The Philokalia", vol.IV, p.317-318.
[14] "We Shall See Him", GK p.179, EN p.111-112: "Wanneer dit beginloze leven op existentiële wijze op ons wordt overgedragen, dan worden wij ons gewaar als ons eigen leven [...] De Heer leeft, en ook ik leef." Zie ook H.Gregorius Palamas, in «Ὑπὲρ τῶν ἱερῶς ἡσυχαζόντων» (Over hen die de gewijde stilte beoefenen): "Doch ook toen God met Mozes sprak, zeide Hij niet 'Ik ben het wezen', maar 'Ik ben de Zijnde'; want Hij Die Is, is niet afhankelijk van het wezen, maar het wezen van Hem Die Is; want deze Zijnde houdt heel het 'zijn' in Zichzelf omvat." Zie ook H.Gregorius de Theoloog, 'Logos' 45,3 (PG36, 625).
[15] D.w.z. als hij zich niet tot God richt. Noot vert.

hij uiterst nietig.[16] Dit is de egoïstische verwijdering waarin Adam zich bevond na zijn ongehoorzaamheid. Zo werd de dialoog van Aangezicht tot aangezicht, van God met de mens, verbroken. Toen echter de volheid der tijd gekomen was, kwam Christus om deze aloude dialoog voort te zetten, waarbij hij tot de gevallen mens de roeping richtte tot bekering en terugkeer tot God. De verkondiging van het Evangelie begint en eindigt met hetzelfde gebod: "Bekeert u".[17] Zoals in het begin het scheppende bevel van God de mens het (hypostatische) bestaan schonk,[18] zo is het ook nu het woord van Christus, dat wederom een "zeker en vast" anker[19] schenkt voor het herstel van de heilbrengende genade van de Formeerder.

Het woord van Christus, al wordt het uitgedrukt in menselijke en relatieve woorden, heeft een absoluut karakter en draagt een levenschenkende kracht over.[20] Het ontspringt aan dat eeuwige en onveranderlijke 'Zijn', waarvan Christus de drager is, en het leidt degenen die het aanvaarden tot de grens tussen hetgeen geschapen en hetgeen ongeschapen is.[21] Zoals het vleesgeworden Woord van God "uitging van de Vader en in de wereld kwam", en "wederom de wereld verlaat en tot de Vader gaat",[22] zo onthult en traceert het woord van Christus deze zelfde weg ook voor de mens. Door de genade der bekering en de ascetische inspanning van de mens "herhaalt hij" in zekere zin de "weg des Heren".[23]

Deze weg wordt ons aangeboden binnen de Kerk, die het Lichaam van Christus is. Door zijn invoeging in de Kerk wordt aan de mens het geestelijk 'kapitaal' geschonken, dat hem opnieuw doet binnentreden in de gemeenschap met God, en hem plaatst op het niveau van de ontologische gemeenschap met Hem. Door de Doop, de Myronzalving en de Goddelijke Eucharistie ontvangt de gelovige de 'totaalsom' van de gaven Gods voor zijn hernieuwing en zijn vergoddelijking. Het werk dat geheel aan hemzelf blijft is

---

[16] Cf. "We Shall See Him", GK p.328, EN p.199.
[17] Mt.4:17 en Mk.1:15. Zie ook Lk.24:47.
[18] Cf. de Orthodoxe Begrafenisdienst (Idiomelon, toon 7).
[19] Cf. Heb.6:19.
[20] Cf. "We Shall See Him", GK p.98, EN p.62.
[21] Cf. ibid., GK p.112, EN p.72.
[22] Joh.16:28.
[23] Cf. "On Prayer", GK p.34, EN p.22-23.

om alles af te snijden wat nog rest van zijn egoïsme (en dus van zijn sterfelijkheid) – dat is, alles wat een hindernis vormt voor de openbaring van deze gave Gods in zijn leven.[24] Hier ligt ook het belang van het werk der bekering, dat reeds begint met het Mysterie van de Doop, maar tegelijkertijd de richting vormt van een tocht voor heel de verdere duur van het leven van de mens.

De bekering is een levenswerk en de onontbeerlijke voorwaarde om de geboden te kunnen vervullen, hetgeen de mens binnen de Kerk bewaart als deelgenoot aan de "nieuwe schepping".

De Oudvader had het inzicht, dat er twee wegen zijn die tot bekering leiden: De ene is ascetisch. Hierbij overheerst vooral de psychologische factor. De mens spant zich in om zijn geest te onderwerpen aan het oordeel van Gods woord. Door de aandachtige en zorgvuldige inspectie van zijn innerlijk leven raakt hij ervan overtuigd, dat hij niet reikt tot de maat die de geboden vereisen, en hierdoor komt hij tot berouwvolle bekering.[25]

De andere weg van bekering is charismatisch en zeker. Door het geloof in de goddelijkheid van Christus wordt op de mens de liefde overgedragen, die werkzaam is door de Heilige Geest. De mens wordt zich bewust van zijn zondigheid en ervaart een innerlijke verbrokenheid. Op deze weg spant hij heel zijn kracht in om te verblijven in de geestelijke staat die hem geschonken is. Elke daad of beweging van het hart die de gewaarwording van de genade vermindert of verzwakt beleeft hij, zonder enige psychologische 'zelfspionage', als zonde – als een wegvallen van de liefde Gods die hij gekend heeft. Dan is het mogelijk dat de mens, beheerst door de dringende nood tot bekering, op natuurlijke en onopgemerkte wijze de hoogten bereikt van de heiligheid en de volmaaktheid.[26]

In elk van de twee hier beschreven gevallen, wordt de bekering verwezenlijkt in een samenwerking (*synergia*) van de gave Gods en de bijdrage van de mens, door diens vrijelijk gekozen ascese om deze gave te kunnen ontvangen en bewaren. De maat van de gave

---

[24] D.w.z. hij dient zich de aanvankelijke 'kapitaalsom' die hem (in potentie) reeds geschonken is werkelijk eigen te maken, zoals eerder werd geschetst naar aanleiding van oudvader Sophrony's interpretatie van Lk.16:10-12 (zie Hfst.4b & 4c). *Noot vert.*
[25] Cf. "We Shall See Him", GK p.65, EN p.42.
[26] Cf. ibid., GK p.64-65, EN p.42.

Gods wordt vooraf bepaald in relatie tot het vrije antwoord van de mens, dat God voorziet.[27] Elke keer wanneer de gave van de liefde Gods in overvloed wordt uitgegoten in het hart van de mens, heerst deze kracht der genade over elke beweging van het intellect en over elke gewaarwording van het hart. Alle uitingen van zijn leven krijgen een positief karakter.[28] Door de werkzame aanwezigheid van de Heilige Geest "overwint [hij] het kwade door het goede".[29] De Oudvader verzekert in dit verband: "In het leven dat werkelijk van genade vervuld is bestaat geen ascetische strijd".[30]

Gewoonlijk begint de bekering op het psychologische niveau. Via de eerste methode die wij reeds beschreven, en geholpen door de energie van Gods genade, bespeurt de mens in zichzelf de "vervloekte" erfenis van de voorvaderlijke zonde. Hij neemt de smartelijke strijd op zich tegen de hartstochten, die zijn geest vermoorden. Hij ontdekt dat hij geen gezag heeft over zijn natuur en dat deze ondoordringbaar is voor Gods genade. Hierom geeft hij zichzelf over aan een zo volledig mogelijke bekering.[31] Deze bekering opent de verborgen diepten van zijn wezen en openbaart de verborgen onrechtvaardigheid en bedrieglijkheid van zijn intellect en zijn hart. Dan, opdat de liefde Gods in zijn leven moge triomferen, brengt de mens die zich bekeert niet slechts elke waardevolle zaak ten offer, die hem bindt aan deze wereld,[32] maar hij ontbloot en ontledigt zich geheel van elke gehechtheid en elk wilsverlangen dat hij in zich draagt, en dat ingaat tegen de liefde van Christus.

In zoverre de inspanning die hij levert gericht is op de strijd tegen de hartstochtelijke neigingen, blijft de ascese psychologisch, menselijk.[33] Doch de intensiteit van de pijn en de vurige warmte van de bekering leiden de mens tot de uiterste zelfhaat, die hem

---

[27] "Saint Silouan", GK p.35, EN p.29, NL p.39-40.
[28] Dat wil zeggen, het negatieve aspect van de geestelijke strijd – tegen de hartstochten en de zonde – wordt dan geheel vervangen door de positieve inspanning van de mens om Gods genade te bewaren, en Hem in alles welgevallig te zijn. *Noot vert.*
[29] Cf. Rom.12:21.
[30] "We Shall See Him", GK p.250, EN p.162.
[31] Cf. ibid., GK p.195, EN p.123.
[32] Cf. ibid., GK p.159, EN p.101.
[33] Cf. 1Kor.10:13 en "We Shall See Him", GK p.250, EN p.162.

bevrijdt van elke begrenzing van tijd en ruimte, en heel zijn wezen wordt één "drang der liefde".[34] Deze wondere wending is de "gelegen tijd", waarop de Heer de wedergeboorte bewerkt[35] van de mens en "zijn leven plaatst op een nieuw spoor, in de sfeer van een ander 'zijn'".[36] Dan wordt de mens door de Heer ontvangen, niet alleen waardig om Zijn leerling te zijn,[37] maar ook als zoon en erfgenaam van Zijn Koninkrijk. Vanwege deze drang der liefde wordt hij door God gekend, en zijn schreeuw "ik ben de Uwe, behoud mij" wordt verhoord, en ontvangt als antwoord van de hemelse Vader de verzekering: "gij zijt Mijn zoon, heden heb ik u verwekt".[38] Dit is precies het moment waarop de overgang wordt voltrokken van het psychologische en menselijke niveau tot het ontologische en eeuwige niveau. Dan verwerft de mens een ontologische kennis van de Hypostatische God, hetgeen een wezenlijke gemeenschap is en geen verfijnde verstandelijke gissing aangaande Diens bestaan.[39]

De bekering op het psychologische niveau vindt plaats door een gevoel van de eigen zondigheid en de strijd tegen specifieke zondige daden en hartstochten. Tenminste in de eerste stadia is deze bekering tot in grote mate veeleer uiterlijk. Deze betreft bovendien vooral

---

[34] "We Shall See Him", GK p.331, EN p.200.
[35] De bewoordingen van de auteur bevatten hier een verwijzing naar een psalmvers, dat ook onderdeel vormt van de inleidende samenspraak tussen diaken en bisschop (of priester) voorafgaand aan de Goddelijke Liturgie: "Het is tijd om te handelen, Heer" (cf. LXX Ps.118(119):126, Psalterion, vert. Archim. Adriaan). *Noot vert.*
[36] "We Shall See Him", GK p.52, EN p.34.
[37] Cf. Lk.14:26.
[38] "Parole à la communauté" (10, p.12), 1 februari 1993. Zie LXX Ps.118(119):94 en 2:7.
[39] In de patristieke traditie wordt benadrukt dat de bekering niet uitgeput is met bepaalde objectieve verbeteringen in het gedrag, noch ligt in uiterlijke vormen of houdingen, maar betrekking heeft op de ontologische verandering van de mens. De heilige Makarius de Grote bijvoorbeeld, tekent aan (PG34, 497CD, Engelse vertaling in "Spiritual Homilies" 5,5): "niet in houdingen of vormen (οὐκ ἐν σχήμασι καὶ τύποις)... Het is immers in de vernieuwing van het intellect, en de vrede van de gedachten, en de liefde des Heren, en de hemelse minneliefde, dat de 'nieuwe schepping' der Christenen verschilt van alle mensen in de wereld. En hiertoe geschiedde de komst des Heren..." Zie ook H.Maximos de Belijder (PG90, 1209B, Engelse vertaling: "First Century on Theology" 1, in "The Philokalia", vol.2, 91vv, p.134). Meer over dit thema in de Grieks-talige studie van A. Keselopoulos, «Πάθη καὶ ἀρετές» (Hartstochten en deugden), p.82vv.

het individu als zodanig, dat zich inspant zijn leven te beteren en weer verbonden te worden met de God der liefde. Doch wanneer de mens zijn eigen vermogens tot hun uiterste grenzen uitput, en God de deur van Zijn barmhartigheid opent, dan neemt de bekering andere dimensies aan en wordt voltrokken op het ontologische niveau met een andere kracht, en geïnspireerd door een ander soort schouwen.

Bij de eerste soort bekering is het doel van de mens de genezing van zijn ziel van de wonden der zonde, terwijl zijn ascese vooral een egocentrisch karakter heeft. Hij beoefent deze smartelijke ascese – de "hel der bekering", zoals de Oudvader dit noemt – met een uiterste intensiteit, om het eerste gebod van God zo volmaakt mogelijk te vervullen.[40]

De eerste stap in dit genezende proces van de bekering is om het intellect te verzamelen, dat door de zintuigen verstrooid is in de omringende wereld, en het te doen binnentreden in het hart, "dat beheerst wordt door de vlam van de liefde tot Christus".[41] Dan, wanneer het intellect de doop ontvangt van het vuur van deze liefde, wordt het verlicht en het vormt zich naar deze innerlijke gebeurtenis. Het wordt verenigd met het hart in een nieuw schouwen en een nieuw perspectief. Deze eenwording geschiedt volgens het model van het "omgekeerde perspectief" van de iconografie.[42] Dat wil zeggen, God wordt het centrum van alle dingen[43] en de mens, die Gods beeld is, wendt zich nederig tot zijn Oerbeeld.

Door deze opening en ontdekking van het diepe hart door de energie van het woord van Christus wordt God de enige pool waardoor heel het leven van de mens wordt aangetrokken.[44] Door de bekering op het ontologische niveau wordt de juiste houding hernieuwd van het redelijk schepsel tegenover zijn Formeerder. In het licht van deze nieuwe relatie krijgt hij een duidelijker inzicht in Gods vóóreeuwige plan voor de mens, en wordt het beeld van de Zoon des Vaders in hem geopenbaard. Het schouwen hiervan inspireert

---

[40] "We Shall See Him", GK p.55, EN p.36 (cf. Mt.22:37-38, Mk.12:29-30).
[41] Ibid., GK p.136-137, EN p.87.
[42] Ibid., GK p.103, EN p.67.
[43] Cf. ibid., GK p.272-273, EN p.176-177.
[44] Cf. ibid., GK p.39, EN p.25.

in hem het brandende verlangen gelijkvormig te worden aan de verheerlijkte gedaante van Jezus Christus, hetgeen ook de uiteindelijke bestemming is van zijn bestaan. Tegelijkertijd wordt het vreeswekkende bederf onthuld waaraan de oorspronkelijke idee van de Formeerder voor de mens onderworpen is.[45] Met andere woorden, de mens begint het wezen en de intensiteit van de zonde te verstaan in de metafysische dimensies daarvan, en hij mobiliseert alle vermogens van zijn wezen voor de strijd om deze uit te wissen. In het licht van Gods heiligheid beleeft hij ten diepste Gods oorspronkelijke idee voor de mens, en daar hij zich bijgevolg ook bewust wordt van zijn afvalligheid jegens Hem geraakt de mens in een staat van volledige bekering en treedt hij binnen in het leven van het Goddelijk 'Zijn'.[46]

De bekering op het psychologische niveau betreft het ontvluchten van de zonde. Hiertoe wordt de mens veeleer aangezet door uiterlijke factoren en gevoelens van schuld, vanwege het besef van zijn tekortschieten en zijn onstandvastigheid. Het is een zware arbeid voor de mens de hitte van deze bekering te dragen. Wanneer echter de overgang geschiedt naar het ontologische niveau, zoals wij hierboven beschreven hebben, dan wordt de bekering geïnspireerd door het geestelijk schouwen dat bewerkt wordt door de goddelijke liefde. Hij verwerft vrede en vreugde, omdat nu de genade Gods arbeidt voor de mens.[47] De bekering op het ontologische niveau doet de mens afsterven jegens de zonde, en het leven dat dit hem schenkt is slechts gericht op God. Wanneer de mens zijn hypostatische betrekking tot God verwerft, dan wordt in hem een soort 'transformator' van liefde geplaatst, die elke geschapen energie omzet in geestelijke energie. Op deze wijze dient hij allereerst zijn eigen heil, en vervolgens het heil van heel de wereld. Dan wordt het woord van de Apostel vervuld, dat "voor hen die God liefhebben alles medewerkt ten goede".[48] Elke energie van vreugde of van liefde wordt veranderd in een energie tot bekering.[49]

---

[45] Cf. ibid., GK p.71, EN p.46-47.
[46] Cf. ibid., GK p.67, EN p.43.
[47] Cf. 1Kor.15:10.
[48] Rom.8:28.
[49] Cf. 2Kor.7:10 en Jak.5:13.

De Oudvader leert ons dat de mens, zonder de ontmoeting met de Levende God, niet de noodzakelijke kennis heeft om zijn psychologische gesteldheden om te zetten in geestelijke ervaringen met een diepe ontologische betekenis. De 'transformator der liefde' maakt dat alle gesteldheden van het leven – of deze nu aangenaam zijn of bedroevend – weldadig worden en hem niet bezwaren; en in ruil hiervoor verkrijgt hij de eeuwigheid, die voortdurend vermeerdert, als de dynamische inhoud van het hypostatische beginsel van de mens.[50] Het 'zaad' van ditzelfde onderricht vinden wij reeds bij de Woestijnvaders. Zij leggen uit dat deze verandering gerealiseerd wordt, wanneer de mens elke gewaarwording en elke energie uit de geschapen wereld aanvaardt om zijn aandacht te richten op de gedachtenis aan God,[51] waarbij hij "elk denkbeeld krijgsgevangen [maakt] tot de gehoorzaamheid [en de liefde] van Christus".[52] Zonder deze tuchtiging van Gods genade kan de mens niet gevoed worden met de "vaste spijze" van het Godwelgevallige lijden, noch "de zinnen geoefend" hebben om in elk voorkomend geval de rechtvaardigheid van het Kruis te onderscheiden – het enige dat leidt tot het Koninkrijk der hemelen. Deze tuchtiging wordt ons door Christus Zelf geleerd, Die de vervolging en de wonde van de dood aanvaardde als de "Beker van de Vader", zonder Zijn aandacht horizontaal te richten op degenen die Hem kruisigden; in plaats daarvan gaf Hij Zich over aan "Hem, Die rechtvaardig oordeelt"[53] en bad: "Vader, vergeef het hun, want zij weten niet wat zij doen".[54]

Door de bekering op het psychologische niveau brengt de mens zijn vrijheid en zijn wil aan God ten offer. God aanvaardt dit offer en schenkt de mens als wedergave de genade om de nauwe grenzen

---

[50] "We Shall See Him", GK p.337, EN p.214: "Heel de veelvormige ervaring van ons leven, alle beproevingen in de wereld die zich aan ons bewustzijn hebben voorgedaan, zouden moeten dienen als voorbereiding op de ontmoeting met God van aangezicht tot Aangezicht."
[51] Zie "Evergetinos" (Grieks-talige uitgave, vol.2, Athene 1958, p.288): "Als gij een overweging weet die uw ziel tot rouwmoedigheid brengt, bepaal u dan daarbij, en wanneer de tranen komen, richt gij dan uw concentratie alwaar ge wilt, hetzij op uw zonden, hetzij op een andere goede overweging..."
[52] 2Kor.10:5.
[53] 1Petr.2:23.
[54] Luk.23:34.

van het psychologische bestaan te overstijgen, en te worden ingevoegd in de stroom van Zijn eeuwigheid.[55] Deze ontologische verandering schenkt een openbarend schouwen aan de mens, dat zijn geest meevoert in een steeds dieper gebed, en hem leidt tot buiten de nauwe gevangenis van deze wereld, tot in de vrijheid van Gods oneindigheid.[56] De innerlijke staat van dit schouwen wordt op authentieke wijze en met eenvoudige woorden beschreven door de heilige Silouan, aan het eind van zijn geschriften. Gezien zijn woorden wordt de mens dan als het ware tot 'krijgsgevangene' van Gods liefde'.[57]

Op het psychologische niveau doet het woord Gods de genade der bekering opvlammen. Doch door de liefde wordt dit woord tot de enige wet van het bestaan van de mens. Dan komt de "gelegen tijd", wanneer het aanschouwen van de heiligheid van de nederige God (Christus) zijn natuur in vuur en vlam zal zetten, waarbij deze wordt omgevormd tot één en al "drang van liefde".[58] Op dat moment vindt de overgang plaats van het psychologische naar het ontologische niveau van leven. Zonder het schouwen van de heiligheid van God blijft de bekering altijd ontoereikend. Onvolmaakt blijft dan eveneens de kennis der waarheid die besloten ligt in de geboden van Christus. Daarom ook geschiedt de wedergeboorte van de gelovige in het onwankelbaar Koninkrijk – wat tevens de overgang betekent tot de waarachtige ontologische kennis – door middel van de grote smart in de bekering. Deze pijn der bekering maakt de geest één en al gebed. Dit gebed is de noodzakelijke voorwaarde voor de

---

[55] Cf. "We Shall See Him", GK p.239, EN p.152.
[56] Ibid., GK p.305, EN p.198.
[57] "Saint Silouan", GK p.622, EN p.504, NL p.526-527: "Mijn ziel, o Heer, houdt zich bezig met U, heel de dag en heel de nacht. Uw Geest trekt mij aan [...] Uit liefde voor de Heer is mijn ziel als was ik waanzinnig geworden [...] de wereld is achtergebleven en in vergetelheid geraakt." Een vergelijkbaar onderricht over de geestelijke ascese op twee niveaus komen wij ook tegen bij de heilige Gregorius Palamas. Op het eerste niveau werkt "het eerste mysterie van het Kruis", dat het ontvluchten van de zonde betreft. Op het tweede niveau werkt "het tweede mysterie van het Kruis", dat het afsterven betreft van de gelovige jegens de zonde. Dit afsterven wordt geïnspireerd door de inspiratie van het innerlijk schouwen van God, en door de heiligende warmte van het hart die hiermee gepaard gaat. Zie Homilie 11 (PG151, 128C-129A, Engelse vertaling in "The Homilies").
[58] "We Shall See Him", GK p.386; zie "His Life is Mine", EN p.94.

wedergeboorte van de mens, waarbij heel zijn leven wordt overgebracht tot ontologische categorieën. Dan leeft hij heel de Adam als één mens, die heel de mensheid omvat, en zijn rede wordt getransfigureerd zodat hij 'het zijn' in zich op kan nemen in de theologische categorieën daarvan.[59]

---

[59] Ibid., GK p.313, 340, EN p.204. 216.

7b) De ontologische wedergeboorte

De visie van het woord Gods en van de geboden van Christus had een centrale plaats in het onderricht van oudvader Sophrony. Hij gelooft dat het woord van Christus, dat van goddelijke herkomst is, een "projectie [vormt] van de Goddelijke Eeuwigheid op het vlak van de aarde".[1] Hij verzekert zelfs dat het woord van Christus ongeschapen goddelijk Licht is, en gericht is op het "diepe hart" van de mens, dat de plaats en het centrum is van diens hypostatische beginsel.[2] Tevens getuigt hij dat om het hart te openen voor het woord van Christus en de genade der bekering te ontvangen, de mens een volkomen geloof dient te hebben in de goddelijkheid van Christus.[3] Dan aanvaardt hij Diens uitspraken niet als een dode letter, maar als "geest en waarheid",[4] vol energie en openbarend,[5] die in het hart het mysterie doen weerklinken van het eeuwige leven.[6] Het levende woord Gods valt in de diepten van het hart als een zaad van liefde, en verwekt in de ziel de berouwvolle bekering, hetgeen de mens de mogelijkheid schenkt de maat van het gewone religieuze bewustzijn te overstijgen.[7] Uit ervaring raakt hij ervan overtuigd dat de leer van Christus het niveau van de ethiek te boven gaat. Deze leer is vergoddelijkend.[8]

Wanneer de gelovige erin slaagt door dit werk (der bekering) God welbehaaglijk te zijn, dan wordt hij door Diens genade wedergeboren op het vlak van de eeuwigheid. Hij verbreekt de banden van

---

[1] "Saint Silouan", GK p.152: "Hoger en volmaakter dan alles is de verheffing van de gelovigen tot "de maat van de grootte van de volheid van Christus" (Ef.4:13).
...Het is noodzakelijk voor ons te verstaan dat het "pre-dogmatische" leven [d.w.z. het leven vóór de openbaring van de Godskennis, die wordt uitgedrukt in de dogmata, *Noot vert.*] verkeert op het niveau van de ethische denkbeelden en waarden, zaken die lager zijn dan de dimensies van de Openbaring die ons geschonken is. Het woord van Christus en Zijn geboden zijn niet naar de mens, noch van de mens afkomstig, maar zij vormen de projectie van de Goddelijke Eeuwigheid op het vlak van de aarde."
[2] Cf. ibid., GK p.285, EN p.215, NL p.234. Zie ook "His Life is Mine", EN p.44.
[3] "We Shall See Him", GK p.31, EN p.20.
[4] Joh.6:63.
[5] Cf. Hebr.4:12-13.
[6] Cf. Joh.6:68.
[7] "Saint Silouan", GK p.258, EN p.194, NL p.248.
[8] "We Shall See Him", GK. 310, EN p.204.

zijn bestaan als 'individu'[9] en opent zich om een nieuwe ontologische inhoud te ontvangen. Deze inhoud is de innerlijke staat van Christus Zelf, waarin hij de waarachtige dimensies ontdekt van de liefde tot de naaste. Door Christus en in Christus leeft hij het pan-kosmische drama, vanaf de val van Adam tot aan de einden der eeuwen. Zoals Christus uit liefde nederdaalde tot in de diepten der hel, zo beleeft ook de mens, die zich inspant Christus na te volgen en Hem gelijk te worden, de "hel van de liefde tot de naaste", waarbij hij zijn bekering niet alleen opdraagt voor zichzelf, maar ook voor heel het geslacht van zijn medemensen, die van gelijke hartstochten zijn, en omwille van wie hij dorst naar het heil.

Een fundamentele voorwaarde voor een waarachtige bekering, zoals wij reeds hebben aangetekend, vormt de erkenning van de zonde. Volgens het woord van de Oudvader is de zonde niet enkel een inbreuk op ethische beginselen, maar vóór alles betekent dit de breuk van de mens met het eeuwige leven van God, waarvoor de mens geschapen werd en waartoe hij was voorbestemd.[10] Door de val van Adam werd de zonde een pan-kosmische realiteit en een wet die wortel schoot in de diepten van de geestelijke natuur van de mens.[11]

Opdat de mens de volheid van deze bekering zou bereiken, en allereerst de hel van zijn persoonlijke armoede zou kennen, en vervolgens de hel der liefde uit medelijden met de naaste, dient hij "de vorst dezer wereld" van zich af te werpen op alle niveaus. Hij dient zijn geest te meten met elk verschijnsel in de geestelijke wereld, en onderworpen te worden aan de uiterste beproevingen van zijn weerstand. Dan wordt op hem de volheid overgedragen van de gelijkenis aan God. Hij verwerft het gezag en de macht om niet alleen zijn persoonlijke bestaan op te heffen tot het ontologische niveau, maar ook het lot van heel de wereld. Deze opheffing, die wij 'hypostatische opheffing' zouden kunnen noemen, is datgene wat de mens betaamt die geschapen is naar Gods beeld.

De zonde, als geestelijke realiteit, wordt op verborgen wijze begaan in de diepte van het hart van de mens. Het is allereerst daar,

---

[9] Aangaande het theologische verschil tussen het 'individu' en de 'persoon', zie hfst.1, noot 1.
[10] Cf. "Saint Silouan", GK p.37, EN p.31, NL p.41.
[11] Cf. Rom.7:23.

dat zijn vrije wil weifelt en afwijkt van de juiste richting en van het doel dat de Formeerder gelegd heeft in de natuur van de mens. Niet alleen de zonde van Adam, maar – naar het inzicht van de Oudvader – elke zonde is van grote betekenis en neemt kosmische dimensies aan.[12] Derhalve is ook de correctie van de zonde het eerste stadium van het herstel van de wil van de mens, een wil die door de zonde verdorven werd. De uiteindelijke genezing van de gevolgen van de voorvaderlijke zondedaad – van de neiging tot zelfvergoddelijking – en de openbaring van de geestelijke vrijheid, worden verwezenlijkt door het offer dat gebracht wordt door de volledige bekering. Dit is noodzakelijk, opdat de vrije zelfbepaling van de mens om zich in positieve zin op God te richten, bevestigd wordt, hetgeen leidt tot zijn heiliging en zijn gelijkwording aan Christus.[13]

Overeenkomstig de openbaring van God is de zonde een getuigenis van het begin van het menselijk drama. De erkenning daarvan leidt tot het waarachtige geloof, dat God rechtvaardigt als "waarachtig" en de mens "om niet" behoudt.[14] De erkenning en het 'schouwen' van de zonde in het licht van Gods genade vormt een geestelijke genadegave. Deze genadegave, die fundamenteel is en onontbeerlijk voor het geestelijk herstel van de mens, wordt geschonken naar de mate van zijn geloof in het woord van Christus. De Oudvader volgde de Vaders van de Kerk en droeg in zich de geest van de Orthodoxe ascetische traditie, en aldus verzekert hij dat geen enkel gebed "de oren van de Heer Sabaoth" bereikt, als het niet geschiedt met een bewustzijn dat doordrenkt is van de diepe gewaarwording van de zondigheid van de mens.[15] Hij benadrukt dat dit geschenk van het bewustzijn van de zonde kostbaarder is dan het schouwen van engelen, en de grondslag wordt van heel het ascetische leven.[16] Wanneer de mens belijdt dat hij verantwoordelijk

---

[12] "Saint Silouan", GK p.38, EN p.31, NL p.42.
[13] Cf. "We Shall See Him", GK p.63, EN p.41.
[14] Cf. 1Joh.1:8-10 en 5:20; Rom.3:21-24.
[15] Cf. "We Shall See Him", GK p.63, EN p.26. Aangaande de bekering en de rouwmoedigheid als voorwaarde voor het gebed, zie de heilige Gregorius Palamas in «Λόγος εἰς Πέτρον Ἀθωνίτην» (Een woord over Petrus de Athoniet, PG150, 1012B), en "To the Nun Xenia" (PG150, 1077D, Engelse vertaling in "The Philokalia", vol.4).
[16] Cf. "We Shall See Him", GK p.40, EN p.26. Zie ook de heilige Isaak de Syriër,

is voor zijn zonde, herstelt hij zijn juiste verhouding met God. Terzelfdertijd belijdt hij de waarheid van een pan-kosmische geestelijke realiteit, waaraan wij reeds eerder refereerden, en hij wordt waarachtig. Aldus op deze nederige wijze de waarheid sprekend, trekt hij de Geest der Waarheid tot zich. Deze Geest legt de diepten van het hart van de mens open, en openbaart de verborgenheden van zijn hart. Hij begenadigt hem om met Gods ogen zijn werkelijke gesteldheid te zien. Deze zelfkennis, die bewerkt wordt door de Geest Gods, schenkt de inspiratie om ook geleid te mogen worden tot de Godskennis, die de mens tot een bijzondere hypostase maakt, naar het beeld van de 'Drie-hypostatische' God.

Zoals de zonde begaan wordt in de diepten van het hart, zo voltrekt ook de bekering zich in de diepst verborgen plaats van de geest van de mens. De zonde is het verscheuren van de persoonlijke relatie en een misdaad jegens de Vaderlijke liefde.[17] De bekering beoogt de zonde bloot te leggen tot zijn ontologische diepte, opdat heel de mens genezen moge worden, en tot herstel van de onafgebroken opheffing van zijn leven tot het ontologische niveau van

---

"Ascetical Homilies" (*Engels:* Hom.4; *Grieks:* Hom. 23; *Oudgrieks:* Hom.5): "Vergelijk niet degenen die tekenen en wondertekenen doen in de wereld met hen die de stilte beoefenen in kennis. Heb de ledigheid van de stilte lief boven het verzadigen van hen die hongeren in de wereld, en gij zult vele natiën brengen tot de aanbidding van God; want het is beter uzelf te ontbinden van de band der zonde, dan dienstknechten de vrijheid te schenken van hun knechtschap. Beter is het voor u vrede te maken met uw ziel, in de eendracht van de drieëenheid in u (dat wil zeggen: het lichaam, de ziel en de geest), dan door uw onderricht vrede te stichten tussen hen die in tweedracht leven. Immers, Gregorius [de Theoloog] verklaart: Het is goed omwille van God over God te spreken, doch dit is beter: dat iemand zichzelf reinigt voor God. Het is beter voor u moeizaam van tong te zijn, terwijl gij de kennis bezit uit ervaring, boven het voortbrengen van rivieren van onderricht vanuit de scherpzinnigheid van uw intellect. Het baat u meer om zorg te dragen voor de opstanding van uw ziel, die gevallen is door de hartstochten – vanwege de bewegingen van uw verlangens, die door de (valse) goden worden verwekt – dan de gestorvenen te doen opstaan." Zie ook de heilige Johannes van Sinaï, in "De Ladder", (Grieks: 7:73, PG88, 816D, in de Engelse vertaling "The Ladder", step 7:70): "Wanneer onze ziel deze wereld verlaat, zullen wij niet worden aangeklaagd omdat wij geen wonderen hebben verricht, noch omdat wij niet over God hebben gesproken, noch omdat wij geen schouwenden zijn geweest, maar wij zullen zeker rekenschap moeten afleggen voor God, waarom wij niet onafgebroken hebben getreurd."

[17] Cf. "We Shall See Him", GK p.333, EN p.211.

het leven in het Koninkrijk Gods. In dit perspectief komt het wezen van de zonde aan het licht als zelfmoord op het metafysische vlak, en als een eeuwig verdreven zijn van God.

7c) Het aanschouwen van het ongeschapen Licht

In de ongeveer tweeduizend bladzijden van de reeds gepubliceerde geschriften van oudvader Sophrony zien wij een onafgebroken referentie aan het thema van het ongeschapen Goddelijk Licht. In vier uitgebreide hoofdstukken van zijn boeken treffen wij een systematische uiteenzetting en beschrijving aan van de voorwaarden voor het schouwen van het ongeschapen Licht, de karakteristieken van de natuur daarvan, en de uitwerkingen van deze ervaring.[1] Vanaf de eerste bladzijde van het werk "De heilige Silouan de Athoniet", en in heel de uiteenzetting van zijn empirische theologie, getuigt de Oudvader op expliciete en impliciete wijze, hoe het doel bij uitstek van het bestaan van de mens, en van zijn sinds vóór alle eeuwen geïnspireerde roeping door de beginloze God, is om "een woontent te worden van Zijn Licht tot in alle eeuwigheid".[2] Al werd oudvader Sophrony, terecht en treffend, gekarakteriseerd als theoloog van het hypostatische beginsel,[3] evenzo zou het zeer redelijk en legitiem zijn hem een ingewijde en een leermeester te noemen van het schouwen van het ongeschapen Licht.

Overeenkomstig het onderricht van de Heilige Schrift, en in het bijzonder van de evangelist Johannes, is God Licht, en de kennis van Hem is een gemeenschap in het Licht.[4] Dit Licht, dat de mens geschonken wordt als een gave Gods, maakt ook hem tot "licht in de Heer".[5] De volheid van deze gesteldheid is het erfdeel van de toekomende eeuwigheid, waartoe de evangelist Johannes de kinderen Gods aanspoort zich te zuiveren en te reinigen van elke zonde.[6]

---

[1] De vier genoemde hoofdstukken zijn te vinden in: "Saint Silouan" (Hfst.8); "We Shall See Him" (GK p.235-292, EN hfst.12); «ΑΣΚΗΣΙΣ ΚΑΙ ΘΕΩΡΙΑ» (Over de ascese en het schouwen, GK p.171-188); en "His Life is Mine" (EN hfst.10, p.77-80).
[2] "We Shall See Him", GK p.200-201, EN p.127.
[3] G.I. Manzarides, in het Grieks-talige werk «Πρόσωπο καὶ θεσμοί» (De persoon en de instituties), Thessaloniki 1997, p.19vv.
[4] Cf. 1Joh.1:5-7.
[5] Ef.5:8.
[6] Cf. 1Joh.3:3. [In Bijbelse context betreft het *'reinigen'* m.n. de noodzakelijke voorwaarde om voor Gods aanschijn te kunnen staan (wie 'onrein' was mocht de Tempel niet betreden), terwijl het *'zuiveren'* verwijst naar het beeld van het zilver of goud, dat 'gelouterd' dient te worden van alle 'roest' en onzuiverheid, die zich daarmee vermengd heeft – twee aspecten dus van dezelfde realiteit van de zonde,

De voornaamste en absoluut noodzakelijke voorwaarde voor de verlichting van de mens is de menswording van Jezus Christus.[7] Deze is het Licht des Levens, want "in Hem woont heel de volheid der Godheid lichamelijk".[8] Dit grote Licht verscheen in de tijd, en trad binnen in het leven en de geschiedenis van de wereld.[9] Hij gaf aan de mensen de mogelijkheid kinderen Gods te worden, die zijn wedergeboren door het "overvloedige" leven "uit Zijn volheid".[10]

Het woord Gods bepaalt, dat voor elke toegang tot God het geloof nodig is.[11] En in het geval van het schouwen van het ongeschapen Licht (dat wil zeggen, de gemeenschap met God, met de Energie van Zijn bestaan) verzekert de Oudvader, dat het geloof van de mens de eerste en onontbeerlijke voorwaarde is. Hij komt bij herhaling terug op dit thema, om op evangelische wijze uit te leggen en te benadrukken, dat zonder het geloof in Christus de zonde niet geopenbaard wordt, de mens verstoken blijft van de genadegave der aanneming, en zijn leven verslonden wordt door de duisternis van het niet-zijn. Doch door het geloof wordt de persoonlijke relatie gevormd tussen Christus God en de mens, in het licht waarvan de zonde zichtbaar wordt als het verbreken hiervan. Zonder dit geloof, zegt de Heer, "sterven wij in onze zonden".[12]

Voorzeker is dit geloof, waarover hier gesproken wordt, dat onbetwijfelde vertrouwen in Christus God, dat in zich de heilbrengende kracht[13] besloten houdt en vleugels geeft voor de vlucht over de afgrond der zonde tot "het Licht van de Theophanie, dat

---

als datgene wat ons gescheiden houdt van God. *Noot vert.*]
[7] Cf. G.I. Manzarides, in de Grieks-talige uitgave «Παλαμικά» (*'Palamiká'*), p.238.
[8] Kol.2:9.
[9] Cf. "On Prayer", GK p.135, EN p.130.
[10] Cf. Joh.10:1, Joh.1:16.
[11] Hebr.11:6 "Want die tot God komt moet geloven, dat Hij Is, en dat Hij een Beloner is van degenen die Hem zoeken".
In dit verband bevestigt oudvader Sophrony de visie en de ervaring van de Vaders der Kerk, die onderstrepen dat deze ervaring "van het geheel gegrepen zijn van het intellect door de gemeenschap van de Heilige Geest" enkel komt tot "een heilige en gelovige ziel" – zie de heilige Makarius van Egypte, "Spiritual Homilies" 18,2vv. (PG34, 636), en «Λόγος περὶ ἀγάπης» (Een woord over de liefde), 25vv. (PG34, 928vv).
[12] Cf. Joh.8:24.
[13] Cf. "We Shall See Him", GK p.258, EN p.167.

samengaat met de overwinning op de dood".[14] Bijgevolg stelt de Oudvader nadrukkelijk, dat het vereiste geloof, dat de geest van de mens leidt tot de plaats van het Goddelijk Licht, dat geloof is wat Christus Zelf van ons verwacht – dat wil zeggen: dat Hijzelf de Waarheid is van het onvernietigbare 'Zijn'.[15] Alleen onder deze voorwaarde ontdekt de mens de goddelijke herkomst en de absolute aard van het scheppende woord van Christus, waarvan de volheid hem tot medewerker van God kan maken en alles kan transfigureren tot een wonderlijk paradijs van God.[16]

Het vastberaden geloof dat Christus God is, verwekt de geestelijke manmoedigheid. Dit geeft de gelovige de kracht niet te versagen en zich niet terug te trekken bij het aanzicht van de vreeswekkende afgrond, die hij moet oversteken om de Goddelijke eeuwigheid te bereiken.[17] Hoe dan ook doen het geloof, en het leerlingschap bij Christus, de mens oog in oog staan met al de tegenwerkende krachten en al de negatieve verschijnselen van de geestelijke wereld. Doch terzelfder tijd schenken zij de genade te allen tijde het veiligste "risico" te kiezen, door zich met kinderlijke eenvoud toe te vertrouwen aan Gods overwinningdragende Voorzienigheid.[18]

Dit levende geloof in Christus ziet de Oudvader in de personen van de heilige Apostelen. Zoals hij zegt, zodra zij door de mond van Petrus beleden dat Christus God is, werden zij tot de berg Thabor geleid. Aldaar werd het woord van de Heer vervuld, en zagen zij het Licht van Zijn Transfiguratie, "het Koninkrijk Gods, gekomen in kracht".[19]

Dit verband tussen de Transfiguratie van Christus en de verschijning "in kracht" van het Koninkrijk Gods is in de patristieke traditie heel gebruikelijk.[20] Doch vanuit zijn eigen ervaring bevestigt de Oudvader, hoe eenzelfde reeks gebeurtenissen herhaald wordt in

---

[14] Cf. ibid., GK p.106, EN p.68-69. Zie ook "On Prayer", GK p.114, EN p.75.
[15] Cf. "We Shall See Him", GK p.334, EN p.212.
[16] Cf. ibid., GK p.283-284, EN p.184.
[17] Cf. ibid., GK p.106, EN p.68-69.
[18] Ibid., GK p.106-107, EN p.69. Aangaande het geloof als 'risico' en het vertrouwen in Gods Voorzienigheid, zie Mt.6:28-30 en Mt.10:29-31.
[19] Mk.9:1.
[20] Zie bv. I. Karabidopoulos, in een Grieks-talig werk over het Markus-evangelie: «Τὸ κατὰ Μάρκον Εὐαγγέλιο», Thessaloniki 1988, p.279 vv.

het leven van elke gelovige.[21] Wanneer dit apostolische geloof op dynamische wijze werkzaam wordt in het leven van de leerling, en de rechtvaardigheid van de wet van het geloof[22] vervuld wordt, dan wordt hij toegerust "tot alle goed werk"[23], dat zal medewerken aan zijn verlichting.

Het voornaamste werk van het geloof, dat de mens leidt tot de verlichting van zijn ziel door de Heilige Geest, is de berouwvolle bekering. Op dit thema van de bekering komt oudvader Sophrony voortdurend terug. Om dit thema te ontwikkelen herhaalt hij vele malen dezelfde stellingen, terwijl hij bij elke herhaling weer nieuwe kanten naar voren brengt en nieuwe elementen toevoegt. De bekering waarop hij zinspeelt is uiteraard altijd die, welke voltrokken wordt op het ontologische niveau, met de tweevoudige visie, die wij in het voorgaande hoofdstukje hebben beschreven. Deze bekering geneest de mens en versterkt zijn natuur door de genade, opdat hij het bovennatuurlijke schouwen kan dragen van het goddelijk Licht.

Degene die zich op waarachtige en nederige wijze bekeert met geloof in het woord van Christus zoekt niet het hemelse schouwen. Hij concentreert al zijn krachten op de strijd tegen de zonde en de hartstochten. Wanneer de reiniging daarvan in belangrijke mate toeneemt, vormt dit de natuurlijke en ongedwongen voorbereiding voor het schouwen van het Licht en het bezoek van de goddelijke liefde.[24] De bekering waarvan hier sprake is, dient alomvattend te zijn, met een uiterste intensiteit van wanhoop. Deze charismatische wanhoop, die samengaat met de diepe en volledige bekering, verwekt een onstuitbare drang tot God en een verlangen "tot de dood toe".[25] Dan staart de mens met zijn geest "in de afgrond van de buitenste duisternis" die zich vóór hem opent. Het mysterie van dit schouwspel inspireert tot een vurig gebed, dat hem reinigt van de hartstochten en de weg bereidt voor de komst van het Goddelijk Licht.[26] Deze twee elementen, van de wanhoop en het verlangen, brengen zulk een concentratie in het gebed, dat de geest van de mens

---

[21] Cf. "We Shall See Him", GK p.247, EN p.157.
[22] Cf. Rom.3:27.
[23] 2Tim.3:17.
[24] Cf. "On Prayer", GK p.161, EN p.248, en "We Shall See Him", GK p.259, EN p.168.
[25] Cf. "We Shall See Him", GK p.274, 291, EN p.178, 189.
[26] Cf. "Saint Silouan", GK p.216, EN p.166-167, NL p.176.

"geheel en al in God verzinkt, zonder terug te keren tot zichzelf".[27]

Wanneer het gebed zo dringend wordt dat dit heel het wezen doorschokt van de mens, die onder wanhoop leeft in de hel van zijn persoonlijke bekering, dan "ontvangt hij op tijdeloze wijze de liefde van de Heer in het ongeschapen Licht".[28] De verdrukking van de bekering en het verlangen naar de Heer Die hij zoekt, verwekken een uiterste pijn van liefde tot God, tot aan zelfhaat toe.[29] Deze heilige pijn van de Goddelijke liefde, tezamen met de schrikwekkende wanhoop van de zelfkennis, wekken een ondraaglijke dorst naar de Levende God, in zulke mate dat "de drang tot bekering alles opslokt".[30] Het bewustzijn van de mens lijdt dan ontroostbaar omwille van God, zodanig dat noch in zijn intellect, noch in zijn hart één andere gedachte overblijft dan de haat jegens de hem omringende duisternis van de boze, en het vurige beroep op God de Heiland. Niet alleen wordt de mens dan afgescheiden van al het geschapene, maar ook zijn intellect ontbloot zich van alle ideeën, van elke gedachte en voorstelling,[31] om alle 'plaats' te geven aan de hoge Bezoeker Die hij verwacht. Hier ligt overigens ook de bekroning van de deugd van de monastieke bezitloosheid, zoals deze in de patristieke traditie wordt verstaan.[32] Dit moment is de "tijd voor de Heer om te handelen"[33] Doch het is mogelijk dat de Heer, overeenkomstig Diens vooruitzien en onderscheiding, Zijn komst vertraagt. In Zijn goedertierenheid voorziet Hij erin, dat degene die zich bekeert een nog grotere volheid van zelfontlediging en verlatenheid zal doormaken. Op deze wijze verwerft de mens een grotere geestelijke stabiliteit

---

[27] "We Shall See Him", GK p.285 (zie ook p.263, 69), EN p.185 (167, 45).
[28] Ibid., GK p.93, 80, EN p.59, 52.
[29] Cf. "On Prayer", GK p.85, EN p.58.
[30] "We Shall See Him", GK p.255, EN p.165.
[31] Cf. ibid., GK p.32, 103, EN p.21, 67.
[32] De heilige Simeon de Nieuwe Theoloog in commentaar op de tekst "Zie, wij o Heer, hebben alles verlaten en zijn u gevolgd" (Mt.19:27), merkt op: "Door 'alles' te zeggen, omsloot hij de bezittingen, en geld, en wilsverlangens, en zelfs de verachting van dit tijdelijke leven en dit te verwerpen als een gruwel, om dat hypostatische en eeuwige leven te mogen smaken, dat immers zoeter is en voortreffelijker dan alles, want het is God Zelf. («Κατηχήσεις» 34, 363-369, ed. B. Krivochéine, "Sources Chrétiennes", vol.113, Parijs 1965, p.300; Engelse vertaling: "Discourses" 34, p.357).
[33] Cf. LXX Ps.118(119):126. Zie Hfst.7a, noot 35.

en bereikt hij een des te vollere gelijkwording aan de Heer Die "is nedergedaald" en vervolgens "is opgegaan".[34]

De bekering die voorafgaat aan het schouwen van het Licht neemt kosmische dimensies aan, en wordt als de bekering van Adam. Degene die zich aldus bekeert heeft een inzicht in de pan-kosmische val.[35] Hij beleeft de tragiek van de lotgevallen van heel de aarde.[36] De aard van het lijden en de smart van zijn geest gaat de natuur te boven, en zij bereiken de uiterste grenzen van de weerstand van de geschapen mens.[37] Onder aanhoudend wenen in het gebed voor de gehele wereld treedt hij binnen in de eeuwenoude stroom van het gebed van Christus in Gethsémane. Dan wordt de bolster van het individu verbrijzeld, en verwerft hij de ervaring van de hypostatische gesteldheid van "Ik ben".[38] De mens bekeert zich omwille van de val van de gehele Adam, vanwege de zondige daden van de gehele mensheid, en hij wordt wedergeboren naar het beeld van de Nieuwe Adam, met de profetische ervaring van de opstanding uit de doden.

Het wenen vanwege de pijn der bekering, dat wij beschreven, beoogt al de vermogens van de ziel te verenigen van degene die zich bekeert, en zijn natuur te genezen. Aldus wordt het hem mogelijk de volheid van de liefde Gods te dragen, die de geboden van Christus vereisen.[39] Niettemin, hoewel de bekering meer benadrukt wordt dan door welke andere ascetische schrijver dan ook, zegt de Oudvader eveneens dat geen enkele sterfelijke ziel toereikend is om het ongeschapen Licht te schouwen, als niet God Zelf hem versterkt met Zijn genade, zodat de mens Zijn onzegbare gave kan dragen.[40]

Niet alleen is het nodig dat de psyche van de mens sterker wordt,

---

[34] Ef.4:9-10. Cf. "We Shall See Him", GK p.208-209, 213, EN p..131-132, 135. Dergelijke ervaringen worden door de Oudvader op volmaakte wijze beschreven in de vorm van geestelijke wetten, bv.: "De volheid van de zelfontlediging gaat vooraf aan de volheid van de volmaaktheid" (GK p.81, EN p.53), en: "Hoe dieper de geestelijke pijn is, zoveel te sterker is ook de aantrekkingskracht tot God; met zoveel kracht als wij ondergaan in de diepten van de eindeloze oceaan van leed, even zeker is ook de opgang van onze geest tot in de hemel." (GK p.137, EN p.88).
[35] Cf. "On Prayer", GK p.68, EN p.46.
[36] Ibid., GK p.95-96, EN p.77.
[37] "We Shall See Him", GK p.171, EN p.106.
[38] "On Prayer", GK p.91, EN p.78.
[39] "We Shall See Him", GK p.83, 169, EN p.54-55, 105.
[40] Cf. ibid., GK p.140, EN p.89-90.

maar ook zijn lichaam.[41] Vader Sophrony volgt standvastig de synthetische antropologie van de Vaders van de Kerk, en ziet de mens altijd als een psychosomatische eenheid, en derhalve ziet hij niet voorbij aan het belang van het lichaam in het ascetische leven en de ascetische ervaring, noch wordt hij geleid tot eenzijdige standpunten.

Er zijn twee dingen die de weg tot het schouwen van het ongeschapen Licht kunnen verhinderen: 1) De vrees van de mens zichzelf te onderwerpen aan de intensiteit van de uiterste bekering,[42] en 2) De zelfvoldaanheid over zijn relatieve vooruitgang.[43] In deze twee gevallen wordt het hart niet voldoende verfijnd, maar blijft het bezwaard, en de drempel van het ongeschapene schijnt onoverkomelijk. Er bestaan uiteraard ook andere obstakels, zoals de haat, de hoogmoed en de minachting voor de "kleinen" – deze dingen vervreemden de mens van de Heilige God.[44] Hoe dan ook blijft het ongeschapen Licht onzichtbaar voor diegenen die dit niet met heel hun wezen hebben gezocht.[45]

Zoals in de voorgaande hoofdstukjes op analytische wijze gezegd

---

[41] Cf. ibid., GK p.207, EN p.131. Vele Vaders spreken over de deelname van het lichaam aan de ascetische inspanningen en de goddelijke genadegaven. In de 'anaphora' van de Liturgie van de heilige Basilius de Grote wordt gezegd: "[de Heilige Geest] Die elk redelijk en noëtisch schepsel in staat stelt U te dienen, en de eeuwigdurende doxologie op te zenden tot U". De "troost" uit de zaligspreking van Christus tot de treurenden is een vrucht die niet alleen ontvangen wordt door de ziel, maar ook door het lichaam, op verlerlei wijze. De heilige Gregorius Palamas spreekt over "de smartelijke tranen van hen die treuren over hun zonden"; in «Ὑπὲρ τῶν ἱερῶς ἡσυχαζόντων» 1,3,33 ("Over hen die de gewijde stilte beoefenen"). En in andere teksten van hem wordt eveneens gerefereerd aan de tranen, die hij naar voren brengt als de vrucht van de psychosomatische ervaring (zie bv. in het zojuist genoemde werk 2,2,7, p.513). Zie in dit verband ook de heilige Johannes van Sinaï (in "The Ladder", step 6; PG88, 796B). De heilige Gregorius Palamas zegt eveneens, dat het lichaam mede deelgenoot wordt aan de heiligheid, wanneer het zich onthoudt van verkeerde daden; zie Homilie 12 (PG151, 153C; Engelse vertaling in "The Homilies" 12, §11). Meer over dit onderwerp in het Grieks-talige werk door A. Keselopoulos "Πάθη καὶ ἀρετές" (Hartstochten en deugden), p.179-180.
[42] Cf. "We Shall See Him", GK p.104, EN p.68-69.
[43] Cf. ibid., GK p.199, EN p.125.
[44] Cf. ibid., GK p.69, EN p.45.
[45] Cf. ibid., GK p.287, EN p.186.

is, benadrukt oudvader Sophrony, dat de diepgaande en volledige bekering de strikt noodzakelijke voorwaarde vormt voor de wedergeboorte van de mens in het Licht der Godheid. Tegelijkertijd echter wijst hij ook op enkele andere voorwaarden, die bijdragen tot de reiniging en de verlichting, zoals het vasten, het gebed, het verblijven in de geest van de Heer, en in het algemeen het bewaren van de goddelijke geboden.

Het vasten, zegt de Oudvader, verfijnt het hart en maakt dit helderziend (in geestelijke zin),[46] in staat om door de genade geestelijke kennis te ontvangen. In dezelfde geest onderricht ook de heilige Silouan dat het vasten een hulp is, wanneer dit verbonden is met de zelfbeheersing, de nachtwake, de stilte en de andere deugden. Haar voornaamste kracht echter ontleent het vasten aan de nederigheid.[47]

De verlichtende goddelijke energie komt in het hart van de mens, wanneer deze ernaar streeft te verblijven in de geest van het woord des Heren. In dit moeizame streven verstaat de mens, dat de instructies van Christus een weerspiegeling zijn van het ongeschapen Licht der Godheid, een zelfopenbaring van God Zelf.[48] Door de lichtglans van het Woord Gods verlicht het onderricht van het Evangelie het innerlijk gezichtsvermogen, en het verfijnt het geestelijke zintuig van het hart, zodat in het vervolg geen innerlijke beweging noch gedachte aan de aandacht daarvan zal ontsnappen.[49] In het goddelijk licht van dit onderricht ziet de mens zichzelf "naakt en ontbloot"[50] en wordt hij nederig gestemd om het schijnsel daarvan te ontvangen.

Het verblijven in het woord des Heren wordt meer specifiek uitgedrukt door het bewaren van de goddelijke geboden. Hierdoor plaatst de mens zich op de weg des Heren, waarop Deze zijn metgezel wordt. Dan herkent de mens de Heer, zoals de Apostelen op hun tocht naar Emmaüs, door het gloeien en de zoetheid van Zijn liefde, die leeft in het "brandende hart".[51]

Het woord van het Evangelie kan door onze natuur in zulk een

---

[46] Cf. ibid., GK p.156, EN p.99.
[47] Cf. "Saint Silouan", GK p.584-585, 505, EN p.470-471, 481, NL p.494-495, 505.
[48] "On Prayer", GK p.45, EN p.31.
[49] Cf. "We Shall See Him", GK p.221-222, EN p.141.
[50] Cf. Heb.4:13.
[51] Cf. Lk.24:32. Zie ook "Saint Silouan", GK p.463, EN p.366, NL p.388; en "On Prayer", GK p.100, EN p.63.

mate worden geassimileerd, dat wij dit bezitten, zoals wij onze moedertaal bezitten. Dit leidt tot de gelijkwording van de mens met Christus. Anders gezegd, de vergoddelijking van de mens wordt voltrokken, wanneer de geboden des Heren de enige en eeuwige wet worden van heel zijn bestaan.[52] Door voortdurend te verblijven in de sfeer van de geboden van Christus wordt de mens genezen van de vergankelijkheid en de dodelijke wond van de zonde, terwijl zijn leven geheel doorstraald wordt door het Ongeschapen Licht van de goddelijke Eeuwigheid.[53]

En tot slot vindt de verlichtende energie van de Geest des Heren ook een plaats in de mens door het onafgebroken aanroepen van de Naam van Jezus. De Naam des Heren is onverbrekelijk verbonden met Zijn Persoon. Derhalve, wanneer Hij wordt aangeroepen "uit een rein hart",[54] dan maakt Hij Zijn aanwezigheid voelbaar. De aanwezigheid van de Geest des Heren wist de vergankelijkheid uit en heft elke tegenwerkende kracht op. Hij schenkt vrede en liefde. De Oudvader, zich baserend op zijn hesychastische ervaring, verzekert dat het aanroepen van de Naam van de Heer Jezus vergezeld gaat van de aanwezigheid van het Ongeschapen Licht. Alleen dan openbaart zich aan de mens de waarachtige betekenis van deze Naam. De Naam wordt een sleutel voor de intrede in het Koninkrijk Gods, en voor het verstaan van de stem van de Vader: "Deze is Mijn Zoon, de Geliefde; hoort naar Hem".[55]

De mens wordt in het bijzonder gelijkend aan de Heer der heerlijkheid door het gebed voor degenen die hem kwaad berokkenen.[56]

Onder de voorwaarden voor het schouwen van het ongeschapen Licht, die wij beschreven hebben, wordt de grootste nadruk gelegd op de bekering. De bekering zelf is een licht. Doch dit licht verlicht de mens "van achteren en van verre", om hem de geestelijke "plaats" te tonen, waarin hij verblijft. Deze plaats wordt "hel" genoemd. Het

---

[52] Cf. "We Shall See Him", GK p.404, EN p.229. Zie ook «ΑΣΚΗΣΙΣ ΚΑΙ ΘΕΩΡΙΑ» (Over de ascese en het schouwen), GK p.18, Engelse tekst in "Principles" p.259.
[53] Cf. "We Shall See Him", GK p.191, EN p.120.
[54] 2Tim.2:22.
[55] Mk.9:7. Zie ook "On Prayer", GK p.183, EN p.165; en cf. GK p.164, EN p.150: "Het licht van de Godskennis dat uitgaat van de Naam, en dat wij innerlijk hebben geassimileerd, zal onvervreemdbaar in onze geest blijven voortbestaan".
[56] Cf. "On Prayer", GK p.25, EN p.15.

is de duisternis waarin de mens leeft,[57] en die persoonlijk verlicht dient te worden door "het Licht des Levens".[58] Hier gaat de Oudvader over tot de formulering van een geestelijke wet van de 'omkering' in Christus. Hij zegt, dat naar de mate waarin de mens gelijk wordt aan Christus in de innerlijke bewegingen van zijn hart, zijn gezindheid, zijn ervaringen en zijn gebed, hij ook gelijk wordt met Hem in Zijn Goddelijkheid, waarbij hij het licht der 'aanneming' en de vergoddelijking ontvangt.[59] De uiteindelijke conclusie is identiek aan het ongeschreven besef van de Kerkelijke Traditie: Herhaaldelijk wordt gezegd, dat het schouwen van de goddelijke werkelijkheden een gesteldheid veronderstelt, die op zekere wijze overeenkomt met hetgeen geschouwd wordt.[60]

Doch voordat wij overgaan tot de beschrijving van de natuur en de eigenschappen van het ongeschapen Licht, beschouwen wij het noodzakelijk hier tenminste een beknopte samenvatting in te voegen aangaande de Orthodoxe leer over de Drieëenheid, zoals deze in de werken van de Oudvader wordt uiteengezet, in het bijzonder in zijn artikel "De eenheid van de Kerk naar het beeld van de Heilige Drieëenheid".[61]

Het Goddelijk 'Zijn', beginloos en volmaakt in Zijn natuur, Dat geen enkele oorzaak heeft buiten Zichzelf, vormt voor de geschapen mens 'Een Gegeven', of, zoals de Oudvader dit noemde, 'Een Puur Feit'.[62] Het mysterie van Deze volmaakte God werd aan de mens geopenbaard door Christus, de Zoon van God, door het welbehagen van de Vader en de medewerking van de Heilige Geest. De Vader,

---

[57] Cf. ibid., GK p.53, EN p.34-35.
[58] Joh.8:12.
[59] "We Shall See Him", GK p.235, 70, EN p.150, 45-46.
[60] Cf. ibid., GK p.69-70, EN p.45. Zie ook GK p.73, EN p.48; hier belijdt de Oudvader nederig, hoe wij in ons leven tenminste een zekere mate van analogie met de Profeten, de Apostelen en de Vaders dienen te onderscheiden, hoe miniem ook, om ons te kunnen oriënteren in ons Godwelgevallig streven.
[61] In «ΑΣΚΗΣΙΣ ΚΑΙ ΘΕΩΡΙΑ» (Over de ascese en het schouwen), GK p.125-137. Genoemde tekst werd oorspronkelijk uitgegeven in het Frans, onder de titel "Unité de l'Eglise à l'image de la Sainte Trinité" (de definitieve bewerking van dit artikel werd opgenomen in het boek "La felicité de connaître la voie").
[62] "Factus purus", in "Saint Silouan", GK p.237. De Oudvader gebruikt hier een Thomistische terminologie, die hij echter een Orthodoxe betekenis en inhoud geeft. Zie «ΑΣΚΗΣΙΣ ΚΑΙ ΘΕΩΡΙΑ» (Over de ascese en het schouwen), p.131.

de Zoon en de Heilige Geest vormen de Heilige Drieëenheid van Personen (of: Hypostasen). Deze Drie Personen hebben één Wezen (of: Natuur). Het is een éénwezenlijke en onscheidbare Drieëenheid. De goddelijke Natuur bezit haar eigen energie en leven. Elk van de Hypostasen draagt in Zich de volheid van de Natuur en van de energie. De Hypostase is absoluut geïdentificeerd met het Wezen (of: de Natuur), maar deze zijn ook absoluut van elkaar onderscheiden. Op dezelfde wijze zijn ook de natuur en de energie volstrekt geïdentificeerd met elkaar, maar tevens volstrekt onderscheiden. Het Goddelijk 'Zijn', zegt de Oudvader, is op absolute wijze actief en derhalve wordt daaraan de term 'Pure Energie' gegeven.[63] Deze pure energie moet hier niet worden verstaan in de Aristoteliaanse of Thomistische betekenis van deze term, daar deze hier het standpunt verwoordt van de Orthodoxe leer over de mogelijkheid van de mens deel te hebben aan God, en Hem te kennen.[64] De Heilige Drieëenheid openbaart een volmaakte eenvoud en éénheid, met een drievoudig onderscheid.

Het wezen of de natuur van het Goddelijk 'Zijn' gaat alle kennis en begrip van het schepsel te boven. Doch de energie van Zijn natuur wordt aan de redelijke schepselen geopenbaard als genade, liefde, kracht, leven, licht, enz. en zij hebben daaraan deel.[65] De energie

---

[63] Of 'Pure Werkzaamheid', "Actus purus", in "Saint Silouan", GK p.237.
[64] Er bestaat een belangrijk verschil tussen de wijze waarop de Orthodoxe Vaders dit Godschouwen verstaan, en de ontwikkelingen in de Scholastiek en de latere Westerse theologie, die het onderscheid tussen het Wezen van God en Zijn Energieën niet op deze wijze kennen. Voor een nadere studie over de divergente visie van het Orthodoxe en het latere Westerse Christendom, zie "The Ancestral Sin", John S. Romanides, vert. George S. Gabriel, ed. Zephyr, Ridgewood 1998. *Noot vert.*
[65] Zie de heilige Basilius de Grote, in Brief 234,1 (PG32, 869AB): "Wij nu noemen Hem onze God, Die wij kennen uit de energieën, doch wij matigen ons niet aan om Zijn wezen te benaderen. Want Zijn energieën dalen wel tot ons neder, doch Zijn wezen blijft onbereikbaar."
De heilige Gregorius Palamas drukt deze theologie uit in de vorm van een antinomie: "Gij ziet dat beide dingen ons door de eerbiedwaardige theologen zijn overgeleverd, dat het wezen van God zowel onmededeelbaar is als mededeelbaar, en dat wij deelhebben aan de goddelijke natuur, zowel als dat wij nimmer hieraan deelhebben. Wij moeten dus beiden bewaren en tot principe van onze vroomheid maken". Uit: «Θεοφάνης 13» (13ᵉ brief 'aan Theophanes', zie P.Christou, «Γρηγορίου τοῦ Παλαμᾶ, Συγγράμματα», vol.2, Thessaloniki 1966, p.238).

van God is eenvormig en eenvoudig. Doch in haar genadegaven en werkingen is zij "menigvuldig"[66] en heeft zij ontelbare namen. Wanneer zij in de patristieke geschriften 'Licht' wordt genoemd, of ook 'ongeschapen Licht', dan toont dit het specifieke karakter van de ervaring daarvan als een levende gewaarwording, waaraan zelfs het lichaam deelheeft, dat hierdoor de heiliging ontvangt. Dit wijst er tevens op, dat het zien van dit Licht een ervaring is in al z'n volheid, die derhalve niet alleen gezien wordt door de noëtische ogen van de ziel, maar zelfs ook door de lichamelijke ogen. Dit geschiedt, wanneer daaraan voorafgaand de heiliging en de versterking heeft plaatsgevonden van zowel het lichaam als de psyche van de gelovige, door de ongeschapen genade van God. Wanneer de mens op zodanige wijze aan de goddelijke energie of het ongeschapen Licht deelheeft, dat dit zelfs fysiek merkbaar is, dan betekent dit niet dat hierdoor het ongeschapene veranderd wordt in iets dat geschapen is, of dat het geschapene ongeschapen zou worden. Ondanks de nauwe vereniging van deze beiden, blijft dit onderscheid (tussen Ongeschapen en geschapen) eeuwig en onvermengbaar bestaan – zoals in de Persoon van Christus, Die als de Ene Heer voor eeuwig leeft in twee naturen, die op onscheidbare en onvermengbare wijze verenigd zijn.[67]

In de teksten van oudvader Sophrony is sprake van drie lichten: 1) Het natuurlijke of zintuiglijke licht; 2) het noëtische of intellectuele licht,[68] en 3) het ongeschapen of het avondloos Goddelijk Licht.[69]

Het natuurlijke licht is een 'symbool' van het ongeschapen Goddelijk Licht, en de natuurlijke zon is het beeld van de Zon der Liefde en der Rechtvaardigheid.[70] Zoals het natuurlijke licht van

---

[66] Cf. 1Petr.4:10.
[67] Cf. «ΑΣΚΗΣΙΣ ΚΑΙ ΘΕΩΡΙΑ» (Over de ascese en het schouwen), GK p.133; zie de Christologische formulering van het Concilie van Chalcedon.
[68] Cf. "We Shall See Him", GK p.243, EN p.155.
[69] Ibid., GK p.81, EN p.52: Hij beschrijft tevens het demonische licht, dat bovenal duisternis is, koud en doods. Daarnaast refereert hij ook aan het artistieke, het filosofische en het wetenschappelijke licht, die echter beschouwd kunnen worden als inbegrepen in het noëtische of intellectuele licht (zie GK p.244, EN p.155-156).
[70] Het onderliggende Griekse woord voor de 'rechtvaardigheid' (*dikaiosynê*/δικαιοσύνη) wordt vanouds ook wel vertaald als 'gerechtigheid', hetgeen vooral het juridische aspect hiervan uitdrukt. Doch in het onderricht van de Orthodoxe

de zon met zijn stralen heel de schepping verwarmt en leven schenkt, evenzo verlicht het ongeschapen Licht der Godheid al degenen die geformeerd zijn naar Gods Beeld, en schenkt hen het leven. Hoewel het natuurlijke licht 'verhaalt' van de energie van God als de vervolmaking van Gods beeld, schenkt dit toch geen onmiddellijke kennis van de Levende God. Het ongeschapen Licht echter, "brengt allereerst de openbaring van het Koninkrijk van de Hemelse Vader". Vanuit zijn persoonlijke ervaring zegt de Oudvader, dat na het schouwen van het ongeschapen Licht het natuurlijke licht van de zon grof lijkt, en bij tijden opdringerig.[71]

Hierbij dienen wij aan te tekenen, dat zelfs in het geval van het schouwen van het ongeschapen Licht, elke keer dat de mens een krachtiger uitstorting van licht ontvangt, het voorgaande licht als duisternis wordt ervaren in vergelijking met het laatste. Dit geschiedt uiteraard omdat in de eeuwigheid van het Licht geen vermindering bestaat, maar alleen vermeerdering en vooruitgang, totdat de ziel van de mens de hemel der hemelen bereikt.[72]

Bij de beschrijving van de natuur van het ongeschapen Licht worden nu eens apofatische termen gebruikt, dan weer katafatische.[73] De apofatische termen tonen het bovennatuurlijke karakter, de goddelijke herkomst en de natuur van het Licht. De katafatische zinspelen wederom op het aspect van de deelname aan dit Licht, en het positieve karakter van de levende ervaring hiervan. Niettemin dienen wij ook in de katafatische aanduidingen, die betrekking hebben op het Licht, altijd de apofatische dimensies te onderscheiden.

Vaders aangaande deze Bijbelse uitdrukking heeft het onderliggende begrip m.b.t. de rechtvaardigheid een veel bredere betekenis, in nauw verband met de levenschenkende kracht van de Goddelijke energieën. Vandaar dat hier de voorkeur wordt gegeven aan de vertaling "de Zon der rechtvaardigheid". *Noot vert.*

[71] Ibid., Gk p.286, EN p.185-186.

[72] Cf. Abba Ammonas (Brief 4, in "Patrologia Orientalis 11", 444,14-16 - 445,1-2; Engelse vertaling in "Letters of Ammonas", SLG, Fairacres, 1979, Brief 10, p.12).

[73] Deze termen betreffen de twee tegenovergestelde manieren, waarop de theologische ervaring in woorden kan worden uitgedrukt. Enerzijds in negatieve termen (*apofatisch*), die uitdrukken dat alles wat op God betrekking heeft alle menselijke kennis en taal te boven gaat. Anderzijds in positieve stellingen (*katafatisch*), die iets uitdrukken van de concrete ervaring van Gods aanwezigheid, zoals Hij Zich aan de mens doet kennen. In de hiervolgende zinsneden een nadere precisering m.b.t. deze terminologie aangaande het Goddelijk Licht. *Noot vert.*

Dit Licht dan, overeenkomstig de ervaring van de Oudvader, "is niet onderworpen aan de inspectie door de zintuigen – het is anders, onbevattelijk naar zijn natuur, en het komt op voor ons ondefinieerbare wijze".[74] Het is ongeschapen, onnoembaar, onvatbaar, onstoffelijk, onaantastbaar.[75] Dit Licht is niet te beschrijven,[76] ontastbaar,[77] ongenaakbaar,[78] niet in woorden uit te drukken.[79] De energieën van dit Licht zijn onbeschrijfelijk, en de zaligheid van de liefde voor God die hierdoor geïnspireerd wordt is onuitsprekelijk.[80] Deze apofatische aanduidingen verwijzen naar het anders-zijn van dit Licht. Het is supra-kosmisch en vloeit voort uit de Ene Natuur van God.[81] Deze energie staat niet los van de hypostase,[82] maar het is de persoonlijke God,[83] Die Zijn fundamentele bestaan heeft[84] in de Hypostasen van de Vader en van de Zoon en van de Heilige Geest – en de wijze waarop het Licht Deze Drie openbaart door zijn verschijning is altijd persoonlijk.[85]

Wanneer dit hemelse Licht zich beweegt in de richting van het schepsel en zich openbaart, toont het één orde en één wijze van bestaan. Het is het Licht van het Woord, Dat mede-eeuwig is met de Vader, en uitgaat van de Vader.[86] Dit Licht is de energie van de Heilige Geest, omdat het door Hem geschonken wordt. De orde van de verschijning ervan in de economie van de Heilige Drieëenheid is altijd uit de Vader, door de Zoon, in de Heilige Geest.[87]

---

[74] "We Shall See Him", GK p.251, EN p.163.
[75] Ibid., GK p.279, EN p.181.
[76] Ibid., GK p.93, EN p.59.
[77] Ibid., GK p.169, EN p.162.
[78] Ibid., GK p.287, EN p.186.
[79] Cf. ibid., GK p.292, EN p.189.
[80] Cf. ibid., GK p.247-248, EN p.158.
[81] Cf. ibid., GK p.251, EN p.163.
[82] D.w.z. het is geen onpersoonlijke kracht. *Cf. CWL.*
[83] "We Shall See Him", GK p.101, EN p.65.
[84] Het Grieks gebruikt hier het werkwoord '*hypostasioume*' (ὑποστασιοῦμαι), dat letterlijk zoveel wil zeggen als 'zijn hypostase hebben in'. Zoals de auteur hier stelt, staat deze energie niet op zichzelf, maar heeft zijn 'fundamentele bestaan' in de Drie Personen (of: Hypostasen) van de Heilige Drieëenheid. *Noot vert.*
[85] "We Shall See Him", GK p.247, EN p.158.
[86] Cf. ibid., GK p.260, 244 en 321-322, EN p.168, 155, 207.
[87] De hier geformuleerde orde "uit de Vader, door de Zoon, in de Heilige Geest" betreft, zoals de auteur stelt, de Goddelijke heilseconomie – dat wil zeggen, de

Ondanks de rijkdom aan apofatische termen, die wij bij oudvader Sophrony tegenkomen in de beschrijvingen van de natuur van het ongeschapen Licht, kunnen wij hier moeilijk aanspraak maken op originaliteit. In de patristieke traditie die aan hem voorafging, vinden wij reeds een ontwikkelde terminologie, die de natuur en de ervaring van het ongeschapen Licht omschrijft. Niettemin geven de dicht opeenvolgende herhalingen, met steeds weer nieuwe elementen (zoals wij reeds aantekenden) toch ook een specifieke en persoonlijke originaliteit. Vanaf de tijd van de heilige Gregorius Palamas heeft geen ander deze ervaring uitgedrukt met zulk een kennis en zulk een diepte.

De grote Basilius noemt het schouwen, waardoor de gereinigden worden verlicht "onzegbare schoonheid".[88] De heilige Gregorius de Theoloog karakteriseert dit als "onuitsprekelijk Licht" en identificeert dit met het Koninkrijk der hemelen.[89] De heilige Dionysius de Areopagiet, die als pionier in dit opzicht op beslissende wijze bijdroeg aan de apofatische theologie, omschrijft in negatieve stellingen de deelname van de mens aan de noëtische gave van dit Licht, en de eenwording "die het intellect te boven gaat", "in de ongekende en zalige uitstortingen van de stralen van Boven". Hij zegt eveneens, dat "de Goddelijke donkerheid het ongenaakbare Licht [is][90] waarin men zegt dat God woont".[91] De heilige Epiphanius van Cyprus,

---

wijze waarop God Zich aan de mens openbaart. In de patristieke theologie wordt dit nadrukkelijk onderscheiden van de eeuwige en vóóreeuwige orde binnen de Drieëenheid als zodanig, zoals uitgedrukt in de Orthodoxe Geloofsbelijdenis. Dit verschil tussen de 'ontologie' (de kennis van het wezen der dingen) en de 'economie' (Gods handelen jegens de mens) is fundamenteel voor een goed verstaan van de Orthodoxe Traditie hieromtrent. *Noot vert.*

[88] In zijn werk "Over de Heilige Geest", 9,23 («Περὶ Ἁγίου Πνεύματος» PG32, 109; Engelse vertaling "On the Holy Spirit", SVS Press, Crestwood 1980, p.44).

[89] Homilie 16,9 («Λόγος 16» PG35, 945C).

[90] Zie o.a. Ex.14:20 en 20:21. Deze 'donkerheid' van de wolkkolom in de woestijn betreft dus geen wezenlijke duisternis, maar veeleer het onvermogen van de aardse ('psychologische') mens om het Goddelijk Licht te aanschouwen. Zie bv. de nadrukkelijke stelling van de heilige Johannes de Theoloog: "God is Licht, en in Hem is in het geheel geen duisternis" (1Joh.1:5). *Noot vert.*

[91] In zijn werk "Over de goddelijke Namen" 1,4 («Περὶ θείων Ὀνομάτων» PG3, 592BC), en "Brief 5 aan Dorothéüs" («Ἐπιστολὴ 5 Δωροθέῳ» PG3, 1073A). Engelse vertaling in "Complete Works", Paulist Press, New York 1987 ("On the Divine Names", p.51-53, "Letter 4, To Dorotheus" p.265).

wanneer hij spreekt over de mogelijkheid van de zichtbare om de Onzichtbare te zien, benadrukt dat de mens slechts "verwaardigd wordt... de Onzichtbare te zien", wanneer de onzichtbare God zijn natuur de kracht daartoe geeft.[92] De heilige Makarius van Egypte in zijn omschrijving van het aanschouwen van het Goddelijk Licht, definieert dit als een "onstoffelijk en goddelijk vuur", dat de zonden wegneemt, en kracht en onsterfelijkheid verschaft, dat aan de heilige zielen verlichting schenkt, en dat de redelijke vermogens van de mens ondersteunt.[93] In weer een ander geval noemt hij dit "onzegbaar licht".[94]

Om niet al te lang hierover te spreken, refereren wij nog slechts aan twee heilige Vaders, de heilige Simeon de Nieuwe Theoloog, de zanger van het aanschouwen van het ongeschapen Licht, en de heilige Gregorius Palamas, die de theologie daaromtrent samenvatte. De eerste zegt, in een apofatische omschrijving van het heilige Licht: "Het is waarlijk een goddelijk vuur [...] ongeschapen en onzichtbaar, beginloos en onstoffelijk, in alles onveranderlijk, als zodanig onomschreven, onuitblusbaar, onsterfelijk, allerzins onomvatbaar, het is buiten al wat geschapen is".[95] Elders noemt hij dit Licht ook nog "vormloos en onbegrijpelijk en onuitsprekelijk".[96] De tweede van deze beide Vaders is bij uitstek de theoloog van de genade en de energieën van God, die geopenbaard worden als Licht en waaraan men deelheeft als Licht. Hij tekent aan, dat het zien van het Licht bovennatuurlijk is, en één van de wegen die daartoe leiden is het reine gebed. In zijn beschrijving van dit schouwen merkt hij op: "Dat [de mens] op buitengewone wijze een licht ziet dat elk licht te boven gaat, dat weet hij nog net, doch door welk (zintuig) hij dit ziet, dat weet hij dan niet – maar hij kan de natuur hiervan niet onderzoeken, vanwege de onnaspeurlijkheid van de

---

[92] In zijn werk «Πανάριον Γ'» ('*Panárion*' 3), hoofdstuk 70,7-8 (PG42, 349D).
[93] "Spiritual Homilies" 25,9-10 (PG34, 673B).
[94] "Spiritual Homilies" 34,2 (PG34, 745C).
[95] H. Simeon de Nieuwe Theoloog, Hymnen II (in "Sources Chrétiennes", vol. 174, p.340, 342; verzen 1 en 19-24. Voor een Engelse vertaling, zie citaat in "The Vision of God", Vladimir Lossky, Faith Press, Londen 1963, p.117-118).
[96] Simeon de Nieuwe Theoloog («Τὰ Ἅπαντα, Ποιητικὸς Λόγος» 90, Thessaloniki 1969, vol.1, p.515-516; geciteerd door Vladimir Lossky, zie de Engelse vertaling, op.cit. p.120).

Geest, door Wie hij ziet".[97] Bij de heilige Gregorius overheerst echter vooral de zorg om de "kenbaarheid van God" aan te tonen, hetgeen de mens geschonken wordt door de deelname aan Zijn genade en de gemeenschap met Hem in het schouwen van het ongeschapen Licht.

Oudvader Sophrony bevindt zich in hetzelfde perspectief als de heilige Gregorius Palamas. Hij benadrukt het concrete en waarachtige karakter van de levende ervaring van de kennis van de persoonlijke God, en hiertoe neemt hij in zijn beschrijving van de natuur van het licht zijn toevlucht tot katafatische termen. Om te onderstrepen dat de God van de Bijbel de God der Vaderen is, en niet de God der filosofen, geeft hij de voorkeur aan positieve aanduidingen – die wel altijd een apofatische dimensie bevatten, om de verzoeking te vermijden van antropomorfisme. De originaliteit en de nadruk, die de beschrijving van het Licht in katafatische termen bij hem vertoont, is toe te schrijven aan zijn streven om de theologie te presenteren als een geestelijke staat,[98] en niet als een filosofische en abstracte gedachtengang.[99]

De katafatische termen die hij gebruikt beschrijven doorgaans de natuur van de energie van het Licht, zoals deze ervaren wordt in het leven van de mens. Elk daarvan openbaart ook iets van de specifieke vorm die dit heeft. De dichte opeenvolging van de desbetreffende termen is opvallend.[100] Al deze termen getuigen van de wezenlijke gemeenschap van God met de mens. Het zijn termen van een waarachtige en empirische theologie, daar zij de gebeurtenis verhalen en beschrijven van de persoonlijke ontmoeting van de mens met God. Aldus wordt de theologie tot het verhaal van

---

[97] Zie «Ὑπὲρ τῶν ἱερῶς ἡσυχαζόντων» 1,3,21 (Over hen die de gewijde stilte beoefenen), in «Γρηγορίου τοῦ Παλαμᾶ, Συγγράμματα, vol.1, Thessaloniki 1962, p.431. Engelse vertaling: "The Triads" 1,3,21 (ed.cit., p.23).
[98] Cf. «ΑΣΚΗΣΙΣ ΚΑΙ ΘΕΩΡΙΑ» (Over de ascese en het schouwen), GK p.15: "De theologie is vóór alles te verstaan als het verblijf in God"; en in "We Shall See Him", GK p.243: "[een geestelijke] staat... hetgeen de eenwording is van het 'zijn'."
[99] Cf. "We Shall See Him", GK p.310, 48, EN p.204. 31-32.
[100] Reeds eerder werd opgemerkt dat dit kenmerkend is voor het werk van oudvader Sophrony, zoals wij ook gezien hebben bij zijn gebruik van apofatische termen. Cf. CWL.

de kennis van God in het Licht.[101] Deze vorm van de theologie als verhaal karakteriseert heel het werk van oudvader Sophrony.

God is Licht – een eenvoudig Licht naar zijn natuur, maar menigvuldig wat de intensiteit en de vorm daarvan betreft.[102] Het is alvermogend en sterker dan al wat ons omringt.[103] Toch is dit Licht terzelfder tijd "onuitsprekelijk zachtmoedig", vreugdevol, en het schenkt vrede.[104] Het is wonderlijk, verhelderend, openbarend en verlichtend,[105] het is te allen tijde hemels en heilig.[106] Het schenkt onvergankelijkheid en is troostend,[107] terwijl het als zijnde onberispelijk, vreugdevol en teder, het intellect en het hart aantrekt op zodanige wijze, dat men in de vervoering daarvan de aarde vergeet.[108] Het is vederlicht en subtieler dan al wat de aarde kent.[109] Het is herkenbaar als zijnde gelijkmatig, onvermengd, vol van diepe vrede.[110]

Het ongeschapen Licht is in het hart werkzaam als een levende gewaarwording van Gods aanwezigheid.[111] Het is een adem van heilige liefde,[112] barmhartigheid, nederigheid, waarachtigheid en wijsheid.[113] Het is ongeschonden leven, vervuld van vrede, algoede eeuwigheid.[114] Het is een dunne vlam, genezend en reinigend, die op tedere en onwaarneembare wijze alles verteert wat tegen God ingaat.[115] En tenslotte is het een ondraaglijke vreugde en een onuitsprekelijke gave.[116]

---

[101] "Saint Silouan", GK p.220, EN p.170, NL p.179.
[102] Cf. "We Shall See Him", GK p.291, EN p.188.
[103] Ibid., GK p.257-258, EN p.167.
[104] Ibid., GK p.258, 275, 103, EN p.167, 178, 67.
[105] Ibid., GK p.96, 93, 140, 103, EN p.61, 59, 89-90, 67.
[106] Ibid., GK p.199, EN p.125. "On Prayer", GK p.176, EN p.159.
[107] Cf. "We Shall See Him", GK p.103, EN p.67.
[108] Cf. ibid., GK p.257, EN p.167. Zie ook "On Prayer", GK p.176, EN p.159.
[109] Cf. "We Shall See Him", GK p.258, EN p.76.
[110] Cf. ibid., GK p.280, EN p.182.
[111] Cf. ibid., GK p.34, EN p.22.
[112] Cf. ibid., GK p.165, EN p.159-160.
[113] Cf. ibid., GK p.45, 230., EN p.29, 147.
[114] Cf. ibid., GK p.258, EN p.167.
[115] Cf. ibid., GK p.257, EN p.166-167.
[116] Cf. ibid., GK p.137, 140, EN p.88, 90. Voor een vergelijkbaar onderricht aangaande de aard van het goddelijk licht, zie de heilige Maximos de Belijder in zijn "Hoofdstukken over de kennis" («Κεφάλαια γνωστικά» 1,8, PG90, 1161); en de heilige Gregorius Palamas, in "Over hen die de gewijde stilte beoefenen"

Dit Licht is de tedere "hand van God", die werkzaam is met verfijndheid.[117] Het is een Licht van Kracht en Wijsheid, het Licht van de Opstanding en het nieuwe Leven.[118] Het is het Licht van de Theophanie, dat alles vervult, en daarin te verblijven is het paradijs Gods.[119] Het is het Licht van het Goddelijk leven en het bezoek van God.[120] Het is het Licht van de wereld in den Hoge en van 'de toekomende stad'.[121] Het is het Licht van het Koninkrijk.[122]

Wanneer het Licht van dit beginloze Koninkrijk, met zijn onbeschrijfelijke schoonheid, de mens bezoekt met zijn suprakosmische glans en zijn uitbreiding, dan bewaarheidt het – als een ander zien en een ander horen – door de vrucht van zijn werkingen alle termen en beschrijvingen die wij hierboven hebben geciteerd, aangaande zijn natuurlijke herkomst en goddelijkheid.[123]

Het Licht openbaart om te beginnen de zondigheid en het bederf van de mens. Het verschaft hem het bewustzijn van de duisternis die hem omringt. De verschijning van het Licht brengt de mens tot een waarachtige zelfkennis. Zoals hij na de bliksemstraal die de nacht verlicht, de ondoordringbaarheid van de duisternis gewaar wordt, evenzo verwerft de mens na de bliksemstraal van het Licht der Godheid een intensere kennis van de duisternis die hij in zich draagt – gelijk "een samengepakte massa van weerzinwekkende onreinheid".[124] Dit schouwen inspireert tot een bekering van ontologische dimensies (zoals wij in het voorgaande hoofdstukje hebben beschreven), en het vormt de voorbereiding voor de mens om een nog krachtiger en vollediger bezoek van het Licht te ontvangen. Deze 'bezoeken' brengen de mens tot een onbeschrijfelijke

---

(«Ὑπὲρ τῶν ἱερῶς ἡσυχαζόντων» 1,3,5, «Συγγράμματα» vol.1, p.413; Engelse vertaling in *"The Triads"*). Zie ook H. Diadochus Photiki in "Hoofdstukken", («Κεφάλαια» 50, ed. E. des Places, 1957, p.108): "Het intellect... wordt geheel transparant, zodat het zijn eigen licht ziet".

[117] Cf. "We Shall See Him", GK p.104, 107, EN p.67, 69.
[118] Cf. ibid., GK p.276, 242, 280, EN p.179, 154, 181. Zie ook "On Prayer", GK p.96,
[119] Cf. "We Shall See Him", GK p.255, 284, EN p.75, 165-166, 184.
[120] Cf. ibid., GK p.288, 403, 79, EN p.186-187, 228, 52.
[121] Cf. ibid., GK p.121, 156, EN p.79, 99 (cf. Hebr.13:14).
[122] Cf. ibid., GK p.171, EN p.106.
[123] Cf. "On Prayer", GK p.96; "We Shall See Him", GK p.93, EN p.60.
[124] "We Shall See Him", GK p.254, EN p.165.

nederigheid, omdat hij het vóóreeuwige plan van de Formeerder voor hem verstaat, zowel als zijn afvalligheid ten aanzien van de vervulling daarvan.[125] Terzelfder tijd genezen deze lichtstralende bezoeken zijn natuur, en heiligen zijn lichaam.[126] Door het zelfbewustzijn dat hij door het schouwen van het Licht verwerft, en dat kosmische en supra-kosmische dimensies bereikt,[127] nadert de mens tot zijn voltooiing als persoon. Hij bezit zijn natuur, met het profetische bewustzijn voor Gods aanschijn dat hij "erger [is] dan allen".[128] De heiliging van het lichaam, en het bezitten van zijn natuur, tezamen met de profetische zelfkennis en de onbeschrijfelijke nederigheid, verschaffen de mens de mogelijkheid om bij elke stap zijn wil gelijkvormig te maken aan de goddelijke wil,[129] en de juiste houding te bewaren tegenover zijn naaste.[130] Op deze wijze vervult hij de twee grote geboden, en komt hij tot de volmaaktheid die God voor hem had voorbestemd.

Overstraald te worden door het Goddelijk Licht verrijkt de mens met de schat "der kennis van de heerlijkheid Gods in het aangezicht van Jezus Christus".[131] Deze schat is de volheid van de energie van God, die woning nam in het lichaam van Jezus Christus, dat Hij had aangenomen "uit de Heilige Geest en de Maagd Maria" en dat Hij verheerlijkte door Zijn Kruis, Zijn Opstanding en Zijn Hemelvaart.[132] Sindsdien is elke verschijning van het Licht een invoeging van de gelovigen in Zijn Lichaam, en het getuigt dat de Heer Jezus God is. De waarheid van deze supra-kosmische kennis wordt door oudvader Sophrony vaak herhaald en benadrukt. Dit Licht komt niet "met uiterlijke waarneming",[133] noch "ineens", maar op een rustige, vreugdevolle en tedere wijze.[134] Wanneer het de

---

[125] Cf. ibid., GK p.53, 254, EN p.37, 165.
[126] Cf. ibid., GK p.258, 273, EN p.167, 177.
[127] Cf. "On Prayer", GK p.116, EN p.77.
[128] "We Shall See Him", GK p.241, EN p.153-154.
[129] Cf. "On Prayer", GK p.89.
[130] Cf. "Saint Silouan", GK p.124, EN p.100, NL p.112-113.
[131] 2Kor.4:6.
[132] Zie G.I. Manzarides («Παλαμικά» p.238): "Het natuurlijke schijnsel van het Licht werd door de menswording geconcentreerd, als in een bron, in het lichaam van Christus".
[133] Cf. Lk.17:20.
[134] Cf. "We Shall See Him", GK p.280, EN p.182.

mens omstraalt, wordt Christus herkend "in Diens Licht", en wordt de waarheid bevestigd van het geloof dat Christus God is.[135] Naar het getuigenis van de Oudvader "komen al deze verschijningen [van het ongeschapen Licht] samen in dit éne punt: in de Openbaring dat Jezus Christus God is".[136] Het is het Licht van het Koninkrijk van Christus, dat de mens ervan overtuigt dat Christus "de hoogste, de beginloze Realiteit is van het 'Zijn'".[137]

Dit heilige Licht geeft de geest van de biddende de gewaarwording dat tijdens het schouwen daarvan heel de mens verblijft in God, en dat "Hij Die Zich aan hem openbaart de Vóóreeuwige Meester [is] van heel de schepping, de Eerste en de Laatste...",[138] en dat de heerlijkheid waaraan hij tijdens de verschijning daarvan gemeenschap heeft, de heerlijkheid is van Christus "als de Eniggeborene van de Vader".[139] Wanneer de verschijningen van het Licht intenser worden en een bepaalde volheid bereiken, dan wordt de mens ook verwaardigd tot het persoonlijke gesprek met Christus, zoals de Apostelen op de berg Thabor en de apostel Paulus op de weg naar Damascus.[140]

Het is belangrijk hierbij aan te tekenen, dat wanneer dit subtiele, fijngevoelige, troostende en levenschenkende Licht de mens overschaduwt, deze niet alleen "op onverklaarbare wijze" herkent dat de Heer Jezus God is, maar bovendien de innerlijke verzekering ontvangt, dat "door de Eniggeborene ook hijzelf wordt aangenomen als zoon van de Vader, de Almachtige God".[141]

Het Licht, geschonken door de Heilige Geest, komt in het hart van de mens om dit te vertroosten. Het vult de ziel, het intellect en

---

[135] Cf. ibid., GK p.247, EN p.157.
[136] Ibid., GK p.251, EN p.158,159.
[137] Ibid., GK p.277, EN p.179.
[138] Ibid., GK p.291, EN p.189.
[139] Joh.1:14. Zie ook "We Shall See Him", GK p.321, EN p.206.
[140] Cf. "We Shall See Him", GK p.291, EN p.189. [Hoewel het Licht de mens altijd op respectvolle wijze benadert (zie voorgaande paragraaf), blijkt uit deze twee gevallen dat een dergelijke intense ervaring van Gods aanwezigheid toch een volstrekt onverwacht karakter kan hebben, hetgeen in het Nieuwe Testament o.a. wordt uitgedrukt door het woordje 'plotseling' (zie bv. Hand.9:3). Dan kan de mens hier geheel van bevangen raken, des te meer wanneer hij daar niet van tevoren op was voorbereid. *Cf. CWL.*]
[141] "We Shall See Him", GK p.286, EN p.185.

het lichaam met de existentiële kennis van God.[142] Het brengt op hem de innerlijke staat over van Jezus Christus.[143] Het herstelt in hem het beeld van de Mens, zoals dit oorspronkelijk geschapen werd, en schenkt hem de ervaring van de (waarachtige) universaliteit.[144] Zoals Christus in Zichzelf heel de Adam draagt, evenzo wordt de mens die deelheeft aan de staat van Christus 'uitgebreid',[145] en met zijn liefde omvat hij heel de schepping.[146] Deze uitbreiding in de Heilige Geest verwekt droefheid, vanwege het lijden van heel het wereldrijk, maar schenkt ook de kracht om het drama van de universele geschiedenis van de mensheid te beleven als zijn eigen drama.[147] Deze geestelijke ervaring maakt dat de mens zich richt op het gebed voor de gehele wereld, dat de vrucht is van het schouwen van het heilige Licht.[148]

Behalve deze drie machtige uitwerkingen die het Licht in de mens teweegbrengt – de zelfkennis, de Godskennis, en het gebed voor de gehele wereld – worden nog vele andere vruchten van deze verlichting beschreven, zoals het medelijden met de vijanden,[149] de hartstochtloosheid,[150] de geestelijke vrijheid,[151] de onsterfelijkheid,[152] de goddelijke nederigheid,[153] de onderscheiding der geesten,[154] de volmaakte liefde met de onomkeerbare drang tot God[155] – en er zijn nog ontelbare andere vruchten.

Na de ervaring van het Licht wordt de mens, tezamen met zijn eigen opstanding, terzelfder tijd ook de opstanding gewaar van de

---

[142] Cf. "We Shall See Him", GK p.265, EN p.171.
[143] Cf. ibid., GK p.138, EN p.88.
[144] Cf. ibid., GK p.228, 138, EN p.145-146, 88.
[145] Cf. 2Kor.6:13.
[146] Cf. ibid., GK p.85, 95, EN p.55, 61.
[147] Cf. ibid., GK p.222, EN p.142.
[148] Cf. ibid., GK p.283, 85, EN p.183-184, 55.
[149] Ibid., GK p.284, EN p.184.
[150] Ibid., GK p.250, (zie ook p.83 e.a.), EN p.162 (54).
[151] "Saint Silouan", GK p.253, EN p.190, NL p.209-210; "We Shall See Him", GK p.250, 185, (zie ook p.83, 109 e.a.), EN p.162, 115-116 (54, 70-71).
[152] "We Shall See Him", GK p.109, EN p.70.
[153] Ibid., GK p.209, EN p.132.
[154] Ibid., GK p.263, EN p.170.
[155] Ibid., GK p.122, 260, 263, EN p.80, 168-169, 170.

gehele wereld.[156] Een nieuwe kennis overheerst, en een nieuwe hiërarchie van waarden,[157] onbezorgdheid aangaande de tijdelijke dingen, een fundament van vreugde en verheerlijking,[158] gezegende verbazing,[159] profetische belijdenis van de eigen zondigheid,[160] afsterving aan de wereld,[161] nieuwe denkbeelden en een nieuw bewustzijn.[162] Dat wil zeggen, hij treedt binnen in een nieuwe ontologische werkelijkheid, in de nieuwe schepping in Christus, zodat de verwijdering van het Licht en het ophouden van het schouwen daarvan beschouwd worden als een val van de waarachtige ontologische realiteit.[163] De ervaring van het schouwen van het Licht heeft tot gevolg dat de denkbeelden van de mens van dezelfde aard zijn als die van het woord van God. Diens woord wordt hem 'eigen'.[164]

De supra-kosmische ervaring van het schouwen van het ongeschapen Licht schenkt de mens op onzegbare wijze de innerlijke verzekering van de uiterst hoge waarde van zijn roeping – dat is, dat hij de drager zou worden van de volheid van het godmenselijke leven "naar de gelijkenis" van Christus. Door de goddelijke uitbreiding die bewerkt wordt door het Licht, ontluikt in het diepe hart van degene die zich bekeert "een wondere bloem: de Persoon-Hypostase".[165] De verwerkelijking van het hypostatische beginsel in de mens wordt dus ingewijd door de ervaring van het ongeschapen Licht, en vervolmaakt door het werk van het hypostatische gebed, waarover wij verderop zullen spreken.[166]

---

[156] Ibid., GK p.260, 265, 275, 280, 289, 354, EN p.168-169, 171-172, 178, 181, 187.
[157] Ibid., GK p.260, 28, 265, 288, EN p.187-188.
[158] Ibid., GK p.122, 237, EN p.79.
[159] Ibid., GK p.262, EN p.170.
[160] Ibid., GK p.241, EN p.153-154.
[161] Ibid., GK p.105, EN p.69.
[162] Ibid., GK p.104, EN p.68.
[163] Ibid., GK p.263-264, 226, EN p.170-171, 144-145; zie ook "Saint Silouan", GK p.272, EN p.205, NL p.224-225.
[164] "We Shall See Him", GK p.281, 283, 321, 322, 263, 267, EN p.182-183, 183-184, 206, 207, 170, 172-173.
[165] Ibid., GK p.287, EN p.186.
[166] Zie m.n. hoofdstuk 8c.

7d) De tweevoudige visie die inspireert tot bekering op het ontologische niveau

Volgens het onderricht van de Oudvader wordt de mens door de bekering vernieuwd en verwerft hij aldus de genade van de goddelijke aanneming. Hij wordt deelgenoot van de waarachtige liefde van de Hemelse Vader, Die het waarachtige 'Zijn' is. Hij overwint het verderf van de Val en de hartstochten. Door de kracht van de Heilige Geest en de 'waanzinnige' drang der bekering wordt hij gelijk aan Christus. Hij wordt gereinigd van de "vervloekte" erfenis en ontvangt de gemeenschap aan het Goddelijk 'Zijn'.[1] Op deze wijze wordt hij geplaatst in het perspectief van de waarachtige ontologische realiteit. Zijn geest ontvangt de kennis van een ander, onbeschrijfelijk 'Zijn', terwijl zijn intellect, bevrijd van de banden der natuur, binnentreedt in een nieuwe vorm van leven,[2] met een nieuwe visie op de oordelen en het vóóreeuwig raadsbesluit van zijn Formeerder.

Deze visie is tweevoudig. Deze is tegelijkertijd gericht op twee diametraal tegengestelde polen en omvat heel de ladder van geestelijke gesteldheden van de Christen. Aan de benedenste pool ontmoet hij de hel, de "buitenste duisternis", terwijl hij aan de bovenste pool het Koninkrijk Gods schouwt "gekomen in kracht".[3] Aan de bovenste pool ademt de bries van de liefde voor God, tot aan zelfhaat toe.[4] Aan de benedenste pool riekt de stank van de eigenliefde en het egocentrisme, tot aan de haat jegens God.[5] Tussen deze twee polen "beweegt zich heel het geestelijk leven van de redelijke en hypostatische wezens".[6] En wanneer de mens zich bekeert "vanuit de diepten", wordt hij tot ingewijde van alle verschijnselen van de geestelijke wereld tussen deze twee polen. Zijn kennis strekt zich uit tot de diepte der hel, en reikt tot de hoogte des hemels. Op onzegbare wijze wordt de inhoud van zijn wezen verbreed.[7] Om deze kennis te verwerven, wordt de mens onderworpen aan uiterste

---

[1] Cf. "We Shall See Him", GK p.195-196, EN p.123.
[2] Cf. ibid., GK p.258, EN p.167.
[3] Cf. ibid., GK p.155, EN p.99.
[4] Cf. ibid., GK p.146, EN p.93.
[5] Cf. ibid., GK p.203, EN p.128.
[6] Ibid., GK p.156, EN p.100.
[7] Cf. ibid., GK p.293, EN p.190.

beproevingen op alle niveaus.[8] Door het geloof in Christus verzinkt zijn intellect in de afgrond van de oceaan van het hart, dat brandt met de liefde van Christus, en daar smaakt hij op existentiële wijze de energie van deze tweevoudige visie.

Het ene gezichtspunt van deze visie inspireert in de mens de verschrikking en de afkeer aangaande de hartstochten die hij in zich draagt, en in het bijzonder jegens de hartstocht van de hoogmoed.[9] Hij wordt zich bewust van zijn nietigheid, tot aan de innerlijke pijn hierover, en hij wordt verbroken door het inzicht in zijn onwaardigheid. Hij wordt gekweld door het zuchten van zijn hart en de bitterheid van het berouw over zijn zondigheid, die hij voortaan ziet in de ontologische dimensie daarvan.[10] Hij heeft het gevoel dat de afstand die hem van God scheidt onmetelijk is, en hij wordt verdrukt en gemarteld bij het zien van zijn geestelijke armoede.[11] Al hetgeen weerstaat aan het woord en de genade van Christus beleeft hij als de afstotelijke energie van de dood. Hij voelt een ondraaglijke schaamte over zichzelf,[12] en komt tot wanhoop vanwege zijn ontaarding en zijn vuilheid. Naar Gods heilseconomie wordt hem gegeven in zichzelf zijn persoonlijke hel te zien.

Tegelijkertijd echter is ook het andere gezichtspunt van deze visie werkzaam. De gewaarwording van de heiligheid van God leidt de mens tot een "zalige bevreesdheid".[13] Het Licht van Gods Aangezicht stelt hem in staat zijn innerlijke hel te bezien, en terzelfder tijd de gewaarwording te bezitten van de heiligheid van de Levende God.[14] In de levende gewaarwording van Diens aanwezigheid wordt hij beheerst door de vreze. Deze vreze wordt de opening tot de volmaakte liefde van God. De aanvankelijke schrik vanwege zijn innerlijke hel wordt veranderd in de volmaakte vreze, dat hij een dergelijke God – de God der liefde – misschien onwaardig zou blijken. Hij voelt dat dit de werkelijke en eeuwige

---

[8] Cf. ibid., GK p.143, EN p.91.
[9] "On Prayer", GK p.78, EN p.53.
[10] Cf. ibid., GK p.247-248, EN p.115-116.
[11] Cf. ibid., GK p.24, EN p.15.
[12] Cf. ibid., GK p.217, EN p.93.
[13] Ibid., GK p.71, EN p.185.
[14] "We Shall See Him", GK p.67, EN p.44.

hellestraf zou zijn.[15] Deze visie, niet alleen van de heiligheid maar ook van de nederigheid van God, "verwondt zijn ziel, en met grote godvrezendheid aanbidt zij Hem in liefde".[16] Hij smaakt de zaligheid van Gods eeuwigheid en wordt zelfs bevrijd van de banden van het verlangen naar de tijdelijke bezittingen".[17] In de hitte van deze geestelijke visie openbaart Zich Christus, het "tastbare" Beeld van de vóóreeuwige God, waarnaar de mens geschapen werd. Wanneer hij zichzelf vergelijkt met de heilige gestalte van Christus, dan wordt hij zijn eigen "misvormdheid" gewaar.[18] Tegelijkertijd te verblijven op deze twee niveaus van de tweevoudige visie is een kenmerk van het profetische leven.

De waarachtige profeet leeft in het pijnlijke contrast tussen deze twee gezichtspunten van de tweevoudige visie, die de voortdurende bekering aanwakkert op het ontologische niveau. Hoe helderder hij God gewaar wordt, des te duidelijker wordt hij zich bewust van zijn onwaardigheid voor Diens aanschijn.[19] In het aanschouwen van het onzichtbare Licht van de Heilige Geest verstaat hij de duisternis van de Val. De kennis van de Levende God leidt hem op apocalyptische wijze[20] tot het schouwen, in Christus, van het plan van de Formeerder voor de mens "sinds de grondlegging der wereld". Door dit aanschouwen van Gods vóóreeuwige plan en het eschatologische beeld van de Mens Christus Jezus wordt de ziel van degene die zich bekeert door droefheid verwond. Alleen dan verstaat hij hoe hij had moeten zijn, opdat het doel vervuld zou worden van zijn bestaan, en zijn onvervreemdbare eenwording zou worden gerealiseerd, voor alle eeuwigheid, met de Vader van al wat bestaat.

---

[15] Cf. ibid., GK p.93, EN p.187.
[16] "On Prayer", GK p.20-21, EN p.13.
[17] Cf. ibid., GK p.165, EN p.151.
[18] Cf. "We Shall See Him", GK p.92, EN p.59.
[19] Cf. ibid., GK p.239, EN p.152.
[20] Het woord 'apocalyptisch' betekent tevens 'openbarend'; doch met betrekking tot de hier beschreven tweevoudige visie betreft dit m.n. de openbaring van het pijnlijke en steeds groeiende contrast tussen de beide polen van de geestelijke wereld – zoals ook het geval is in de apocalyptische visie van het einde der tijden. (In dit verband is tekenend dat in de Traditie verhaald wordt, hoe de apostel Johannes bij het schrijven van zijn 'apocalyps', het Boek der Openbaring, geïnspireerd werd door het schouwen van het mysterie van de Heilige Drieëenheid.) *Noot vert.*

Weg te vallen van deze grootse bestemming beschouwt hij als absurd gedrag, en als dodelijke onwetendheid.[21] De bitterheid over zijn verderfelijkheid, en de ontroostbare smart vanwege zijn uiterste armoede in het aanschouwen van zijn innerlijke hel, tezamen met de openbaring van zijn uiteindelijke bestemming in Christus Jezus, verscherpen de pijn van zijn ziel tot aan het punt waarop het lijden van zijn geest een buiten-tijdelijk en bovennatuurlijk karakter aanneemt.[22]

Het afwisselend schouwen vanuit de twee gezichtspunten die wij beschreven hebben, brengt de mens tot een uiterste intensiteit van berouwvolle bekering. Zich in de geest te verdiepen in het vóóreeuwige plan van zijn God en Heiland voor Diens redelijk schepsel, verwekt in de mens een ondraaglijke dorst om de nauwe begrensdheid van zijn natuur te overstijgen, en binnen te treden in de immense afgrond van een geestelijke plaats. Aldaar "bestaat niets en *niemand*, behalve de God der liefde en het aanschouwen van Zijn oneindigheid".[23] Het schouwen van de eigen innerlijke hel in het licht van Gods heiligheid, terwijl hij verwarmd wordt door Diens onberispelijke liefde, verwekt in de ziel het onbedwingbare verlangen losgemaakt te worden uit "de verstikkende omhelzing van onze val" en zich volledig over te leveren aan de God van het Licht der liefde.[24]

De geestelijke kracht van deze tweevoudige visie versterkt en inspireert de mens tot een nimmer eindigende bekering van ontologische en adamitische dimensies. In eerste instantie leeft hij de "hel" van zijn persoonlijke bekering, om het eerste en grote gebod te vervullen van de liefde tot God. Naar de mate waarin hij gesterkt wordt in het tweede gezichtspunt van deze visie, en hij het beeld en de geest in zich opneemt van de tweede Adam, wordt eveneens zijn ontologische eenheid onthuld met heel het geslacht der stervelingen. Hij verstaat Christus' liefde "tot het einde" voor de gehele wereld, en hij bemerkt hoezeer hijzelf tekort schiet in de vervulling van het tweede gebod – dat gelijk is aan het eerste – van de liefde tot de

---

[21] Cf. "We Shall See Him", GK p.53, EN p.35.
[22] Cf. ibid., GK p.102, EN p.66.
[23] Ibid., GK p.68-69, EN p.44-45.
[24] Cf. ibid., GK p.34, EN p.22.

naaste, tot al zijn medemensen. Zoals Christus Zijn leven offerde, zo verzinkt ook de dienaar van Diens geest in de hel van deze zelfde liefde, waarbij hij zijn nimmer eindigende bekering offert voor de gehele Adam. De volheid van deze bekering, als dit bereikbaar zou zijn op deze aarde, zou – zo getuigt de Oudvader – de volmaakte kennis betekenen "van de Ene God in drie Hypostasen, zowel als onze onsterfelijkheid".[25]

Deze tweevoudige visie is de enige die de mens kan leiden tot het ontwaken uit de eeuwenlange slaap der zonde.[26] Deze plaatst hem tussen de "hel" der zelfkennis en de afgrond der Godskennis. Deze visie schenkt hem een volledige kennis tot aan de uiterste dimensies van de wereld van de geest, en een drang tot bekering die hem "overbrengt tot onvoorziene grensgebieden, waar hij de voorsmaak ontvangt van de goddelijke universaliteit".[27] Wanneer hij de weg van deze bekering tot het einde toe doorloopt, dan zal zijn geest "kennen hetgeen des mensen is", terwijl hij door de geest die hij ontvangen heeft "ook de diepten van God onderzoekt".[28] Door deze innerlijke staat van uitersten wordt hij bevestigd in het schouwen van het ongeschapen Licht der Godheid, hetgeen ook het hoogst bereikbare is op deze aarde waartoe zijn hypostatische beginsel verwaardigd is.

---

[25] Ibid., GK p.55, EN p.36.
[26] Ibid., GK p.33, EN p.21.
[27] Cf. ibid., GK p.137-138, 143, EN p.88, 91.
[28] 1Kor.2:11.

7e) De ascetische en de goddelijke nederigheid

In de geschriften van de heilige Silouan en oudvader Sophrony wordt vaak een onderscheid gemaakt tussen de ascetische nederigheid en de onbeschrijfelijke goddelijke nederigheid, zoals diegenen kennen die de Heer aanschouwen. De eerste is een vrucht van het geloof en van de "werken der vroomheid" van de mens, terwijl de tweede een genadegave is van de Heilige Geest, die werkzaam is in de ziel van de gelovige, wanneer hij waardig gemaakt wordt om het licht en de heerlijkheid te zien van het aangezicht van de Heer Jezus. De eerste nederigheid alleen is niet toereikend voor de volheid van het heil. De tweede leidt tot de volmaakte gelijkwording aan Christus, het onberispelijke en smetteloze Lam Gods.

De ascetische nederigheid wordt uitgedrukt door de smartelijke strijd die de mens aangaat met als doel om, 1) bevrijd te worden van de geest der hoogmoed die zijn ziel dood, en 2) zijn gezindheid gelijkvormig te maken aan de wil en de Geest van God, Die levenschenkend is. Al de deugden die hij beoefent, zoals o.a. het vasten, de zelfbeheersing, het nachtwaken, de stilte, de berouwvolle bekering, de zelfberisping, en de overgave aan Gods Voorzienigheid, beogen het verwerven van de nederigheid en putten daaruit hun kracht.[1] Het hoogste punt van de ascetische nederigheid wordt benaderd, wanneer de mens het bewustzijn verwerft dat hij erger is dan allen.[2] In deze innerlijke staat wordt hij geschikt om leerling te worden van de Heer, die zeide: "Leert van Mij, want Ik ben zachtmoedig, en nederig van hart, en gij zult rust vinden voor uw zielen".[3]

Als de mens geduldig volhardt in de ascese van dit leerlingschap, zo verzekert de heilige Silouan, dan wordt hij waardig om ook de goddelijke nederigheid van Christus te leren kennen, in de Heilige

---

[1] "Saint Silouan", GK p.595, EN p.481, NL p.504-505.
Ook de toegewijde Isaak de Syriër stelt, dat de beloning van God "niet gegeven wordt voor de werken, maar voor de nederigheid" ("Ascetical Homilies", *Engels:* Hom.57, p.282; *Grieks:* Hom.37, *Oudgrieks:* Hom.59); en: "De nederigheid, zelfs zonder werken, verwerft vergeving van vele zonden, maar zonder haar hebben de werken voor ons geen nut" ("Ascetical Homilies", *Engels:* Hom.69, p.338; *Grieks:* Hom.49; *Oudgrieks* Hom.70).
[2] Cf. "Saint Silouan", GK p.384, EN p.299, NL p.320.
[3] Mt.11:29.

Geest. Deze nederigheid vormt de innerlijke staat van de engelen en de heiligen.[4]

Het onderscheid tussen twee soorten nederigheid vinden wij ook bij de toegewijde Dorothéüs van Gaza. In zijn woord "Over de nederigheid" karakteriseert hij als de eerste nederigheid, die waarin de mens zijn broeder in alles verstandiger en beter acht dan hijzelf, terwijl hij zichzelf beschouwt als erger dan allen. En de tweede nederigheid definieert hij als "(al) zijn verworvenheden toe te schrijven aan God".[5] In het vervolg van dit woord legt hij uit, hoe de eerste nederigheid de weg is tot de tweede, die "groot" is en "goddelijk".[6]

Op dezelfde wijze spreekt de heilige Johannes van de Ladder over tweeërlei nederigheid. De eerste, zegt hij, is die van degenen die in bekering leven en de zonden nog niet overwonnen hebben. Deze nederigheid is vol droefheid. De tweede is de nederigheid van de volmaakten, "de zalige rijkdom der nederigheid, die [hen] ten deel valt door de werkzaamheid Gods".[7] En de toegewijde Isaak de Syriër zegt, dat de nederigheid van de heiligen "een zekere mystieke kracht [is,] die de volmaakte heiligen ontvangen na de vervolmaking van heel hun levenswijze".[8]

Aan de geciteerde teksten zien wij dat het onderscheid tussen twee soorten nederigheid reeds eerder bestond in het leven en het onderricht van de Kerk. Doch in het onderricht van de heilige Silouan en zijn leerling, oudvader Sophrony, bemerken wij daarbij ook nieuwe fundamentele elementen, die de nederigheid der volmaakten duidelijker bepalen.

---

[4] Cf. "Saint Silouan", GK p.359, EN p.277, NL p.299.
[5] "Discourses and Sayings", hfst.2, p.98 («Διδασκαλία Β'», PG88, 1645C).
[6] Ibid., p.101 («Διδασκαλία Β'», PG88, 1649).
[7] "The Ladder", step 5:29, p.63 (PG88, 777BC).
[8] Zie "Ascetical Homilies" (*Engels:* Hom.77, p.383; *Grieks:* Hom.20; *Oudgrieks:* Hom.7). [In deze homilie wordt de tweede nederigheid ook "het gewaad van de Godheid" genoemd. Meer recent onderrichtte de heilige Philaret van Moskou over ditzelfde thema: "Er is een nederigheid die de mens verwerft door zijn eigen inspanningen, door zich bewust te zijn van zijn zwakheid, zijn onwaardigheid, zijn nietigheid [..] en er is een nederigheid waar God de mens toe brengt in Zijn voorzienigheid, door toe te laten dat hij leed ondergaat, en tegenstand, en vernederingen". (uit een homilie voor het Feest v/d Verkondiging aan de Moeder Gods, 1848; uitgeven in het Frans, zie "Choix de Sermons et Discours", Parijs 1866, p.55). *Cf. CWL.*]

De heilige Silouan, zoals zijn leerling opmerkt, werd waardig gemaakt om de Levende Christus te zien aan het begin van zijn monastieke leven.[9] Zich baserend op deze grote en zeldzame ervaring, getuigt hij, dat de Christus-gelijkende goddelijke nederigheid een vrucht is van het zien van God. Deze wordt op de mens overgedragen als een geestelijke staat, op het moment van het schouwen van de Levende Christus door de Heilige Geest. De Heilige zelf schrijft: "Wanneer de ziel de Heer ziet, hoe zachtmoedig en nederig Hij is, dan vernedert ook zij zich tot het einde". Deze "onvatbare nederigheid van Christus", zoals hij haar noemde – nadat hij deze gesmaakt had tijdens de verschijning van Christus – vormt dan het enige verlangen van heel zijn wezen, en de mens kan deze onmogelijk meer vergeten.[10]

In zijn geschriften benadrukt de heilige Silouan herhaaldelijk, dat alleen degene die de Heer gekend heeft in de Heilige Geest de "volstrekt bijzondere nederigheid van Christus" heeft. Zulk een mens heeft een andere kennis en smaakt de goddelijke rust op andere wijze. In dit geval betekent de kennis van de Heer in de Heilige Geest de staat van het zien van God. Zoals de Heilige zelf getuigt in zijn eenvoud, wist hij pas dat er een Heilige Geest bestaat, toen hij de Heer zag.[11] Zozeer stond hij versteld van de nederigheid van Christus, op het ogenblik van het schouwen, dat hij ook de Heilige Geest de "nederige Heilige Geest" noemt.[12] Na deze ervaring wordt het dringende verzoek van zijn gebed, dat heel het wezen van de mens concentreert: "Heer, geef mij Uw heilige nederigheid, opdat in mij Uw heilige liefde moge wonen". De dorst naar deze nederigheid – "dag en nacht" – maakt dat de mens tot God "schreeuwt, met een luide kreet".[13]

Wanneer de nederigheid van Christus aanwezig is, dan getuigt de Heilige Geest in de ziel van het heil.[14] Deze nederigheid is bij uitstek

---

[9] Cf. "Saint Silouan", GK p.30, EN p.26, NL p.36.
[10] Cf. ibid., GK p.354 (zie ook p. 358-359), EN p.273(276-278), NL p.295 (299-300).
[11] Cf. ibid., GK p.409, EN p.320, NL p.341.
[12] Cf. ibid., GK p.415, EN p.325, NL p.346.
[13] Cf. ibid., GK p.360, EN p.278-279, NL p.301. [Hier verwoordt de heilige Silouan zijn 'kreet' als volgt: "Mijn ziel dorst naar U, o Heer, en ik zoek U onder tranen".]
[14] Cf. ibid., GK p.371, EN p.288, NL p.310.

Gods genadegave, die alle andere genadegaven onvergelijkelijk ver te boven gaat. Deze genadegave is te allen tijde verenigd met de liefde tot de vijanden en met het gebed voor de gehele wereld.[15]

De Heilige leerde de goddelijke nederigheid direct van de Heer, niet alleen op het moment dat Christus aan hem verscheen, maar ook toen in zijn hart de woorden klonken van de Heer: "Houdt uw geest in de hel, en wanhoop niet". Toen verstond hij, dat de nederigheid de weg des Heren is.[16] De studie van deze weg is een levenswerk, en wordt "de grote wetenschap" genoemd.[17] Het leren daarvan verschaft de kennis van het "grote en onzegbare mysterie van de Christus-gelijkende heilige nederigheid".[18] Hierdoor worden de vijanden overwonnen,[19] wordt de moedeloosheid verdreven,[20] en verwerft men het vuur van de genade van de Heilige Geest.[21] Met andere woorden, wie zichzelf plaatst op de weg des Heren, leert de Heilige Geest kennen. Van Hem leert hij de nederigheid, en zo wordt hij gelijk aan zijn Leermeester, Jezus Christus, de Zoon van God.[22]

Volgens de heilige Silouan is de genadegave van de nederigheid de meest benijdenswaardige genadegave. Het is datgene wat de Heer boven alles verblijdt, en waardoor de Maagd Maria de Godsmoeder werd, en door hemel en aarde boven allen verheerlijkt wordt.[23] Na de val van de mens werd de nederigheid het kleed dat

---

[15] Ibid., GK p.444, EN p.350, NL p.372: "De liefde van God gloeit als een vuur. Dankzij haar verdroegen de heiligen alle leed, en ontvingen zij wonderdoende krachten: Zij genazen zieken, zij deden doden opstaan, zij wandelden op de wateren, zij werden tijdens het gebed in de lucht geheven, en door het gebed deden zij regen nederdalen vanuit de hemel; doch ikzelf zou alleen wensen de nederigheid te leren en de liefde van Christus, opdat ik geen enkele schade zou aanrichten, maar voor allen zou bidden als voor mijzelf."
[16] Cf. ibid., GK p.384-385, EN p.299, NL p.319-320.
[17] Cf. ibid., GK p.547, EN p.437, NL p.460.
[18] Ibid., GK p.391, EN p.305, NL p.326.
[19] Cf. ibid., GK p.383, EN p.298, NL p.319.
[20] Cf. ibid., GK p.395, 388, 574, EN p. 307-309, 302, 462-463, NL p.329-330, 323, 486-487.
[21] Cf. ibid., GK p.388, EN p.302, NL p.323.
[22] Cf. ibid., GK p.515, EN p.411, NL p.432.
[23] Cf. ibid., GK p.396, EN p,309-310 NL p.330.

niet beschaamt maar verheerlijkt, het gewaad des hemels voor diegenen die haar kennen door de Heilige Geest.[24]

Door de nederigheid wordt het mogelijk de geboden des Heren te vervullen. De ziel verwerft rijke genade zowel als de kracht, om het goddelijk schouwen te kunnen dragen. Aldus leert de mens, dat de goddelijke nederigheid niet slechts de vrucht is van het zien van God, maar ook de kracht om dit te kunnen verdragen.[25] Wanneer het intellect van de mens zich bevindt in de titanische strijd met het intellect van de vijand "in de hemelse gewesten",[26] doet de nederigheid de demonen verdwijnen.[27] In de Christus-gelijkende nederigheid is ook de liefde inbegrepen, de vrede, de zachtmoedigheid, en in het algemeen al de deugden.[28] Deze nederigheid te schouwen in Gods Aangezicht onderricht de ziel op directe wijze, reinigt het intellect, verzoet het hart en geeft dit de rust in Christus, terwijl de smaak daarvan inspireert tot een onverzadigbare en onophoudelijke drang tot God.[29] De nederigheid van Christus en de liefde voor de vijanden maken de mens tot woonplaats van God.[30]

De heilige Silouan, een heilige van onze tijd, spreekt voortdurend en met nadruk over de nederigheid, en in gebeden en hymnen prijst hij haar gaven[31] – misschien om een tegenwicht te bieden aan de verwaande geest die in ons tijdperk de wereld meer en meer verduistert.

Oudvader Sophrony, die als biograaf van de heilige Silouan ook diens ascetische ervaring verklaart, zet het onderricht aangaande de twee soorten nederigheid voort in hetzelfde perspectief. Hij geeft een theologische exegese van de ervaring van de Heilige, waarbij hij herhaalt dat de goddelijke nederigheid een geestelijke genadegave is, die voortvloeit uit het Godschouwen. Op de vraag die hij tot de heilige Silouan richtte, kort voor diens levenseinde, of hij zou willen

---

[24] Cf. ibid., GK p.478, EN p.380, NL p.400.
[25] Cf. ibid., GK p.546, EN p.436, NL p.459-460.
[26] Ef.6:12.
[27] Cf. "Saint Silouan", GK p.556, EN p.445, NL p.468-469.
[28] Cf. ibid., GK p.546, EN p.436, NL p.459.
[29] Cf. ibid., GK p.554, 541, EN p.443, NL p.466-467, 454-455.
[30] Cf. ibid., GK p.561, EN p.450, NL p.473.
[31] Cf. ibid., GK 359, 541, 387, 392 (e.a.), EN p.277, 431-432, 301-302, 305-306, NL p.299-300. 455. 322-323, 327.

sterven, antwoordde deze: "Ik heb de nederigheid nog niet bereikt". Oudvader Sophrony was ervan overtuigd, dat de Heilige in dit antwoord doelde op de onbeschrijfelijke (goddelijke) nederigheid van Christus, die hij gekend had op het moment van het schouwen, en die hij nimmer meer kon vergeten. De Oudvader voegt daaraan toe, dat deze nederigheid vergezeld gaat van een volheid aan genade van de Heilige Geest, die de ziel onverbrekelijk verenigt met God in een onverzadigbare drang van door God geïnspireerde liefde. Deze geestelijke staat is van een uiterste intensiteit, en wordt gegeven in een uiterst kort ogenblik van de tijd, daar de ziel en het lichaam de volheid ervan niet kunnen dragen.[32]

Het gereinigde hart wordt tot woonplaats van de Vader, en van de Zoon, en van de Heilige Geest. Dan schouwt de mens tegelijkertijd "de onbereikbaarheid van de heiligheid van God en de onmetelijkheid van Zijn nederigheid". Dit mystieke schouwen is in werkelijkheid de voorsmaak van het Koninkrijk Gods, waarin "de onbeschrijfelijke grootheid [verweven is] met de onzegbare nederigheid en de onuitsprekelijke schoonheid".[33]

De Oudvader, zelf bevestigd in de ervaring van het zien van God en de gave van de bijbehorende innerlijke staat, verklaart dat de goddelijke nederigheid een kenmerk is van de Goddelijke Liefde, en hij stelt dat deze nederigheid God Zelf is.[34] Onder de namen die wij aan God geven – die altijd overeenkomen met de openbaring van Zijn energie – is ook de nederigheid, want deze is de volmaaktheid van Zijn liefde.[35] Aangezien zij God Zelf is, beschrijft de Oudvader haar in termen die alleen toebehoren aan de Godheid – dat wil zeggen, zij is "onvatbaar en absoluut", onvergelijkelijk en "niet te beschrijven", zodanig dat zij verwondering en verbazing wekt.[36]

Hij volgt het onderricht van de heilige Silouan, dat de nederigheid een licht is, waardoor God-het-Licht wordt geopenbaard,[37] wanneer hij zegt dat de goddelijke nederigheid de tijdeloze eeuwigheid open-

---

[32] Cf. "We Shall See Him", GK p.32, EN p.138.
[33] "On Prayer", GK p.36, 35, EN p..24
[34] Cf. "We Shall See Him", GK p.35,45, EN p.23, 29; "On Prayer", GK p.53, EN p.36: "De nederigheid is een eigenschap van de liefde Gods".
[35] "We Shall See Him", GK p.218, EN p.138.
[36] Ibid., GK p.45, 48, 209, 218, EN p.29, 31, 132, 138 (e.a.).
[37] Cf. "Saint Silouan", GK p.385, EN p.299, NL p.320.

baart. Met andere woorden, de nederigheid openbaart de wijze van bestaan van God Zelf, zoals geopenbaard werd door de komst in het vlees en de liefde "tot het einde" van Zijn Zoon.[38] De Oudvader legt uit, dat de nederigheid van Christus een kenmerk is van de Goddelijke Liefde. Deze nederige liefde opent zich voor het schepsel, en zonder enige terughoudendheid ontledigt zij zichzelf in haar dienst aan de wereld, zodanig dat zij zelfs ook aanvaardt gewond te worden door haar schepselen. Deze nederigheid "vergaat nimmermeer",[39] maar toont zich als een kracht die alles overwint.[40] Het is de weg des Heren, die geopenbaard werd door de "dwaasheid" en de zelfontlediging van het Kruis, maar ook door de wijsheid en de kracht vanuit den Hoge die daarop volgde.[41]

Op deze weg gaat de Heer "naar omlaag", om Zijn leven te geven aan allen die ernaar verlangen aan Hem gelijk te worden. Degene die zich invoegt op deze weg vervult de wet van Christus, dat "hij die zichzelf vernedert, zal worden verheven",[42] en daarmee wordt de belofte bewaarheid dat God "weerstaat aan de hoogmoedigen, doch de nederigen... genade" geeft.[43] Degene die waardig wordt gemaakt de nederige liefde van Christus te schouwen, die wordt geïnspireerd tot een tocht naar omlaag; in navolging van Christus verlangt hij zijn eigen zelfvermindering, opdat Christus in hem moge worden grootgemaakt.[44] Juist om deze reden, dat wil zeggen, omdat de tocht naar omlaag, als de weg des Heren, vergezeld gaat van de genade van de Heilige Geest, worden al het lijden door de wanhoop en de zelfontlediging, dat de mens lijdt "om het geweten voor God", omgevormd tot de onbeschrijfelijke nederigheid van Christus".[45]

De goddelijke nederigheid, het teken van de liefde van Christus, zoals geopenbaard werd in de Persoon van het vleesgeworden Woord, wordt gekarakteriseerd door haar bereidheid en openheid

---

[38] Cf. "We Shall See Him", GK p.218, EN p.138.
[39] Cf. 1Kor.13:8.
[40] Cf. "On Prayer", GK p.23, EN p.15.
[41] Cf. 1Kor.1:18 en Fil.2:5-11. [D.w.z. de wijsheid en de kracht van de Opstanding en de Verheffing aan de Rechterhand Gods. *Cf. CWL.*]
[42] Lk.14:11.
[43] LXX Spr.3:34.
[44] "On Prayer", GK p.36, EN p.24. Zie Lk.14:11; 1Petr.5:5; Mt.23:12; Fil.1:20.
[45] "We Shall See Him", GK p.209, 216, EN p.132, 136 (zie 1Petr.2:19).

om alle mensen in zichzelf te ontvangen en te dragen, vijanden en vrienden. Met andere woorden, deze nederigheid is onbeschrijfelijk, omdat het de natuurlijke eigenschap is van de waarachtige Hypostase van de Zoon van God.[46]

In de praktijk van het leven is de nederigheid de enige weg die leidt tot de overwinning op de 'oude mens'.[47] De luciferische hoogmoed versteent en verbergt voor de mens "het diepe hart", dat de plaats is van het geestelijk gebed, en altijd creëert deze hoogmoed doodlopende wegen.[48] De nederigheid daarentegen gaat vergezeld van vreugde, rouwmoedigheid en licht, die de boze gedachten doen verdwijnen, en het intellect en het hart reinigen. Dan, door de pijn van de verbrokenheid, vindt de genade Gods het "diepe hart" en neemt daarin haar woning.[49]

Door zichzelf te berispen en door het voortdurend indachtig zijn van de Naam van Christus verwerft de mens de ascetische nederigheid, en leert hij te leven als een "gewonde" in de diepte van zijn hart.[50] Hij begint de nederigheid van Christus te verstaan en "voelt zichzelf als de laagste van heel de schepping". Deze nederigheid, die heilig en hartstochtloos is, verheft haar trouwe dienaar op onverklaarbare wijze boven al het geschapene.[51] Wanneer hij geduldig volhardt in deze ascese, dan wordt hij ook waardig gemaakt de charismatische nederigheid te ontvangen, die de staat is van Christus zelf. De ascetische nederigheid draagt zorg voor de mens, "totdat de dag aanlicht en de morgenster opgaat in [zijn] hart".[52] Dit betekent de geestelijke wedergeboorte van de mens, zijn opgang tot het hogere, ontologische niveau van 'zijn'.[53]

Dit opengaan van het "diepe hart" betekent de verbreking van de keten van het individu, en de aanvaarding door de mens van Gods

---

[46] "... een kenmerk van de Goddelijke liefde". "On Prayer", GK p.53-54, 23, 195-196, EN p.36, 14, 174. Zie ook "We Shall See Him", GK p.45, EN p.29.
[47] "On Prayer", GK p.132, EN p.128.
[48] Cf. ibid., GK p.19, 174, EN p.11, 157.
[49] Cf. "Saint Silouan", GK p.574, 548, EN p.462, 438, NL p.486, 461.
[50] Cf. LXX Hoogl.5:8, "Ik bezweer u, gij dochters van Jeruzalem [..] indien gij mijn Geliefde vindt, wat zult gij Hem vertellen? Dat ik gewond ben door de liefde."
[51] Cf. "On Prayer", GK p.75, EN p.51.
[52] 2Petr.1:19.
[53] Cf. "On Prayer, GK p.195-196, EN p.174-175.

roeping. Het toont de mens als hypostase naar het beeld van Christus, met een universele liefde die heel het 'Zijn' van God omvat zowel als heel het 'zijn' van de mens.[54] Dit opengaan betekent eveneens het vinden van "de verborgen mens des harten, in de onvergankelijke tooi van een zachtmoedige en stille geest, die kostbaar is voor het aanschijn van God".[55] Hierin ligt ook het begin van de verwerkelijking van het hypostatische beginsel in het wezen van de mens.[56]

Zoals de heilige Silouan de goddelijke nederigheid zag als het kleed der heerlijkheid uit het paradijs, zo beschouwde ook oudvader Sophrony de nederigheid van hen die behouden zijn als het meest sublieme schouwen. In het paradijs zullen de nederigen en de minsten vreugde en jubel bezitten door hun eigen kleinheid te zien, en de anderen in groter heerlijkheid dan zijzelf.[57] De goddelijke nederigheid maakt de mens op volmaakte wijze gelijk aan God, Die "al het Zijne" aanbiedt aan de onrechtvaardige, en "zich verblijdt" over de bekering van de zondaar.[58]

De gaven van God zijn onbeschrijfelijk. De enige wijze waarop de mens erin kan slagen te verblijven in de nederigheid van Christus, is door de medewerking van de goddelijke kracht en door zijn eigen dankbaarheid, waardoor hij van God het leven aanvaardt.[59] Op dit punt herinnert het onderricht van de Oudvader aan het woord van de heilige Maximos (de Belijder), dat het nederig gemoed[60] bestaat in het inzicht van de mens dat hij "heel het 'zijn' te leen heeft" van God.[61] De mens benadert de volmaaktheid van de goddelijke nede-

---

[54] "His Life is Mine", EN p.40.
[55] Cf. 2Petr.3:4.
[56] "His Life is Mine", EN p.44.
[57] "Saint Silouan", GK p.385, EN p.300, NL p.321; en "We Shall See Him", GK p.122, EN p.79: "De heerlijkheid van zijn broeder zal ook zijn eigen heerlijkheid zijn, de jubelende vreugde bij het schouwen van personen die verheerlijkt zijn door het Goddelijk Licht."
[58] Cf. Lk.15:31-32.
[59] Cf. "We Shall See Him", GK p.35, EN p.23; "Saint Silouan", GK p.216-217, EN p.167, NL p.176.
[60] Het Griekse woord hier is *'tapeinophrosúnê'* (ταπεινοφροσύνη), dat wijst op een voortdurende staat van nederigheid, waarbij de mens werkelijk een 'nederig gemoed' bezit. (Dit Griekse woord voor deze uitspekelijke gave werd in het Slavisch weergegeven door het bijzondere woord *'smirenomudrije'*). *Noot vert.*
[61] "On the Lord's Prayer", in "The Philokalia" vol.2, p.297 («Ἑρμηνεία εἰς τὸ

righeid, wanneer zijn innerlijke staat ten volle transparant is voor de energie van God.[62] De staat van deze charismatische nederigheid, verenigd met de Christus-gelijkende liefde voor de vijanden, vormt het hoogste en meest betrouwbare criterium voor de waarheid binnen de Kerk.[63]

De Christus-gelijkende goddelijke nederigheid is de weg die God in Zijn wijsheid heeft verkozen om de gevallen mens te behouden. Zonder de vrije wil van de mens te vernietigen, wees Hij hem de uitnemende weg van Zijn nederigheid. Hierdoor kan de mens worden aangetrokken tot de hoogte van Gods nederige liefde, de diepte daarvan bevatten, en de breedte van deze liefde gewaar worden. Aldus kan hij worden voltooid als hypostase met een godmenselijke volheid.

Πάτερ ἡμῶν», PG90, 893C).
[62] Cf. "We Shall See Him", GK p.45, EN p.29.
[63] Cf. "Saint Silouan", GK p.111, EN p.89-90, NL p.101. [Voor een nadere uitwerking van dit laatstgenoemde thema, zie verderop, hfst. 8d.]

7f) De ontologische inhoud van de persoon: de vrijheid tot zelfbepaling

De vrijheid is een genadegave van God aan de mens, die in hem geplant werd bij zijn schepping "naar het beeld" van God. Tegelijkertijd vormt de vrijheid ook de voorwaarde voor zijn vervolmaking "naar de gelijkenis" van God. Deze genadegave van de vrijheid is groot en onherroepelijk. Hierdoor is de mens – al is hij een schepsel – "een vaststaand feit", zelfs voor God Zelf,[1] Die te allen tijde de vrije wil[2] van Zijn beeld beschermt.[3]

De mens, die bestaat uit ziel en lichaam, leeft tegelijkertijd op twee niveaus, het zichtbare en het onzichtbare. Op het zichtbare niveau beweegt en handelt hij met het lichaam, terwijl hij op het onzichtbare niveau zijn leven leidt door de geest. Zijn lichaam lijkt een "zaak" van deze wereld, onderworpen aan de wetten der natuur, afhankelijk en geregeerd door iets anders. Doch zijn ziel, als geestelijke realiteit, heeft de mogelijkheid om Christus te ontmoeten, en om op Godwelgevallige wijze te groeien en verheven te worden in het Koninkrijk van de Heilige Geest, waar de vrijheid ademt van de goddelijke eeuwigheid.[4] De ontmoeting met Christus ontwikkelt zijn hypostatische bewustzijn, tot aan het punt waarop zijn afhankelijkheid van de aardse wetten wordt opgeheven.

Het bestaan van elk redelijk schepsel, zegt de Oudvader, beweegt zich tussen twee grenzen. De ene grens, zoals wij reeds hebben aangehaald, is de liefde voor God tot aan de zelfhaat toe, en de

---

[1] "We Shall See Him", GK p.176, EN p.109: "De Formeerder richt Zich niet tot [de mens] als tot Zijn 'werkstuk' [...] nimmer dwingt Hij iets af door geweld, zelfs niet de liefde voor Hem, als voor een Vader."

[2] Het Griekse woord voor de zgn. 'vrije wil' is *'autexousía'* (αὐτεξουσία), hetgeen letterlijk zoiets wil zeggen als 'zelfgezag', d.w.z. het vrije gezag zijn eigen keuzes te maken. *Noot vert.*

[3] H. Diadochus Photiki: "Wij mensen zijn allen geschapen naar Gods beeld; doch naar Zijn gelijkenis zijn slechts diegenen, die vanwege hun overvloedige liefde hun eigen vrijheid (als lijfeigenen) ten dienste hebben gesteld aan God. Immers, wanneer wij niet van onszelf zijn, dan zijn wij gelijk aan Hem Die ons door de liefde met Zichzelf heeft verzoend." Zie "Texts on Spiritual Knowledge" 4, in "The Philokalia" vol.1, p.253 («Κεφάλαια γνωστικά» 4, ed. J. Weis-Liebersdorf, Lipsiae 1912, p.6-8).

[4] Cf. "We Shall See Him", GK p.175, EN p.107-108.

andere de liefde "voor zichzelf" tot aan de haat jegens God.[5] Dit is het geval, omdat de mens de mogelijkheid heeft tot vrije zelfbepaling. Het ligt aan hemzelf, ofwel te kiezen voor zijn 'aanneming' door God de Vader, ofwel voor zijn verwijdering van Hem in de duisternis van het niet-zijn.[6] Een tussenoplossing bestaat niet. Overeenkomstig de houding die de mens zal aannemen, zal hij zijn grootheid bereiken in de genade des heils, of zijn nietigheid in zijn afhankelijkheid van de natuur.

De Oudvader onderscheidde twee soorten vrijheid: de absolute en ongeschapen vrijheid van God, die "geheel het 'zijn' in Zichzelf omvat",[7] en de beperkte en geschapen vrijheid van de mens. De geschapen vrijheid van de mens is niet meer dan een weerschijn van de absolute goddelijke vrijheid. De mens bezit hierdoor de mogelijkheid tot zijn uiteindelijke zelfbepaling tegenover God en de goddelijke eeuwigheid. De ongeschapen goddelijke vrijheid heeft de mogelijkheid zichzelf te bepalen in heel de wijze van zijn bestaan, vrij van alle afhankelijkheid of noodzaak, zonder onderworpen te zijn aan enige begrenzing. De menselijke vrijheid daarentegen is beperkt: hij heeft niet de mogelijkheid te scheppen "uit het niets", en is onderworpen aan de verzoeking tot zelfvergoddelijking.[8]

De vrije zelfbepaling van de Goddelijke Hypostasen vormt een beginloos Feit en komt voort uit de Hypostasen Zelf.[9] God is absoluut in Zijn innerlijke vrijheid en zonder enig gemis, ook wanneer Hij Zijn scheppende idee verwerkelijkt en de wereld tot het

---

[5] Cf. "Saint Silouan", GK p.289, EN p.218, NL p.237.
[6] "We Shall See Him", GK p.177, EN p.110.
[7] H.Gregorius Palamas (*"Weerwoord aan Akyndinos"*, «Ἀντιρρητικὸς πρὸς Ἀκίνδυνον», 3,10,8, «Συγγράμματα, vol.3, p.184).
[8] Cf. "Saint Silouan", GK p.138, EN p.109-110, NL p.122. Zie ook de heilige Isaak de Syriër: "Er is geen volmaakte vrijheid in deze onvolmaakte wereld". ("Ascetical Homilies", *Engels:* Hom.52, p.262, *Grieks:* Hom.65, p.261, *Oudgrieks:* Hom.49) [Genoemde verzoeking tot zelfvergoddelijking ontspringt aan de spanning tussen enerzijds de beperktheid van de mens, en anderzijds het ingeboren besef van zijn bijzondere oorsprong (geschapen naar Gods beeld) en zijn hoge roeping. De verzoeking ligt in het verlangen "als God" te zijn, *onafhankelijk* van de Schepper (cf. Gen.3:5). Terwijl de waarachtige vervulling van deze roeping erin bestaat om "Godgelijk" te worden, door de eenheid met zijn God en Heer, naar Wiens beeld hij geschapen is. *Noot vert., cf. CWL.*]
[9] Cf. "We Shall See Him", GK p.317.

zijn brengt.[10] Doch voor de geest van de mens wordt de geschapen wereld een gevangenis. Zijn vrijheid is niet te vinden in zijn geschapen natuur. Daarom wendt hij zich tot God en zoekt Hem, in Wie "het uiteindelijke doel en de uiteindelijke betekenis" ligt van deze vrijheid.[11]

God, Die enkel het heil van de mens beoogt, eerbiedigt hem en vernedert Zich voor hem. Nimmer schendt Hij diens vrijheid. Wel bezoekt Hij hem met Zijn genade, doch alleen wanneer de mens "verblijft in een staat van nederige openheid jegens Hem". En dan nog doet Hij dit met een uiterste zachtheid, en zonder dat dit uiterlijk "waarneembaar" is.[12] Als Hij echter, als God, Zich jegens de mens niet gedraagt als jegens Zijn "werkstuk", en niets doet zonder de instemming van de mens, dan is deze laatste ook verschuldigd te erkennen wat hij van God ontvangen heeft. Als de Heer de vrijheid van Zijn redelijk schepsel beschermt en in Zijn nederige liefde hoopt om "allen tot Zich te trekken",[13] dan is ook de mens verschuldigd zichzelf geen daden of innerlijke bewegingen toe te staan, die de Heilige Geest zouden bedroeven en verjagen.[14] Wil dus de geschapen menselijke vrijheid, waaraan wij hierboven hebben gerefereerd, haar bestemming waardig worden, dan is het noodzakelijk de zonde te ontvluchten en te verblijven in God. De geestelijke vrijheid van de mens is een vrucht van de zondeloosheid, waarmee alleen Christus de mens kan begenadigen.[15]

God openbaart Zich aan de mens "zoals Hij is", en laat hem vrij in zijn antwoord daarop. De mens wordt uitgenodigd zijn aanvaarding van de goddelijke roeping te tonen door het opnemen van de strijd om de geboden te bewaren. In deze strijd toont hij zijn bereidheid tot offers. Door al hetgeen hij lijdt herwint hij zijn geestelijke vrijheid, zonder welke het onmogelijk is God lief te

---

[10] Anders gezegd, God schept niet uit noodzaak, alsof Hij anders niet 'vervuld' zou zijn; Zijn scheppingsdaad is volkomen vrij, zonder enige innerlijke of uiterlijke noodzaak. *Noot vert.*
[11] [Zowel als van heel het bestaan van de mens in deze wereld. *Cf. CWL.*] "Saint Silouan", GK p.201, EN p.156, NL p.164.
[12] "On Prayer", GK p.22, EN p.14. Cf. Lk.17:20.
[13] Cf. Joh.12:32.
[14] Cf. "We Shall See Him", GK p.191, EN p.120. Cf. Ef.4:30.
[15] Cf. Joh.8:34-35.

hebben met geheel zijn hart, en zijn naaste als zichzelf. Dan houdt hij op de geboden te beschouwen als een dwang van buitenaf. De vervulling ervan wordt dan gedicteert door de innerlijke nood van de geest van de mens, die zich bewust wordt van zijn vrijheid als kind van de geliefde Vader. Door het bewaren van de geboden verwerft de gelovige de liefde Gods en kent hij Diens waarheid. En deze twee leiden hem binnen in de godgelijke vrijheid van de kinderen Gods. Zoals Christus Zijn wil overleverde aan de wil van Zijn Hemelse Vader en al de natiën als erfdeel ontving, evenzo – door de strijd tegen de zonde – levert de gelovige zich over in de handen van Zijn Formeerder, en beërft zo de volheid van het Goddelijk leven.[16]

God biedt aan de mens Zijn liefde aan op volmaakte, volledige en absolute wijze, maar in het menselijk 'zijn' bestaat een zeker gezag, dat dit geschenk kan tegenhouden en het absolute karakter daarvan kan weigeren. Dit is wat de Oudvader definieert als de "vrije wil" (letterlijk: "zelfgezag").[17] Gezien het gegeven, dat God Zich niet tot de mens richt in Zijn almacht, maar in Zijn nederige liefde, kan de mens – die het gezag heeft over zijn eigen keuzes – de gave Gods ontkennen, de band der liefde met Hem verbreken, en zichzelf negatief bepalen in zijn relatie met de Hemelse Vader. Dit vormt de negatieve en tragische kant van de vrijheid.[18]

Doch de vrije wil vormt een noodzakelijke voorwaarde voor de vervolmaking van de geschapen persoon, voor zijn groei in God. De liefde, waartoe het gebod van God hem uitnodigt, verwerft hij door zijn persoonlijke strijd in deze zelfbepaling. Wanneer de mens Gods tuchtiging aanvaardt, wordt hij genoodzaakt zijn vrije wil te tonen, en zichzelf (in positieve zin) te bepalen voor alle eeuwigheid. Hij ontwikkelt het hem geschonken voorrecht van de vrijheid tot aan de volmaaktheid. Deze volmaaktheid bestaat erin, zijn wil ten volle en in alle vrijheid te onderwerpen aan de wil van God. Dit geschiedt op een definitieve wijze, die in het vervolg elke mogelijkheid tot keuze uitsluit,[19] precies zoals dit geschiedde bij de eenwor-

---

[16] Cf. "We Shall See Him", GK p.184, EN p.115.
[17] Cf. "Saint Silouan", GK p.137, EN p.109-110, NL p.121.
[18] Cf. "We Shall See Him", GK p.177, EN p.110.
[19] D.w.z. wanneer de mens zich in alle vrijheid volledig overgeeft aan God, en

ding van de twee naturen in de Persoon van het Woord van God. Zo wordt de zonde uitgewist, en wordt de mens toereikend om het Vuur van de vaderlijke Liefde in zichzelf te omvatten. Deze uiteindelijke zelfbepaling van de vrije wil voor Gods aanschijn is de waarachtig 'plaats' van de vrijheid van de persoon, waarvan de liefde de diepere inhoud vormt en de meest volmaakte uitdrukking.[20]

De Oudvader onderscheidde twee trappen op de ladder van de geestelijke vrijheid. Degene die zich in nederigheid bekeert en ernaar streeft een leerling te zijn van de nederige Geest van de enige Leermeester, Christus, verlangt over niemand gezag uit te oefenen. Dit is de eerste trap van de vrijheid. De tweede trap van de vrijheid is "zich innerlijk te ontboeien van het gezag van anderen over ons".[21] De vervolmaking van de mens in de vrijheid is zijn vervolmaking als persoon.

De Persoon is de "innerlijke" eenheid (de eenheid 'ad intra') van allen.[22] Doch de mens is niet in staat deze eenheid in zichzelf te verwezenlijken, omdat hij bepaald wordt door het eigenbelang dat geïnspireerd wordt door de vrees voor de dood. Het openen van zichzelf, om deze eenheid te verwezenlijken, wordt mogelijk door de kruisiging.

Deze kruisiging wordt verwezenlijkt in twee fasen: Tijdens de eerste fase wordt de mens vrijgemaakt uit het knechtschap aan de wereld, en tijdens de tweede fase uit het knechtschap aan zichzelf. Het mysterie van deze kruisiging wordt door de apostel Paulus uitgedrukt in de zinsnede: "de wereld [is] voor mij als gekruisigd, en ik voor de wereld".[23] De heilige Dorothéüs van Gaza en de

---

daardoor de volheid smaakt van de Goddelijke genade, dan sluit de liefde tot Hem vervolgens alle andere keuzes uit — zelfs wanneer daartoe de uiterlijke mogelijkheid zou bestaan. Voor de mens die werkelijk in Gods genade leeft, verdwijnt op deze wijze elk dilemma en elke innerlijke strijd. *Noot vert., cf. CWL.*

[20] "We Shall See Him", GK p.304, EN p.201.

[21] Ibid., GK p.184, EN p.115. [Zich "innerlijk te ontboeien van het gezag van anderen over ons" geschiedt niet uit verachting jegens het door God ingestelde gezag, of jegens de tijdelijke gezagsdragers, maar omdat de vreze des Heren zo sterk is dat het elke overtreding van de geboden der liefde uitsluit — d.w.z. het innerlijk geweten is dan door niets meer gebonden, dan alleen door het verlangen in alles God welgevallig te zijn. *Cf. CWL.*]

[22] Ibid., GK p.304, EN p.192.

[23] Gal.6:14.

heilige Gregorius Palamas, in hun uitleg van dit vers, passen dit toe op de twee fasen van de kruisiging in het leven van de monnik. Zij verbinden de eerste fase met het verzaken van de wereld en de dingen der wereld, en de tweede fase met het innerlijk afsterven van de mens jegens de zonde. Doch de heilige Gregorius Palamas voegt daaraan toe, dat dit verwezenlijkt wordt wanneer hij opgaat in het schouwen van God.[24]

Volgens het onderricht van de heilige Silouan en oudvader Sophrony bestaat er maar één werkelijk knechtschap, en dat is om dienstknecht te zijn van de zonde.[25] Evenzo bestaat er maar één waarachtige vrijheid, namelijk de opstanding in God.[26] Dienstknecht te zijn van de zonde levert de mens over aan de vrees voor de dood. Dit sluit hem op in zijn individualiteit, en verhindert hem zich te openen "naar buiten toe" (*'ad extra'*) – terwijl juist deze opening hem kan maken tot een middelpunt dat allen omvat en verenigt.[27]

Wanneer de mens de ongeschapen gave Gods aanvaardt en verbonden is met de gehele wereld, dan toont hij zich als een waarachtige hypostase die heel het godmenselijk 'zijn' omvat. In gemeenschap met het goddelijk leven, dat zonder begin of einde is, heeft hij deel aan de onbegrensde en ongeschapen vrijheid van God, waarin hij ook heel de schepping doet binnentreden. Aldus vindt het verlangen van de gehele schepping naar de waarachtige vrijheid zijn vervulling in de mens.[28]

---

[24] Abba Dorothéüs, "Discourses and Sayings" 1, p.85 («Διδασκαλία 1», PG88, 1629CD); H. Gregorius Palamas "The Homilies" , Hom.11 (PG151, 128D-129A).
[25] Cf. Rom.6:16-23.
[26] Cf. "We Shall See Him", GK p.188, EN p.117. Zie ook "Saint Silouan", GK p.17, EN p.14, NL p.25-26.
[27] Cf. "We Shall See Him", GK p.304, EN p.197.
[28] Cf. Rom.8:19-22.

8
Gebed als een weg van schepping

8a) [1] Het gebed als persoonlijke gemeenschap

Gebed is het werk bij uitstek van de geestelijke mens, waarin de waarheid aan het licht wordt gebracht dat hij geschapen is "naar het beeld en naar de gelijkenis" van God.[2] In het gebed wordt de eenwording van de mens met God verwezenlijkt, in een zodanig nauwe eenheid,[3] dat hij tijdens zijn leven in dit aardse lichaam de Goddelijke volmaaktheid weerspiegelt, en daar een reflectie van wordt in zijn navolgen van Gods leven.

Gebed betekent dat de mens zich tot God wendt, dat het schepsel zich uitstrekt naar omhoog, om de gave van de Ongeschapene te ontvangen. Als drager van Gods scheppende adem, en door het aanroepen van Zijn Naam, trekt de mens het "bezoek" van God tot zich.[4] De biddende wordt een "tempel Gods".[5] God wendt Zijn ogen en Zijn hart tot hem "te allen dage", en verzegelt hem met Zijn Naam.[6] Dit wederkerig zich wenden, van de mens tot God, en van God tot de mens, schept een persoonlijke band, een gemeenschap tussen hen.[7] Voor de mens is deze band diepgaand en levenschenkend.

---

[1] De tekst van hoofdstuk 8a en 8b vormde de basis voor een voordracht, die werd opgenomen in het boek "Weest ook gij uitgebreid", inclusief aanvullende opmerkingen. Enkele daarvan zijn hier opgenomen in de noten (aangeduid: *Cf. WU*). Voor de volledige voordracht met bijgaande "Vragen & Antwoorden" zie Hfst.5 van het genoemde boek. *Noot vert.*
[2] Cf. Gen.1:26. [Anders gezegd: Wij bidden, omdat wij geschapen zijn naar het beeld en de gelijkenis van God. *Cf. WU.*]
[3] Cf. H.Johannes Klimakos, "The Ladder", step.28:1, p.212 (PG88, 1129A).
[4] Cf. Job.7:18.
[5] 1Kor.3:16.
[6] Cf. 1Kon.9:3 (LXX 3Kon.).
[7] Het Griekse woord voor 'gemeenschap' (*koinonia*/κοινωνία) wordt in specifieke zin ook gebruikt voor de 'Communie' aan de Heilige Gaven in de Goddelijke Liturgie. Zowel in Bijbelse context als in Kerkelijke zin geeft dit een weerklank

Vóór de Val was deze persoonlijke band lichtend en direct. God, zoals de heilige Gregorius Palamas schrijft, "verscheen zichtbaar aan de mens... opdat [deze] Hem zou navolgen."[8] Toen de mens echter dit schouwen van God verloor, kwam God Zelf als mens in de wereld. Het gebed is dus het meest kostbare en onontbeerlijke middel voor de gemeenschap van de mens met God.[9]

De Oudvader definieert het gebed als "nimmer-eindigende schepping",[10] want door middel van het gebed wordt aan de mens het voorrecht geschonken medewerker van God te worden in zijn eigen voltooiing als "persoon". Hij ontvangt de genadegave zichzelf te betonen in het bewerken van de vervolmaking van zijn "hypostatische beginsel".[11] Door middel van het gebed komt de energie van de waarachtige God in de mens, en begiftigt hem met de kracht te strijden voor de vervulling van zijn bestemming. Hoe langer hij in gebed verblijft, des te groter is ook zijn weerstand in al wat de stroom van de energie daarvan bederft of hindert. Het 'werk' van deze strijd is vol van wijsheid en inspiratie, schoonheid en luister – het is uitermate hoogstaand en creatief.

Het is in het hart – de 'plaats' waar Gods gemeenschap met de mens gecultiveerd wordt – dat de Geest van God Zich openbaart; daar werkt en bidt Hij. En het openen van het hart in het gebed geneest het 'persoon-zijn' van de mens. Het intellect van de mens concentreert zich dan in het hart van de mens, en wordt daarmee verenigd. Aldus wordt het hart uitgebreid[12] om de gehele volheid te bevatten van de liefde van Christus. Het doel van de gehele

---

tussen de algemene en de specifieke betekenis: 'gemeenschap' hebben aan de Heilige Gaven Gods in 'de gemeenschap van de Heilige Geest'. *Noot vert.*
[8] Hom.XVI,9 in "Saint Gregory Palamas, The Homilies" ed. 2009, p.119. In "The Homilies of Saint Gregory Palamas", vol.I, ed.2002, p.185. (PG151, 196C).
[9] Cf. H.Johannes Klimakos, "The Ladder", step.28:29, p.216 (PG88, 1129A).
[10] Cf. "On Prayer", GK p.15, EN p.9.
[11] Cf. Ibid. [Het hypostatische beginsel, kort samengevat, is de van God geschonken gave, waarmee de mens in staat is heel het goddelijk 'Zijn' te omvatten (uiteraard alleen in de vorm van Diens energie), zowel als heel het menselijk 'zijn'. Het 'persoon-zijn' komt tot uitdrukking, wanneer de mens, door Gods genade, de beschikking heeft over heel zijn natuur – d.w.z. dan heeft hij de controle over al zijn zintuigen, en over iedere beweging van zijn hart en zijn intellect, door te leven in Gods genade. *Cf. WU.*]
[12] 2Kor.6:13.

strijd van het gebed is dus de ontdekking en de verovering van het hart. De weg daartoe wordt slechts versperd door de ijdele trots.[13] Krachten van kosmische dimensies staan opgesteld tegen het gebed,[14] maar ook de eigen aard van de gevallen mens verzet zich hiertegen. Wanneer echter de weerstand tegen deze vernietigende invloeden intenser wordt, en de van boven geschonken genade van het gebed zich vermeerdert, dan daagt ook de vreugde van de hoop op de supra-kosmische overwinning van Christus.[15] Doch om de volmaaktheid van dit soort gebed te bereiken, wat de Oudvader definieert als "het terugroepen van de geschapen wereld uit zijn val",[16] is de mens onderworpen aan een grote spanning en lijdt hij veelvuldige wisselingen in zijn geestelijke gesteldheid. Keer op keer slaat hij om van gesteldheden van geestelijke verrukking tot de gewaarwording van innerlijke dorheid, en van begeesterde toename van de kracht van zijn gebed tot een afname daarvan.[17] Deze wisselende ervaringen en gesteldheden waar de biddende doorheen gaat, in voortdurende inspanning en met geheel zijn hart, brengen hem de kostbare kennis van het mysterie van de wegen des heils. Maar boven alles brengen deze wisselingen en gesteldheden hem de onschatbare ervaring van de nederigheid.[18] Deze kennis en ervaring trainen het intellect en het hart van de mens om die dingen te onderscheiden die God aangenaam zijn, en de aandacht en het verlangen daarop gericht te houden.

In het herstel van de geschapen wereld uit de Val, dat door het gebed verwezenlijkt wordt, heeft de transfiguratie van het menselijk lichaam een centrale plaats. Om ons lichaam dat door de zonde verachtelijk geworden is te "veranderen, opdat het gelijkvormig

---

[13] Cf. "On Prayer", GK p.18-19 (zie ook p.25), EN p.11 (p.15-16). [Het begrip 'ijdele trots' (Grieks: *kenodoxía*/κενοδοξία) betreft het zich beroemen op 'lege heerlijkheid', d.w.z. zich trots verheffen op hetgeen in wezen – dat is, in eeuwig perspectief, leeg en voos is. Deze ijdele trots is de merkbare manifestatie van de onderliggende hoogmoed ((*hyperêphania* / ὑπερηφανία). *Noot vert.*]
[14] Cf. Ef.6:12.
[15] Zie "On Prayer", GK p.16, EN p.10.
[16] Cf. ibid., GK p.19, EN p.12.
[17] Cf. ibid., GK p.16, 19-20, EN p.9-10, 12-13.
[18] Cf. "On Prayer", GK p.25, EN p.16.

worde aan het lichaam der heerlijkheid" van de Heer,[19] is een langdurige strijd vereist van vasten en bekering. Het lichaam, voortgekomen uit de aarde, trekt de geest naar omlaag en bezwaart het met zijn vergankelijkheid en sterfelijkheid. Doch de geest van de mens ervaart in het gebed de drang tot God te snellen, en wenst dit opwaartse elan ook over te dragen op het lichaam, zodat ook dit moge dorsten naar de levende God.[20]

Doch waaruit kan de menselijke geest kracht putten om zich op te heffen tot God? In ieder stadium van zijn beschrijving van het mysterie van het leven in Christus benadrukt de Oudvader, op zijn eigen karakteristieke wijze, het grote belang van de berouwvolle bekering voor deze opheffing tot God. Zo ook wat het gebed betreft, waarbij hij onderstreept, met dezelfde nadruk en in weergave van het gemeenschappelijk geloof van de Vaders die ons zijn voorafgegaan, dat het besef van onze eigen zondigheid de meest fundamentele voorwaarde is voor het gebed tot God. Wanneer dit besef aanwezig is, dan wordt het gebed opgedragen in een geest van bekering, en is het altijd aangenaam voor God, onze Heiland.[21]

Zo is tekenend in de gelijkenis van de Tollenaar en de Farizeeër, dat het besef dat de Tollenaar had van zijn eigen zondigheid de grondreden was dat zijn gebed door God werd aanvaard. De Farizeeër daarentegen, die zichzelf rechtvaardigde, sloot elke mogelijkheid uit om door God te worden verhoord.[22] De bekering is dus de kracht die het gebed van de mens opheft tot de hemel, en datgene wat door God wordt aanvaard is het gebed der bekering.

De eerste onontbeerlijke voorwaarde voor het gebed der bekering is geloof in Christus als God-de-Heiland, en het onderhouden van Zijn onderricht. Trouw aan het onderricht van Christus leidt tot besef van de goddelijke herkomst van de Leermeester. De eeuwige betekenis van dit onderricht openbaart de geestelijke armoede van

---

[19] Cf. Fil.3:21.
[20] Cf. Fil.3:21, "We Shall See Him", GK 236, EN p.150-151.
[21] Zie "We Shall See Him", GK 63, EN p.42.
[22] Zie in dit verband de homilie van de heilige Gregorius Palamas over de gelijkenis van de Tollenaar en de Farizeeër (Lk.18:9-14), m.b.t. het thema van het gebed. Cf. Hom.II, 6, in "The Homilies", p.8 (in de eerdere Engels-talige uitgave, vol.1, 2002, p.11; Griekse tekst: PG151, 21 etc.).

de mens. Het besef van deze armoede maakt de mens zalig.[23] Het verscherpt de gewaarwording van zijn afstand tot God, en het overtuigt hem ervan dat de wortel van alle kwaad, en de reden van zijn onderwerping aan het bederf, de hoogmoed is. Het leidt hem tot de nederigheid; het nagelt hem aan het onzichtbare kruis van de geboden van Christus; en het inspireert in hem de weeklacht en het gebed der bekering.[24]

De tweede voorwaarde, onontbeerlijk voor het gebed der bekering, is "de erkenning van onszelf als verloren zondaars".[25] In zijn gesprek met God begint de mens met het belijden van zijn persoonlijke zonde, en hij toont aan God de verschillende hartstochtelijke gesteldheden, die zijn intellect gebonden houden.[26] Het intense bewustzijn van zijn persoonlijke zonde en zijn nutteloosheid verplaatst de mens naar het gemeenschappelijke drama van de gehele mensheid. Terwijl hij het drama leeft van zijn persoonlijke val, beleeft hij tevens het drama van de val van al de nakomelingen van Adam, in al z'n dimensies – in heel de wereld en van alle tijden.[27] Door in zijn gebed van bekering deze pan-kosmische gebeurtenis van de Val te belijden, neemt hij de enige onfeilbare houding aan van de mens voor Gods aanschijn. Voortaan leeft hij in uiterste gespannenheid bij de tegenstand van de zondige hartstochten, en hij beschouwt zichzelf als "erger dan allen"[28] en "de buitenste duisternis" waardig.[29] Deze uiterste limiet van ascetische nederigheid verzamelt in hem "de grootst mogelijke energie van het gebed der bekering".[30]

Dit intense gebed, dat leidt tot een zich strikt rekenschap geven van al de bewegingen van de ziel, wordt in de patristieke literatuur gekarakteriseerd als "waakzaamheid" (*'nêpsis'*).[31] De waakzaam-

---

[23] Cf. Mt.5:3 – "Zalig de armen van geest..."
[24] Cf. "On Prayer", GK p.174, EN p.157. Zie ook "We Shall See Him", GK p.116, 193, 141, 108, 218, EN p.75, 122, 90, 70, 138.
[25] Cf. "On Prayer", GK p.174, EN p.157.
[26] Cf. "On Prayer", GK p.20, EN p.12.
[27] Ibid., GK p.27 en 44-45, EN p.17, 30-31.
[28] Cf. 1Tim.1:15.
[29] Cf. Mt.8:12; 22:13; 25:20.
[30] "On Prayer", GK p.180 en 34, EN p.162 en 22.
[31] Voor een definitie van deze waakzaamheid (νήψις), zie H. Hesychius van Sinaï, "On Watchfulness and Holiness – Written for Theodoulos" 1,1 (PG93, 14D-81A; Engelse vertaling zie "The Philokalia", vol.1, p.162): "[De waakzaamheid] nu is

heid, die door dit gebed teweeg wordt gebracht, houdt de mens in een voortdurend 'staan' voor Gods aanschijn. Op deze wijze voor God te staan is terzelfder tijd ook een oordeel van de mens door God.[32] De Oudvader beschrijft het als staan "voor de vreeswekkende Rechterstoel".[33] Hij onderstreept bovendien, dat "hoe meer de vrees voor de veroordeling [de ziel] vermorzelt, des te intenser is het gebed der bekering".[34] Daarbij geeft hij echter de toelichting, dat dit voortkomt uit de ervaring van de goddelijke liefde, die hieraan voorafging. Het schouwen van de nederige en heilige liefde, die de gelovige gesmaakt heeft aan het begin van zijn strijd, verwondt hem met onbeschrijfelijk berouw om zijn zondige staat; maar tevens wordt hij daardoor geïnspireerd met een innerlijke vroomheid om te staan voor Gods aanschijn, zoals Hem aangenaam is.[35] Gods Geest onderricht de mens onophoudelijk om zichzelf te berispen.[36] Aldus, door in dit tegenwoordige leven het oordeel te verduren, voorkomt hij het toekomstige oordeel.[37]

De volmaakte ascetische waakzaamheid die bereikt wordt door het gebed der bekering, bevrijdt de mens van elke gedachte aan verleden of toekomst. Hem beheerst enkel deze éne zorg: "*zulk* een God niet te verliezen, en op te houden Hem onwaardig te zijn".[38] Op deze wijze wordt de harmonische relatie van de mens met God hersteld, en de eerste plaats wordt geschonken aan de liefde van Christus.[39]

Uit al hetgeen hier gezegd is, zien wij dat de grote waarde van het gebed ligt in het cultiveren van de nederigheid en de liefde, die ons verenigen met Christus. Op dit punt formuleert de Oudvader

---

vooreerst de reinheid van het hart, die Christus zegent met zaligheid" (Mt.5:8).
[32] Cf. H.Johannes Klimakos, "The Ladder", step 28:1, p.212 (PG88, 1129B): "Het gebed is [..] het gerechtshof, en het gericht, en de rechterstoel des Heren, vóór de toekomstige Rechterstoel."
[33] Dit verwijst ook naar "de toekomstige Rechterstoel", d.w.z. het Laatste Oordeel. *Noot vert.*
[34] "On Prayer", GK p.76, EN p.52.
[35] Ibid, GK p.75-76 en 20-21, EN 52, 13
[36] Ibid., GK p.195, EN p.174: "Zij die geleid worden door de Heilige Geest, houden nimmer op zichzelf te berispen als God onwaardig."
[37] Cf. 1Kor.11:31.
[38] "On Prayer", GK p.32, EN p.21.
[39] Ibid.

de volgende geestelijke wet: "Hoe meer wij onszelf vernederen in smartelijke bekering, hoe sneller ons gebed God bereikt."[40]

Dus door de beoefening van het gebed wordt het leven van de mens overgebracht tot het Zijn van God – "verborgen" in Hem,[41] – terwijl het leven van God een plaats vindt in de mens en in hem woning neemt.[42] Dat wil zeggen, er ontstaat een "wederzijds-omvatten" (*perichorése*)[43] van het goddelijk en het menselijk leven, in een tweevoudige beweging: de mens strekt de krachten van zijn ziel uit tot God, en God daalt tot hem neder.[44] Het opwaartse streven van de mens wordt gekarakteriseerd door een onstuitbare en smartelijke drang tot berouwvolle bekering, door onverzadigbaar gebed en tedere liefde.[45] De openbaring van God, in Zijn nederdaling tot de mens, gaat vergezeld van een diepgaande transfiguratie van heel het wezen van de mens, en van een onbeschrijfelijke harmonie van liefde in het hart.[46] Aldus is de karakterisering van het gebed als "nimmer-eindigende schepping"[47] te verstaan in de bijzondere betekenis van de samenwerking van de mens met God "in het Werk van de schepping, door Hem, van onsterfelijke goden."[48] Zulk gebed vormt het antwoord op de roep van de Hemelse Vader, en wordt het meest kostbare middel voor de vergoddelijking van de mens. Ieder aspect en elke kracht van de menselijke natuur die in het gebed tot God wordt gebracht, wordt supra-kosmisch.

---

[40] Ibid., GK p.174, EN p.157.
[41] Cf. LXX Ps.30:21 (31:20).
[42] D.w.z. de mens is "in Christus", en Christus is in hem. *Cf. WU.*
[43] Deze theologische term is afgeleid van het Grieks: *perichorêsis* (περιχώρησις).
[44] "On Prayer", GK p.200, EN p.81.
[45] Zie "We Shall See Him", GK p.227, EN p.145.
[46] Cf. "On Prayer", GK p.200-201, EN p.81 en "We Shall See Him", GK p.227, EN p.145.
[47] "On Prayer", GK p.15, EN p.9.
[48] "We Shall See Him", GK p.159, EN p.101.

8b) [1]Het reine gebed

Zoals blijkt uit het voorgaande gedeelte is gebed geen natuurlijke eigenschap van de gevallen mens. Het is de vrucht van de combinatie van de strijd van de mens om Gods gebod te vervullen, met de gave van God, Die Zich menslievend nederbuigt om Zijn schepsel op te heffen. Als een werk dat tegelijkertijd zowel goddelijk als menselijk is, is het Christelijk gebed van bovennatuurlijke aard. En de verwerving van dat gebed wordt slechts bereikt, wanneer de mens heel de kracht van zijn wezen daaraan onderwerpt. In z'n meer volmaakte uitingen is het gebed een genadegave van de Heilige Geest, want dan is het God Zelf Die in de mens bidt.[2]

De schommelingen die wij waarnemen tijdens de beoefening van het gebed, zijn te wijten aan de instabiliteit van de menselijke factor. Om deze reden vereist het gebed altijd moeite en inspanning. Gaandeweg wordt de mens moediger en de volharding in het werk van het gebed versterkt zijn hoop. Door het gebed verwerft hij een stabiel evenwicht in zijn weifelingen. En zo, versterkt in de krachten van zijn ziel, is hij in staat gedurende langere perioden te verblijven in zijn 'staan' voor Gods aanschijn. Dit voortdurende staan voor Gods aanschijn, vergezeld van de pijn der bekering en van de nederigheid der geestelijke armoede, reinigt het intellect en het hart van elk vreemd element. God, en de genade van het nieuwe leven waardoor hij bezocht is, worden het enige verlangen van de biddende.[3]

Opeenvolgende bezoeken van Gods genade tijdens het gebed verrijken de mens niet alleen met stabiliteit, maar ook met de gave van onderscheid.[4] Dan verstaat hij het mysterie van de wegen des heils, en door de nederigheid wordt hij "geschikt" voor een verdere opgang.[5] Wanneer hij met zijn intellect vast op God gevestigd blijft, komt het moment waarop de eeuwige Geest zijn hart raakt.

---

[1] Zie Hfst.8a, noot 1.
[2] Cf. Gal.4:6.
[3] Cf. "On Prayer", GK p.22,25 en m.n. 110, EN p.14, 15-16 en m.n. 72.
[4] In het Grieks *diákrisis* (διάκρισις). In de context van het geestelijk leven betreft dit onderscheidingsvermogen specifiek de gave om de ongeschapen genade Gods te kunnen onderscheiden van hetgeen geschapen is. Aldus is de mens in staat op grond van de eigen ervaring vast te stellen of iets van God afkomstig is, of veroorzaakt wordt door de menselijke natuur, of door de tegenstander. *Noot vert.*
[5] Cf. "On Prayer", GK p.25, EN p.15-16; cf. Hebr.6:7.

Die wondere "aanraking van het Heilige der Heiligen" voert de geest van de mens weg naar het voorheen onbekende 'gebied' van het Ongeschapen Zijn.[6]

De geschapen menselijke hypostase[7] staat voor de hypostatische God,[8] en het geschapen intellect verschijnt voor "het Eerste Intellect".[9] Door de liefde voor God raakt het intellect los van al het geschapene, en het vergeet de wereld volkomen. Het lichaam wordt gedurende het gebed niet meer waargenomen. Dit reine gebed gaat vergezeld van een kracht die de mens op tedere, vredige en onuitsprekelijke wijze overbrengt naar de wereld van het Goddelijk Licht. De Oudvader bevindt zich wederom op dezelfde lijn als de heilige Maximos de Belijder aangaande 'de tweede verheven staat van het reine gebed', dat eigen is aan de 'schouwenden' (theôrêtikoi/Θεωρητικοί).[10] De biddende komt tot deze staat door de goddelijke minneliefde, die zijn volkomen reiniging bewerkt. In het opgaande elan van dit gebed wordt het intellect vervoerd door het schouwen van het goddelijk en oneindig Licht.[11]

Om de staat van het reine gebed te bereiken, dient de Christen zich eerst, daaraan voorafgaand, vanuit heel zijn intellect en zijn hart tot de eeuwigheid te keren.[12] Dan doet het verlangen tot God te naderen het hart branden, en het gebed dat geboren wordt uit het schouwen van de eigen geestelijke armoede en uit de zelfhaat, concentreert het intellect op Degene die hij zoekt, de Heer.[13] Het wenen dat bewerkt wordt door de liefde tot God verenigt en geneest de mens, en maakt hem deelgenoot aan de Geliefde.

---

[6] Cf. ibid., GK p.22, EN p.14.
[7] Dat is, de mens. Cf. WU.
[8] Dat is, de persoonlijke God. Cf. WU.
[9] Cf. "We Shall See Him", GK. p.142, EN p.91. De uitdrukking "het Eerste Intellect" (dativus: Noï tôi Prôtôi / Νοΐ τῷ Πρώτῳ) wordt o.a. gebruikt in het kondakion voor de tweede zondag van de Grote Vasten, waarop de Kerk de gedachtenis viert van de heilige Gregorius Palamas.
[10] De 'schouwenden' (theôrêtikoi) zijn diegenen, wier ascetische leven geheel bepaald wordt door het schouwende gebed, waarin zij de genade mogen smaken van het schouwen van God (de theoria). Noot vert.
[11] Cf. H.Maximos de Belijder, "Centuries of Love", II, 6 (PG90, 985AB), Engelse vertaling in "The Philokalia", vol.2, p.65-66.
[12] Cf. "We Shall See Him", GK p.84, EN p.55.
[13] Cf. ibid., GK p.104, 293, 410, 44, 58, EN p.67, 190, 232, 28,

Het onstuitbare elan tot wenend treuren[14] voor het Aangezicht van de onzichtbare doch geliefde Heer – dat opvlamt door de afkeer van onszelf – inspireert tot gebed waarin het intellect niet meer terugkeert tot zichzelf.[15] De geest van de mens verzinkt geheel in het gebed tot Christus, Die hem reinigt van de hartstochten, en van de waanzinnige begeerte naar de stoffelijke dingen.[16] Hij overschrijdt de grenzen van het geschapene en wordt opgenomen in de Ene God.[17] De treurnis verbreekt de banden van het aardse bestaan en leidt de mens binnen in de vrije ruimte van de hemel. De duidelijk merkbare adem van de eeuwigheid deelt dan aan de mens de ervaring mede van de hartstochtloosheid, en de gewaarwording van de heiliging van zijn gehele wezen.[18]

De uiterste intensiteit van de berouwvolle bekering wordt omgezet in wanhopig gebed. Door de verschrikking voor eeuwig verloren te gaan wordt de gehele mens veranderd in 'gebed'.[19] En dit gebed leidt op natuurlijke wijze tot de geestelijke reinheid, waarbij de biddende leeft in de lichtdragende werkelijkheid van de Heilige Geest. In deze staat "staat hij zowel voor God als voor zichzelf in de volle naaktheid van zijn wezen".[20] Hier valt de beschrijving van de Oudvader samen met het onderricht van de heilige Maximos de Belijder over 'de eerste verheven staat van het reine gebed', dat bereikt wordt door de 'werkzamen' (*praktikoi*/πρακτικοί).[21] Dezen,

---

[14] De Griekse tekst spreekt hier van *penthos* (πένθος), 'treurnis'. Het eerder genoemde 'wenen' (*klauthmos*/κλαυθμός) is een onafscheidelijk onderdeel van de geestelijke treurnis, en dit begrip impliceert dus ook een 'treurnis onder tranen' of 'wenend treuren'. *Noot vert.*
[15] Cf. "We Shall See Him", GK p.58, 69, 285, EN p.37-38, 45, 184-185.
[16] Ibid., GK p.276, 285, EN p.179, 185.
[17] Zie ibid., GK p.263, EN p.179 – In het hier gebruikte Griekse woord voor 'opgenomen worden in' (*aphomoiônô*/ἀφομοιώνω) is ook een weerklank te horen van de uitdrukking uit Genesis aangaande de schepping "naar [Gods] gelijkenis". (Gen.1:26, *kath'homoiôsin*/καθ' ὁμοίωσιν). Hiermee komt tot uiting hoe deze 'gelijkenis' aan God verwezenlijkt wordt door de eenwording met Hem. *Noot vert.*
[18] Cf. ibid., GK p.83, EN p.54.
[19] Cf. ibid., GK p.224, EN p.143.
[20] Ibid., GK p.49, EN p.32.
[21] Voorwaarde voor de *theoria* (het schouwen) en hieraan voorafgaand, is de *praxis*, de daad of werkzaamheid – d.w.z. een ascetisch leven dat gericht is op de verwerving van de goddelijke deugden. Zij die deze ascese beoefenen zijn de 'werkzamen' (*praktikoi*). Hun ascese betreft niet slechts de zichtbare 'goede

vanwege de vreze Gods en met goede hoop, verzamelen hun intellect dat verspreid is over alle dingen van de wereld, om hun aandacht te richten op de gewaarwording van Gods aanwezigheid. Staande voor Zijn aanschijn beoefenen zij het gebed zonder te worden afgeleid.[22]

De reinheid van het intellect, wat de voorwaarde is voor de verwerving van het reine gebed, wordt door de mens gerealiseerd door zich te voegen naar de wil van de heilige God. In de monastieke traditie, door het beoefenen van de ascese van de gehoorzaamheid en het afsnijden van de eigen wil, wordt de monnik bevrijd van de zware last van de aardse zorgen, en treedt binnen in het 'gebied' van de goddelijke wil. Zo leert hij de onschatbare gave kennen van "de reinheid van het intellect in God".[23]

De Oudvader ziet in de woorden van de apostel Paulus de eerste beschrijving van het reine gebed: "Ik weet van een mens in Christus [..] (hetzij in het lichaam, ik weet het niet; hetzij buiten het lichaam, ik weet het niet, God weet het), dat de zodanige werd weggevoerd tot in de derde hemel [..] tot in het paradijs, en onuitsprekelijke woorden hoorde, die het een mens niet geoorloofd is uit te spreken."[24] De voornaamste elementen van deze beschrijving zijn de afwezigheid van de gewaarwording van het lichaam, en bijgevolg ook van de stoffelijke wereld, het weggevoerd worden tot in de oneindigheid van de hemel, en het onuitsprekelijk karakter van deze geestelijke staat.

Deze geestelijke staat van het reine gebed wordt gedefinieerd als het staan van het menselijk intellect "voor het aanschijn van het Eerste Intellect", ontdaan van al wat zichtbaar en voorbijgaand is".[25] In deze staat overstijgt de biddende de aardse categorieën en de verdeeldheden der natuur, en wordt een "nieuwe schepping" in

---

werken' van barmhartigheid en broederliefde, maar vooral ook alle inspanningen – uiterlijk én innerlijk – die gericht zijn op de reiniging van het hart en het bewaren van de goddelijke geboden (dergelijke werken zijn bv.: vasten, nachtvigilies, gebed met veelvuldige buigingen). In de ascetische raadgevingen van de Vaders wordt benadrukt, dat ook de 'schouwenden', om de genade te kunnen bewaren, deze geestelijke werken niet zullen veronachtzamen. *Noot vert.*
[22] Cf. "Centuries of Love", II, 6, Engelse editie in "The Philokalia", vol.2, p.65-66.
[23] «ΑΣΚΗΣΙΣ ΚΑΙ ΘΕΩΡΙΑ» (Over de ascese en het schouwen), GK p.47-48. Zie ook "Saint Silouan", GK p.430-431, EN p.338-339, NL p.360-361.
[24] 2Kor.12:2-4. Cf. "We Shall See Him", GK p.130, EN p.83.
[25] Cf. "We Shall See Him", GK p.142, EN p.91 (zie noot 9).

Christus.[26] Het reine gebed is een persoonlijke ontmoeting met God en samenspraak met Hem *"van aangezicht tot Aangezicht"*.[27] In zulk gebed wordt het menselijk intellect omsloten door het Intellect van God, en het ontvangt existentiële kennis en begrip van dingen die niet in menselijke woorden kunnen worden uitgedrukt;[28] het wordt geconcentreerd in een onzichtbaar centrum van levende en innerlijke gemeenschap.[29] Gebed wordt een levendige gewaarwording van de Persoonlijke God – zonder enige verbeelding of abstracte redenering – en "het intellect wordt geheel en al aandacht en gehoor."[30] Dan verwerft de mens de onbetwijfelbare gewaarwording dat hij door God verhoord is, en dat hij in Zijn eeuwigheid aanvaard is. Dit soort gebed wordt gegeven vanuit den Hoge, en plaatst de mens op de grens van tijd en eeuwigheid. In hem zijn "de einden der eeuwen" gekomen,[31] want zolang dit gebed werkzaam is, verblijft hij buiten de tijd en stijgt hij uit boven het gezag van de dood.[32]

Het ongeschapen goddelijk Licht overschaduwt de mens, en zijn denken en herinnering worden gestaakt. Deze staat van rein gebed, die vergezeld gaat van het schouwen van het Goddelijk Licht, wordt door de heilige Silouan gedefinieerd als theologie. Theologie wordt hier verstaan als "gemeenschap in het *zijn*", als deelname aan het Goddelijk Licht, en niet als 'verstandelijke' (of 'gnostische') theologische bevindingen. In overeenstemming hiermee is voor de heilige Silouan de theoloog diegene, die door middel van het reine

---

[26] 2Kor.5:17; Gal.6:15; zie ook Gal.3:26-28 en "We Shall See Him", GK p.142, EN p.91.
[27] 1Kor.13:12.
[28] Cf. "We Shall See Him", GK 401-402, EN p.227.
[29] D.w.z. in het binnenste van het hart. *Cf. WU*.
[30] "Saint Silouan", GK p.143, EN p.13, NL p.126. Zie ook H.Makarius de Grote (van Egypte), Hom.XXXIII, 2 (PG34, 741D): "De ziel die Goddragend is, of veeleer, die door God wordt gedragen, wordt [..] geheel en al oog." Zie ook *idem* Hom.XVIII, 10 (PG34, 641A) "Wanneer de ziel de volmaaktheid van de Geest nabijkomt [..] dan wordt zij geheel en al licht, geheel en al oog, geheel en al geest, geheel en al vreugde, geheel en al rust, geheel en al jubel, geheel en al liefde, geheel en al medelijden, geheel en al goedheid en goedertierenheid."
[31] Cf. 1Kor.10:11.
[32] Cf. "Saint Silouan", GK p.145-146.

gebed waardig gemaakt is te worden verheven tot het schouwen van het ongeschapen Goddelijk Licht.[33]

Het reine gebed, dat volgt op het waarachtige gebed der bekering, levert de mens over aan de Heilige Geest. Door Zijn levenschenkende kracht bevrijdt Deze de mens uit de banden van tijd en ruimte. Het besef van de kosmische dimensies van de Val van de mens, en zijn bekering tot aan de grenzen van zijn natuurlijke vermogens – voor hemzelf en voor heel het menselijk geslacht – verleent oneindige diepte, hoogte, en breedte aan zijn gebed. Zulk gebed dringt door tot de immense regionen van het kosmische 'zijn', het doorsnijdt als een bliksemschicht ogenblikkelijk het gehele wereldrijk "van uiteinde tot uiteinde", en op tijdeloze wijze doorschrijdt het al de eeuwen.[34] Dit is de meest kostbare gave van Gods welbehagen, die de mens verwaardigt te worden begiftigd met de goddelijke staat van 'zijn'. In het reine gebed neemt de mens "in de Heilige Geest" van Christus "de gezindheid en de gevoelens" aan, die wij ook in Hemzelf ontmoeten.[35] Zoals Christus bad voor de gehele Adam, en "middelaar [werd] tussen God en de mensen",[36] en "wil dat allen worden behouden",[37] zo ontvangt ook degene die zich in het reine gebed met Hem verenigt, gebed dat gelijk is aan Zijn gebed. Dit is de genadegave van het gebed voor de gehele wereld, dat door de Oudvader gedefinieerd wordt als 'hypostatisch gebed'.[38] Dit zogenoemde hypostatische gebed voor de gehele Adam komt als bekroning van het reine gebed.

Zolang het gebed der bekering voortduurt, verblijft de mens in verbrokenheid, en zijn ziel lijdt bittere smart vanwege de pijn en de brandende dorst naar het Heilige der Heiligen. Doch zodra het

---

[33] Cf. "Saint Silouan", GK p.182-183, 185, EN p.142-144, NL p.149-152. Zie de klassieke definitie van Evagrius van Pontus: "Indien gij theoloog zijt, bidt gij waarachtig; en indien gij waarachtig bidt, zijt gij theoloog." (PG79, 1180B; Engelse vertaling in "The Philokalia", vol.1: "On Prayer" 61, p.62).
[34] Cf. "On Prayer", GK p.68, 109, EN p.46-47, 71-72; "We Shall See Him", GK p.157, 401-402, EN p.100, 227.
[35] "On Prayer", GK p.82, EN p.56; cf. Fil.2:5 "Want deze gezindheid zij in U, die ook is in Christus Jezus..."
[36] 1Tim.2:5.
[37] 1Tim.2:4.
[38] "On Prayer", GK p.82, EN p.56.

Het reine gebed

wonder voltrokken wordt en de geest van het reine gebed hem overschaduwt, wordt hij de eeuwigheid gewaar, hij overwint de pijn, en hij wordt verlicht door een nieuwe visie. Het Licht van de ongeschapen Zon troost de diep bedroefde ziel, schenkt haar vrede, geneest haar, en begiftigt haar met het onvergankelijke leven. De dodelijke smart der bekering verandert in "ondraaglijke zaligheid".[39] De ervaring van het Licht wordt ingeprent in het geestelijk geheugen van de mens. Zijn geest wordt beheerst door verwondering over de Hemelse Vader, terwijl een subtiele heimwee terug te keren naar Zijn Huis teweeg brengt dat het reine gebed vredig voortvloeit vanuit geheel zijn wezen.[40] Indien echter tijdens dit gebed een gedachte binnendringt die haar vreemd is, dan is dat gebed – overeenkomstig het woord van de heilige Silouan – niet langer 'rein'.[41]

In de staat van vervoering, die teweeggebracht wordt door de gave van het reine gebed, overheersen de atmosfeer en het gevoelen van het Evangeliewoord. Het lichaam raakt in vergetelheid, maar de geest blijft gevangen door de ondoorgrondelijke wijsheid van het woord van Christus. Op deze wijze, vrij van de banden van de materie, wordt hij de vurige hitte gewaar van het stralen van de noëtische Zon, als de gewaarwording van het lichaam onder de middagzon.[42] Zelfs na het voorbijgaan van dit gebed heersen nog de gedachten van de woorden des Heren in het intellect van de mens.[43]

Soms geschiedt het reine gebed zonder woorden. Het intellect, in een bijzondere gesteldheid, verwerft een allesomvattend begrip van alle dingen. De vervoering van de geest kan elk moment plaatsvinden. En "dan, in stille verbazing, ziet de mens op onzichtbare wijze alleen God."[44] Het gebed in zijn meest volmaakte vorm is de ver-

---

[39] Cf. "We Shall See Him", GK p.103 (zie ook p.157), EN p.67 (zie ook p.100). Zie ook "On Prayer", GK p.74, EN p.49.
[40] "We Shall See Him", GK p.180, 280, EN p.112-113, 181-182.
[41] Cf. ibid., GK p.153, EN p.97. [Het woord van de heilige Silouan wordt gegeven als een algemeen principe, als maatstaf voor het reine gebed: "Als tijdens het gebed een gedachte het bewustzijn binnendringt die [de ziel] vreemd is, *dan is dat gebed niet rein.*" – en, zo merkte archimandriet Zacharias hierbij op: "dat betreft dus zelfs het besef dat wij een lichaam hebben." *Cf. WU.*]
[42] Cf. "We Shall See Him", GK p.282, EN p.183.
[43] Cf. ibid., GK p.284, EN p.184.
[44] "Saint Silouan", GK p.60-61, EN p.49, NL p.61. [Bovenstaande vertaling volgt het Grieks. In de Engelse editie wordt hetzelfde gegeven op andere wijze verwoord:

wondering van de menselijke geest voor Gods aanschijn.[45] De terugkeer uit deze wonderbare staat van de wereld van het reële eeuwige bestaan tot de dichtheid van het vleselijke begrip van deze wereld wordt door de asceet beleefd als "uitwonen, weg van de Heer".[46]

Het reine gebed wijdt de mens in – op een openbarende wijze – in het mysterie van God, en schenkt hem de grootst mogelijke Godskennis. De 'plaats' waar deze inwijding voltrokken wordt is het 'diepe hart'. Wanneer, door de energie van de Heilige Geest, het intellect binnenkomt in het 'diepe hart', dan ontdekt de mens dat het wezen en de bestemming van de mensheid hem niet vreemd zijn. De liefde Gods verbindt de biddende met alle mensen, die de inhoud worden van zijn hypostatische bestaan.[47] Hij ziet hoe de dimensie van dit gegeven de noodzakelijke grondslag is van het tweede grote gebod: "Heb uw naaste lief als uzelf." De heilige Silouan, die in zichzelf deze gewaarwording droeg van de ontologische eenheid van alle mensen, placht te zeggen: "Onze broeder is ons leven."[48]

Het reine gebed leert ons eerst het mysterie van God, en vervolgens het mysterie van de mens. In God vindt en ervaart de biddende heel de mensheid als één mens, die hij van nu af aan ziet, zoals God hem ziet. Hij is jegens hem gezind, zoals God gezind is; hij heeft hem lief, zoals God hem liefheeft; en hij bidt voor allen, zoals welbehaaglijk is aan God, Die hem hiertoe inspireert.

"Dan raakt de wereld vergeten, smeekbeden vallen stil, en in stille vervoering verblijft hij alleen nog in God." *Noot vert.*]
[45] Cf. "We Shall See Him", GK p.180, EN p.112.
[46] "Saint Silouan", GK p.272, EN p.205, NL p.225. [Cf. 2Kor.5:6,8 "...wetende dat wij, inwonende in het lichaam, uitwonend zijn van de Heer". Deze uitdrukking 'uitwonen (uit)' of 'uitwonen (weg van)' betreft in aardse zin het verlaten van het grondgebied waar men thuis is, een 'wegreizen' uit onze geboortegrond. *Noot vert.*]
[47] Het is hierom, dat het reine gebed en het liturgisch gebed 'hypostatisch gebed' worden genoemd (evenals het gebed van de Heer in Gethsémane). *Cf. WU.*
[48] "Saint Silouan", GK p.57, 468, EN p.47, 371, NL p.58, 392.

8c) Het gebed voor de gehele wereld
als de openbaring bij uitstek van het hypostatische beginsel

De evangelist Johannes "getuigt en vertelt",[1] dat God de wereld zodanig liefhad, "dat Hij Zijn eniggeboren Zoon gaf, opdat eenieder die in Hem gelooft niet verloren zou gaan, maar eeuwig leven hebbe".[2] God, Die in Zichzelf geen enkel gemis heeft, heeft de wereld geschapen – voorzeker niet, om het leven van deze wereld te leven, maar om op haar Zijn eigen leven over te dragen en haar deelgenoot te maken aan Zijn heerlijkheid. Hij heeft de menselijke natuur aangenomen en maakte haar zo tot inhoud van Zijn goddelijke Hypostase. Hij bood aan allen Zijn lichaam "tot spijze" en Zijn bloed "tot drank", "opdat de wereld door Hem moge worden behouden".[3] Uit menslievendheid[4] daalde Hij neder tot in de meest smartelijke hel van Zijn kenotische en oneindige liefde,[5] om de dood te overwinnen – de enige vijand van de mens.[6] Dit werk van Zijn tocht 'naar omlaag', tot de gevallen wereld, stelt Christus ons ten voorbeeld, en Hij biedt dit aan als een gebod.[7]

De Hypostase van Christus is voor de mens het 'prototype', naar Wiens beeld hij oorspronkelijk geschapen werd. Zoals Christus in Zijn Hypostase heel de volheid van de goddelijke en de menselijke natuur draagt, zo dient ook de mens in zijn uiteindelijke vervolmaking als waarachtige 'gelijkenis' van de Hypostase van het Woord, heel de volheid van het goddelijk en het menselijk leven te omvatten. Om deze hypostatische wijze van bestaan te bereiken, zal de mens onvermijdelijk de uiterste beproevingen ondergaan en onderworpen worden aan processen van kosmische dimensies – opdat zijn overwinning de overwinning van Christus moge zijn, die eveneens van kosmische dimensies is. Dit is de goddelijke maat van de hypostase van de mens.

---

[1] Cf. 1Joh.1:2.
[2] Joh.3:16.
[3] Joh.3:17. Zie ook Mk.14:23-24; Lk.9:52-56.
[4] Dit woord wordt hier gebruikt in de oorspronkelijke volheid van de betekenis daarvan, d.w.z. de 'liefde voor de mensen' die geheel het hart vervult. *Noot vert.*
[5] Cf. "We Shall See Him", GK p.362, 382.
[6] Cf. ibid., GK p.155, EN p.99.
[7] Cf. ibid., GK p.367.

In het aardse leven van de Christen derhalve, wordt de mate waarin hij de genadegaven ontvangt altijd bepaald op basis van de mate van zijn gelijkwording aan Christus – in zijn gezindheid, zijn ervaringen, zijn gewaarwordingen, zijn verlangen en zijn gebed.[8] Al degenen die gedragen worden door de Heilige Geest, dienen in hun leven dezelfde houding en dezelfde hartewens voor de wereld te hebben, die wij ook waarnemen in de Persoon van Jezus Christus. Dat wil zeggen, zij dienen de Liefde "tot het einde" te tonen, die in de praktijk blijkt uit het gebed voor het heil van de gehele wereld.

Doch hoe wordt dit gebed gerealiseerd en geopenbaard in het leven der heiligen?

Het fundament van het gebed voor de wereld is de kenotische liefde van Christus, die voortgaat tot de diepte, opgaat tot de hoogte, en zich uitstrekt tot de breedte en de lengte.[9] Buiten deze weg die door Christus getraceerd werd, zo verzekert de Oudvader, zou niemand "al de volheid van God" in zich kunnen ontvangen.[10] De tocht via deze weg van het Kruis openbaart de grootheid die in de mens verborgen ligt. Alleen op deze wijze wordt hij uitgebreid, om "de rijkdom der heerlijkheid van [Christus'] erfenis in de heiligen"[11] te kunnen bevatten.

De Heer zeide, dat "de ganse Wet en de Profeten" hangen aan de vervulling van de twee grote geboden, van de liefde tot God en van de liefde tot de naaste.[12] Maar ook heel het leven van de mens speelt zich af rond deze twee geboden. Dat wil zeggen, hierin is een tweevoudige beweging waar te nemen, eerst tot God en vervolgens tot de naaste.

---

[8] Cf. ibid., GK p.70, EN p.45-46.
[9] Cf. Ef.3:18. De tekst van de apostel Paulus waar hier naar verwezen wordt, betreft de viervoudige dimensie van het mysterie van het Kruis en de Opstanding van Christus. De diepte van dit mysterie is de weg 'naar omlaag', tot in de diepten der hel, De hoogte ervan komt overeen met Christus' opgang tot boven de hemelen. En de breedte betreft de volheid van de liefde die de gehele wereld omvat. De lengte verwijst naar de weg van Christus, die begint vóór alle eeuwen "in de boezem der Godheid", en die reikt tot het einde der tijden – de weg waarvan Hijzelf "het Begin en het Einde" is; immers, Hijzelf is de Weg. *Cf. WU (zie Appendix I, Tekst van hfst.9 & Vraag 6).*
[10] Ef.3:19. Zie "On Prayer", GK p.56-57, EN p.38.
[11] Zie Ef.1:18.
[12] Mt.22:40.

De eerste beweging is de strijd om het eerste gebod te vervullen. Wanneer de mens zichzelf onderwerpt aan het oordeel van dit gebod, ziet hij dat hij niet beantwoordt aan de maat daarvan en hij raakt ervan overtuigd dat dit zijn geestelijke staat is. Terzelfder tijd verwerft hij inzicht in de kosmische dimensies van de Val, eerst die van hemzelf en daarna die van heel de wereld. De asceet verwijdert zich van de wereld en concentreert zijn kracht op het eerste gebod. Aldaar (in zijn afzondering) draagt hij een langdurig gebed op van berouwvolle bekering. Het lijden van deze bekering is zo diepgaand en smartelijk, tot aan het uiterste, dat de Oudvader dit de "hel der bekering" noemt.[13] Wanneer deze bekering een zekere mate van volheid bereikt, dan wordt zij openbarend. Op vormloze en onzichtbare wijze verzinkt het intellect in het diepe hart, dat niet meer vlees is, maar de "plaats" waar God Zich openbaart.[14] Het reine gebed vergadert de gehele mens in één geestelijk middelpunt, zelfs ook zijn lichaam.

Wanneer het intellect in het hart verzonken is, dan wendt de ziel zich met al haar kracht en haar innerlijk gebed tot God. Dan ziet de biddende zichzelf in het Licht van God. De ziel wordt hersteld in haar natuur, zoals deze oorspronkelijk geschapen was, en haar ontologische diepte wordt onthuld. Zij wordt transparant voor God, Die de Bron is van haar bestaan. Hoewel zij zich heeft teruggetrokken van alle zichtbare en geschapen dingen, ziet zij "in God" heel de wereld.

In het diepe hart ontdekt de Christen dat zijn bestaan onverbrekelijk verbonden is met het wezen van de gehele mensheid. Dan smaakt hij de genade en de energie van de liefde van Christus, die wordt uitgegoten over heel de wereld en heel de mensheid. De liefde van Christus geeft hem de gewaarwording, dat heel het geslacht der mensen een onafscheidelijk deel uitmaakt van zijn wezen. Dan verstaat hij het gebod "heb uw naaste lief als uzelf" in de existentiële dimensie daarvan. Het voegwoordje 'als' voelt hij aan als de uitdrukking van zijn ontologische gemeenschap en eenheid met alle mensen.[15] In de geest ziet hij de wereld, waar hij zich ook

---

[13] "We Shall See Him", GK p.55, 242, EN p.35, 154.
[14] "Saint Silouan", GK p.57, EN p.47, NL p.58.
[15] Cf. ibid., GK p.58, EN p.47, NL p.58.

bevindt, en hij leeft ten diepste al haar lijden. Hij heeft dezelfde gevoelens jegens de wereld, die ook God heeft, en hij wordt geïnspireerd door dezelfde liefde.

Begeesterd door de liefde van Christus voor de wereld, en door het geestelijk schouwen van de wereld dat de Christelijke asceet in de diepte van zijn hart verworven heeft, wendt hij zich tot God met een vurig gebed voor het heil van de gehele wereld. Hij verlangt nu voor elke mens hetzelfde deel van het Licht der genade, als hijzelf waardig gemaakt werd te kennen. En des te intenser en dieper leeft hij de menselijke tragedie, omdat hij de grootheid kent van de mens in de genade Gods, en de onmetelijke eenzaamheid van de innerlijke woestenij in de mens die hiervan verstoken is. Hijzelf lijdt voor de gehele wereld, en hij bidt voor haar in het besef dat "onze broeder... ons leven" is.[16]

Het opdragen van de wereld aan God in zijn gebed is de tweede beweging van de asceet. Deze beweging geschiedt ter vervulling van het tweede gebod, dat gelijk is aan het eerste. De nog smartelijker strijd die de mens op zich neemt om de maat van dit gebod te bereiken, en het lijden dat hij verduurt omwille van de liefde voor de naaste, noemt de Oudvader de "hel der liefde".[17] Hiermee onderstreept hij de bovenmatige dimensies waarin de geest van de mens beweegt en wordt meegevoerd tijdens de ascese van het gebed voor de wereld.

Wij zien dus dat al wat zich afspeelt in het hart van de mens een pan-kosmische dimensie en belangrijkheid verwerft. Het hart wordt het metafysische middelpunt en het orgaan voor het contact met God, Die de Bron is van alle bestaan. In het hart voert de mens de strijd tegen de satan, en aldaar – door de genade van Christus – overwint hij het kosmische kwaad. Deze nederlaag van het kosmische kwaad,

---

[16] Ibid., GK p.57, EN p.47. De heilige Antonius de Grote zeide: "Ons leven en onze dood liggen in onze naaste; want als wij onze broeder winnen, dan hebben wij God gewonnen; doch als wij onze broeder doen struikelen, dan zondigen wij tegen Christus". Uit: "The Sayings of the Desert Fathers", Abba Anthony, 9, p.3, («Ἀποφθέγματα Γερόντων, Περὶ τοῦ ἀββᾶ Ἀντωνίου» 9, PG65, 77B).
Zie ook abba Apollo: "Immers, verklaarde hij, als gij uw broeder hebt gezien, hebt gij de Heer uw God gezien". Uit: Ibid., Abba Apollo, 3, p.37 («Περὶ τοῦ ἀββᾶ Ἀπολλῶ» 3, PG65, 136B).
[17] "We Shall See Him", GK p.242, 382, EN p.154.

die plaatsvindt in het hart van al is het maar één enkele persoon, heeft een weldadige uitwerking op de bestemming van de gehele wereld, en verspreidt de zegen van God over heel de aarde.

Tijdens de eerste beweging, die van zijn persoonlijke bekering, verlaat de mens de wereld om al zijn kracht te concentreren op de strijd tegen de zonde die in hem leeft. Wanneer hij echter in zijn hart het contact met Christus vindt, dan wordt hij genezen door Diens genade. Dan hervindt hij, door Christus, de wereld binnenin zichzelf en wordt met haar verbonden door de band der liefde, voor heel de eeuwigheid.[18] Christus neemt woning in zijn hart en wordt, door middel van deze mens, tot Dienaar van het heil van de gehele wereld. Hij draagt op hem Zijn eigen liefde en innerlijke staat over. Aldus neemt het gebed van de mens pan-kosmische dimensies aan. Wanneer hij "Onze Vader" zegt, dan voelt hij zich verenigd met heel de mensheid. Met dezelfde vurigheid zoekt hij de genade van God voor alle mensen, zoals ook voor zichzelf.[19]

De Oudvader onderscheidde twee manieren, waarop het gebed voor de gehele wereld tot de mens komt. De eerste is overwegend charismatisch, en vindt plaats (zoals wij ten dele reeds beschreven hebben) als resultaat van de geestelijke verlichting en de eenwording met Christus in het diepe hart. Tijdens deze verlichting ontvangt de biddende de innerlijke staat van Christus. Tegelijkertijd schouwt hij "in Christus" de gehele Adam, die dan niet meer een abstracte idee is, maar een concrete realiteit en de dynamische inhoud van het schouwen.[20] Een levend voorbeeld van deze charismatische wijze waarop dit gebed tot de mens komt, vormt het geval van de heilige Silouan.[21] Door dit soort gebed wordt het de gelovige gegeven het geslacht der mensen, dat éénwezenlijk is met hemzelf, lief te hebben en de gehele mensheid te leven als "Eén mens".[22] Dit gebed wordt

---

[18] Cf. "Saint Silouan", GK p.295, p.308-309, EN p.223, 233-234, NL p.241-242, 251-252.
[19] Cf. "We Shall See Him", GK p.182, EN p.113.
[20] Cf. ibid., GK p.324, EN p.208.
[21] Cf. ibid., GK p.323-324, EN p.207-208. Ongeveer veertig jaar lang bad de Heilige met de woorden: "Ik smeek U, Barmhartige Heer, dat al de volkeren der aarde U mogen kennen door de Heilige Geest." ("Saint Silouan", GK p.355, EN p.274, NL p.296); [of, in andere citaten: "... in de Heilige Geest". *Noot vert.*]
[22] Cf. "We Shall See Him", GK p.397, EN p.225.

door God Zelf bewerkt in het hart van de mens. De bede daarvan is dat elke mens moge weten, dat de Heer iedereen en elk afzonderlijk roept tot "Zijn wonderbaar Licht".[23]

De tweede wijze waarop iemand het gebed voor de gehele wereld bereikt is overwegend ascetisch. Op grond van zijn persoonlijke bekering en zijn eigen lijden leert de mens de tragedie te leven van heel het menselijk geslacht. Hij erkent dat deze tragedie begon bij Adam, de voorvader. Door middel van zijn persoonlijke gesteldheden 'ziet' hij heel de mensheid van alle eeuwen, en hij identificeert zich met haar. De ervaring van de pijnigingen van de "hel der bekering" verwekt in zijn ziel het medelijden en het gebed voor heel het geslacht der mensen, zoals ook voor zichzelf.[24] Op deze wijze gaat de mens over van de individuele wijze van bestaan tot de hypostatische wijze van 'zijn'. Hij raakt eraan gewend op vormloze wijze heel de wereld in gedachten te houden, en voor haar te bidden met de pijn der liefde.[25]

In de persoon van de heilige Silouan waren deze twee wegen tot het gebed, de charismatische en de ascetische, op harmonische wijze verenigd. Innerlijk gedragen door de Heilige Geest leed hij mee met allen. Doch ook de herinnering aan zijn verleden – heel zijn voorafgaande en diepe persoonlijke ervaring – droeg eraan bij dat hij het lijden van het volk en de tragedie van heel de wereld leefde. Hij bad zonder einde "met een groot gebed" voor heel de wereld. In dit gebed vergat hij zichzelf, en uit medelijden wilde hij lijden voor het volk, tot aan het punt dat hij verlangde voor hen zijn bloed te vergieten. Zoals hij zeide: "te bidden voor de mensen betekent uw bloed vergieten".[26] En overeenkomstig het getuigenis van zijn biograaf was dit de wijze waarop hij zijn leven doorbracht.

Wij zien dus dat het gebed voor de gehele wereld een geestelijke genadegave is, die volgt op de vervulling van het eerste gebod. De mens draagt eerst aan God de bekering op voor zichzelf, en vervolgens voor al zijn medemensen, die van gelijke hartstochten zijn als hijzelf. Aanvankelijk leeft hij het drama van zijn eigen val, en later, gesterkt

---

[23] 1Petr.2:9.
[24] Cf. "On Prayer", GK p.27, 44, 83, EN p.17, 30-31, 57.
[25] Cf. ibid., GK p.46, EN p.31.
[26] "Saint Silouan", GK p.77, EN p.63, NL p.75.

door de Heilige Geest, wordt hij op natuurlijke wijze uitgebreid om, met een adamitisch bewustzijn, de tragedie te leven van de gehele wereld, en smeekbeden op te dragen voor het heil van allen. Dit gebed, dat allen omarmt, betekent tegelijkertijd dat de mens hersteld is als beeld van de hypostatische God. Heel de mensheid wordt tot inhoud van zijn leven en zijn gebed. Dit gebed wordt verwezenlijkt in navolging van het hypostatische gebed van Christus, dat Hij opdroeg in de tuin van Gethsémane voor de verlossing van de wereld. Dan heeft de mens deel aan het verlossende werk van Christus, Die heel het gewicht van de zonden der wereld op Zich neemt.[27]

Elke gelovige behoort tot de familie der mensheid. Hij wordt gekweld door het jammerlijke schouwspel van het verderf en de verwarring, waardoor zij beheerst wordt. Hij lijdt mede met haar gemeenschappelijk lot, maar hij wordt ook bemoedigd door het openbarende woord van de Heer aangaande de laatste tijden, dat zegt: "Ziet omhoog en heft uw hoofden opwaarts, want uw bevrijding komt nabij".[28] Niettemin, om de vrijmoedigheid en de inspiratie te vinden voor het hypostatische gebed, dient eerst de persoonlijke bekering van de mens haar voltooiing te hebben bereikt, zodat zijn eigen zonden zijn uitgewist. Anders, dat wil zeggen als de zonde en de hartstochten nog zegag over hem hebben, draagt zijn gebed niet het gewicht van de wereld en de zonde der wereld, maar voegt daar nog haar eigen gewicht aan toe.[29]

Het gebed voor de wereld is een zware strijd zonder uitweg. In het historische verloop van het leven van deze wereld bereikt dit gebed nimmer haar uiteindelijke doel, hoe vurig en langdurig het ook moge zijn, omdat het goddelijk geschenk van de vrijheid van de mens onherroepelijk is, en God daar op wijze en nederige wijze over waakt. Zo is het mogelijk, dat de mensen de duisternis verkiezen en niet het licht. Doch de energie van dit gebed, dat wordt opgedragen "in geest en waarheid",[30] is onvergankelijk en onvernietigbaar. Het blijft voor eeuwig voor het aanschijn des Heren.[31]

---

[27] Cf. "We Shall See Him", GK p.380; "His Life is Mine", EN p.95.
[28] Lk.21:28.
[29] Cf. "Saint Silouan", GK p.316, EN p.240, NL.259.
[30] Joh.4:23.
[31] "We Shall See Him", GK p.61-62, EN p.40.

Het gebed voor de wereld ontmoet in veel gevallen de tegenstand en de haat van de wereld, en keert terug tot de biddende zonder enig gevoel van vervulling, of zelfs nog met vermeerderde droefheid. Van de kant van de mens is dit gevoel reëel, maar van Gods kant beschouwd is dit niet waar. Hoewel de gezochte verandering in de geestelijke staat van het aardrijk niet plaatsvindt, niettemin beperkt dit gebed de expansie en de overheersing van het "gezag der duisternis".[32] Door hun gebed voor de wereld werden de heiligen God aangenaam, en omwille van hen daalt de goddelijke zegen neer over de aarde. Eén heilige die bidt voor de wereld is een uitzonderlijk kostbaar verschijnsel en een pan-kosmische gebeurtenis. In zijn persoon lijdt het kwaad een nederlaag, met weldadige gevolgen voor heel de mensheid.[33] Het gebed der heiligen, al lijkt het in historische zin onvervuld, openbaart op aarde de Geest van Christus, Die ons niet bestemt "tot toorn, maar tot verwerving van het heil".[34] De heiligen leven door de Geest en de liefde van Christus, die "een Goddelijke kracht is, die de wereld schept en bewaart".[35] Overeenkomstig het woord van de apostel Paulus is het gebed van de heiligen voor de wereld de "weerhoudende" kracht die de wereld in stand houdt.[36]

De Oudvader spreekt ook over een ander soort hypostatisch gebed, het liturgisch gebed, dat gelijk is aan het gebed van Christus Zelf in Gethsémane. In haar authentieke dimensies stelt de Liturgie heel de heilseconomie van Christus tegenwoordig, en omvat heel het 'Zijn' van God en het 'zijn' van de mens. Zoals het persoonlijke gebed der bekering van de mens, wanneer de vrede en de liefde zich vermeerderen, op natuurlijke wijze een bron wordt van vurig gebed voor de gehele wereld,[37] evenzo treedt de gelovige binnen in deze zelfde werkelijkheid door de aandachtige voltrekking van de Liturgie. Hij wordt door de Geest des Heren geïnspireerd om in

---

[32] Cf. Lk.22:53.
[33] Cf. "On Prayer", GK p.94; en "Saint Silouan", GK p.295, 512, EN p.223, 407-408, NL p.241-242, 430.
[34] 1Thess.5:9.
[35] "Saint Silouan", GK p.296, EN p.224, NL p.242.
[36] Cf. 2Thess.2:6. Zie "We Shall See Him", GK p.352.
[37] Cf. "On Prayer", GK p.168, EN p.153.

zijn smeekbede heel de wereld te omvatten.[38] Door het liturgisch gebed verzinkt de ziel van de mens in de oceaan van menselijk lijden. De Christen, gedragen door de Geest van Christus, kan deze ontmoeting met de pijn van heel de aarde niet ontvluchten. Zoals de Heer bad voor de gehele wereld, zo is ook het gebed van de gelovige verschuldigd een kreet te worden van heel de aarde tot God de Vader. Een dergelijk gebed wordt medegenoot aan het gebed van de Heer te Gethsémane, en maakt de gelovige tot deelgenoot aan het verlossend lijden van de liefde van Christus.[39]

Tijdens de liturgische handeling is het mogelijk, dat op een bepaald ogenblik het schouwen van het eindeloze lijden van de mensheid zich intensiveert, en de mens tot 'krijgsgevangene' wordt van de geest van het gebed, zodanig dat dit zijn natuurlijke en psychische krachten te boven gaat. Dit gebed leidt tot de grenzen van de dood, terwijl het terzelfder tijd levenschenkend is.[40]

Het gebed voor het heil van de wereld put de mens uit. De liturg lijdt door het schouwen van het lijden en het verderf van de gevallen wereld. Met onverminderde inspiratie spant hij zich in om alle gesteldheden en noden van de mensen op te dragen aan God, en voor allen de eeuwige genade te zoeken. Door de onwankelbare herhaling van het vieren van de Goddelijke daad van de verlossing der wereld, in de Liturgie, vervult hij het gebod van Christus "tot [Zijn] gedachtenis".[41] Zo wordt in de geschiedenis van het aardrijk de werkzame aanwezigheid in stand gehouden van het gebed des Heren in Gethsémane en de kracht van Zijn kruisdood op Golgotha.[42] De uitputting die de liturg hierdoor lijdt is de ervaring van de zelfontlediging, waardoor hij geestelijk uitgebreid zou kunnen worden om zowel de wereld te kennen – door alle tijden heen – als de Zoon des mensen in Diens godmenselijke volheid. Door Christus te volgen, in navolging van de tocht van Diens zelfontlediging, vermeerdert de mens in zichzelf de pijn daarvan en verwerft hij een kosmisch en meta-kosmisch zelfbewustzijn. Eerst wordt hij ontvankelijk

---

[38] Cf. "We Shall See Him", GK p.361; zie "His Life is Mine", EN p.88-89.
[39] Cf. "We Shall See Him", GK p.367, 380-381; zie "His Life is Mine", EN p.87.
[40] Cf. ibid., GK p.361-362; zie "His Life is Mine, EN p.89.
[41] Cf. Lk.22:19, "Doet dit tot Mijn gedachtenis".
[42] Cf. "We Shall See Him", GK p.370; zie "His Life is Mine", EN p.89.

voor het oneindig grote Goddelijk 'Zijn', en vervolgens wordt hij geestelijk verenigd met de gehele mensheid. Op deze wijze verwerft de mens een waarachtige universaliteit, naar het beeld van de universaliteit van Christus Zelf, Die al wat bestaat in Zich draagt. De deelname aan de dood van Christus, tijdens het gebed voor de wereld, leidt tevens – reeds in dit tegenwoordige leven – tot de voorsmaak van de Opstanding.[43]

De Liturgie is naar haar geestelijk wezen een offer voor de zonden van de gehele wereld. En aangezien de mens zich voortdurend oog in oog bevindt met de hem omringende zonde, houdt hij niet op de liturgische daad te herhalen. Zo dient hij het heil der wereld, en neemt hij deel aan het koninklijk priesterschap van Christus. De Oudvader benadrukte, dat de Christen drager is van het "koninklijk priesterschap",[44] ook wanneer hij geen priesterlijk ambt vervult. De kracht en het wezen van dit priesterschap blijkt uit het gebed voor de gehele wereld, overeenkomstig het model en het "voorbeeld" van Christus Zelf.[45]

Wanneer de mens gevoelig is en gekweld wordt door het smartelijke schouwspel van de pijn en het lijden van de mensheid, dan wordt hij mogelijk geleid tot één van de volgende drie posities: 1) Te proberen zich in gedachte af te zonderen van de ellende die hem omringt. Door zijn intellect te ontdoen van elke gedachte aan dit relatieve bestaan, zoekt hij dan zijn rust in het 'niets' van het niet-zijn.[46] In dit geval sterft zijn hypostatische beginsel een metafysische dood. 2) God te beschouwen als onverschillig jegens de menselijke tragedie, en Hem daarvoor aansprakelijk te stellen en aan te klagen als de schuldige. Ook in dit geval, daar het levende geloof ontbreekt, sterft de mens "in zijn zonden".[47] 3) Zich, al is dit ook waanzinnig, in gebed tot God te richten, en Hem te vragen naar de reden. Als hij eerlijk is en bereid het antwoord te aanvaarden, dan zal hij in zijn diepste wezen de verzekering ontvangen, dat de enige oorzaak van alle kwellingen het verkeerde gebruik is van

---

[43] Cf. "On Prayer", GK p.116-117, EN p.76-77.
[44] 1Petr.2:5,9.
[45] Joh.13:15. Zie "We Shall See Him", GK p.370; "His Life is Mine", EN p.88.
[46] Cf. "We Shall See Him", GK p.89, 334, EN p.57, 212.
[47] Cf. "Saint Silouan", GK p.301, EN p.228, NL p.246. Zie Joh.8:24.

zijn vrijheid, en dat God de oplossing gaf in deze uitzichtloze situatie, door "Zijn Zoon [te zenden] tot verzoening voor onze zonden".[48] Dit antwoord is levenschenkend voor de mens, het inspireert hem en verwaardigt hem Christus na te volgen in het gebed voor de wereld.[49]

De Christen, die de gave van de liefde van Christus heeft ontvangen, raakt geestelijk niet terneergeslagen door het bedroevende beeld van de wereld die zich bevindt in de onlosmakelijke banden van de dood. Hij lijdt met haar mede, in zijn pijn en zijn wenen. Doch in zijn gebed voor de wereld treedt hij binnen in de eeuwenoude stroom van het gebed van de Heer te Gethsémane. De weeklacht vanuit het diepste wezen van de mens, die voortkomt uit de vurigheid van de liefde van Christus, kan op de tijd van het gebed voor de wereld een intensiteit bereiken die zijn kracht te boven gaat. Dan wordt zijn geest ontrukt aan alle gewaarwording van het geschapene, en verzinkt in de onbeschrijfelijke oneindigheid van de eeuwigheid. Na deze bovennatuurlijke vervoering bezit hij kennis en ervaring van de hypostatische geesten. Dat wil zeggen, hij verwerft de 'smaak' van de ontologische inhoud van zijn hypostase.[50]

In het gebed voor de wereld wordt de Christen geïnspireerd door de barmhartige liefde van Christus. Hij draagt het leed om de zonden van zijn broeders, en zo wordt hij een medegenoot van het heilbrengend lijden des Heren voor de wereld. Dit komt overeen met de geest van het tweede gebod en is welgevallig voor het aanschijn van de hemelse Vader.[51] Naar het woord van de heilige Silouan is het de Heer, Die de mens inspireert tot gebed voor de wereld. Hij geeft de kracht voor de beoefening daarvan, en beloont de mens voor zijn werk.[52] Voor de drager van de liefde van Christus is dit gebed een deelname aan de dood van de wereld.[53] Doch tegelijkertijd is het ook de zekerste weg die zijn opstanding waarborgt,

---

[48] 1Joh.4:10.
[49] Cf. "On Prayer", GK p.52-54, EN p.35.
[50] Cf. "On Prayer", GK p.91, EN p.57; en "We Shall See Him", GK p.231, EN p.145-146.
[51] "On Prayer", GK p.29, EN p.19.
[52] Cf. "Saint Silouan", GK p.369, EN p.286, NL p.308.
[53] Cf. 2Kor.4:14, "Zo werkt wel de dood in ons, doch in u het leven".

omdat het de navolging is van de dood en de opstanding van de Heer Jezus.[54]

Het gebed voor de wereld is een genadegave en een bron van inspiratie. Als genadegave is zij groter dan de hartstochtloosheid, en onontbeerlijk voor de consolidatie daarvan. In commentaar op het geval van de heilige Johannes 'de Korte'[55], een asceet uit de vierde eeuw die leefde in de woestijn van Egypte, legt de heilige Silouan dit verschijnsel als volgt uit. De heilige Johannes bad op een bepaald moment van zijn leven, dat de hartstochten tot hem zouden terugkeren, opdat hij dezelfde intensiteit en het vurige gebed zou mogen hervinden als hij eerst had; want toen hij daar niet meer door gehinderd werd, verzwakte zijn gebed. De terugkeer van de verzoekingen zou niet nodig zijn geweest, als de heilige Johannes, na zijn overwinning op de hartstochten, de genadegave van het gebed voor de wereld zou hebben ontvangen.[56] Degene die strijdt met de hartstochten bezit niet het reine schouwen, terwijl degene die bidt voor de wereld gelijk wordt aan Christus, en zijn inspiratie heeft geen einde.[57]

De genade van het gebed voor de wereld rechtvaardigt het Lijden, het Kruis en de Opstanding van Christus, waar het uit voortvloeit en waardoor het wordt geïnspireerd. Door dit gebed wordt het "koninklijk priesterschap" in de mens verwezenlijkt en het is een volmaakte navolging van Christus, de 'Aarts-Herder'. Het toont zich als de "grotere genadegave"[58] van de Heilige Geest. Zodanig was de verwondering van de Oudvader over deze genadegave, dat hij verklaart dat degene, die nog niet genaderd is tot de grenzen van deze charismatische staat, zich niet zou moeten verstouten zich Christen te noemen zonder vreze en schaamte, maar

---

[54] Cf. "On Prayer", GK p.93. Zie ook "We Shall See Him", GK p.388; zie EN "His Life is Mine", p.85.
[55] Zijn bijnaam (*Kolobos*/Κολοβός) wordt ook wel vertaald als 'de Dwerg', cf. "The Sayings of the Desert Fathers", p.85vv.
[56] Anders gezegd, het zou beter geweest zijn te streven naar deze laatstgenoemde "grootste gave" (cf. 1Kor.12:31-13:13), dan terug te keren tot zijn vorige, onvolmaakte staat. *Noot vert.*
[57] "Saint Silouan", GK p.83-84, 77, EN p.67-68, 62-63, NL p.79-80, 74-75.
[58] Cf. 1Kor.12:31.

met pijn zou moeten belijden dat hij deze roeping onwaardig is.[59] Door deze genadegave verwezenlijkt de mens zijn vóóreeuwige bestemming en wordt hij zijn roeping in Christus waardig. Hij betoont zich een persoon die vervuld is "tot al de volheid van God",[60] en die heel de wereld terugroept uit de Val.

---

[59] Cf. "We Shall See Him", GK p.370, 228, EN p.146; "His Life is Mine", EN p.94.
[60] Ef.3:19.

8d) De liefde voor de vijanden
als het criterium voor de waarheid

Zoals het geloof in de Heilige Drieëenheid onvoorstelbaar zou zijn voor de mens als dit niet door God Zelf geopenbaard was, zo zou ook de liefde voor de vijanden ondenkbaar zijn als Christus dit niet aan de wereld had geopenbaard door Zijn kruisdood. Op absolute, definitieve en eeuwige wijze bad Christus voor Zijn vijanden en gaf Hij Zijn leven voor hen.[1] Dat, wat de Heer ééns en voor altijd gedaan heeft door de kracht van Zijn Geest, blijft bestaan als de volmaakte weg die de mens met God verenigt.

Het onderricht en het gebod van de liefde voor de vijanden brengen niet alleen de geest van het Nieuwe Testament naar voren, als zijnde voortreffelijker dan die van het Oude Testament,[2] maar openbaren tevens de uniciteit van de geopenbaarde waarheid van de mensgeworden God. De kruisdood van Christus is de dwaasheid van de liefde van God voor Zijn vijanden. Dit vormt van oudsher de grens die al wat waarachtig en eeuwig is, scheidt van al wat menselijk is en de vrucht van de dwaling.[3] Deze liefde ligt besloten in het gebod van de liefde tot de naaste, en vormt de hoogste uitdrukking daarvan.

In de geschriften van de heilige Silouan en oudvader Sophrony wordt het rijke onderricht over de liefde voor de vijanden uiteengezet als een alomvattende en systematische antropologie, die heel de ladder van de geestelijke gesteldheden van de mens omvat. Al de innerlijke gesteldheden van de mens – van de laagste en tegennatuurlijke, tot de hoogste en heiligste – worden beoordeeld zowel als bepaald door zijn houding tegenover zijn vijanden. De omvang en de hoedanigheid van het onderricht van de heilige Silouan omtrent dit thema van de liefde voor de vijanden, verschaffen hem een vooraanstaande plaats onder de Vaders van de Kerk, met de status van een pionier.[4]

---

[1] Cf. Lk.23:34 en Rom.5:10.
[2] Cf. Mt.5:43-44.
[3] Cf. 1Kor.1:18-31.
[4] Voor een meer analytische studie hieromtrent, zie de Franse patroloog Jean-Claude Larchet, "L'amour des ennemis selon Saint Silouane l'Athonite et dans la tradition patristique", in het tijdschrift "Buisson Ardent – Cahiers Saint-Silouane

In het onderricht van de heilige Silouan, zoals uiteengezet door oudvader Sophrony, bestaat geen onderverdeling tussen vijanden en vrienden. De Heilige maakte onderscheid tussen de mensen "die God kennen en die Hem niet kennen".[5] Het denkbeeld "vijand" komt voornamelijk voort uit de gevallen staat van de mens, en is niet afkomstig van God, Die de volheid van Zijn liefde uitstrekt over allen. Als iemand dit onderscheid volgt, betekent dit dat hij een deel van het lichaam der mensheid afscheidt, en dat hij niet universeel is. Hij leeft de liefde niet, en bijgevolg mist hij het doel van de volheid van de eenheid van het bestaan.

God is liefde. Degene die geen liefde heeft voor God en voor zijn broeder, die kent God niet en zijn bestaan is onvolkomen.[6] Hij is niet transparant voor de genade van de Heilige Geest, en blijft buiten het licht des levens. Weg te vallen uit de liefde Gods maakt het leven van de mens tot een eenzame woestenij, en brengt hem onder de slavernij van de vrees voor de dood, en van de laagste noden van zijn natuur. Het maakt hem hoogmoedig en verstoken van alle medelijden, niet in staat om in gemeenschap te zijn met God en met zijn naaste. De afwezigheid van de liefde opent de deur voor de haat, en dit sluit de mens op in de gevangenis der hartstochten en in de beklemming van het egocentrisme.

De geboden die God de mens gegeven heeft, beogen niets anders dan diens genezing. En Christus, zoals de toegewijde Isaak de Syriër onderstreept, zoekt "niet het werk van de geboden, maar de correctie van de ziel [..] waartoe Hij de wet der geboden heeft ingesteld".[7] Daarom overigens merkt ook de apostel Paulus op, dat de wet niet bestaat voor de rechtvaardigen, maar voor de wettelozen.[8]

De Heer wees op het toepassen van Zijn leer, als de betrouwbare weg tot de kennis van Zijn Persoon.[9] Overeenkomstig Zijn Evangelie wordt de authentieke kennis van God en de gemeenschap met Hem

---

l'Athonite" No.2, p.66-95.
[5] "Saint Silouan", GK p.154, EN p.115, NL p.127-128.
[6] Cf. ibid., GK p.155, EN p.116, NL p.128.
[7] "Ascetical Homilies", *Engels:* Hom.57, p.282; *Grieks:* Hom.37, p.160; *Oudgrieks:* Hom.59.
[8] Cf. 1Tim.1:9.
[9] Cf. Joh.7:17.

gerealiseerd door het bewaren van Zijn geboden en Zijn woord.[10] De volheid van de Godskennis wordt bereikbaar door de vervulling van de twee grote geboden der liefde. Het gebod van de liefde voor de vijanden vormt de hoogste uitdrukking van deze beide geboden. Het bewaren van dit gebod is liefde voor God, daar de mens hierdoor gelijkvormig wordt aan de Geest van Hem, Die de handen uitstrekte aan het Kruis om alle mensen tot Zich te trekken. Het is tevens een volmaakte liefde tot de naaste, omdat het allen omvat, zonder enige uitzondering. Daarom leidt de vervulling van dit gebod tot de hoogst mogelijke Godskennis.

Naar Bijbels en patristiek begrip betekent kennis een wezenlijke gemeenschap. De Godskennis is de vereniging van God met de mens, die bewerkt wordt door de Heilige Geest. De liefde voor de vijanden, als de hoogst mogelijke Godskennis, is ook de hoogst mogelijke gemeenschap met God, die verwezenlijkt wordt door de aanwezigheid van de Heilige Geest. Op deze wijze vormt de liefde voor de vijanden het onmiskenbare criterium voor de aanwezigheid van de Heilige Geest en voor de waarachtige Godskennis, op twee niveaus: 1) op het persoonlijke niveau, en 2) op het kerkelijke of dogmatische niveau.

Op het persoonlijke niveau is de liefde voor de vijanden een getuigenis, dat de volmaakte liefde de inhoud is geworden van de geschapen hypostase van de mens. Deze liefde, die volledig is en allen omvat, strekt zich ook uit in medelijden "voor alle schepsel dat verstoken is van het Goddelijk Licht".[11] De drager van deze liefde "is zelfs nog bedroefd over de demonen, omdat zij zijn afgevallen van God".[12] Op deze manier heeft de mens dus de mogelijkheid zijn leven te inspecteren, en vast te stellen in hoeverre hij zich bevindt op de weg van God in Christus, die leidt tot de volledige kennis van heel het geschapen bestaan. Deze kennis behoort bij uitstek toe aan de persoon die zichzelf verwezenlijkt naar de gelijkenis van de Hypostase van Christus, en deelheeft aan Diens universaliteit.

In de Orthodoxe Traditie wordt de Kerk erkend als de "pilaar

---

[10] Cf. Joh.14:21,23.
[11] Cf. "We Shall See Him", GK p.72, EN p.47.
[12] Cf. "Saint Silouan", GK p.582, 475, EN p.469, 377, NL p.493, 397-398.

en grondvest der waarheid".[13] Deze erkenning is niet gebaseerd op uiterlijke redenen, maar op de ontologische eenheid die er bestaat tussen de Kerk en Christus, Die haar Hoofd is. Doch terwijl deze waarheid op theologisch niveau vanzelfsprekend is, bestaan er in het historische verloop van het leven van de Kerk ook vele pseudo-kerken, die ofwel aanspraak maken op volheid en katholiciteit, ofwel beweren dat de waarheid zich bevindt in de synthese van allen.

Het is dus zeer redelijk de vraag te stellen: Bestaat er een criterium dat de katholiciteit bevestigt? En zo ja, wat is dat criterium? Volgens de heilige Silouan is de liefde voor de vijanden ook op dit punt het enige zekere criterium. Aan de hand van dit criterium kunnen wij het waarachtige onderricht van de Kerk onderscheiden "van alles wat daar vreemd aan is en van alle verbasteringen" die daaraan worden toegevoegd.[14]

De dogmata van de Kerk zijn geen abstracte ideeën, maar zij zijn op organische en onverbrekelijke wijze verbonden met haar wezen en haar leven. De Kerk, als Huis van de levende God, houdt zich vóór alles bezig met de kwestie van het leven. Haar doel is niet een bepaalde abstracte ontologie (een 'leer omtrent het wezen'), maar het heil zelf en het eeuwige leven van de mens, dat verwezenlijkt wordt door het bewaren van de geboden van Christus – die op hun beurt zijn samengevat in de liefde voor God en voor de naaste.

De waarachtige Kerk bewaart het onderricht van Christus onaangeroerd. Dit betekent dat iedere verandering of vervalsing van het overgeleverde onderricht een element vormt dat bevestigt dat men vervreemd is van het Lichaam van Christus. Maar aan de andere kant blijft de waarachtige Kerk ook open voor alle mensen, die hun geloof in haar belijden, onafhankelijk van hun geestelijke vooruitgang. Op deze wijze doet zich echter in de praktijk een zekere vermenging voor van de waarheid van de Kerk met de onwaarachtigheid van haar leden – wat het probleem van het onderscheid tussen de waarachtige Kerk en de pseudo-kerken nog bemoeilijkt.

Derhalve is de waarachtige Kerk dat lichaam, dat de liefde

---

[13] 1Tim.3:15. Zie "Saint Silouan", GK p.304, EN p.230, NL p.248-249.
[14] "Saint Silouan", GK p.305, EN p.230, NL p.249.

voor de vijanden levend houdt.[15] Het bestaan van deze liefde in het leven van de Kerk houdt ook haar gemeenschap levend met de God der liefde. Een getuigenis van het bewaren van deze geest is de aanwezigheid van personen, die dit in hun leven belichamen.[16] Op het historische niveau is dit de bevestiging van de waarheid van de Kerk. De aanwezigheid van deze personen in de boezem van het geheel van de Kerk bevestigt de mogelijkheid van de verwerkelijking van het hypostatische beginsel.

---

[15] D.w.z. de waarachtigheid van de Kerk blijkt uit *zowel de leer als de praktijk* van de volheid van Gods liefde, die bij uitstek blijkt uit de liefde voor de vijanden, zoals hierboven werd uitgelegd. *Cf. CWL.*

[16] Een uitnemend voorbeeld van een dergelijke persoon zien wij in de heilige Silouan. Deze heilige onderrichtte op uitgebreide en profetische wijze, dat de liefde voor de vijanden niet alleen het onmiskenbare criterium is van de waarachtige aanwezigheid van de Heilige Geest, maar ook het hoogste wat de Christelijke geest kan bereiken. In zijn leven joeg hij slechts één genadegave na van de Heilige Geest, waar hij geheel op gericht was: "de [Christus-gelijkende] nederigheid en de liefde voor de vijanden. *Alles* hangt hiervan af". Zie "Saint Silouan", GK p.302, EN p.228, NL p.247.

EPILOOG
"Houd uw geest in de hel, en wanhoop niet"[1]

Christus is het 'teken' van God voor de mensen van alle eeuwen. En de weg van Christus is de enige weg die leidt tot het eeuwig Koninkrijk van de Vader, en van de Zoon, en van de Heilige Geest.

Toen de Joden uit Zijn tijd van Hem een "teken uit de hemel" zochten,[2] en dat verkeerdelijk, hield Hij hun herhaaldelijk "het teken van Jona" voor, gegeven aan het geslacht der Ninevieten, als het *enige* teken van God aan de wereld – het teken bij uitstek.[3] Want dit teken was de profetische voorafbeelding van de nederdaling van Christus tot "de nederste delen der aarde",[4] gevolgd door Zijn opgang tot boven de hemelen. In Zijn persoon, Zijn leven en Zijn voorbeeld werd het antwoord gegeven op al de vragen van de mens. Jezus Christus werd het eeuwige teken van God voor alle geslachten van deze wereld. En alle genadegaven van de Heilige Geest berusten op deze gebeurtenis van het nederdalen en opstijgen van Christus.[5] Dit teken met geloof te aanvaarden, als model en patroon voor het leven, maakt de mens tot "vriend" van God, overeenkomstig het

---

[1] Deze epiloog is een bewerking van een voordracht, gehouden ter gelegenheid van de "27th Annual Adult Education Series" rond het thema "A Modern-day Saint and His Disciple: Saint Silouan the Athonite and Father Sophrony" (Saint Tikhon's Seminary, 2 September 1997). Eerste publicatie in "Alive in Christ" Vol.XII, No.3 (Winter 1997), p.15-21 en 34; daarnaast ook in "The Tikhonaire" (South Canaan, PA: St. Tikhon's Orthodox Theological Seminary, 1998), p.46-52. Dezelfde tekst vormde de basis voor een vergelijkbare voordracht, die werd opgenomen in "Weest ook gij uitgebreid" (Hfst.3), inclusief nadere uitleg en aanvullende opmerkingen. Onderhavige epiloog werd, in enigszins bewerkte vorm, ook opgenomen in de Engelse editie "Christ, Our Way and Our Life".
[2] Lk.11:16.
[3] Cf. Lk.11:30 – "Want zoals Jona een teken werd voor de Ninevieten, alzo zal ook de Zoon des mensen zijn voor dit geslacht." Zie ook Mt.12:39; 16:4.
[4] Ef.4:9.
[5] Cf. Ef.4:7-10.

woord van de Heer: "Ik heb u vrienden genoemd, want al hetgeen Ik van Mijn Vader heb gehoord, heb Ik u bekend gemaakt."[6]

Maar zoals Jona een teken was voor de Ninevieten, zo zijn ook de vrienden van Christus tot teken voor hun generatie, in elk tijdperk – overeenkomstig Zijn ongeveinsde belofte: "Zie, Ik ben mét u al de dagen tot aan de voleinding der wereld".[7] Want Zijn vrienden worden de 'mond van God' en antwoorden op al de problemen en vragen van hun tijd. Zij worden echter tot teken van God, nadat eerst door de genade van de Heilige Geest de weg van Christus in hen geopenbaard is: de nederdaling (zelfs tot in de hel) en de opgang – overeenkomstig het voorbeeld en het pad dat Hijzelf getraceerd heeft. Men kan niet heilig zijn, en een vriend en een leerling van Christus, de Leermeester, als men die weg niet tot het einde toe heeft doorlopen, en "de mysteriën [kent] van het Koninkrijk Gods".[8] Alleen op die voorwaarde wordt iemand een "licht in de wereld", "voorhoudende het woord des levens" voor zijn generatie.[9] De heiligen, zo zegt de apostel Paulus, "[zullen] de wereld oordelen".[10] En dit is rechtvaardig, want zij zijn eerst 'monden van het Woord' geworden, en hebben met hun woord de wereld verlicht. Door middel van hen heeft Christus gesproken en, zoals Hijzelf bevestigt, Zijn woord zal de mens oordelen "ten laatsten dage".[11]

De Kerk nu, geleid door de Heilige Geest "in al de waarheid",[12] heeft Silouan verheerlijkt als haar "apostolische en profetische leermeester",[13] – dat wil zeggen, als heilige. Overeenkomstig de geestelijke wet, die wij hierboven hebben beschreven, zouden wij dus in zijn persoon, in zijn leven en in zijn woord moeten onderzoeken wat de karakteristieken zijn, die hem maken tot teken van God voor zijn generatie. Wat is het "woord des levens", door middel waarvan God Zijn weg openbaart aan ons geslacht?

---

[6] Joh.15:15.
[7] Mt.28:20.
[8] Lk.8:10. Zie ook Mt.13:10; Mk.4:10.
[9] Cf. Fil.2:15-16.
[10] Cf. 1Kor.6:2.
[11] Joh.12:48 "Het woord dat Ik gesproken heb, dat zal hem oordelen ten laatsten dage."
[12] Joh.16:13.
[13] Patriarchale Acte van Canonisatie, Protocol No. 823/26-11-1987.

Ondanks de eenvoud van de woorden van de heilige Silouan, kan men hun goddelijke herkomst gemakkelijk herkennen.[14] Overeenkomstig zijn onderricht, dat de volmaakten "niets uit zichzelf" zeggen, maar "alleen wat de Heilige Geest hen ingeeft",[15] zal blijken dat ook zijn eigen woorden gegeven zijn door de Heilige Geest. Dit betekent, dat zij geen produkt zijn van het menselijk verstand, maar de vruchten van een rein hart, dat is "uitgebreid"[16] door de gave van Christus. Binnen de grenzen van een kleine studie als deze is het echter onmogelijk al zijn woorden in beschouwing te nemen, die worden aangeboden als woorden van God voor onze generatie. Doch er is één woord, dat rechtstreeks door God aan Silouan gegeven werd, en dat een lens kan worden die ons in staat stelt onze blik te richten op de oneindige horizonnen van het "grote mysterie der vroomheid"[17] dat ons geopenbaard is. Dit is het woord van Christus tot Silouan: *"Houd uw geest in de hel, en wanhoop niet"*.[18]

Chronologisch bevindt ons geslacht zich dichter bij de Wederkomst van Christus dan alle voorgaande. [Dat is natuurlijk logisch, maar] dat betekent ook dat onze generatie zich in grotere ellende en verschrikking bevindt, en meer nood heeft aan verlossing dan alle andere – overeenkomstig het woord van Christus: "Nochtans, zal de Zoon des mensen, wanneer Hij komt, nog geloof vinden op de aarde?"[19] Welke zijn de verschrikkingen, die duidelijk het algemene kenmerk vormen van onze generatie? De belangrijkste zijn: de hoogmoed, de verduistering van het intellect en zijn gevangenschap door de geest van de boze, de wanhoop en de menigte van onvrijwillige verdrukkingen die hiermee samengaat, en tenslotte de volstrekte moedeloosheid[20] en de geestelijke verlamming. Het openbarende woord van Christus Zelf, de Zoon van God, "Houd uw geest in de hel, en wanhoop niet", dat de heilige Silouan over-

---

[14] Zolang men tenminste "oren heeft om te horen". *Cf. CWL.*
[15] "Saint Silouan", GK p.70, EN p.57, NL p.69 (gesprek met de asceet Stratonik).
[16] Cf. 2Kor.6:11.
[17] Cf. 1Tim.3:16.
[18] "Saint Silouan", GK p.51, 572, EN p.42, 460, NL p.53, 484-485.
[19] Lk.18:8.
[20] D.w.z. het evidente gebrek aan zorg voor het heil, dat God elke dag aan de wereld aanbiedt. *Cf. WU.*

draagt aan zijn tijdgenoten, biedt het antwoord op deze en vele andere verschrikkingen.

Voordat wij echter verdergaan met de analyse van dit woord, acht ik het zinvol die biografische feiten uit Silouans leven te memoreren die hiermee verbonden zijn.[21]

Op zesentwintig-jarige leeftijd, na de eerste zes maanden van zijn verblijf op de berg Athos, werd de heilige Silouan (die toen nog Simeon heette) verwaardigd "de levende Christus" te zien op de plaats van Diens icoon. Hoewel dit slechts een ogenblik duurde was dit een grootse gebeurtenis, en deze bewerkte in Silouan zulk een uitbreiding van zijn wezen, dat hij vanaf dat uur in zijn gebed al de volkeren der aarde droeg. Plotseling had hij een 'pankosmisch bewustzijn' verworven. Bij het aanschouwen van Christus werd op hem dezelfde geestelijke staat overgedragen als van Christus Zelf. Doch de vermindering van deze genade en een ontijdige lofprijzing[22], wierpen Silouan in een titanische strijd tegen de ijdele trots en de hoogmoed. Deze strijd, die vijftien jaar duurde, leidde Silouan tot een bekering zoals die van Adam, en tot de uiterste wanhoop. Toen kwam de Heer tussenbeide, en gaf hem het woord [dat wij zojuist geciteerd hebben. Oudvader Sophrony geeft de volgende beschrijving van deze gebeurtenis]:[23]

> Vijftien jaren waren verstreken vanaf de dag dat de Heer hem verschenen was. En zie, op een keer tijdens één van die martelende nachtelijke worstelingen met de demonen, toen hij ondanks al zijn inspanningen niet in staat was met een reine geest te bidden, stond Silouan op van zijn krukje, om buigingen te maken – maar voor zich zag hij de gigantische gestalte van een demon, die voor de iconen stond, wachtend om dit gebaar der aanbidding van hem te ontvangen. De cel vulde zich met demonen. Silouan ging weer op

---

[21] Voor een volledige beschrijving, zie "Saint Silouan", GK/NL hoofdstuk 1 & 2, EN hoofdstuk 1 t/m 3.
[22] Namelijk, van de geestelijke vader aan wie hij om raad was gaan vragen over deze onverwachte vermindering van Gods genade. *Noot vert., cf. WU.*
[23] "Saint Silouan", GK p.51 (zie ook 572), EN p.42 (460), NL p.53 (484-485). [Omwille van degenen die minder vertrouwd zijn met het leven van de heilige Silouan is de korte beschrijving van deze gebeurtenis, zoals verhaald door oudvader Sophrony, hier in z'n geheel geciteerd. *Noot vert., cf. WU.*]

zijn krukje zitten, boog zijn hoofd, en in de verdrukking van zijn hart uitte hij dit gebed:
"Heer, Gij ziet dat ik met een rein intellect wil bidden, maar de demonen laten het mij niet toe. Leer mij wat ik moet doen, opdat zij mij niet hinderen."
En in zijn ziel hoorde hij het antwoord:
"De hoogmoedigen hebben altijd op die wijze van de demonen te lijden."
"Heer," zegt Silouan, "leer mij wat ik moet doen, opdat mijn ziel nederig worde."
En opnieuw kwam van Godswege het antwoord in zijn hart:
"Houd uw geest in de hel, en wanhoop niet."

Hoe paradoxaal dit ook moge lijken, het woord van de Heer dat weerklonk in het hart van Silouan, bracht hem de geestelijke overwinning. De Heer stelde Silouan voor de hel te schouwen, en onmiddellijk dook deze daaruit op, in het bezit van de "grote wetenschap",[24] die zijn leven herstelde met een rijkdom van genade en kennis van God. Zoals hijzelf getuigt, begon hij te doen waar de Heer hem toe aanspoorde, en zijn ziel vond rust in God.[25] Hem werd het middel geschonken dat de ziel nederig maakt, het hart verbrokenheid schenkt, de zondige gedachten doet verdwijnen, en het intellect reinigt – en aldus vindt de genade een plaats in het hart van de gelovige.[26] Hij werd onderricht in de Christus-gelijkende nederigheid, die de mens maakt naar Gods gelijkenis. Door dit woord van de Heer verwezenlijkte Silouan zijn overgang van de overheersing door de hartstochten tot de vrijheid van de Geest Gods – van de dood tot het leven. Toen, zoals de rechtvaardigen van alle eeuwen, zong Silouan een "overwinningslied".[27]

---

[24] Cf. ibid., GK p.547, EN p.437, NL p.460.
[25] Cf. ibid., GK p.572, EN p.460, NL p.484-485.
[26] Cf. ibid., GK p.548, EN p.437-438, NL p.460-462.
[27] Cf. ibid., GK p.540-541, 56, EN p.430-431, 46 NL p.454-455, 58. [De bewoordingen van de auteur herinneren hier aan de Orthodoxe hymnografie voor de Paasnacht, en benadrukken daarmee de geestelijke vreugde die de heilige Silouan mocht smaken bij het hervinden van de rijkdom van Gods genade. *Noot vert.*]

Hoe komt het echter, dat het woord van de Heer Silouan bevrijdde van de bestrijding door de vijand, en aan "de maat van zijn grootte"[28] de kracht van de Geest toevoegde, en stabiliteit schonk aan zijn leven? Dit geschiedde, doordat het woord van de Heer Silouan plaatste op de weg van de Heer Zelf. Door het bewaren van de geboden van de Heer wordt het hart uitgebreid, en wordt de mens onbereikbaar voor de vijanden.

Zoals wij in het begin van dit hoofdstuk stelden, is het teken van Jona de weg van de Heer. En de apostel Paulus zegt, dat de overwinning in de wereld is gekomen door de nederdaling van Christus in de Hades, en Zijn daaropvolgende opgang.[29] Wanneer dus de Heer aan Silouan de hel voorstelt, en door Silouan aan heel onze generatie, stelt Hij de mens de nederdaling voor – de tocht naar omlaag. Hij toont hem het middel en de weg om de nederigheid te verwerven, zodat de mens, aan Hem gelijk geworden, de geestelijke overwinning moge behalen.

Zoals oudvader Sophrony zegt: Op deze (geestelijke) tocht "houden de dragers van de Heilige Geest nimmer op zichzelf te berispen als God onwaardig",[30] en zij gaan voort naar omlaag, naar de top van de omgekeerde piramide, Christus Zelf, Die heel het gewicht draagt van al wat bestaat, en "wegneemt de zonde der wereld".[31]

Tot allen die zichzelf waardig achten op te gaan, zonder de beker te drinken van de nederdaling, zegt de Heer op beslissende wijze: "Gij weet niet waar gij om vraagt."[32] En wat de stad Kapèrnaüm betreft, die hovaardig naar "een teken"[33] zocht, anders dan dat van Jona – de Heer veroordeelde haar, zeggende: "En gij, Kapèrnaüm, die tot de hemel verheven zijt, tot de hades zult gij worden neergehaald."[34] Doch Hij verhief en rechtvaardigde de tollenaar, die "zelfs de ogen niet wilde opheffen naar de hemel", maar die – door te bidden in zelfveroordeling – de wet van Christus vervulde, die

---

[28] Cf. Ef.4:13.
[29] Cf. Ef.4:10.
[30] Cf. "On Prayer", GK p.195, EN p.174.
[31] "Saint Silouan", GK p.312-315, EN p.237-239, NL p.256-258; cf. Horologion, Doxologie.
[32] Mk.10:38.
[33] Cf. Mt.12:39.
[34] Lk.10:15.

EPILOOG: "Houd uw geest in de hel, en wanhoop niet"

luidt: "Want een ieder die zichzelf verheft, zal worden vernederd, doch hij die zichzelf vernedert, zal worden verheven."[35]

De weg des Heren reikt dus, door middel van de dood aan het Kruis, tot de helse regionen van de hades. Wanneer de gelovige onder gaat in het water van de Doop, ontmoet hij Christus en wordt met Hem bekleed;[36] en dan duikt hij op – wedergeboren "in nieuwheid des levens".[37] Want eerst is de Heer Zelf nedergedaald in de wateren, om deze te heiligen. Zo is het ook, wanneer Hij ons het gebod geeft neder te dalen tot in de hades. Hij doet dit niet om de mens te vernietigen, maar opdat deze – zelfs daar – het onzegbare mysterie moge navorsen van de goddelijke en nederige liefde, die zelfs reikt tot die plaats van verschrikking. Deze weg heeft tot resultaat, dat de mens zich tot het einde toe vernedert voor de grootheid van de goddelijke liefde, en deze op zijn beurt in dankbaarheid beantwoordt, door Christus lief te hebben op zulk een volmaakte en beslissende wijze, dat niets – ook geen enkele geestelijke plaats, zelfs niet de hel – de mens meer van Hem kan scheiden.[38] De kennis van het mysterie van Christus zal nimmer volmaakt zijn, indien de ervaring van de mens niet ook de hades omvat.

Deze nederige tocht naar omlaag is eveneens de weg die de heilige Kerk bewandelt. Indien wij haar geest aandachtig beschouwen, zoals die wordt uitgedrukt in haar gebeden, zullen wij wederom diezelfde beweging zien: eerst de nederdaling, en vervolgens de opgang. Voorafgaand aan het voltrekken van het Mysterie van de Doop, bijvoorbeeld, of van de Epiclese van de Goddelijke Liturgie, zien wij hoe de celebrant zichzelf vernedert en berispt, en aldus in de geest nedergaat naar omlaag.[39] Omwille van deze nederige beweging bekleedt God hem met de kracht om de Mysteriën te voltrekken, en aldus zichzelf te doen opgaan, zowel als de gelovigen die hem door de Heilige Geest zijn toevertrouwd. Vrijwel alle karakteristieke gebeden van de Kerk bestaan uit twee gedeelten. Bij het eerste gedeelte geschiedt de nederdaling van de geest, en

---

[35] Lk.18:13-14.
[36] Cf. Gal.3:27.
[37] Rom.6:4.
[38] Cf. Rom.8:35-39.
[39] Zie m.n. het gebed voorafgaand aan de Grote Intocht.

bij het tweede geschiedt de opgang – met de 'maar' van het geloof: "Maar Gij...".[40] Zo leren de gelovigen zichzelf toe te vertrouwen aan de oneindige barmhartigheid van God, onze Weldoener. Ter bevestiging hiervan hoeft men slechts de gebeden te lezen ter voorbereiding op de Goddelijke Communie.

Heel het leven der gelovigen is een leven van bekering. Door de berouwvolle bekering geschiedt de nederdaling, in nederigheid, "onder de machtige hand Gods, opdat Hij ons te Zijner tijd moge verheffen."[41] Deze nederdaling geschiedt vrijwillig en "uit geloof".[42] De wondere schrijver van "De Ladder", de heilige asceet Johannes van de Sinaï, in zijn hoofdstuk "Over de bekering", vat deze zelfde waarheid als volgt samen: Door de zelfgekozen hel der bekering ontkomt de mens aan "de onvrijwillige straf en de hel".[43]

Wanneer de mens in de geest nederdaalt tot in de hel, doet hij dus niets anders, dan dat hij de Heer volgt. Doch hij wanhoopt niet, want de weg des Heren leidt tot het leven, en dat "in overvloed".[44]

Dit mysterie van de nederdaling en de opgang des Heren werd op wonderbare wijze voorafgebeeld door de drie heilige jongelingen van het volk der Hebreeën, toen Nebukadnezar hen in de vuuroven had geworpen.[45] Deze vrome jongelingen namen de

---

[40] Voorafgaand aan de doop bidt de priester o.a.: "...Verafschuw mij niet, en wend Uw aangezicht niet van mij af, *maar* zie voorbij aan mijn overtredingen... O Meester, Gij enig Algoede en Menslievende, wijs mij niet af in mijn vernedering en beschaming, *maar* zend mij kracht... en breek [deze] niet af, maar plant..." (Dienst van het Mysterie van de Doop). En in het gebed voorafgaand aan de Grote Intocht: "Niemand is waardig ... U te dienen, o Koning der heerlijkheid... *Maar* Gij ... in Uw onuitsprekelijke en onmetelijke menslievendheid..." (Goddelijke Liturgie, H.Johannes Chrysostomos).
[41] 1Petr.5:6.
[42] Hab.2:4, in de brieven van de Apostel Paulus veelvuldig geciteerd, o.a. Rom.1:17; Gal.3:11; Hebr.10:38.
[43] Cf. H.Johannes Klimakos (PG88, 781B), Engelse vertaling in "The Ladder", Step 5:42, p.66. [Zie in dit verband ook 1Kor.11:31, "Indien wij echter onszelf oordeelden", dat wil zeggen, in het licht van Gods geboden, "zo zouden wij niet geoordeeld worden". *Cf. WU.*]
[44] Cf. Joh.10:10.
[45] Cf. Dan.3. [In de Septuagint omvat deze geschiedenis ook de volledige tekst van het gebed van Azaria en het lied van de Drie Jongelingen (LXX Dan.3-4). In de Orthodoxe Traditie maken deze twee 'Bijbelse Oden' deel uit van de diensten, m.n. in de Grote Vasten: gelezen in de Metten ten tijde van het Triodion (7^e & 8^e

zonden en de wetteloosheden van hun volk op zich, en in de geest veroordeelden zij zichzelf als de vuuroven waardig vanwege hun onrechtvaardigheid. Zij baden toen nederig tot de God hunner vaderen: "Wij hebben gezondigd, en wij hebben wetteloosheid bedreven door U te verlaten, en wij hebben in alles ernstig gezondigd; en wij hebben geen gehoor gegeven aan Uw geboden... En alles wat Gij aan ons hebt gedaan, en alles wat Gij over ons hebt gebracht, hebt Gij gedaan in waarachtig oordeel."[46] Doch op profetische wijze bevonden zij zich op de nederige 'weg der nederdaling' van de Heer Jezus, en daarom werden zij waardig de Zoon van God, reeds vóór zijn Vleeswording, als metgezel en gezelschap te hebben. Hij daalde af in de vuuroven en "wandelde" samen met hen "in het midden van het vuur", waar Hij hen zonder "bederf" bewaarde.[47] Uiteraard was de kracht van dit mysterie toen werkzaam op profetische wijze. Doch na de vleeswording des Heren, Zijn nederdaling ter helle en Zijn daaropvolgende opgang, is de kracht van ditzelfde mysterie onvergelijkelijk veel groter, want daarmee is er geen enkel gebied van de geschapen wereld dat niet "vervuld" is van de energie van het Aangezicht des Heren.[48]

Na gesproken te hebben over de theologische basis van het woord des Heren tot Silouan – "Houd uw geest in de hel, en wanhoop niet" – rest ons de verklaring van de vervulling daarvan in de praktijk. Voor wij echter verdergaan, moeten wij benadrukken dat heel de kracht van het mysterie, dat in dit woord verborgen ligt, gelegen is in het feit dat de nederdaling van de Heer ter helle vrijwillig was en zonder zonde. Deze geschiedde enkel uit gehoorzaamheid aan de

---

Ode), en in de Vespers op de Grote en Heilige Zaterdag als de laatste OT-ische lezing. In Nederlandse Bijbeluitgaven worden deze teksten doorgaans gerekend tot de zgn. 'apocriefe' of 'deutero-canonieke boeken', en soms afzonderlijk uitgegeven. Voor een Nederlandse vertaling, zie o.a. het "Psalterion" of het "Triodion", uitgegeven door het Orthodox Klooster te Den Haag. *Noot vert.*]

[46] LXX Dan.3:29-31, of: Gebed van Azaria 1:5-7 (6-8).

[47] LXX Dan.3:92 (Dan.3:25) – "Zie, ik zie vier mannen ... en het aanzien van de vierde is gelijk de Zoon van God."

[48] Christus doorliep alle stadia van het menselijk leven, om dit te "vervullen" met Zijn vergoddelijkende energie. Hij gaf zichzelf over tot de dood, opdat Hij de "Eerstgeborene uit de doden" zou worden, en "in alles de Eerste" zou zijn. (1Tim.2:5; Ef.4:10; Kol.1:18). Zie ook H.Irenëus van Lyon, "Contre les Hérésies" (Boek II), "Sources Chrétiennes", vol.294, 22, 4.

Vader en voor het heil der wereld. In overeenstemming daarmee dient ook de nederdaling van de mens vrijwillig te geschieden, en uit gehoorzaamheid aan het gebod des Heren, om gezegend te zijn en tot een goed einde te komen.

De ervaring die de heilige Silouan had van de hel was 'charismatisch',[49] en daarom beantwoordde het openbarende woord van de Heer ten volle aan zijn geestelijke staat. Het is moeilijk de diepte van dit woord te verstaan, zonder een vergelijkbare ervaring te hebben gehad. Doch aangezien het de uitdrukking is van de weg des Heren en van het ascetische leven van de Kerk, zullen wij toch proberen – door referentie aan de heilige Vaders – door te dringen tot de diepte ervan, om de kracht ervan te verstaan.

Het woord "Houd uw geest in de hel, en wanhoop niet" is een gebod van de Heer, opdat wij Hem zouden navolgen in Zijn nederdaling, en tegelijkertijd onze hoop stellen op Zijn barmhartigheid en de eeuwige verlossing die Hij voor allen heeft verworven door Zijn opgang. Alleen al de bereidheid van de mens om dit woord te aanvaarden en het te vervullen in de praktijk van zijn leven, trekt Gods genade aan. Deze genade is een goddelijk licht, dat de volgende waarheid openbaart en bevestigt: De hel (of: hades)[50] is de geestelijke plaats waar de mens zich bevindt als hij gescheiden is van de God der liefde. Ook toont dit licht de zonde, de onrechtvaardigheid en de geestelijke armoede. Deze kennis brengt de ziel tot verbrokenheid. En de verbrokenheid is een kostbaar geschenk van God aan de mens; het is het begin van de nederigheid, en bereidt een plaats voor Gods inwoning in de mens.

Deze verbrokenheid, die het gevolg is van de genade, brengt de geestelijke manmoedigheid voort. De heilige Simeon de Nieuwe Theoloog zegt het volgende: "Wat is moediger dan "een verbroken

---

[49] D.w.z. het was een geschenk van de Heilige Geest, vol genade. *Noot vert.*

[50] Het Grieks kent twee verschillende woorden voor 'hel', die elk een specifiek aspect daarvan uitdrukken, doch noodzakelijkerwijs vaak gelijkluidend worden vertaald. De Griekse tekst, gemaakt met medewerking van oudvader Sophrony, gebruikt in Gods antwoord aan de heilige Silouan het woord *hades* (ἅδης), dat ook verwijst naar de onderwereld, het dodenrijk. Zoals hier wordt toegelicht, betreft dit woord m.n. de geestelijke *'plaats'* van het gescheiden zijn van God. Het andere woord voor hel, *gehenna* (γέεννα), betreft meer specifiek de *energie* daarvan. *Noot vert.*

en vernederd hart"? Zonder moeite drijft het de slagorden der demonen op de vlucht en vervolgt hen tot hun einde."[51] De verbrokenheid verleent de geestelijke manmoedigheid, daar het de enige staat is waarin de mens, geïnspireerd door Gods genade, het waagt de blik te richten op zijn eigen geestelijke armoede, zonder daarbij tot wanhoop te vervallen – maar te blijven hopen dat Dezelfde, Die hem de afgrond van zijn verwoesting heeft getoond, ook in staat is hem ongedeerd over te brengen naar de andere oever, waar God is. De mens slaagt hierin door de volgende profetische houding: Hij schrijft alle rechtvaardigheid toe aan God, doch aan zichzelf de "schaamte des aangezichts".[52] Om deze reden bevestigt ook de heilige Johannes van de Ladder, dat de geestelijke manmoedigheid tegelijkertijd ook de overwinning is.[53] Dit komt omdat het zonder deze manmoedigheid, die voortkomt uit de verbrokenheid, onmogelijk is voor de mens zijn geestelijke armoede op de juiste wijze onder ogen te zien, opdat dit moge worden tot genadegave en stabiel fundament voor de geestelijke opgang.[54] De kracht van dit geestelijke verschijnsel, de verbrokenheid, werd aan de heilige Silouan bekend door Christus' woord: "Houd uw geest in de hel, en wanhoop niet". Hij vond deze kracht, zoals hijzelf zegt, door zijn toevlucht te nemen in zijn "geliefde lied":[55]

> Weldra zal ik sterven, en mijn ellendige ziel zal afdalen in de nauwe donkere hel, en daar zal ik alleen zijn en smartelijk wenen in het onuitblusbare vuur: Waar zijt Gij, mijn Heer, het licht van mijn ziel? Waarom hebt Gij mij verlaten? Ik kan niet leven zonder U.

---

[51] Zie: "Discourses (Catecheses) II,2", p.48 – cf. LXX Ps.50:19 (51:17/19); Griekse tekst «Κατηχήσεις II» in "Sources Chrétiennes", vol.96 (Parijs 1963), p.244, 42-44.
[52] Cf. LXX Dan.9:7.
[53] Zie "The Ladder", Step 14:36, p.103 (PG88, 872B). De oorspronkelijke Griekse tekst luidt kortweg: "Manmoedigheid is overwinning."
[54] Cf. Mt.5:3. Zie ook H.Simeon de Nieuwe Theoloog ("Discourses" II,2, p.48; Griekse tekst: «Κατηχήσεις II» "Sources Chrétiennes", vol.96, Parijs 1963, p.244, 44-45): "Wat heeft groter heerlijkheid dan de geestelijke armoede, het middel dat ons het Koninkrijk der hemelen verschaft".
[55] "Saint Silouan", GK p.56 (zie ook 281), EN p.46 (212), NL p.57 (231).

Door het eerste gedeelte van dit lied herstelde hij in zijn ziel de vurige gewaarwording van de hel, die elke hartstochtelijke gedachte uitwist; terwijl hij door het tweede gedeelte zijn geest wendde tot de liefde en de barmhartigheid van Christus, Die hij kende en in zijn hart droeg.[56] In het eerste gedeelte ging hij nederig naar omlaag – op de weg der nederdaling – waarop de hoogmoedige vijand hem niet kon volgen. Vervolgens, vrij van de benauwing door de tegenstander, en begeesterd door de gedachtenis aan de barmhartigheid des Heren, wendde de Heilige zich met heel zijn wezen tot God; en zo kende hij de opgang, die bewerkt wordt door Gods genade.

In hetzelfde perspectief adviseert de heilige Silouan dat, wil de mens de verlossende kracht der verbrokenheid bewaren, hij te allen tijde zijn zonden moet gedenken; hij moet zich daarover bedroeven en zichzelf vernederen, zelfs wanneer deze reeds door God vergeven zijn; "zo worden de vijanden overwonnen."[57] Door Zijn woord openbaarde de Heer dus aan Silouan de wijze waarop hij de verbrokenheid en de nederigheid kon verwerven, om aldus de vijand te overwinnen.

De verbrokenheid is voor de ziel zowel manmoedigheid als licht, waarin de mens elke gedachte die hem nadert kan onderscheiden. De verbrokenheid leidt tot de nederigheid, en dat is de overwinning op de vijanden, en bereidt de ziel toe om Gods woonplaats te worden. Het is een kostbaar geschenk van de genade, dat verwezenlijkt wordt door de zelfveroordeling; en de uiterste vorm daarvan is de zelfveroordeling tot de hel. De heilige Johannes van de Ladder bevestigt dit wanneer hij zegt, dat het gebed van de bekeerlingen – "Wij weten, wij weten, dat wij elke straf en zelfs de hel waardig zijn" – toereikend was "om zelfs de stenen te bewegen tot rouwmoedigheid".[58] Elders zegt hij, dat de zelfveroordeling tot de hel "de geest onschendbaar" bewaart voor de gedachten van de vijand.[59]

---

[56] Ibid., GK p.281, EN p.212, NL p.231.
[57] Ibid., GK p.383-384, EN p.298, NL p.319.
[58] Dit was het gebed van de zgn. 'gevangenen', een aantal monniken die, omwille van een stricte ascese in berouwvolle bekering, afgezonderd leefden in een klein klooster, buiten het grotere klooster te Alexandrië. Zie "The Ladder of Divine Ascent", Step 5:12, p.56. (PG88, 768A).
[59] Ibid., Step 7:10, p.71 (PG88, 989B).

Het is dus duidelijk, dat gelijkgestemd te raken met de geest van het woord van de Heer, "Houdt uw geest in de hel, en wanhoop niet", leidt tot de nederigheid en de reinheid van het intellect, hetgeen de onontbeerlijke voorwaarde is voor de hartstochtloosheid en de eenheid met de heilige God. De Heilige werd in deze 'wetenschap' onderricht door dit woord, dat hij rechtstreeks van de Heer ontvangen had. Zoals hijzelf schrijft: "Ik begon te doen zoals de Heer mij geleerd had, en mijn ziel werd verzoet door de rust in God."[60] In het bezit van deze door God onderwezen wetenschap, getuigt de heilige Silouan, dat wanneer iemand zich in zijn hart beschouwt als waardig voor het eeuwige vuur, de vijanden hem niet kunnen naderen en hij vrij is van de hartstochtelijke gedachten. Hij verblijft dan met heel zijn intellect en met heel zijn hart in God. Zodra hij echter de gedachtenis verliest aan het vuur der hel, dan nemen de gedachten wederom in kracht toe.[61]

Wij bemerken met droefheid dat in onze dagen de mensen verschrikkelijk lijden door de gebrokenheid van het intellect. De verbeelding, die slechts één van de energieën is van het intellect, wordt bovenmatig gevoed en beheerst het leven van de mensen. Dit leidt bij sommigen tot de verstening van het hart door de hoogmoed, bij anderen tot psychische ziekten. Overeenkomstig het onderricht van het Evangelie, en van het geheel van de Schrift, werkt het intellect op natuurlijke wijze wanneer dit verenigd is met het hart. En het verenigt zich met het hart, wanneer zich daar het vuur der verbrokenheid bevindt. Daarom stelt de heilige Silouan ons voor, tot genezing van de ziel: "Houd uw geest in uw hart en in de hel. Hoe meer gij uzelf vernedert, des te groter gaven zult gij van God ontvangen."[62]

Welke zijn deze "nog grotere gaven van God", die verworven worden door de geest in de hel te houden? Want uit de woorden van de heilige Silouan blijkt, dat de zelfveroordeling tot de hel niet alleen geen schade aanricht, maar zelfs een bron wordt van grote gaven. Zoals hij zegt, verwekt dit in de ziel de bekering "tot ver-

---

[60] "Saint Silouan", GK p.541, EN p.431, NL p.455.
[61] Cf. ibid., GK p.515, 384, (en 282) EN p.411, 298, (212) NL p.432, 319, (232).
[62] Ibid., GK p.614-615, EN p.497, NL p.519.

geving der zonden", en het brengt in het hart de "vreugde des heils".[63] En daarenboven, zo getuigt de Heilige, aan hen die ernaar streven zichzelf te veroordelen tot de hel, geeft de Heer ook nog de Heilige Geest. En dit zou ons niet moeten verwonderen, aangezien een dergelijke zelfveroordeling slechts kan geschieden in een geest van nederigheid.[64]

Dit onderricht komt overeen met de geest van de woorden van het Evangelie. Zoals wij weten, geeft de Heer Zijn leerlingen de raad, wanneer zij vervolgd worden en voor gerechtshoven worden geleid, niet van tevoren hun verdediging te overwegen; want Hijzelf zal hen "een mond en wijsheid geven, welke al [hun] tegenstanders niet zullen kunnen weerleggen, noch weerstaan."[65] Deze wijsheid van de Heilige Geest schenkt de Heer ook aan diegenen, die zichzelf vrijwillig voor Gods rechterstoel plaatsen, en vooruitlopen op Zijn oordeel door hun vrijwillige zelfveroordeling tot de hel.

"God oordeelt niet tweemaal."[66] Zoals de apostel Paulus zegt: "Indien wij ... onszelf oordeelden, zo zouden wij niet geoordeeld worden."[67] Wij zullen allen voor de rechterstoel van Christus worden gesteld,[68] maar wij zullen niet allen veroordeeld worden. Het is mogelijk, door de vrijwillige zelfveroordeling, en dat tot in de hel, vooruit te lopen op Gods oordeel en aldus reeds in dit leven gerechtvaardigd te worden – doordat wij deelgenoten worden van de mond en de wijsheid van God, en dat is de genadegave en het onderpand van de Heilige Geest. Dat God niet tweemaal oordeelt, kunnen wij ook concluderen uit de reeds genoemde woorden van de heilige Johannes van de Ladder, dat wij door de zelfgekozen aanvaarding van straf en vergelding (in de hel der bekering)[69]

---

[63] Ibid., GK p.547, 545, EN p.435-437, NL p.460-462.
[64] Ibid., GK p.544, EN p.435, NL p.458: "Ik dacht: Ik ben een gruwel en alle straf waardig. Doch de Heer, in plaats van straf, gaf in mij de Heilige Geest. O Heilige Geest, zoet boven al het aardse, hemels voedsel, vreugde der ziel".
[65] Cf. Lk.21:14-15.
[66] [Aldus het woord van hegoumen Misaël tot archimandriet Sophrony, in navolging van de mondelinge traditie van de Athonitische asceten.] "On Prayer", GK p.76, EN p.52.
[67] 1Kor.11:31.
[68] Cf. Rom.14:10.
[69] Korter gezegd, door het aanvaarden van de hel der bekering. *Cf. WU.*

ontkomen aan "de onvrijwillige straf en de hel."[70] Elders zegt hij ook nog, dat wij door de tegenwoordige schande bevrijd worden van de toekomstige schande.[71]

Wij zien hoe deze gouden draad der Traditie ononderbroken naar voren komt in het onderricht van al de ascetische Vaders, zoals oudvader Sophrony aantoont in het desbetreffende hoofdstuk van zijn boek over de heilige Silouan.[72] Het is duidelijk, dat de zelfveroordeling tot de hel het krachtigste middel is om aan de hel te ontkomen. En het is de genade van de Heilige Geest die de mens hiertoe inspireert.[73] Samenvattend kunnen wij dus zeggen, dat een dergelijke ascese van zelfverwijt de verbrokenheid brengt, het intellect reinigt, leidt tot de nederigheid, de vijanden overwint, bevrijdt van de zonden, en de mens deelgenoot maakt aan de Heilige Geest.

Een vergelijkbaar onderricht over de zelfveroordeling vinden wij ook bij de heilige Gregorius Palamas. Iemand die zichzelf beschouwt als schuldig tot de eeuwige straf, zo zegt deze Heilige, wordt dapper en is bereid elke vorm van kwaad te lijden. Door deze tijdelijke en voorbijgaande zelfveroordeling wordt hij bevrijd van de zware en ondraaglijke straf van de toekomstige eeuwigheid. Het gebeurt zelfs, zegt hij, dat de mens dan ook bevrijd wordt van verschrikkingen die hem in dit leven bedreigen, want de goedertierenheid Gods begint reeds nu, omwille van het geduld in de ascese van de zelfveroordeling. De Heilige voegt daaraan toe, dat ook de rechtvaardigen vóór de komst van Christus deze zelfde ervaring

---

[70] "The Ladder", Step 5:42, p.66. [Dit algemene principe wordt in het hoofdstuk over de bekering op verschillende wijzen geïllustreerd, bv. in het verhaal over de jonge monnik, die de hegoumen smeekte om vergelding, en door zijn vurige bekering in slechts enkele dagen gerechtvaardigd werd (Step 5:26, p.62-63). *Noot vert.*]
[71] "The Ladder", Step 4:12, p.24 (PG88, 684C).
[72] Zie hoofdstuk XI, "Houd uw geest in de hel, en wanhoop niet", in "Saint Silouan", GK p.275-282, EN p.208-213, NL p.227-232.
[73] In het boek "Weest ook gij uitgebreid" wordt erop gewezen dat deze vorm van ascese niet voor iedereen is, zelfs niet voor alle monniken. De mate waarin de mens een dergelijke ascese van zelfveroordeling kan dragen, hangt nauw samen met zijn voorafgaande ervaring van de Goddelijke liefde. Doch, zoals archim. Zacharias aangaf, het is goed tenminste weet te hebben van deze nederige weg, om dit, wanneer de nood aan de man komt, te kunnen toepassen, ieder naar zijn eigen maat. *Noot vert., cf. WU (Hfst.3, zie ook Hfst.2, vraag 8).*

met de Heer uitdrukten, wanneer zij deelgenoot werden van Gods tuchtiging.[74]

Wij zien dus, hoe deze zelfde ervaring – in één ongebroken traditie – op verschillende wijzen wordt geformuleerd. De axiomatische formulering van de heilige Silouan is hieronder zo uitnemend, doordat deze voortkomt uit de onmiddellijke openbaring door de Heer, en zeer bondig verwoord is. Dit woord bestaat uit twee gedeelten: Het eerste gedeelte, "Houdt uw geest in de hel", verwijst naar de weg van de nederdaling des Heren. Het tweede gedeelte, "en wanhoop niet", brengt het eerste in evenwicht met de hoop, want de weg des Heren is vol van waarheid en leven.[75]

Het woord van de Heer tot Silouan werd gegeven in de vorm van een gebod. Dit openbaart de noodzaak van de vervulling ervan in onze tijd.[76] In onze dagen is de verleiding van de vleselijke geneugten zeer intens geworden en overal verspreid, en wordt in hoge mate gecultiveerd, wat subtiele en intense genietingen biedt "om zo mogelijk zelfs de uitverkorenen te doen afdwalen".[77] Door dit gebod wordt aan de mens de mogelijkheid geschonken de Heer na te volgen door een nederige nederdaling, en zich aldus de rijkdom der genadegaven eigen te maken die ontsprongen is aan de opgang van de Heer. Dat wil zeggen, de mens wordt in staat gesteld zich op beslissende en overwinningdragende wijze te meten met de verzoeking van zijn tijd, als drager van de volheid van de waarachtige en onvergankelijke vertroosting van de Heilige Geest, hetgeen de bekroning is van de nederdaling en de opgang des Heren.

---

[74] Cf. LXX Micha 7:9 "Ik zal de tuchtiging des Heren verduren, want ik heb tegen Hem gezondigd." Zie H.Gregorius Palamas "The Homilies", Hom.2 §20, p.13-14 (PG151, 32B). In de eerdere Engelse uitgave (vol.1, 2002), p.20-21.
[75] Cf. Joh.14:6 – "Ik ben de Weg, en de Waarheid, en het Leven."
[76] Doch dit impliceert tevens de mogelijkheid dit gebod te vervullen. In de persoon van de heilige Silouan was dit een charismatische staat, waartoe hij bovendien was voorbereid door de van God geschonken ervaring van "de vlammen der hel". Voor diegenen die nimmer een dergelijke ervaring hebben gehad, kan de mate van Silouans ascese te zwaar blijken. Een lichtere vorm van deze ascese kan echter door iedereen worden beoefend, namelijk door te allen tijde God te danken voor al wat Hij ons schenkt, waarbij men tevens de eigen onwaardigheid belijdt. Een dergelijke voortdurende dankzegging is als een voorspraak bij God, ondanks al ons tekortschieten. *Cf. CWL (zie ook WU: Hfst.2, vraag 8, Hfst.6, vraag 9 t/m 11).*
[77] Mk.13:22.

EPILOOG: "Houd uw geest in de hel, en wanhoop niet"

Onze tijd wordt gekenmerkt door de sterke "begeerte des vleses" en de "grootsheid des levens";[78] waarachter ook de geest van vrees en van algemene wanhoop schuilgaan. De eerste helft van het woord van de Heer tot de heilige Silouan leidt tot de nederigheid, en wendt zo de eerste verzoeking af. De tweede helft versterkt de hoop op de uiteindelijke bevrijding die nabij is,[79] en komt zo de tweede verzoeking te boven. De Oudvader gelooft dat het woord, dat aan de heilige Silouan gegeven werd, een geschenk was van Gods Voorzienigheid. Het was bedoeld als geestelijke compensatie voor het gevaar van de allesomvattende catastrofe, die inherent is aan de wetenschappelijke ontdekking van Einstein. Deze twee gebeurtenissen vonden vrijwel gelijktijdig plaats.[80]

In de omstandigheden van de wereld van vandaag is de ervaring van de hel voor veel mensen een reële dagelijkse werkelijkheid. Vaak worden zij geconfronteerd met de tirannie van uitzichtloze situaties, en met de verwarring van het intellect. Het is onmogelijk voor het menselijk intellect onbewogen te blijven staan bij dit ellendige schouwspel. Beheerst door de smart van de ons omringende werkelijkheid, komt het er gemakkelijk toe dit alles te ontvluchten, en rust te zoeken in de surrogaten, voorgesteld door de hartstochten van de wereld, die vervreemd is van God. Deze tendens, die in onze dagen vaak is waar te nemen, leidt tot een steeds toenemende vervreemding en verwarring.[81] De nadruk op het werkwoord *"Houd"* (uw geest in de hel), in het eerste gedeelte van het gebod, leert ons echter het volgende: Het intellect vrijwillig en volhardend te bewaren in het schouwen van de algemene hel van dit tegenwoordige leven, is juist de weg die leidt tot verlossing en genezing. Dit

---

[78] Cf. 1Joh.2:16 en 2Tim.3:2.
[79] Cf. Lk.21:28.
[80] Zie "We Shall See Him", GK p.415-416, EN p.236-237. [Dat wil zeggen, Gods Voorzienigheid schonk Einstein de wiskundige formule waarmee alle materie kan worden omgevormd tot energie ($E=mc^2$). Maar daarin ligt ook het gevaar van de volledige vernietiging van de wereld. Terzelfder tijd schonk God aan Silouan dit woord, dat een tegenwicht vormt voor zowel dit gevaar als de vrees daarvoor. Daardoor gesteund, zal de mens die bereid is zichzelf te plaatsen op de weg van de Heer, zelfs door deze dingen niet overwonnen worden. *Cf. WU.*]
[81] D.w.z. wanneer de mens de hel waarin hij zich bevindt niet onder ogen wil zien, en zoekt daaraan te ontsnappen door surrogaten, dan raakt hij daar alleen nog maar verder in verstrikt. *Cf. WU.*

schouwen dient ons te begeesteren tot berouwvolle bekering, en tot gebed voor het heil van alle mensen, die aan "gelijke hartstochten" onderworpen zijn.[82] Door de profetische houding van de zelfveroordeling, wordt de negatieve energie van de hel omgevormd tot energie voor het gesprek met God; en dit overwint de hartstochten en leidt ons leven omhoog tot het ontologische niveau.[83]

Het woord van de heilige Silouan is waarlijk de uitdrukking van een grote geestelijke wetenschap, het enige doeltreffende tegenweer tegenover het alles-vernietigende verderf en de verwoesting, die de geest van de boze in deze "laatste dagen" op apocalyptische wijze bewerkt. Door de grotere smart van de vrijwillige zelfveroordeling tot de hel, vanwege het gebod van de Heer, kan de gelovige elke andere smart en alle verzoeking overwinnen, en bewijzen dat de liefde van Christus sterker is dan de dood – gelijk Hijzelf, Die door Zijn dood de dood vertreden heeft.[84] Al wat vrijwillig geschied en vanwege het gebod van God, wordt geïnspireerd door de goddelijke wijsheid en leidt tot de eeuwige overwinning. Deze overwinning maakt de mens 'supra-kosmisch', in de gelijkenis van Christus, Die door Zijn uiterste nederigheid de wereld heeft overwonnen.[85]

---

[82] Cf. Hand.14:15.
[83] D.w.z. de weg des Heren schenkt ons een andere 'formule', waardoor iedere energie die ons belaagt wordt omgevormd tot geestelijke energie, die ons de kracht geeft voor het gesprek met onze geliefde God. *Cf. WU.*
[84] Cf. "We Shall See Him", GK p.147, EN p.94.
[85] Cf. Joh.16:33. De heilige Basilius de Grote drukte deze zelfde kennis uit in het volgende woord (Homilie XVIII, 8, "Over de martelaar Gordius", PG31, 505C): "Broeder, maak vrijwillig hetgeen onvermijdelijk is, en spaar niet het leven waarvan gij node zult worden beroofd" [D.w.z. de mens staat voor de volgende keuze: Hetzij te leven om te sterven, ofwel te sterven om te leven (zie Mt.10:39, Rom.8:10-11,13). *Cf. WU.*]

APPENDIX

uit het werk van
Archimandriet Sophrony

GEBED TOT GOD
van de hegoumen of de geestelijke vader[1]

HEER JEZUS CHRISTUS, onze God en Heiland, Die mij hebt afgezonderd van de ijdelheid van deze wereld,[2] en mij gesteld hebt tot de dienst van Uw hemelse Mysteriën; Gij, Die mij geroepen hebt tot de strijd om aan mijn broeders de wegen van Uw heil bekend te maken; ik smeek U, Beginloze Koning:

Genees mij van de dood der zonde die mij verwond heeft, en door de kracht van Uw Heilige Geest, stel mij in staat deze dienst te vervullen.

O LICHTSCHENKER, verlicht de ogen van mijn hart en mijn intellect door het ongeschapen Licht van Uw geboden, opdat ik moge verstaan hoe ik met mijn broeders moet spreken – over Uw Bloed dat Gij vergoten hebt op Golgotha.

Bestuur mijn gevoelens en mijn denkbeelden door Uw algoede Geest,[3] en door Uw vreze, bewaar mij onwrikbaar in de vóóreeuwige stroom van Uw Wil. Reinig mijn hart van alle vuilheid,[4] zodat ik waardig moge worden om Uw zachtmoedige stem te horen en deze in nederigheid te gehoorzamen; en stel mij in staat, bij het openen van mijn mond, van Uwentwege een woord te ontvangen, U welgevallig en tot heil van Uw volk.

Gij, de levende en waarachtige Weg, laat mij nimmer zondigen tegen Uw Waarheid, en behoed mij voor alle onbetamelijke

---

[1] Dit gebed van oudvader Sophrony werd opgenomen in de Griekse uitgave van "On Prayer" (p.252-253). Gezien de verwijzing hiernaar in onderhavige studie, hierbij een Nederlandse vertaling van dit gebed, inclusief bijgaande notitie. Hierin verwoordt de Oudvader zijn diepgaande visie op het geestelijk vaderschap, m.n. zoals dit in de Orthodoxe Traditie vorm krijgt in het Priesterschap en het Hegoumenaat. *Noot vert.*
[2] Cf. Lev.20:26; Gal.1:15.
[3] Het Grieks gebruikt hier een werkwoord (*cheiragôgéô*/χειραγωγέω) dat in Bijbelse context specifiek gebruikt wordt voor het bij de hand leiden van een blinde – daarmee uitdrukking gevend aan het besef, dat de mens zonder Gods leiding in geestelijk opzicht blind is. *Noot vert.*
[4] Cf. 1Petr.3:23; Jak.1:21.

neigingen en voor elk leugenachtig woord, zodat mijn dienst in alles heilig en onberispelijk moge zijn voor Uw aanschijn.

Ja, GOEDE HERDER, Die het leven Uwer ziel voor ons hebt geofferd, begenadig ook mij met een barmhartig hart, en met het goede wenen over allen die tot mij komen. Geef mij, dat ik mij moge verheugen met hen die zich verheugen, en moge wenen met hen die wenen.[5]

Sterk mij om tot het einde toe de lasten te dragen[6] van Uw met rede begiftigde schapen, in nederigheid en zachtmoedigheid, met geestelijk onderscheidingsvermogen, met toegeeflijkheid[7] en in Evangelische liefde – dat in mij slechts dit éne verlangen moge leven: "Opdat allen (door de berouwvolle bekering) mogen worden behouden[8] in U en door U, onze ongenaakbare Heer,[9] nu en altijd, en in de eeuwen der eeuwen." Amen.

De dienst van de geestelijke vader is onbeschrijfelijk groot wat haar doel betreft. In wezen, wanneer hij deze dienst vervult zoals het behoort, in een geest van bekering en nederigheid, wordt hij tot medewerker van God in het scheppen van onsterfelijke goden. En zoals in onze liturgische eredienst de priester, in het besef van zijn ontoereikendheid, het gebed offert met de woorden "Niemand is waardig",[10] zo geldt dit eveneens in het werk van de geestelijke

---

[5] Cf. Rom.12:15.
[6] Cf. Gal.6:2.
[7] Letterlijk '*synkatábasis*' (συγκατάβασις), afgeleid van een werkwoord dat ook gebruikt wordt m.b.t. de Menswording van Christus. Deze 'toegeeflijkheid' betreft dus de zelfontledigende afdaling tot het niveau van de desbetreffende persoon, zoals ook Christus Zelf is nedergedaald, en in menselijke gestalte met ons verkeerd heeft, doch zonder te zondigen. *Noot vert.*
[8] Cf. 1Tim.2:4 (de zinsnede tussen haakjes is van oudvader Sophrony zelf).
[9] In patristieke teksten wordt het woord 'ongenaakbaar' gebruikt om de absolute transcendentie uit te drukken van God – een 'onbereikbaarheid' die door Hemzelf overbrugd wordt, doordat Hij Zich aan de mens openbaart. Aldus blijkt deze 'ongenaakbaarheid' geen kille onbereikbaarheid, maar een reden tot nimmer eindigende lofprijzing van de 'Ongenaakbare Heer', Die Zich desondanks aan ons heeft doen kennen. *Noot vert.*
[10] Aanhef van het gebed van de priester voorafgaand aan de Grote Intocht. *Noot vert.*

vader, wanneer wij dit op de juiste wijze verstaan: "Niemand is toereikend" om deze dienst uit zichzelf te voltrekken.

Derhalve is het noodzakelijk, zowel 's morgens als 's avonds voor het slapengaan, dit gebed te lezen, zodat de geest van dit gebed te allen tijde mét ons moge blijven gedurende heel onze dienst.

Bibliografie van geciteerde werken

Omwille van de toegankelijkheid wordt van de geciteerde werken in dit overzicht meestal eerst de Engelse vertaling vermeldt, indien beschikbaar. Daarnaast wordt ook verwezen naar de Griekse tekst, als zijnde de uitgave geciteerd door de auteur (en derhalve ook de basis voor deze Nederlandse vertaling). In de noten worden de verwijzingen naar het werk van oudvader Sophrony gegeven in twee of drie talen, voor zover beschikbaar: GK = Griekse editie (in de oorspronkelijke vertaling van Archim. Zacharias), EN = Engelse editie, NL = Nederlandse editie.

NB: De uitgaven van de werken van oudvader Sophrony in de verschillende talen zijn niet altijd precies gelijk, soms door een iets andere wijze van uitdrukken, maar soms ook doordat oudvader Sophrony bepaalde onderwerpen in het Grieks expliciet heeft uitgediept, die hij in andere talen niet of slechts beperkt had besproken. Ook komt het voor dat een bepaald punt in het Engels in een andere uitgave werd opgenomen dan in het Grieks. Derhalve zijn sommige verwijzingen slechts in één taal gegeven.

WERKEN VAN HET KLOOSTER ST. JOHN THE BAPTIST

Archim. Sophrony (Sacharov)

"Saint Silouan the Athonite" (afgekort: "Saint Silouan")
vert.: Rosemary Edmonds;
Stavropegic Monastery of St. John the Baptist,
Tolleshunt Knights, Essex, U.K., 1991;
herdruk: St. Vladimir's Seminary Press, Crestwood NY (U.S.A.) 1999.

> Griekse tekst: *«Ο ΑΓΙΟΣ ΣΙΛΟΥΑΝΟΣ Ο ΑΘΩΝΙΤΗΣ»*
> Stavropegic Monastery of St. John the Baptist,
> Essex, Engeland, 8^e druk, 1999.

> Nederlandse vertaling: *"De heilige Silouan de Athoniet"*
> vert. Zr. Elisabeth (Koning); uitg. Axios, 1998.
> (heruitgave: Orthodox Logos, Tilburg)

"We Shall See Him As He Is" (afgekort: "We Shall See Him")
vert.: Rosemary Edmonds;
Stavropegic Monastery of St. John the Baptist,
Tolleshunt Knights, Essex, UK, 1988.

> Griekse tekst: *« ΟΨΟΜΕΘΑ ΤΟΝ ΘΕΟΝ ΚΑΘΩΣ ΕΣΤΙ »*
> Stavropegic Monastery of St. John the Baptist,
> Essex, U.K., 3^e editie 1996.

"On Prayer"
vert. Rosemary Edmonds;
Stavropegic Monastery of St. John the Baptist,
Tolleshunt Knights, Essex, U.K., 1996.

> Griekse tekst: « ΠΕΡΙ ΠΡΟΣΕΥΧΗΣ »
> Stavropegic Monastery of St. John the Baptist,
> Essex, U.K., 2^e druk, 1994.

"Words of Life"
vertaling uit het Frans (enigszins bewerkt) door Sr. Magdalen;
Stavropegic Monastery of St. John the Baptist,
Tolleshunt Knights, Essex, U.K. 1996

> Griekse tekst: « ΠΕΡΙ ΠΝΕΥΜΑΤΟΣ ΚΑΙ ΖΩΗΣ » *(Over Geest en Leven)*
> Stavropegic Monastery of St. John the Baptist,
> Essex, U.K., 2^e druk, 1995.

« *ΑΣΚΗΣΙΣ ΚΑΙ ΘΕΩΡΙΑ* » *(Over de ascese en het schouwen)*
vertaling uit het Russisch en het Frans door Archim. Zacharias;
Stavropegic Monastery of St. John the Baptist,
Tolleshunt Knights, Essex, U.K., 1996.

> Enkele artikelen werden oorspronkelijk in het Frans gepubliceerd.
> Een gedeelte bestaat reeds in Engelse vertaling. Zie met name:
>
> *"Unité de l'Eglise à l'image de la Sainte Trinité"*
> *(The Unity of the Church in the Image of the Holy Trinity)*
> Oorspronkelijk verschenen in het Frans: *"Contacts"*, No.21,23,24.
> De definitieve bewerking hiervan werd toegevoegd aan de Franse
> uitgave: *"La felicité de connaître la voie"* (p.11-55),
> Labor et Fides, 1988.
>
> *"Principles of Orthodox Asceticism"*
> vert. Rosemary Edmonds;
> in: "The Orthodox Ethos: Studies in Orthodoxy" (vol.1),
> ed. A.J. Philippou, Oxford: Holywell Press, 1964

"His Life is Mine"
vert. Rosemary Edmonds;
St. Vladimir's Seminary Press, Crestwood NY (U.S.A.), 1977,
Eerste druk: A.R. Mowbray & Co Ltd, Oxford, U.K., 1977.

Archim. Zacharias (Zacharou)

« ΑΝΑΦΟΡΑ ΣΤΗ ΘΕΟΛΟΓΙΑ ΤΟΥ ΓΕΡΟΝΤΟΣ ΣΩΦΡΟΝΙΟΥ »
(Anaphora aan de theologie van oudvader Sophrony)
Stavropegic Monastery of St. John the Baptist,
Tolleshunt Knights, Essex, U.K., 2000.

> Engels-talige bewerking: *"Christ, Our Way and Our Life:*
> *A Presentation of the Theology of Archimandrite Sophrony"*
> vert. Sr. Magdalen;
> Saint Tikhon's Seminary Press, South Canaan PA (U.S.A.), 2003.

"The Enlargement of the Heart: 'Be ye also enlarged' (2Corinthians 6:13)
in the Theology of Saint Silouan the Athonite and Elder Sophrony of Essex"
redactie Christopher Veniamin;
Mount Thabor Publishing, South Canaan PA (U.S.A.), 2006.

> Nederlandse vertaling: *"Weest ook gij uitgebreid (2Kor.6:13) – De*
> *uitbreiding van het hart in de theologie van de heilige Silouan en*
> *oudvader Sophrony van Essex" (afgekort: "Weest ook gij uitgebreid")*
> vert. A. Arnold-Lyklema;
> Uitgeverij Orthodox Logos, Tilburg, 2014.

LEVEN & WERKEN VAN DE HEILIGE VADERS
(min of meer chronologisch geordend)

In veel gevallen is de Griekse tekst van geciteerde werken te vinden in het verzamelwerk van Migne, *"Patrologia Graeca"*; het desbetreffende deel wordt dan vermeld als volgt: PG + boekdeel.
Van enkele werken is een Engelse vertaling te vinden in de serie *"Nicene and Post-Nicene Fathers"*, afgekort: NPNF.

H. Dionysius de Areopagiet

"On the Divine Names"
in: *"Pseudo-Dionysius: The Complete Works"*
Paulist Press, New York, 1987.
> Griekse tekst: *«Περὶ θείων Ὀνομάτων»*, PG 3

"Letter 4, To Dorotheus"
in: *"Pseudo-Dionysius: The Complete Works"*
Paulist Press, New York, 1987.
> Griekse tekst: *«Ἐπιστολὴ 5 Δωροθέῳ»*, PG 3

H. Irenéüs van Lyon

"Contre les Hérésies" (boek II),
zie "Sources Chrétiennes", vol.294.
   Engelse vertaling, zie: NPNF, Ante-Nicene Fathers, vol.1

Woestijnvaders

"The Sayings of the Desert Fathers: The Alphabetical Collection"
vert. B.Ward SLG;
Cistercian Publications, Kalamanzoo MI (U.S.A.), 1984
   Griekse tekst: «Ἀποφθέγματα Γερόντων», PG 65

«Εὐεργετινός» *(Evergetinos), vol.2*
Athene, 1958

Abba Ammonas

"Letters of Ammonas" (Letter 10)
SLG, Fairacres, 1979.
   Griekse tekst geciteerd uit: *"Patrologia Orientalis 11"* (4^e brief),
   uitg. F. Nau, België, 1974.

H. Makarius de Grote (van Egypte)

"Fifty Spiritual Homilies" (afgekort: "Spiritual Homilies")
Eastern Orthodox Books, Willits (U.S.A.), 1974.
   Griekse tekst van deze Homilieën, zie: PG 34

«Λόγος περὶ ἀγάπης» *(Homilie over de liefde)*, PG 34

H. Athanasius de Grote

«Κατὰ Ἀρειανῶν» *(Tegen de Arianen)*, PG 26
   Engelse vertaling, zie: NPNF, Series II, vol.IV

H. Basilius de Grote

"Hexaemeron"
Engelse vertaling in: NPNF, Series II, vol.VIII.
   Griekse tekst: «Εἰς τὴν Ἑξαήμερον»
   (Over de zes scheppingsdagen), PG 29

"On the Holy Spirit"
St. Vladimir's Seminary Press, Crestwood NY (U.S.A.), 1980.
   Griekse tekst: «Περὶ Ἁγίου Πνεύματος», PG 32

«Εἰς τὸ πρόσεχε σεαυτῷ» *(Over de uitdrukking 'Let op uzelf')*, PG 31

«Περὶ εὐχαριστίας» *(Over de dankzegging)*, PG 31

«Ὁμιλία 18 εἰς Γόρδιον μάρτυρα»
(Homilie XVIII, Over de martelaar Gordius), PG 31

«Ἐπιστολὴ 234» *(234^e Brief)*, PG 32

H. Johannes Chrysostomos

«Πρὸς Στάγειρον» (*Aan Stageiros*), PG 47

H. Gregorius de Theoloog

«Λόγος 16» *(16^e woord of homilie)*, PG 35

«Λόγος 45» *(45^e woord of homilie)*, PG 36

H. Gregorius van Nyssa

«Εἰς τὰ τῆς γραφῆς ῥήματα· Ποιήσωμεν ἄνθρωπον κατ'εἰκόνα ἡμετέραν καὶ καθ' ὁμοίωσιν» (*Over de woorden van de Schrift: "Laat Ons de mens maken naar Ons beeld en naar Onze gelijkenis."*), PG 44

H. Epiphanius van Cyprus

«Πανάριον Γ'» (*"Panárion" 3*), PG 42

H. Dorothéüs van Gaza

"Discourses and Sayings"
Cistercian Publications, Kalamanzoo MI (U.S.A.), 1977.
    Griekse tekst van dit onderricht *(«Διδασκαλία»)*, zie: PG 88

H. Johannes van de Sinaï (*ook genaamd:* **Klimakos = van de Ladder**)

"The Ladder of Divine Ascent" *(afgekort: "The Ladder")*
Holy Transfiguration Monastery Press, Boston MA (U.S.A.), 1991.
    Griekse tekst: *«Κλῖμαξ»*, PG 88

H. Isaak de Syriër

"The Ascetical Homilies of Saint Isaac the Syrian" *(afgekort: "The Ascetical Homilies" & deze uitgave in de noten: "Engels: Hom."*)
Holy Transfiguration Monastery Press, Boston MA (U.S.A.), 1984.
    Griekse tekst geciteerd uit: *«Τοῦ ὁσίου πατρὸς ἡμῶν Ἰσαὰκ ἐπισκόπου Νινευῒ τοῦ Σύρου τὰ εὑρεθέντα ἀσκητικά»*
I. Spetsieris, Athene 1895 (*deze uitgave in de noten:"Grieks: Hom."*)

H. Hesychius van de Sinaï

"On Watchfulness and Holiness – Written for Theodoulos"
in: *"The Philokalia"*, vol.1,
ed. G.E.H. Palmer, Philip Sherrard & Kallistos Ware,
Faber & Faber, Londen, 1981.
   Griekse tekst: *«Πρὸς Θεόδουλον περὶ νήψεως καῖ ἀρετῆς»*, PG 93

H. Diadochus Photiki

«Κεφάλαια 50» (Hoofdstukken, 50)
ed. E. des Places, 1957

"Texts on Spiritual Knowledge"
in: *"The Philokalia"*, vol.1,
ed. G.E.H. Palmer, Philip Sherrard & Kallistos Ware,
Faber & Faber, Londen, 1981.
   Griekse tekst: *«Κεφάλαια γνωστικά»*
   ed. J. Weis-Liebersdorf, Lipsiae, 1912.

H. Maximos de Belijder

«Κεφάλαια γνωστικά» (Hoofdstukken over de kennis), PG 90

Brief LXI "Aan Thalassius"
Engelse vertaling, onder de titel *"Ad Thalassium 61"* in: *"On the Cosmic Mystery of Jesus Christ, Selected Writings from St Maximos the Confessor"*
vert. Paul M. Blowers & Robert Louis Wilken
Saint Vladimir's Seminary Press, Crestwood NY (U.S.A.), 2003
   Griekste tekst: *«Πρὸς Θαλάσσιον, ἐρώτησης 61»*, PG 90

Een Engelse vertaling van de hiervolgende werken is te vinden in:
"The Philokalia", vol.2,
ed. G.E.H. Palmer, Philip Sherrard & Kallistos Ware,
Faber & Faber, Londen, 1981.

   "Centuries on Love" (I, II, IV),
   Griekse tekst: *«Περὶ ἀγάπης»*, PG 90

   "First Century on Theology"
   Griekse tekst: *«Κεφάλαια θεολογικά»*, PG 90

   "Third Century on Various Texts"
   Griekse tekst, *«Κεφάλαια διάφορα»*, PG 90

   "On the Lord's Prayer"
   Griekse tekst: *«Ἑρμηνεία εἰς τὸ Πάτερ ἡμῶν»*, PG 90

H. Johannes van Karpathos

"Texts for the monks in India",
in: "The Philokalia", vol.1,
ed. G.E.H. Palmer, Philip Sherrard & Kallistos Ware,
Faber & Faber, Londen, 1981.
    Griekse tekst: *«Πρὸς τοὺς ἐν τῇ Ἰνδίᾳ μοναχούς, γράψαντας αὐτῷ, παραμυθηκὰ κεφάλαια»*
in: *«Φιλοκαία τῶν Ἱερῶν Νηπτικῶν»*, vol.1
Asteros, 1974.

H. Johannes Damaskinos

«Ἔκδοσις ἀκριβὴς ὀρθοδόξου πίστεως»
(Een exacte uiteenzetting van het Orthodoxe geloof), PG 94

H. Simeon de Nieuwe Theoloog

"Symeon the New Theologian: The Discourses" (afgekort: "Discourses")
vert. C.J. de Catanzaro;
in de serie "Classics of Western Spirituality",
Paulist Press, New York, 1983.
    Griekse tekst *«Κατηχήσεις»* geciteerd uit: "Sources Chrétiennes"
    B. Krivochéine, Parijs (vol.96 & vol.113)

"Practical and Theological Chapters"
Engelse vertaling: Cistercian Publications, Kalamazoo MI (U.S.A.), 1982.
    Griekse tekst: *«Κεφάλαια»*
    zie "Sources Chrétiennes", deel 51bis

De Engelse tekst van de citaten uit de onderstaande werken is te vinden in:
Vladimir Lossky, *"The Vision of God"* (vertaling uit het Frans),
Faith Press, Londen 1963.

    «Ὕμνοι II» *(Hymnen II)*
    Griekse tekst, zie: "Sources Chrétiennes", vol.174.

    «Τὰ Ἅπαντα (vol.1), Ποιητικὸς Λόγος 90»
    Grieks-talige uitgave, Thessaloniki, 1969,

H. Gregorius Palamas

"The Triads: Gregory Palamas"
ed. J. Meyendorff, vert. N. Gendle;
in de serie "Classics of Western Spirituality",
Paulist Press, New York (U.S.A.), 1983.

"Saint Gregory Palamas, The Homilies" (afgekort: "The Homilies")
redactie & vertaling: C.Veniamin, in samenwerking met het Patriarchal Stavropegic Monastery of St. John the Baptist,
Tolleshunt Knights, Essex, U.K.;
Mount Thabor Publishing, Waymart PA (U.S.A.), 2009.
 Griekse tekst geciteerd uit: *«Τοῦ ἐν ἁγίους Πατρὸς ἡμῶν Γρηγορίου ἀρχιεπισκόπου Θεσσαλονίκης τοῦ Παλαμᾶ ὁμιλίαι»*
Sophokles Oikonomos, Athene 1861.

Een aantal van de geciteerde homilieën is ook te vinden in een eerdere uitgave:

"The Homilies of Saint Gregory Palamas", vol.I
ed. C.Veniamin;
St. Tikhon's Seminary Press, South Canaan PA (U.S.A.), 2002.

"Letter to the Nun Xenia"
in: "The Philokalia", vol.4,
ed. G.E.H. Palmer, Philip Sherrard & Kallistos Ware,
Faber & Faber, Londen, 1995.
 Griekse tekst: *«Πρὸς Ξένην»*, PG 150

«Ὑπὲρ τῶν ἱερῶς ἡσυχαζόντων»
(Over hen die de gewijde stilte beoefenen), PG 151
geciteerd uit het Grieks-talige verzamelwerk:
«Γρηγορίου τοῦ Παλαμᾶ, Συγγράμματα» vol.1,
verzorgd door P. Christou, Thessaloniki.
 Engelse vertaling in: *"The Triads: Gregory Palamas"*
(details, zie hierboven)

«Θεοφάνης 13» (13^e *brief, aan Theophanes)*
geciteerd uit het Grieks-talige verzamelwerk:
«Γρηγορίου τοῦ Παλαμᾶ, Συγγράμματα» vol.2,
verzorgd door P. Christou, Thessaloniki, 1966.

«Ἀντιρρητικὸς πρὸς Ἀκίνδυνον» *(Weerwoord aan Akyndinos)*
in het Grieks-talige verzamelwerk:
«Γρηγορίου τοῦ Παλαμᾶ, Συγγράμματα» vol.3,
verzorgd door P. Christou, Thessaloniki, 1970.

«Λόγος εἰς Πέτρον Ἀθωνίτην»
(Een woord over Petrus de Athoniet), PG 150

H. Nikolaas Kabasilas

"The Life in Christ"
St. Vladimir's Seminary Press, Crestwood NY (U.S.A.), 1974.
    Griekse tekst: *«Ἡ ἐν Χριστῷ ζωή»*, PG 150.

H. Philaret van Moskou

"Choix de Sermons et Discours de S. Em. Mgr. Philarète"
Franse vertaling van A. Serpinet;
E. Dentu, Parijs, 1866.

OVERIGE WERKEN
(hedendaagse werken zijn alfabetisch geordend op familienaam)

"On Prayer: One Hundred and Fifty Texts"
Ooit toegeschreven aan de heilige Neilos de asceet, doch heden ten dage gezien als een werk van Evagrius de Heremiet ('van Pontus'), die wat de praktijk van het geestelijk leven aangaat getuige was van het leven en het onderricht van de eerste generatie Woestijnvaders;
in: *"The Philokalia"*, vol.1,
    ed. G.E.H. Palmer, Philip Sherrard & Kallistos Ware,
Faber & Faber, Londen, 1981.

"Writings from the Philokalia on Prayer of the Heart"
Faber & Faber, Londen, 1951.

Vader B. Kalliakmanê

«Ἀπὸ τὸ φόβο στὴν ἀγάπη» (Van vreze tot liefde)
Thessaloniki, 1993.

I. Karabidopoulos

«Τὸ κατὰ Μάρκον Εὐαγγέλιο» (Het Evangelie bij monde van Markus)
Thessaloniki, 1988.

A. Keselopoulos

"Man and the Environment"
St. Vladimir's Seminary Press, Crestwood NY (U.S.A.), 2001.
    Griekse tekst: *«Ἄνθρωπος καὶ φυσικὸ περιβάλλον»*,
    Athene, 1989

«Πάθη καὶ ἀρετές» (Hartstochten en deugden)
Domos, 1982.

Jean-Claude Larchet

"L'amour des ennemis selon Saint Silouane l'Athonite et dans la tradition patristique"
in: *"Buisson Ardent – Cahiers Saint-Silouane l'Athonite"*, No.2

Vladimir Lossky

"In the Image and Likeness of God"
(vertaling uit het Frans)
St. Vladimir's Seminary Press, Crestwood NY (U.S.A.), 1974.

"The Mystical Theology of the Eastern Church"
(vertaling uit het Frans)
Clarke, Cambridge, 1968
St. Vladimir's Seminary Press, Crestwood NY (U.S.A.), 1974

G.I. Manzarides

«Παλαμικά» *("Palamika")*
Thessaloniki, 2ᵉ druk 1983.

«Πρόσωπο καὶ θεσμοί» *(De persoon en de instituties)*
Thessaloniki, 1997.

«Χριστιανικὴ ἠθική» (*Christelijke ethiek*)
Thessaloniki, 4ᵉ druk 1995.

P. Nella

"Deification in Christ"
St. Vladimir's Seminary Press, Crestwood NY (U.S.A.), 1987.
    Griekse tekst: «Ζῶον θεούμενον», Athene, 1979.

Metr. John Zizioulas

"Being as Communion"
Darton, Longman & Todd, Londen, 1985.

Index Bijbelcitaten

OUDE TESTAMENT

GENESIS			PSALMEN			
1:	26	35, 79cf, 272cf,	2:	7		212cf, 217zie,
2:	7	39cf,		8		29cf,
	16-17	79,	8:	6-7		26,
	17	80cf,	18 (19):	1		26cf,
3:	14-19	127cf,	29 (30):	5/6		158zie,
	15	53cf,	30 (31):	20/21		278cf,
	21	155, 163,		22/23		111,
6:	12	126cf,	32 (33):	6		19cf,
32:	28/29	141,		9		19cf,
EXODUS			37 (38):	9		75cf,
3:	14	7, 21, 62, 94, 186	40 (41):	9/10		53cf,
	15-16	157zie,	41 (42):	7/8		69,
20:	21	141zie,	45 (46):	10/11a		197cf,
LEVITICUS			50 (51):	6/8		28cf,
20:	26	324cf,		17/19		100cf, 168cf, 315cf
DEUTERONOMIUM			63 (64):	6/7		198,
18:	15	187cf,	79 (80):	1-3/4		187cf,
32:	1	105cf,	81 (82):	6		115cf,
	7	157,	103 (104):	30		12cf,
RICHTEREN			115 (116):	6 (15)		82, 87cf,
6:	22	211cf,	118 (119):	25		126cf,
13:	22	211cf,		32		56cf,
1 KONINGEN (= LXX 3Kon.)				94		212cf, 217zie,
9:	3	190cf, 272cf,		96		57,
	12	103cf,		126		232cf,
19:	11	170cf,		155		134,
	12	103cf, 171,	129 (130):	1		83cf,
JOB			SPREUKEN			
1:	7	147zie,	3:	34		262,
7:	17-18	31cf, 200cf,	8:	22-23		142cf,
	18	192cf, 272cf,	15:	14		204,
	20	31cf,	HOOGLIED			
9:	33	32cf, 33cf,	5:	8		263cf,

JESAJA			9:	7-9	68,
6:	6-7	166cf,	MICHA		
9:	5/6	24, 166,	7:	9	320cf,
45:	19	24,	HÁBAKUK		
49:	18	24,	2:	4	312,
53:	5	175cf,			
	7	63, 167,	*Overige boeken LXX*		
	8	166,			
55:	6-11	211cf,	JUDITH		
	7-9	48cf,	9:	5-6	19,
	8-9	141cf,	WIJSHEID VAN SALOMO		
	11	166cf,	1:	13	79, 80
JEREMIA			2:	23	79,
46:	18	24,	BARUCH		
DANIEL			4:	4-5	141cf,
3:	geheel	312cf,	GEBED DER DRIE JONGELINGEN		
	25 (92)	313,	1:5-7 (6-8)		
	26	109,	= LXX Dan.3:29-31		313,
9:	7	315cf,			

NIEUWE TESTAMENT

MATTHÉÜS			6:	33	163,
3:	16-17	21,		34	163,
4:	17	214,	7:	6	131, 133cf,
5:	3	97cf, 276cf,			165zie,
		315cf,		13-14	180cf,
	3-12	134zie,		22-23	190cf,
	4	97cf, 99, 102cf,	8:	12	276cf,
	8	191cf, 277,		20	163,
	10	32,	9:	47-48	145cf,
	12	87cf,	10:	28	174cf,
	28	162cf,		29-31	230zie,
	39	63cf,		35	170zie,
	43-44	300cf,		37-38	97zie,
	48	148zie,		39	322zie,
6:	21	163cf,		41	170,
	28-30	230zie,	11:	27	147zie,

11:	29	256,	10:	45	64,	
12:	18	25,	12:	29-30	218cf,	
	39	305zie, 310cf,		29-31	56zie,	
	45	49,	13:	22	320,	
13:	10	306zie,	14:	23-24	287zie,	
	11	168cf,		38	213cf,	
	16-17	142,		58	191,	
	44	124cf,	15:	34	135,	
	52	12cf,	LUKAS			
16:	4	305zie,	1:	4	116,	
	26	33cf,		35	85cf,	
19:	27	232,	3:	6	59cf,	
20:	16	174,		7	172,	
	22	121cf,		18	172,	
	26-27	66,		22	21,	
	28	64,	8:	10	306,	
21:	44	170,	9:	23	65,	
22:	13	276cf,		24	66, 111cf,	
	37-38	218cf,		52-56	287zie,	
	37-40	56zie, 57cf,		58	163,	
	40	288,		62	29, 110cf, 157cf,	
23:	12	262zie,	10:	15	310,	
25:	20	276cf,		27-28	56zie,	
26:	39	58, 135cf,		42	179cf,	
	42	135cf,	11:	13	32cf,	
27:	4	85cf,		16	305,	
	24	85cf,		30	305cf,	
28:	18	147,	12:	19	155cf,	
	19	21, 179,		21	119zie, 164,	
	20	306,		49	67cf,	
MARKUS			14:	11	173cf, 262,	
1:	10-11	21,			262zie,	
	15	214,		26	58cf, 217cf,	
4:	10	306zie,	15:	17-19	213cf,	
8:	35	134cf,		31	132cf,	
	37	33cf,		31-32	264cf,	
9:	1	230,	16:	10-12	119zie, 130,	
	7	236,		12	136cf,	
10:	38	310,		15	165cf, 173,	

16:	26	110,	6:	51	184cf,
17	20	171cf, 247cf,		53	184cf,
		268cf,		60	170,
	21	199,		63	166cf, 223,
18:	1	200,		68	223cf,
	7	32cf,	7:	17	301cf,
	8	307,		37-38	187,
	9-14	275zie,	8:	12	237,
	13-14	311,		24	186cf, 229cf,
	14	173cf,			296zie,
20:	36	167cf,		34-35	268cf,
21:	14-15	318cf,		46	58cf, 85cf,
	28	293, 321cf,		58	186cf,
22:	19	295cf,	10:	1	229cf,
	42	58,		10	17cf, 48cf, 58,
	53	182cf, 294cf,			312cf,
23:	28	54zie,		11	178cf,
	34	220, 300cf,		18	185cf,
	46	135,	12:	25	164, 174,
24:	32	235cf,		32	268cf,
	47	214zie,		48	306,
JOHANNES				50	56cf, 156cf,
1:	13	85,	13:	1	15cf, 24, 40, 53,
	14	211cf, 248,			62, 64,
	16	185, 229cf,		15	25, 63, 142,
	29	66cf,			162cf, 173cf,
3:	4-6	29,			296,
	16	52cf, 287,		19	186cf,
	17	287,	14:	6	142, 200, 320cf,
	19	78cf,		9	187,
	30	174cf,		10-11	51cf,
4:	14	113,		21	302cf,
	23	74, 293,		23	194cf, 302cf,
	25	186,		26	21,
5:	24	138,		30-31	156zie,
	30	156cf,	15:	5	133cf,
	37	106cf,		10-15	62,
	43	156cf,		12-15	148,
6:	45	128,		13	65, 178cf,

Index Bijbelcitaten

15:	15	31, 306,	1:	23	40,
	26	21,		25	49zie, 74,
16:	13	29, 121, 306,	2:	16	56cf,
	23	185,	3:	21-24	225cf,
	24	185, 185zie,		27	231cf,
	28	214,	4:	17	106cf,
	33	61cf, 133zie,		18	109, 127,
		322cf,	5:	8	62,
17:	2	59cf,		10	300cf,
	3	212cf,		12	84, 213cf,
	4	52,		17	58,
	5	51,	6:	4	118, 311,
	24	35, 71,		5	85, 87cf,
	25	54, 59,		5-14	81,
18:	14	65,		9	138cf,
19:	30	135,		16-23	271cf,
20:	29	128,		17	142,
HANDELINGEN			7:	13	29cf,
2:	27	85cf, 156,		23	199cf, 224cf,
3:	15	156cf,		23-25	29cf,
4:	12	184, 186cf,	8:	6-7	199cf,
	33	139cf,		7	165,
5:	31	156cf,		10-11	322zie,
7:	2	35cf,		11	87cf,
	56	85cf,		13	322zie,
8:	32	167,		19-22	271cf,
9:	3	248zie,		22	147zie,
	14-15	184cf,		28	219,
	21	184cf,		29	73, 115cf,
11:	18	88,		32	52cf, 53, 64, 73,
14:	15	322cf,		35	137cf,
17:	28-29	74,		35-39	311cf,
20:	24	34, 58cf,	12:	1	162cf,
21:	13	58cf,		2	58, 158zie,
26:	19	128cf,		15	173cf, 325cf,
	23	15cf, 28, 63,		21	216cf,
		75cf, 150,	13:	14	60cf, 164,
ROMEINEN			14:	10	318cf,
1:	17	312,	15:	1	66cf,

15:	3	67, 150,	15:	45	29 (2x),
16:	25	56cf,		49	29, 49cf,
1 KORINTHE				54	173zie,
1:	18	24, 107cf, 262cf,	2 KORINTHE		
	18-31	300cf,	1:	8	127cf,
	23	107cf, 174cf,		9	110cf, 127cf,
	24	24, 174cf,			136, 160,
	25	150,	2:	2	172,
	30	150,		11	157cf, 192cf,
2:	2	56cf, 174,	4:	6	25, 29, 40, 247
	9	49zie,		14	297cf,
	11	255,	5:	1	191,
	14	169,		2	94cf,
	15	77cf, 114, 146,		3	49cf,
	16	143,		4	58,
3:	9	159,		17	12cf, 50cf, 212cf,
	14	48cf,			283,
	16	163zie, 272,		18	166cf,
4:	3	77cf, 112cf,		21	64,
	7	136,	6:	10	164cf,
6:	2	306cf,		11	307cf,
	7	174,		13	15cf, 29cf, 141cf,
	19	163zie,			249cf, 273,
7:	19	152cf,	7:	10	98cf, 219cf,
	31	152,	8:	9	52zie,
10:	11	24, 73, 138cf,	10:	5	103cf, 192cf, 220,
		283cf,	11:	2	174cf,
	13	216cf,	12:	2-4	282,
11:	31	277cf, 312zie,		15	178cf,
		318,	13:	14	21,
12:	31	83cf, 298cf,	GALATEN		
13:	8	262cf,	1:	11	170,
	9vv	40,		15	324cf,
	12	16cf, 44cf, 160,	2:	17	165,
		283,		20	146zie, 175cf,
15:	10	219cf,	3:	1	56cf, 174zie,
	26	87, 213cf,		11	312,
	31	65,		13	64cf,
	32	86,		26-28	283zie,

3:	27	311cf,	5:	8	212, 228,
4:	5	167,	6:	12	260, 274cf,
	6	279cf,		17	170,
6:	2	325cf,	FILIPPENSEN		
	14	270,	1:	20	175cf, 262zie,
	15	50cf, 147, 283,		23	118, 139,
	17	175,		29	174, 174cf,
EFEZE			2:	5	56, 59, 284cf,
1:	4	73,		5-11	262cf,
	4-5	42cf,		6	52,
	10	186cf,		7	23zie, 52, 62cf,
	18	288zie,		8	53, 64, 156cf,
	19	151,		9	186,
2:	8	118cf,		15-16	306cf,
	9	130,	3:	10	29, 142cf,
	14/15	156cf,		12	12, 142cf,
	17	63cf,		20	167cf,
3:	10-11	142cf,		21	34, 275cf (2x),
	13	149,	4:	13	117cf,
	18	55zie, 288cf,	KOLOSSENSEN		
	18-19	149cf,	1:	12	27,
	19	71cf, 80, 288,		15	25cf, 28,
		299,		16	25,
	20	49zie, 111, 201,		18	28, 313,
		204,	2:	9	229,
4:	7-10	305cf,		19	25, 94cf,
	8-13	149cf,	3:	4	60,
	9	144cf, 305,		11	140,
	9-10	56cf, 233,		14	54cf, 150,
	10	55cf, 145cf,	1 THESSALONICENSEN		
		167cf, 310cf, 313,	4:	16	85cf,
	13	61, 71cf, 223,	5:	9	294,
		310cf,	2 THESSALONICENSEN		
	14	199cf,	2:	6	294cf,
	18	129cf, 154cf,	1 TIMOTHEÜS		
	22	9cf,	1:	9	301cf,
	24	129cf, 156cf,		15	276cf,
	29	166cf,	2:	4	32, 69cf, 284,
	30	122cf, 268cf,			325cf,

2:	5	32, 284, 313,	11:	6	229,
3:	15	303,		26	150,
	16	62, 210cf, 307cf,		27	110,
4:	10	167,		35	87,
6:	12	212cf,	12:	2	25cf, 140cf, 150,
2 TIMOTHEÜS					156cf,
1:	9	72, 73,		6	134,
2:	2	139zie, 179cf,		7	121,
	13	111cf,		22	110cf,
	21-22	190,		23	163cf,
	22	236,		27	106,
3:	2	321cf,		28	106, 163,
	8	126cf,	13:	12	151,
	15	114,		13	150, 151,
	17	146, 231,		14	246cf,
TITUS				16	152cf,
1:	2	72, 73,		17	158,
2:	11	27cf,	JAKOBUS		
	14	167,	1:	2	147zie,
HEBREËN				8	157,
1:	1	43,		17	149cf,
	1-2	8cf, 115cf,		18	167,
	9	53,		21	57, 324cf,
2:	7	26,	4:	4	165,
	9	184,	5:	13	219cf,
	10	156cf,	1 PETRUS		
	15	86cf,	1:	19	58cf, 63, 174,
4:	12-13	223cf,		20	73,
	13	100cf, 167cf,		23	167cf, 168, 199cf,
		235cf,	2:	2	39cf,
	15	58,		5	296,
5:	2	176cf,		9	165, 292, 296,
	7	34, 83, 105zie,		13	126cf, 164,
	11	120,		19	85, 262zie,
6:	7	279cf,		19-20	174cf,
	8	199cf,		21	83cf, 142,
	19	214cf,		23	220,
10:	7	51, 156cf,		24	180zie,
	38	312,	3:	4	33, 198cf,

3:	23	324cf,	1:	8-10	225cf,
4:	10	239cf,	2:	16	321cf,
	12	121, 131cf,	3:	2	104cf, 213,
	14	175,		3	228cf,
	17	135cf,		14	59,
5:	5	137, 262zie,	4:	4	193cf,
	6	127cf, 312,		10	297,
2 PETRUS				16	24cf,
1:	4	89cf, 173cf,		19	62, 175,
	11	13cf,	5:	4-5	38cf,
	19	263,		19	64, 89,
2:	1	151,		20	44cf, 225cf,
	5	33,	OPENBARING		
	9	33,	2:	4	116,
3:	4	264cf,		17	113cf,
	18	39cf,	3:	18-20	92zie,
1 JOHANNES			7:	9	55cf,
1:	2	287cf,	12:	11	50zie, 71, 111,
	5	41, 187,	14:	4	34,
	5-7	228cf,	19:	14	55cf,

Woordverklaring

Hieronder een nadere toelichting omtrent enkele sleutelbegrippen uit het ascetisch vocabulaire van de Orthodoxe Vaders. Omwille van de toegankelijkheid van Orthodoxe werken omtrent deze thema's is soms ook het Engelse equivalent vermeld. Doch in het besef dat dergelijke begrippen niet altijd eensluidend worden vertaald, ligt hierbij de nadruk op de inhoudelijke toelichting, omwille van een beter verstaan van de patristieke visie. (Hierbij vermelde Bijbelse referenties zijn niet toegevoegd aan de voorafgaande index van door de auteur geciteerde Bijbelverzen.)

Apofatisch & katafatisch
EN: apophatic (way of negation) & cataphatic (way of affirmation)
Deze termen hebben betrekking op twee tegenovergestelde manieren waarop de theologische ervaring in woorden wordt uitgedrukt. Vaak spreken de Vaders op 'apofatische' wijze, d.w.z. in negatieve, ontkennende termen, waarmee wordt uitgedrukt dat alles wat op God betrekking heeft alle menselijke kennis en taal te boven gaat. Zie bv. de Anaphora van de Basilius-Liturgie: "Gij... Beginloze, Onzichtbare, Onvatbare, Onbeschrijfelijke, Onveranderlijke". Hier tegenover staat het spreken op 'katafatische' wijze, d.w.z. in positieve stellingen, die iets uitdrukken van de concrete ervaring van Gods aanwezigheid, zoals Hij Zich aan de mens doet kennen.

Beeld & icoon (εἰκών, *Nieuwgrieks:* εικόνα)
Wanneer gesproken wordt over de schepping van de mens "naar het beeld Gods", gebruikt het Grieks het woord *eikôn*, dat in Kerkelijke context ook gebruikt wordt voor de zgn. 'iconen' van Christus en Zijn heiligen. Deze gewijde afbeeldingen zijn een getuigenis van de werkelijkheid van de inwoning van God in de mens: Door de Menswording van Christus God wordt het 'beeld' Gods in de mens in al z'n heerlijkheid hersteld – zo wordt de afbeelding daarvan op de iconen niet alleen tot een mogelijkheid (wij hebben Hem immers aanschouwd in een aards lichaam), maar ook tot een geloofsgetuigenis van het Goddelijk heil.[1] Gezien deze meervoudige betekenis zou dus overal waar gesproken wordt over 'het beeld Gods', eveneens vertaald kunnen worden met 'de icoon Gods' – die ons getoond is in de Persoon van Jezus Christus. Zijn Menswording opent tevens de weg voor de verwezenlijking van de 'gelijkenis' Gods in elke mens, die werkelijk leeft in navolging van Christus. En zo wordt in de

---

[1] Cf. Kondakion voor de Zondag van de Orthodoxie.

heiligen van alle eeuwen het oorspronkelijke 'beeld Gods' weer zichtbaar in de gevallen wereld.

Bekering (*metanoia*/μετάνοια) & aanverwante begrippen
– *spijt, berouw, verbrokenheid, treurnis, rouwmoedigheid, inkeer, ommekeer, vreugdevolle droefheid – EN: zie laatste paragraaf*
In dagelijks Nederlands wordt het werkwoord '(zich) bekeren' vaak gebruikt voor een verandering van overtuiging, meestal specifiek in de zin van tot geloof in Christus komen. Doch de eerste betekenis die daaraan ten grondslag ligt, betreft de mens die tot inkeer komt en zich bekeert van zijn slechte daden en levenswijze.[2] Uit het onderricht van de Vaders blijkt, dat dit niet slechts een kwestie is van één beslissend ogenblik, maar het begin van een geheel andere wijze van 'zijn' – een *levenshouding*, die men actief kan aanvaarden. Het Griekse woord dat ten grondslag ligt aan het woord 'bekering' is *metánoia* (μετάνοια), dat wijst op een innerlijke ommekeer, vandaar: be-kering. Preciezer gezegd, de bekering betreft allereerst een verandering van geest, van de gerichtheid van het intellect, het 'innerlijk oog' van de mens. Doordat de mens de dingen (soms plotseling) anders ziet en verstaat, begint hij ook anders met de dingen om te gaan. De veranderingen in zijn leven die hier het gevolg van zijn, zowel innerlijk als uiterlijk, vormen de 'vrucht der bekering' – waar de Diensten van de Grote Vasten toe aansporen. Eén daarvan is een steeds dieper besef van de eigen ontoereikendheid, wat leidt tot een voortdurende staat van bekering.

De bekering in deze zin omvat een tweeledige beweging, zoals o.a. wordt uitgedrukt in de traditionele 'grote buiging' bij het gebed, de zgn. *metanie* of *pokloon* (vanuit het Grieks resp. Slavisch). Deze buigingen, waarbij de mens zich volledig ter aarde werpt, om dan onmiddellijk weer op te staan, zijn bij uitstek het gebaar dat deze tweeledige beweging zichtbaar maakt:

1) Allereerst is er de inkeer, het tot zichzelf komen, zoals de Verloren zoon bij de zwijnen. Dit gaat gepaard met 'berouw' (*metamélia*/ μεταμέλια), 'verbrokenheid' des harten (*sûntribê* /συντριβή)[3] en 'treurnis' (*pénthos*/ πένθος) bij het zien van onze eigen gevallen staat. In deze gesteldheid vernedert de mens zichzelf tot aan de grond (in de buiging dus heel letterlijk). In de Septuagint vinden we naast het begrip 'berouw', d.w.z. het diepe besef dat men tekort geschoten is jegens de ander, ook

---

[2] Zie "De Grote Van Dale", 9ᵉ druk, 1970.
[3] Cf. LXX Ps.50:19 (51:17).

het begrip 'spijt' (*hûsteroboulía*/ ὑστεροβουλία), dat in Bijbelse context m.n. verbonden is met het aspect 'achteraf' ("Had ik maar...").[4]

2) Vanuit de herinnering aan de Vader en een vurig verlangen, komt de mens dan ook tot 'ommekeer' (*epistrophê*/ἐπιστροφή): In "hoop tegen hoop"[5] staat hij op om daadwerkelijk 'om te keren' en 'terug te keren' tot Hem (*epistrèpho*/ἐπιστρέφω – in dit ene Griekse werkwoord kunnen beide aspecten, omkeren en terugkeren, tegelijkertijd worden uitgedrukt).

Door te leven in bekering wordt de mens zich gaandeweg bewust van de werkelijkheid van Gods vergeving, van Zijn liefde en zorg, ondanks al ons tekortschieten. Door die tweevoudige visie – van enerzijds Gods goedheid, en anderzijds onze eigen onwaardigheid – verdiept zich de innerlijke staat van de mens die zich bekeert – in berouw en treurnis, zowel als in vurig verlangen en hoop. Aldus leidt deze visie, die hem raakt tot in het diepst van zijn hart, tot een voortdurende staat van 'rouwmoedigheid' (*katánûxis*/κατάνυξις) – het bijbehorende werkwoord betreft dit 'geraakt zijn tot in het hart'. Uit "De Ladder" blijkt hoe dit gepaard kan gaan met een intense geestelijke concentratie,[6] waarbij de mens leeft in een voortdurende staat van 'inkeer', van 'ingekeerd zijn' (*sûnnoia*/συννοία) in diep berouw. Doch tegelijkertijd leidt zulk een vurige bekering tot een diepe vreugde, het is een 'vreugdevolle droefheid' (*charmolûpê*/ χαρμολύπη) – want onze hoop wordt niet beschaamd.

Omdat de bekering zo'n cruciaal element vormt in het onderricht van de Vaders, is ernaar gestreefd dit zo consequent mogelijk te vertalen. Het gaat hierbij vrijwel altijd om de hierboven beschreven *voortdurende* bekering, een betekenis die niet meer algemeen bekend is. Om te voorkomen dat de strekking van de tekst verloren gaat, is het daarom soms nodig dit expliciet aan te geven; derhalve is dan vertaald met 'berouwvolle bekering', of omschreven als 'in bekering leven'.

Voor de hier beschreven '(berouwvolle) bekering' gebruikt het Engels het woord *repentance*. De betekenis 'tot geloof komen' wordt in het Engels echter uitgedrukt door een ander woord, nl. *conversion* (overeenkomstig het Griekse *epistrophê*, ommekeer). De overige hier besproken begrippen zijn in Engelse vertalingen niet altijd even duidelijk onderscheiden. In de werken van archimandriet Zacharias geldt meestal de volgende equivalentie: *Contrition* (συντριβή) – verbrokenheid.[7] Dit

---

[4] Zie LXX Spr.31:3.
[5] Cf. Rom.4:18.
[6] Cf. "The Ladder", step 4:16, 7:15, 11:2.
[7] Zie LXX Ps.50:19 (51:17) – "een verbroken en vernederd hart". Deze 'verbrokenheid' wordt vaak verstaan in de zin van 'berouw', en in het Engels lijken beide begrippen, 'contrition' en 'compunction', vaak een element hiervan

Engelse woord als zodanig ligt in gebruik zeer dicht bij *compunction* (κατάνυξις)[8] – rouwmoedigheid, hoewel beide begrippen in de Griekse en Nederlandse taal duidelijk onderscheiden zijn. *Remorse* (μεταμέλια) – berouw. Het Engelse *regret* ligt dichter bij het Nederlandse 'spijt', maar wordt soms ook gebruikt in de zin van 'berouw'. Vrij constant is de vertaling *mourning* (πένθος) – treurnis.

<u>Buiging , of: 'grote buiging' (Grieks: *metanie*, Slavisch: *pokloon*)</u>
In de Orthodoxe Traditie zijn diepe buigingen – vaak aangeduid met de Griekse of Slavische benaming, *metanie* resp. *pokloon* – een gebruikelijk gebaar ter ondersteuning van het gebed. Dit gebaar is zowel een uitdrukking van het geloof, als een ascetische praktijk om de geest te helpen zich te concentreren op het gebed, waartoe het vaak vele malen wordt herhaald. Soms wordt het gebaar 'afgekort' tot een kruisteken gevolgd door een 'kleine buiging', waarbij men zich diep voorover buigt tot de hand de aarde raakt. Bij het volledige gebaar werpt de biddende zich geheel ter aarde, met zijn voorhoofd tegen de grond, in berouw en aanbidding, waarna hij onmiddellijk weer opstaat, als een belijdenis van zijn geloof in de opstanding en in vertrouwen op Gods oneindige barmhartigheid.

<u>Eénwoordelijk gebed (*monológistê euchê*/μονολόγιστη εὐχή)</u>
EN: monologistic prayer, prayer with one thought
Deze uitdrukking – het éénwoordelijk gebed – is een min of meer letterlijke vertaling van een specifieke term uit de ascetische praktijk, die meestal betrekking heeft op het Jezusgebed. In algemene zin betreft dit het bidden door de herhaling van een kort 'woord', d.w.z. van één beknopte zin (zoals bv. ook een zinsnede uit de Psalmen). Een dergelijk gebed vraagt geen inspanning van het geheugen, noch wordt de aandacht afgeleid door een veelheid aan woorden. Hierdoor krijgt het intellect de gelegenheid zich te 'verzamelen' en zich te concentreren op één enkele gedachte: de gedachte aan God.

<u>Eergevoel of eerzucht (*philotimía*/φιλοτιμία)</u>
In de context van het ascetische leven wordt het Griekse begrip *philotimía* (Nieuwgrieks: *philótimo*/φιλότιμο) in positieve zin gebruikt. Het betreft

---

te bevatten – beide woorden worden derhalve soms ook zo vertaald. In patristieke teksten echter worden de 'verbrokenheid' en het 'berouw' afzonderlijk benoemd. Het begrip 'verbrokenheid' doelt vooral op de aard van de innerlijke staat van de mens die zich bekeert; het 'berouw' betreft specifiek het diep gevoelde besef tekort geschoten te zijn jegens de ander, en de daarmee gepaard gaande verandering in iemands innerlijke houding.
[8] Cf. de Engelse uitgave van "The Philokalia", ed. Faber & Faber (glossary).

dan het 'eergevoel' of de 'eerzucht', d.w.z. een eervol streven, dat voortkomt uit de fijngevoeligheid van een dankbaaar hart: Het hart dat vervuld is van dankbaarheid jegens God en de medemensen, streeft ernaar in alle nederigheid zelfs de minste ontvangen weldaad te beantwoorden en, zo mogelijk, te vergelden. (Net als het Nederlandse woord 'eerzucht' kan ook het Griekse begrip een negatieve klank krijgen, wanneer de mens verstrikt raakt in aardse overwegingen, en de hoogmoed hierbij de kop opsteekt.)

Eschatologisch
Het begrip 'eschatologisch' heeft betrekking op de 'laatste dingen' aan het einde der tijden, d.w.z. de Wederkomst des Heren, de algemene Opstanding, het Laatste Oordeel, en het Eeuwig Koninkrijk.

Gedachten (*logismoi*/λογισμοί)
In de ascese van het gebed komt de mens te staan voor de strijd met de zgn. 'gedachten'. Dit betreft niet slechts de actieve overwegingen van het menselijk denken, maar vooral ook het eerste beeld of denkbeeld dat daar de aanstichter van is. De zondige 'gedachte' is in dit verband dus niet alleen het zondige voornemen van de mens, maar zelfs de minste schaduw daarvan, de allereerste suggestie aan de menselijke geest, die tot doel heeft de mens tot zonde te verleiden – d.w.z. zijn geest af te leiden van de voortdurende gedachtenis aan God. Een groot deel van het ascetisch onderricht betreft de wijze waarop de mens dit obstakel van de storende gedachten kan overwinnen.

Gemeenschap & Communie (*koinonía*/κοινωνία)
Het Bijbelse begrip 'gemeenschap' werd in het Latijn vertaald met 'communio', vandaar het leenwoord 'Communie' i.v.m. de Heilige Gaven in de Goddelijke Liturgie. Het Griekse woord dat daaraan ten grondslag ligt (*koinonía*/κοινωνία) wordt echter veel breder gebruikt, evenals het Nederlandse 'gemeenschap', dat in Bijbelse context ook wordt gebruikt m.b.t. de Heilige Communie. In kerkelijke zin is er dus een weerklank tussen de algemene en de specifieke betekenis: 'gemeenschap' en 'Communie' – d.w.z. gemeenschap hebben aan de Heilige Gaven in "de gemeenschap van de Heilige Geest" – cf. de Anaphora: "De genade van onze Heer Jezus Christus, en de liefde van God de Vader, en de gemeenschap van de Heilige Geest, zij met u allen."

Hades, hel & gehenna
Het Grieks kent twee verschillende woorden voor 'hel', die elk een specifiek aspect daarvan uitdrukken, doch noodzakelijkerwijs vaak gelijkluidend worden vertaald. De Griekse tekst, gemaakt met medewerking van oudvader Sophrony, gebruikt in Gods antwoord aan de

heilige Silouan het woord *hades* (ᾅδης), dat ook verwijst naar de onderwereld, het dodenrijk. Dit woord betreft m.n. de geestelijke *'plaats'* van het gescheiden zijn van God. In het oudtestamentische denken was dit nu juist de verschrikking van het dodenrijk – zie LXX Ps.6:6(5) "wie zal U belijden in de hades". Het andere woord voor hel, *gehenna* (γέεννα), betreft meer specifiek de *energie* daarvan, die door de mens ervaren wordt als vuur, getuige uitdrukkingen als "de vlammen der hel" (H.Silouan) en "de hel (in het Grieks: *'gehenna'*) van het vuur".[9] In wezen betreffen beide woorden dus dezelfde realiteit.

Hartstochtloosheid (*apátheia*/ ἀπάθεια)
EN: dispassion
Het Griekse woord voor hartstochtloosheid is *'apátheia'* (ἀπάθεια), doch in Christelijke context betreft dit niet de doodse gevoelloosheid, maar een geestelijke staat die berust op de levende ervaring van Gods genade, waar de mens dan geheel van vervuld is.

Heiland (*sôtêr*/σωτήρ), heil & behoud (*sôtêria*/σωτηρία)
EN: Saviour, salvation (werkwoord: to save)
Het Kerkelijk Grieks kent een verscheidenheid aan uitdrukkingen en woordgroepen m.b.t. het basisthema van de Traditie: de val van de mens en zijn terugkeer tot God. In de praktijk overlappen dergelijke begrippen elkaar, en zo vinden we vaak zeer uiteenlopende vertalingen voor hetzelfde. Doch elk van deze begrippen houdt verband met een concreet gegeven, dat een bijzonder aspect naar voren brengt van deze ene werkelijkheid.

Het woord 'heil' hangt samen met een groep woorden die m.n. uitdrukking geven aan *het aspect 'behouden worden' van de ondergang en de algehele vernietiging*, in tegenstelling tot 'verloren gaan'. Dit houdt o.a. verband met het beeld van de belegerde stad, die op het punt staat door de vijand te worden overmeesterd. Degene die het klaarspeelde de stad te behouden van de dreigende ondergang en vernietiging, werd geëerd met de titel *sôtêr* (σωτήρ) – *'heiland'*. Later werd deze benaming ook breder gebruikt, m.b.t. allerlei weldaden die de gemeenchap ten goede waren gekomen. De Bijbelse geschiedenis toont gaandeweg, hoe God de enige waarachtige Heiland is, Die Zich uiteindelijk openbaart in de persoon van Jezus Christus: "U is heden de Heiland geboren" (Lk.2:11, vert.NBG'51).

Het woord *'heil'* als zodanig (*sôtêria*/σωτηρία) wijst daarbij vooral op het herstel en behoud van de *'heelheid'* van degene die dit heil ontvangt, en is daarom soms ook te vertalen met *'behoud'*. (Zoals het Engelse werkwoord *'to save'* ook gebruikt voor het 'bewaren' of 'intact houden' van

---

[9] Cf. Mt.5:22; 18:9; Mk.9:47; Jak.3:6.

kostbare zaken.) Dit begrip staat in contrast met de 'gebrokenheid' van de gevallen mens, en is het tegengestelde van de 'heilloze' levenswijze van de Verloren zoon (cf. Lk.15:13), die in den vreemde niet alleen zijn vermogen verkwistte, maar door "de vele hartstochten van het vlees" vooral ook schade toebracht aan het wezen van zijn persoon.

In verband met het bovenstaande wordt het bijbehorende werkwoord hier zoveel mogelijk vertaald met *'behouden'* (*sôzô*/σώζω) – vooral ook, omdat dit in de Orthodoxe Traditie niet verstaan wordt als iets dat in één ogenblik plaatsvindt (zoals bv. gered zijn van de verdrinkingsdood). Met betrekking tot het goddelijk heil betreft dit de *voortdurende* nood aan Gods hulp en bijstand – zoals metropoliet Kallistos Ware het uitdrukt: "De Christen *is* niet behouden, hij *wordt* behouden." Want juist de gelovige die Gods heil reeds heeft gesmaakt, wordt zich gaandeweg steeds sterker bewust van het feit dat de mens in deze wereld aan de rand van de afgrond leeft – als God ons niet (voortdurend) behoudt, dan zijn wij verloren. Zoals bv. de apostel Petrus ontdekte, toen hij vol goede moed op het water liep "als over vaste grond", en plotseling besefte in welke gevaren hij zich begeven had. En zo klinkt steeds weer, zowel in de diepten als op de hoogten van het geestelijk leven, de bede: "Heer, behoud ons!"[10]

Het hier beschrevene geeft iets weer van de betekenis van deze woordgroep, doch in wezen kan het goddelijk heil nauwelijks in woorden worden uitgedrukt – immers, zoals archimandriet Sophrony zegt: *"In de Orthodoxe Kerk wordt het heil van de mens verstaan als zijn vergoddelijking"*[11]. Elders schrijft hij:[12] "Te pogen deze staat te beschrijven blijkt ijdel... Wij geven onszelf over in de heilige handen van onze Formeerder, en aldus komen wij binnen in de volheid van het Goddelijk leven."

<u>Hesychasme, hesychia & hesychast</u>
Het begrip 'hesychasme' betreft de ascese van het innerlijk gebed. De Griekse wortel van dit woord betreft de 'stilte' *(hesychia)*, zowel uiterlijk als innerlijk, waar de asceet (de *hesychast*) naar streeft – enerzijds als

---

[10] Het verwante werkwoord *diasôzô*/διασώζω heeft doorgaans meer specifiek betrekking op de onmiddelijke nood of het gevaar waar men zich reeds in bevindt, waarbij de nadruk ligt op de wens daaruit te komen – daarom vaak goed te vertalen met *'redden (uit)'*, bv. in de Troostcanon: "Red ons uit alle gevaren..." In samenstellingen met *'ek'* en *'dia'* echter, ligt de betekenis van beide werkwoorden zo dicht bij elkaar, dat genoemd onderscheid in vertaling niet altijd tot uitdrukking kan worden gebracht.
[11] "Words of Life", ed.1996, p.8.
[12] "We Shall See Him" (GK p.183-184, EN p.114-115).

hulp om zich te kunnen concentreren op het gebed, anderzijds als de vrucht daarvan: "De Heer zal voor u strijden, en gij zult stil zijn".[13]

Hoogmoed (*hûperêphania*/ὑπερηφανία)
& ijdele trots (*kenodoxía*/κενοδοξία)
Het Griekse woord *'kenodoxía'* betreft het zich beroemen op 'lege heerlijkheid', d.w.z. zich trots verheffen op hetgeen in wezen – dat is, in eeuwig perspectief – leeg en voos is. Deze 'ijdele trots' (*EN: vainglory*) is de merkbare manifestatie van de onderliggende *'hoogmoed'* (*hyperêphania*/ ὑπερηφανία, *EN: pride*). Vaak worden beide begrippen naast elkaar genoemd. Immers, de hoogmoed gaat vaak gepaard met gevoelens van ijdelheid, trots of zelfvoldaanheid, en kan zich uiten in een expliciet hovaardige houding (*EN: arrogance*). Doch de hoogmoed als zodanig kan ook op andere, meer verborgen manieren aanwezig zijn. In dergelijke gevallen beseft de mens vaak niet eens dat hij aan hoogmoed lijdt.[14]

In dagelijks spraakgebruik wordt het woord *'kenodoxía'* ook wel vertaald met 'ijdelheid', doch in traditioneel Christelijke context is dat m.n. de vertaling van *mataiótêta* (ματαιότητα), zoals in Pred.1:2 "... ijdelheid der ijdelheden, alles is ijdelheid." Evenzo wordt het Engelse 'pride' in buitenkerkelijke teksten vaak gebruikt m.b.t. gevoelens van trots en ijdelheid, terwijl in patristieke teksten doorgaans het beschreven onderscheid tussen 'pride' en 'vainglory' van toepassing is.

Hypostase, persoon & hypostatisch beginsel
Oudvader Sophrony had de wens, dat het Griekse begrip 'hypostase' (*hûpóstasis*/ὑπόστασις) ook eigen zou worden aan andere talen. Het wijst op de grondslag van ons bestaan als persoon. Het Griekse woord voor 'persoon' (*prósôpon*/πρόσωπον) betekent ook 'aangezicht', d.w.z. de waarachtige persoon bestaat in relatie tot andere personen – allereerst in zijn persoonlijke band met God. Het 'hypostatische beginsel' betreft de aard van deze relatie. De verwerkelijking hiervan begint voor de mens in relatie met God. Zijn ontmoeting met God "van aangezicht tot Aangezicht"[15] heeft tot gevolg, dat de mens in zichzelf op onuitsprekelijke wijze geheel het 'zijn' begint te omvatten: Hij wordt deelgenoot aan het leven van God, waarbij hij de eenheid in God leert kennen; en tevens ervaart hij de wezenlijke eenheid van de menselijke natuur. Aldus omvat hij in zijn hart de gehele mensheid, en bidt voor haar. Dit is de verwerkelijking van de mens als 'hypostase', waarbij de

---

[13] Cf. Ex.14:14.
[14] Cf. H.Johannes Klimakos, "The Ladder", step 23:14,35,37.
[15] 1Kor.13:12.

fundamentele basis van het menselijk bestaan (d.w.z. zijn eenheid met God en de mensen) hem werkelijk eigen wordt.

Archimandriet Zacharias formuleerde het 'hypostatische beginsel', in het kort, als "de van God geschonken gave, waarmee de mens in staat is heel het goddelijk 'Zijn' te omvatten (in de vorm van Zijn energie), zowel als heel het menselijk 'zijn'."[16] Voor een nadere beschouwing van de theologische achtergrond van genoemde begrippen, zie Hfst.1.

Hypostatisch gebed
De uitdrukking 'hypostatisch gebed' betreft bij uitstek de genadegave van het gebed voor de gehele wereld, zoals het gebed van Christus te Gethsémane. Een dergelijk gebed is de bekroning van het reine gebed, waarin de mens God leert kennen "van aangezicht tot Aangezicht".[17] Wanneer de mens zodanig vervuld is van de liefde Gods, dat hij zich in zijn diepste wezen verbonden weet met heel de mensheid, dan bidt hij voor alle mensen "zoals voor zichzelf" – en in deze verwerkelijking van de mens als hypostase wordt "de gehele Adam" tot inhoud van zijn bestaan. Ook de goddelijke Liturgie wordt opgedragen "voor het leven van de [gehele] wereld",[18] en is in diepste wezen een tegenwoordig stellen van de heilseconomie van Christus, een intrede in Zijn gebed en Zijn liefde voor de mensheid. Aldus kan ook het Liturgisch gebed verstaan worden als 'hypostatisch gebed'.

Intellect (*nous*/νοῦς) & geest (*pneuma*/πνεῦμα),
verstand (*diánoia*/διάνοια) & rede (*logikón*/λογικόν)
EN – zie notities aan het slot van dit lemma
In het spraakgebruik van de ascetische Vaders speelt het Griekse begrip *'nous'* (νοῦς) een cruciale rol. In het Nederlands wordt dit woord vaak in algemene zin vertaald met 'geest' – zoals in het woord tot de heilige Silouan "Houd uw *geest* in de hel, en wanhoop niet". Doch uit de woorden van de heilige Paulus, over het gebed, blijkt dat er wel degelijk een verschil is tussen de 'geest' (*pneuma*/πνεῦμα) en de *'nous'*.[19] Om dit onderscheid niet te verliezen, wordt het begrip *nous* hier – in navolging van de voorkeur van oudvader Sophrony – zoveel mogelijk vertaald met 'intellect'.

Deze woordkeuze houdt verband met het inzicht van de heilige Vaders, dat het menselijk vermogen tot begrip en waarachtig inzicht in wezen berust op het concrete schouwen van de werkelijkheid. Het 'intellect' (de *nous*) betreft in dit verband specifiek het schouwend

---

[16] Cf. "Weest ook gij uitgebreid", Hfst.5, p.159.
[17] 1Kor.13:12.
[18] Cf. Anaphora van de Goddelijke Liturgie.
[19] Zie 1Kor.14:14-15.

vermogen van de ziel, in de Traditie soms beschreven als het 'oog van de ziel' – d.w.z. het innerlijk oog, dat oorspronkelijk aan de mens geschonken werd om Gods heerlijkheid te aanschouwen. Daarnaast onderscheiden de Vaders nog andere vermogens van de ziel: Het 'verstand' (diánoia/διάνοια) betreft het denkend vermogen van de mens, dat vooral van belang is voor zijn aardse bestaan. De 'rede' (logikón/λογικόν) houdt nauw verband met de gave van het woord (lógos/λόγος), die oorspronkelijk verbonden is met de kennis van het wezen der dingen (de zgn. lógoi/λόγοι) – nl. door het waarachtige schouwen van het intellect. Als zodanig is het begrip 'nous' ook van toepassing op God, "het Eerste Intellect" (ho Nous ho Prôtos/ ὁ Νοῦς ὁ Πρῶτος), door Wiens wijsheid "alle zichtbare en onzichtbare dingen" geschapen zijn.

Doch door de val raakt het intellect van de mens versnipperd; zijn innerlijk oog richt zich op een veelheid aan uiteenlopende zaken, en raakt hierin verstrikt.[20] Aldus wordt het intellect vaak vereenzelvigd met het verstand en de rede, wat o.a. geleid heeft tot de zgn. 'intellectuele cultuur' – waarbij de mens zijn schouwend vermogen ten dienste stelt aan het streven de werkelijkheid te vatten via het menselijk denken. Tevens wordt dan het hart – oorspronkelijk het centrum van ons wezen – onder de invloed van de hartstochten verward met de (vaak sterk wisselende) emoties.

Door de berouwvolle bekering, en met hulp van Gods genade, keert het intellect terug tot het diepe hart van de mens, en wordt daar tot een voortdurende aandacht – "geheel en al oog, geheel en al oor" – gericht op Gods woord en Zijn aanwezigheid.

In Engels-talige werken zijn genoemde begrippen niet altijd even duidelijk onderscheiden. Het woord 'nous' wordt op twee verschillende manieren vertaald: Sommigen gebruiken het woord 'intellect', anderen geven de voorkeur aan 'mind'. Dit laatste woord wordt in het Engels echter ook nog in vele andere betekenissen gebruikt, waar het Grieks – zowel als het Nederlands – over afzonderlijke woorden beschikt. Ook de Engelse vertaling van de begrippen 'rede' (logikón) en 'verstand' (diánoia) is sterk afhankelijk van de vertaler, en niet altijd strikt onderscheiden. Sommige uitgaven bevatten een 'glossary', waarin de desbetreffende vertaling wordt toegelicht in verband met het patristieke inzicht in dezen (zie bv. "The Philokalia", vert. metr. Kallistos e.a.). Het woord 'geest' (pneuma) wordt in het Engels doorgaans weergegeven met 'spirit'; daarnaast wordt ditzelfde Griekse woord in sommige context

---

[20] Aangaande de werking van het intellect van de gevallen mens, zie o.a. het hoofdstuk over de verbeelding in "Saint Silouan", EN Hfst.7, NL Hfst.6.

vanouds ook wel vertaald met *'ghost'* (met name in Bijbelse teksten wordt dit soms gebruikt voor de persoon van de Heilige Geest).

Jezusgebed
In zijn volledige vorm luidt dit gebed: "Heer Jezus Christus, Zoon van God, ontferm U over mij, de zondaar," of: "... over mij, zondaar."
Voor inhoudelijke toelichting, zie de tekst zelf (m.n. Hfst. 6 & 8).

Kenosis, kenotisch & zelfontlediging (κένωσις)
Het Griekse woord *kenosis* betekent 'zelfontlediging'. In Fil.2:7 gebruikt de Apostel dit begrip voor de 'kenotische liefde' van Christus – een liefde die zichzelf volkomen schenkt aan de ander, zonder enige terughoudendheid. Wat de mens betreft uit de liefde tot God zich o.a. in de ascese van berouwvolle bekering – hetgeen een *daad* van zelfontlediging is, die leidt tot de geestelijke *ervaring* van innerlijke armoede. Ook deze ervaring wordt wel aangeduid met het woord *kenosis* (dan meestal onvertaald gebruikt). De fysieke uitputting die de mens bevangt in gebed en ascese omwille van de liefde Gods, is eveneens een ervaring van de hier beschreven 'kenosis'.

Moedeloosheid (*akêdía*/ἀκηδία)
EN: despondency
In het ascetisch taalgebruik betreft de 'moedeloosheid' m.n. het gebrek aan (of het verlies van) de zorg en aandacht voor het eeuwig heil dat God aan de mens wil schenken. De geestelijke moedeloosheid uit zich soms in grote activiteit, wanneer de mens het pad van het gebed verzaakt en zijn geest richt op de wereld om hem heen. In uiterlijke zin is een dergelijke staat soms niet of nauwelijks te onderscheiden van grote ijver in positieve zin, doch in diepste wezen dient deze activiteit om de leegte op te vullen, die ontstaat bij het verlies van het verlangen naar God en de hoop op Zijn vertroosting.

Mysterie
Afgezien van de algemene betekenis wordt het woord 'mysterie' in de Orthodoxe Traditie ook gebruikt voor alle sacramenten en sacramentele handelingen van de Kerk, aangezien daarin "de Mysteriën van het Koninkrijk" aan de mens geopenbaard worden. In kerkelijke context kan dit woord dus zowel het zichtbare 'sacrament' betreffen, als de inhoud die daarin verborgen ligt.

Nederigheid (*tapeinôsis*/ταπείνωσις)
& nederig gemoed (*tapeinophrosúnê*/ταπεινοφροσύνη)
Het begrip 'nederigheid', hoewel verbonden met één van de allerhoogste deugden, betreft allereerst een heel concrete realiteit: nl. iemands lage (= nederige) staat, tegenover de hoogten der heerlijkheid; vergelijk bv. in

aardse zin de oude Nederlandse uitdrukking '(iemands) nederige woning'. De nederigheid als deugd is, wat de mens betreft, allereerst geworteld in het concrete besef hiervan. Vandaar dat de Moeder Gods zonder enige hoogmoed kon spreken over haar eigen 'nederigheid'.[21]

Wat de mens betreft, impliceert de nederigheid ook de erkenning van de gevallen staat van de mensheid, zowel als van de eigen zonde (hoewel de Moeder Gods, zoals de heilige Silouan getuigt, zelf nimmer gezondigd had). Doch de uiterste nederigheid is ons getoond door Christus, hoewel Hij als God geheel zonder zonde is. Deze goddelijke nederigheid, die in wezen onuitsprekelijk is, uit zich in een vrijwillige zelfontlediging (*kenosis*), d.w.z. een zichzelf geheel geven, zonder enige terughoudendheid, uit liefde voor de ander. Zo heeft Hij Zich, vanaf de hoogte van Gods heerlijkheid, vernederd tot de lage staat van Zijn schepsel – zelfs tot de diepste diepten van het Kruis en de dood[22] – om de mens daaruit te bevrijden, en op te heffen tot Zijn goddelijke heerlijkheid.

Het Griekse woord '*tapeinophrosúnê*' (ταπεινοφροσύνη, Slavisch: '*smirenomúdrije*') wijst op de onuitsprekelijke genadegave waarbij de mens in een voortdurende staat van nederigheid verkeert, en werkelijk een 'nederig gemoed' bezit – naar de gelijkenis van Christus.

<u>Noëtisch</u>
Het woord 'noëtisch' (ook wel vertaald 'geestelijk' of 'onstoffelijk') houdt verband met het bijzondere vermogen van het menselijk intellect, de 'nous', om God te schouwen, en al wat behoort tot het bovenwereldse (supra-kosmische) 'gebied' van Zijn Geest.

<u>Noëtisch gebed (*noëra proseuchê*/νοερά προσευχή)</u>
EN: noetic prayer (soms vertaald als: mental prayer)
De uitdrukking 'noëtisch gebed' heeft betrekking op de activiteit van het intellect (*nous*), dat gedurende dit soort gebed zijn aandacht geheel concentreert op de gedachtenis aan God. Als zodanig wordt deze term vaak gebruikt in direct verband met de beoefening van het Jezusgebed. Het eigenlijke noëtische gebed begint, wanneer het intellect zich verenigt met het hart, en het gebed niet meer beoefend wordt vanuit het denken van het verstand (*diánoia*/διάνοια), maar vanuit het Godschouwende intellect en de innerlijke gewaarwording van Gods genade. In strikte zin is het noëtische gebed eigen aan die geestelijke staat, waarin de vereniging van het intellect met het hart door niets verbroken wordt. Dit is echter

---

[21] Lk.1:48.
[22] Cf. Fil.2:5-11.

een zeer zeldzame verworvenheid, in de meeste gevallen verbonden met een uiterste ascese in de stilte en de eenzaamheid van de woestijn.

Onderscheid of onderscheidingsvermogen (*diákrisis*/διάκρισις)
EN: discernment
In de context van het geestelijk leven betreft de gave van 'onderscheid', d.w.z. het geestelijk onderscheidingsvermogen (*diákrisis*/διάκρισις) specifiek de gave om de ongeschapen genade Gods te kunnen onderscheiden van hetgeen geschapen is. Aldus is de mens in staat op grond van de eigen ervaring vast te stellen of iets van God afkomstig is, of van de mens, of van de tegenstander. Deze gave is uiterst waardevol voor het leven van elke gelovige, maar het verwerven ervan is van specifiek belang voor de geestelijke vaders van de Kerk, zodat zij elk verschijnsel z'n juiste plaats kunnen geven – zowel in hun eigen leven, als in het leven van de gelovigen die hen om raad vragen.[23]

Ontologisch
Het begrip 'ontologisch' houdt verband met het wezen der dingen, d.w.z. gezien vanuit het perspectief van de eeuwigheid.

Oudvader (*geronda*/*starets*)
Het Nederlandse woord 'oudvader' is hier de weergave van een oude benaming en aanspreektitel in de Orthodoxe Traditie (Russisch: *starets*, Grieks: *geronda*), die m.n. gebruikt wordt voor ervaren monniken die de gave hebben geestelijke raad te geven aan hun mede-christenen. In sommige kloostergemeenschappen wordt deze titel ook gebruikt als teken van eerbied, voor bepaalde leidinggevenden onder de monniken.[24]

Perichorese (*perichôrêsis*/περιχώρησις)
Dit begrip betreft de eenheid tussen de Goddelijke Personen – en door Gods genade mogelijk ook de eenheid tussen God en de mens. De '*perichorese*' zou omschreven kunnen worden als een 'wederzijds omvatten' van de desbetreffende hypostasen, die elkaar in zichzelf in liefde omvatten, in een volkomen wederzijdse openheid.

Reiniging, verlichting & vergoddelijking ('theosis')
EN: purification, illumination & deification (theosis)
Deze drie begrippen worden gebruikt m.b.t. de aard van de geestelijke opgang tot God. Vaak wordt dit verstaan als een opgang in onderscheiden stadia, doch in werkelijkheid zijn deze drie elementen in elke

---

[23] Cf. Hfst.5c, over het geestelijk vaderschap.
[24] Zie: "Saint Silouan", EN p.412 (noot v), NL p.537-538 (noot 69).

genadegave aanwezig, zij het met wisselende intensiteit.[25] (Voor nader inzicht in de stadia van de geestelijke weg, zie hoofdstuk 4.)

De 'reiniging' houdt verband met het Bijbelse begrip 'rein', dat in specifieke zin de rituele reinheid betreft – de noodzakelijke voorwaarde om voor Gods aanschijn te kunnen staan (wie 'onrein' was mocht de Tempel niet betreden). In geestelijke zin betreft dit begrip de reiniging van de zonde – d.w.z. de bevrijding van al wat de mens gescheiden houdt van God.

De 'verlichting' in Christelijke zin houdt verband met het schouwen van het Licht van Gods genade, waarin de mens een waarachtig zicht krijgt op zowel zijn eigen geringheid als Gods onmetelijke barmhartigheid en liefde. Uit het onderricht van oudvader Sophrony blijkt dat dit een gradueel proces kan zijn.

Het uiteindelijke doel van de geestelijke weg is de 'theosis', de 'vergoddelijking', d.w.z. de éénwording met God. Dan neemt de mens deel aan het goddelijk Leven, d.w.z. aan de goddelijke Energieën. Deze deelname aan de goddelijke heerlijkheid wordt in Bijbelse context ook wel aangeduid met het begrip 'verheerlijking'.

<u>Schouwenden (*theôrêtikoi*/θεωρητικοί)</u>
<u>& werkzamen (*praktikoi*/πρακτικοί)</u>
De 'schouwenden' (*theôrêtikoi*) zijn diegenen, wier ascetische leven geheel bepaald wordt door het schouwende gebed, waarin zij de genade mogen smaken van het schouwen van God (de *theoria*). Voorwaarde voor de *theoria* (het schouwen) en hieraan voorafgaand, is de *praxis*, de daad of werkzaamheid – d.w.z. een ascetisch leven dat gericht is op de verwerving van de goddelijke deugden. Zij die deze ascese beoefenen zijn de 'werkzamen' (*praktikoi*). Hun ascese betreft niet slechts de zichtbare 'goede werken' van barmhartigheid en broederliefde, maar vooral ook alle inspanningen – uiterlijk én innerlijk – die gericht zijn op de reiniging van het hart en het bewaren van de goddelijke geboden (dergelijke werken zijn bv.: vasten, nachtvigilies, gebed met veelvuldige buigingen). In de ascetische raadgevingen van de Vaders wordt benadrukt, dat ook de 'schouwenden', om de genade te kunnen bewaren, deze geestelijke werken niet zullen veronachtzamen.

<u>Theoloog</u>
In patristieke context is een theoloog iemand die, in waarachtig gebed, God werkelijk heeft leren kennen, en leeft in eenheid met Hem. Zijn godskennis is dus geen vrucht van academische studie en theoretische overdenkingen, maar van een leven in gebed en ascese, en een waar-

---

[25] Zie "Weest ook gij uitgebreid", Hfst.2, vraag 4.

achtig schouwen van God. Een dergelijke theoloog zal, indien God hem dit geeft, vanuit de rijkdom van zijn gebed in staat zijn de waarachtige Godskennis in levenschenkende woorden mee te delen aan zijn medemensen. Aldus wordt de theologie omschreven als het verhalen van een doorleefde gebeurtenis, nl. van de ontmoeting met God.

Theophanie
Het woord 'Theophanie' betekent letterlijk 'Godsverschijning'. Het wordt in algemene zin gebruikt m.b.t. gebeurtenissen waarbij God Zich aan de mens openbaart. In specifieke zin is 'Theophanie' ook de benaming voor het Kerkelijke feest van de Doop van Christus in de Jordaan, als openbaring van "de aanbidding der Drieëenheid".[26]

Theoria & theorie (*theoria*/θεωρία)
Het Griekse begrip *'theoria'* betreft niet alleen de 'theorie' tegenover de praktijk, maar vooral ook het 'schouwen' – in het bijzonder de genade van het Godschouwen. In deze zin gebruikt, betreft het begrip 'theorie' niet zozeer de vrucht van verstandelijke redenering, maar veeleer de 'visie', op grond van de persoonlijke ervaring van Gods aanwezigheid.

Treurnis (*penthos*/πένθος)
De geestelijke 'treurnis' houdt verband met het Griekse werkwoord voor 'treuren' of 'rouwen', zoals in "Zalig de treurenden..." (Mt.5:4). De Vaders vergelijken een dergelijke treurnis soms met het rouwen van een weduwe om haar enige zoon. De geestelijke treurnis gaat vaak samen met de gave der tranen – het 'wenen' (*klauthmos*/κλαυθμός) – en dit begrip kan dus tevens een 'treurnis onder tranen' of 'wenend treuren' betreffen.

Uitbreiding (van het hart)
Dit begrip gaat terug op een woord van de apostel Paulus (2Kor.6:13): "weest ook gij uitgebreid". Het betreft hierbij een overstijgen van de eigen menselijke begrensdheid: niet slechts een verruiming van iemands denken of gevoelens, maar een wezenlijk 'groter worden' – zoals de Moeder Gods "wijder [werd] dan de hoogste hemelen".[27] De vleeswording van Gods Woord in haar moederschoot is uniek, maar elke mens is geroepen om in gebed de gehele wereld te omvatten, zowel als het leven van God Zelf. Denk in dit verband bv. aan de uitdrukking 'de armen uitbreiden', nl. om allen in liefde te omvatten.

---

[26] Cf. Troparion van het Feest.
[27] Cf. hymne in de Basilius-Liturgie.

Vrije wil (*autexousía*/αὐτεξουσία)
Het Griekse woord dat doorgaans vertaald wordt als 'de vrije wil', betekent letterlijk zoiets als 'zelf-gezag', d.w.z. het vrije gezag zijn eigen keuzes te maken. Dit vermogen tot zelfstandige besluitneming staat in tegenstelling tot de idee dat de keuzes van de persoon vooraf bepaald zouden liggen in zijn wezen of zijn 'lot'. In dit verband wordt ook gesproken over vrije 'zelfbepaling' (*autokathorismós*/ αὐτοκαθορισμός), d.w.z. het vermogen tot vrije beslissing aangaande de eigen gerichtheid, ondanks het feit dat het bestaan als zodanig een gegeven is.

De verhouding tussen de menselijke beperktheid en de hem van God geschonken vrijheid wordt door oudvader Sophrony als volgt uitgedrukt: "Vóór ons staat het *feit* van de Eerste Zelfstandige Wezenheid – van God – buiten Wie geen enkel wezen het zelfstandig bestaan heeft. Het is aan ons de keuze te maken, tussen ofwel onze aanname tot zonen[28] van onze God en Vader, ofwel ons van Hem te verwijderen in de duisternis van het niet-zijn.[29] *Een tussenweg bestaat niet.*"[30]

Voor een nadere studie aangaande de fundamentele visie van de Orthodoxe Vaders die ten grondslag ligt aan veel van de hier besproken begrippen, zie o.a. ook:

"The Ancestral Sin",
auteur: John S. Romanides,
vert. George S. Gabriel,
ed. Zephyr, Ridgewood 1998,
ISBN 0-9707303-1-4.

---

[28] Gal.4:5.
[29] Cf. Mt.22:13, "de buitenste duisternis".
[30] "We Shall See Him", GK p.177, EN p.110.

Inhoud

Voorwoord van de auteur — 5

Notities bij de vertaling — 5

INLEIDING: Over het leven van oudvader Sophrony, en over de opzet van deze studie — 7

1 De betekenis van het hypostatische beginsel, en de mogelijkheid tot verwerkelijking daarvan

   1a. De betekenis van het hypostatische beginsel — 18

   1b. De oorspronkelijke heerlijkheid van de mens als vermogen tot het ontvangen van het Goddelijk leven — 35

   1c. Verleiding tot het ingebeelde 'absolute' — 43

2 De zelfontlediging van het Woord en het heil van de mens

   2a. De zelfontlediging van het Woord — 50

   2b. De weg der geboden — 56

   2c. De liefde tot aan zelfhaat toe — 62

3 De tweespalt en de genezing

   3a. De grootheid en de nietigheid van de mens — 73

   3b. De dood — 79

   3c. De genade van de gedachtenis aan de dood — 88

   3d. De geestelijke treurnis en de tranen — 97

   3e. De wanhoop en de gewaarwording van Gods aanwezigheid — 106

4 Het mysterie van de wegen des heils — 113

   4a. De genade van de roeping — 115

   4b. Het terugtrekken van de genade — 119

   4c. Het herwinnen van de genade — 136

   4c. Het kennen van de weg — 141

5	**De monastieke weg en het geestelijk vaderschap**	
	5a. Het monnikschap als genadegave van de Heilige Geest	148
	5b. De vervulling van de monniksgeloften als geneesmiddel voor de vervreemding die teweeggebracht werd door de voorvaderlijke zonde	154
	Gehoorzaamheid	155
	Maagdelijkheid of kuisheid	161
	Vrijheid van bezit	163
	5c. Het geestelijk vaderschap als dienst der verzoening van de mens met God	166
6	**De weg van het hesychasme**	
	6a. Het Jezusgebed	184
	6b. De beoefening van het Jezusgebed	190
	6c. De noëtische stilte en het overstijgen van de verbeelding	196
	6c. De strijd met de verbeelding	204
7	**Van het psychologische tot het ontologische niveau**	
	7a. De bekering op het psychologische niveau	211
	7b. De ontologische wedergeboorte	223
	7c. Het aanschouwen van het ongeschapen Licht	228
	7d. De tweevoudige visie die inspireert tot bekering op het ontologische niveau	251
	7e. De ascetische en de Goddelijke nederigheid	256
	7f. De ontologische inhoud van de persoon: de vrijheid tot zelfbepaling	266
8	**Gebed als een weg van schepping**	
	8a. Het gebed als persoonlijke gemeenschap	272
	8b. Het reine gebed	279

8c. Het gebed voor de gehele wereld als de openbaring bij uitstek van het hypostatische beginsel	287
8d. De liefde voor de vijanden als het criterium voor de waarheid	300

EPILOOG: "Houd uw geest in de hel, en wanhoop niet"   305

Appendix:
Gebed tot God van de hegoumen of de geestelijke vader
(uit het werk van Archim. Sophrony)   324

Bibliografie van geciteerde werken	327
Index Bijbelcitaten	337
Woordverklaring	346
Inhoud	362

EINDE

Aan de Ene God in Drieëenheid:
de Vader, en de Zoon, en de Heilige Geest,
zij alle heerlijkheid
in de eeuwen der eeuwen.

Amen

WERKEN van Archim. Zacharias in Nederlandse vertaling
voor nadere details zie o.a. de website van Maranatha House (.info)

- **Christus, onze Weg en ons Leven** – *Anaphora aan de theologie van oudvader Sophrony*
  Over de levende theologie als het relaas van de ontmoeting met God. Ter inspiratie, zowel als voor serieuze studie. Compleet met alle oorspronkelijke verwijzingen en patristieke citaten in Nederlandse vertaling.

- **Weest ook gij uitgebreid (2Kor.6:13)** – *De uitbreiding van het hart in de theologie van de heilige Silouan de Athoniet en archimandriet Sophrony van Essex*
  Inspirerend onderricht m.b.t. het doel van de geestelijke weg.

- **De verborgen mens des harten (1Petr.3:4)**
  Over het mysterie van het menselijk hart, en over het leven in bekering als een tocht om het 'diepe hart' te vinden.

- **Gedenk uw eerste liefde (cf. Openb.2:4-5)** – *De drie stadia van het geestelijk leven in de theologie van oudvader Sophrony*
  Nader onderricht omtrent het verloop van de geestelijke weg.

- **De mens, God's doelwit** – *"Wat is de mens, dat Gij hem hebt grootgemaakt ..." (Job 7:17-18)*
  Een theologische verdieping in het Mysterie van de Persoon.

- **Van de dood tot het leven** – *De weg van het Kruis des Heren in ons dagelijks bestaan*
  Een reeks voordrachten naar aanleiding van een woord van oudvader Sophrony over de aard van de Christelijke weg.

- **Het zegelbeeld van Christus in het hart van de mens**
  De geestelijke visie van de weg van Christus, toegepast op het dagelijks leven, eredienst en verkondiging, priesterschap, monnikschap, en de paradoxale weg van kruis tot overwinning.

✠

www.ingramcontent.com/pod-product-compliance
Lightning Source LLC
Chambersburg PA
CBHW020323170426
43200CB00006B/246